Der gescheiterte Nationalstaat

Europäische Hochschulschriften
Publications Universitaires Européennes
European University Studies

Reihe XXXI
Politikwissenschaft

Série XXXI Series XXXI
Sciences politiques
Political Science

Bd./Vol. 301

PETER LANG
Frankfurt am Main · Berlin · Bern · New York · Paris · Wien

Klaus Erdmann

Der gescheiterte Nationalstaat

Die Interdependenz von Nations- und Geschichtsverständnis im politischen Bedingungsgefüge der DDR

PETER LANG
Europäischer Verlag der Wissenschaften

Die Deutsche Bibliothek - CIP-Einheitsaufnahme

Erdmann, Klaus:

Der gescheiterte Nationalstaat : die Interdependenz von Nations- und Geschichtsverständnis im politischen Bedingungsgefüge der DDR / Klaus Erdmann. - Frankfurt am Main ; Berlin ; Bern ; New York ; Paris ; Wien : Lang, 1996
(Europäische Hochschulschriften : Reihe 31, Politikwissenschaft ; Bd. 301)
Zugl.: Bochum, Univ., Diss., 1994
ISBN 3-631-49141-7

NE: Europäische Hochschulschriften / 31

D 294
ISSN 0721-3654
ISBN 3-631-49141-7

Printed in Germany 1 3 4 5 6 7

Für Jan,
der 1989 geboren wurde

VORWORT

Am Zustandekommen eines Werkes ist nicht nur der Autor beteiligt, wenngleich er dafür verantwortlich zeichnet. Die Wurzeln meiner Befassung mit der DDR liegen sowohl in der elterlichen Herkunft, als auch in der ersten beruflichen Betätigung als Bildungsreferent. Zahlreiche Aufenthalte im "anderen Teil Deutschlands" haben sich zu persönlichen Erfahrungen verdichtet, die die akademische Auseinandersetzung stimuliert und begleitet haben. Ohne diese gelebten Erfahrungen wäre das Werk nicht zustande gekommen.

Das vorliegende Buch ist als Dissertation von der Fakultät für Sozialwissenschaft an der Ruhr-Universität Bochum angenommen worden. Meinem Doktorvater, Prof. Dr. Wilhelm Bleek, danke ich in diesem Zusammenhang ganz besonders für die Betreuung der Arbeit. Er hat die Entwicklung und die Vollendung der Dissertation mit konstruktiver Kritik und geduldiger Aufmunterung stets gefördert und mir im persönlichen Gespräch wertvolle Ratschläge gegeben. Auf den Sitzungen seines Doktorandenseminars habe ich darüberhinaus in offener und interessanter Gesprächsatmossphäre zahlreiche Anregungen erhalten. Ohne diese Unterstützung wäre die Dissertation nicht zustande gekommen.

Die Dissertation war Bestandteil meines Weges in die Hochschullaufbahn.

Bonn, im Februar 1996 — Klaus Erdmann

INHALTSVERZEICHNIS

ABKÜRZUNGVERZEICHNIS

BzG	Beiträge zur Geschichte der Arbeiterbewegung
CDU	Christlich-demokratische Union
DA	Deutschland Archiv
DDR	Deutsche Demokratische Republik
DWK	Deutsche Wirtschaftskommission
E	Einheit
EAC	European Advisatory Comitee
ECE	Economic Commission for Europe
ESS	Entwickeltes System des Sozialismus
DBD	Demokratische Bauernpartei Deutschlands
DFD	Demokratischer Frauenbund Deutschlands
FAZ	Frankfurter Allgemeine Zeitung
FDGB	Freier Deutscher Gewerkschaftsbund
FDJ	Freie Deutsche Jugend
FOFA	Follow-On-Foreward-Attack
GWU	Geschichte in Wissenschaft und Unterricht
IdH	Innerdeutscher Handel
IML	Institut für Marxismus Leninismus
INF	Intermediate Range Nuclear Forces
IPW	Institut für Internationale Politik und Wirtschaft
KSZE	Konferenz für Sicherheit und Zusammenarbeit in Europa
KVP	Kasernierte Volkspolizei
IDPD	Liberal-demokratische Partei Deutschlands
LPG	Landwirtschaftliche Produktionsgenossenschaft
MBFR	Mutual Balanced Force Reductions
ND	Neues Deutschland
NDPD	National-demokratische Partei Deutschlands
NEP	Neue Ökonomische Politik
NÖS	Neues Ökonomisches System
NVA	Nationale Volksarmee
apuz	Aus Politik und Zeitgeschichte
RGW	Rat für Gegenseitige Wirtschaftshilfe
SAG	Sowjetische Aktiengesellschaft

SALT	Strategic Arms Limitation Talks
SBZ	Sowjetische Besatzungszone
SED	Sozialistische Einheitspartei Deutschlands
SKK	Sowjetische Kontrollkommission
SMAD	Sowjetische Militäradministration in Deutschland
SÖI	Sozialistische Ökonomische Integration
START	Strategic Arms Reduction Talks
SZ	Süddeutsche Zeitung
VEB	Volkseigener Betrieb
VfZG	Vierteljahreshefte für Zeitgeschichte
VVN	Vereinigung der Verfolgten des Naziregimes
ZA	Zentralausschuß der sozialdemokratischen Partei in der SBZ
ZfG	Zeitschrift für Geschichtswissenschaft
ZK	Zentralkomitee

1. EINLEITUNG

Als auf den Spruchbändern der Demonstrationen im Süden der DDR seit Januar 1990 die Aufschrift "Wir sind das Volk!" durch die Parole "Wir sind *ein* Volk!"abgelöst wurde, war nicht mehr zu übersehen, daß das Projekt "Nationalstaat DDR" gescheitert war. Der neue Appell galt längst nicht mehr der Regierung unter Hans Modrow, die selbst eine "Regierung der nationalen Verantwortung" sein wollte.[1] Die Demonstranten hatten sich jetzt an die Regierenden gewandt, die jenseits von Mauer und Stacheldrahtgrenze 40 Jahre lang an der nationalen Zusammengehörigkeit der Deutschen in Ost und West festgehalten hatten. Die Mehrheit der DDR-Bürger, dies wurde spätestens mit der ersten freien Wahl in der DDR vom 18. März 1990 deutlich, empfand keine "nationale Verantwortung" für den Staat, den sie kaum hatten verlassen können, sondern sie sehnten sich nach möglichst schneller Vereinigung mit der Bundesrepublik Deutschland. Die ständig steigende Zahl der Übersiedler aus der DDR nach Westdeutschland machte den erdrutschartigen Legitimationsverlust jeglicher sozialistischer Experimente anderen Teil Deutschlands deutlich. Bereits vom Beginn des Jahres 1989 bis zum 9. November 1989 waren rund 225.000 Menschen als Übersiedler in die Bundesrepublik gekommen. In den darauffolgenden vier Monaten bis zur März-Wahl 1990 folgten weitere 360.000, also durchschnittlich 3.000 Übersiedler täglich.[2]

Der SED und ihren Historikern war es nicht gelungen, eine auf die DDR bezogene nationale Identität zu erzeugen; das propagierte Geschichtsbild von der DDR als Höhepunkt und Vollenderin der deutschen Geschichte hatte sich als Schimäre erwiesen. War die Historiographie in der DDR nur ein unseriöser Handlangerdienst für die Herrschenden? Heute, im Jahre 4 nach der deutschen Vereinigung, ist der Ertrag der DDR-Geschichtswissenschaft selbst Teil der Auseinandersetzung mit der sozialistischen Hinterlassenschaft und ihren Folgen für das geeinte Deutschland.

1 Thaysen, Uwe, Der Runde Tisch. Oder: Wo blieb das Volk? Der Weg der DDR in die Demokratie, Opladen 1990, S. 72 u. 185f.
2 Vgl. Thaysen, U., 1990, S. 179f.

1.1 Politik und Geschichte in der DDR

Nirgends war die Einflußnahme, ja die Determination der Wissenschaftsentwicklung in der DDR deutlicher dem Primat der Politik unterworfen als in der Erforschung und Aufarbeitung des Geschichtlichen. Geschichtswissenschaft in der DDR war nach Karlheinz Blaschke, einem Historiker-"Dissidenten" der DDR, eine"Magd der Politik"[1] oder, in den Worten Andreas Grafs "intellektuell auf den Hund gekommen"[2], was nicht zuletzt durch die Tatsache sinnbildlich geworden war, daß der 4. Historikerkongreß der DDR im Oktober 1968 "mit dem Absingen der Internationale mit erhobenen, zur Faust geballten Händen in den Taschen endete."[3]

War die politische Legitimationsfunktion der DDR-Geschichtswissenschaft im Hinblick auf die Herrschaft der SED längst zum Gemeinplatz geworden[4], so wurde die politische Indienstnahme von Wissenschaft unter moralischen Aspekten als Element persönlich zu verantwortenden Handelns der etablierten DDR-Historiker seit dem Umbruch von 1989 zum Schauplatz scharfer Kontroversen. Besonders die jahrzehntelang diskriminierten "Abweichler" unter den Geschichtsforschern, die nicht bereit waren, sich opportunistisch der Parteilinie hinzugeben, insistierten auf der Rehabilitation der Wahrheit. "Fürwahr - diese Leute haben ihre Fähigkeiten 'schöpferisch' umgesetzt, um die 'Herzen und Hirne der Menschen' unter die Herrschaft der SED zu bringen. Keiner konnte sie dazu zwingen, sie haben es aus freien Stücken getan. Für dieses Handeln haben sie sich zu verantworten," schreibt Karlheinz Blaschke über seine linientreuen Kollegen[5]. Die Tiefe der erlittenen Verletzungen trat mit der Schärfe der Abrechnung zutage. Im "Aufruf zur Bildung einer Arbeitsgruppe Unabhängiger Historiker der DDR" vom 10.1.1990 wurde die "erschreckende Situa-

1 Blaschke, Karlheinz, SED-Historiker nach langem Schweigen kräftig in der Wende, in: Eckert, Rainer /Küttler, Wolfgang / Seeber, Gustav, (Hrsg.), Krise-Umbruch-Neubeginn. Eine selbstkritische Dokumentation der DDR-Geschichtswissenschaft 1989/90, Stuttgart 1992, S. 201-210, S. 204.

2 Graf, Andreas, Wende und Wände. Zur Selbstfindung der (DDR-) Geschichtswissenschaft, in: Jarausch, Konrad, (Hrsg.), Zwischen Parteilichkeit und Professionalität. Bilanz der Geschichtswissenschaft der DDR, Berlin 1991, S. 13-32, S. 17

3 Blaschke, K., 1992, S. 201.

4 vgl. z.B. Kleßmann, Christoph, Die DDR-Geschichtswissenschaft aus der Sicht der Bundesrepublik, in: Jarausch, Konrad, Zwischen Parteilichkeit und Professionalität. Bilanz der Geschichtswissenschaft der DDR, Berlin 1991, S. 43-55, 44

5 Blaschke, K., 1992, S. 203

tion" auf dem Gebiet der Geisteswissenschaften gegeißelt. "Jahrzehntelang erstickte ein ungenießbarer Brei aus Lüge und Halbwahrheit jede freie geistige Regung"[1], was zu "geistiger und intellektueller Degeneration"[2] der DDR-Historiker geführt habe. Dieser Befund wurde von den so Angeklagten freilich nicht geteilt, wenngleich "eine große Mitverantwortung" für die Defizite und Deformationen des Umgangs mit Geschichte und Historikern in der DDR nicht geleugnet werden konnte[3]. Die Selbstkritik setzte erst sehr spät und zaghaft nach dem Dammbruch des 9. November 1989 ein. Sie nahm dabei zunächst weniger das grundsätzliche Mißverhältnis von Politik und Wissenschaft ins Visier, beklagte vielmehr das Scheitern der Wissenschaftspolitik der DDR. Grundsätzlich wurde am "Erfolg" der DDR-Geschichtswissenschaft festgehalten, "im Konsens mit der neuen sozialen Grundordnung wie im Dissens mit deren Mängeln und Fehlern DDR-eigene gesellschaftliche Identitäten herausgebildet" zu haben[4]. Der eigentlich selbstkritische Zug lag in der Frage, "ob die neuen sozialen Qualitäten [des Typus der sozialistischen Nation in der DDR, K.E.] in ihren Wirkungen auf das nationale Bewußtsein der DDR-Bürger von uns nicht überschätzt" wurden[5].

Eine darüber hinausgehende Verantwortung für ihre politische Indienstnahme lehnte die Historiker-Zunft noch nach dem politischen Umbruch 1989/90 kategorisch ab: "Wir müssen unsere politische Verantwortung als Historiker klar kennzeichnen und wahrnehmen, aber gerade wegen dieser Verantwortung die Rolle einer 'Magd der Politik' entschieden zurückweisen", heißt es bei Jürgen John, Wolfgang Küttler und Walter Schmidt im Jahr 1990. In einer oberflächlichen Erscheinungsform wurde diese Übernahme der Verantwortung bei Rolf Badstübner zum Beispiel als statussichernde Forderung interpretiert. Die etablierten Historiker der DDR hätten nunmehr auch "einen Anspruch, ein Recht" auf die Vermittlung "neuer Erkentnisse" und sie täten gut daran, hieß es im April 1990, sich "rechtzeitig und richtig darauf einzustellen und zu versuchen, einen bestimmten Vorsprung oder Vorteil, den Insidervorteil, über den wir verfügen, zu nutzen und sozusagen hier bestimmte Positionen innerhalb der

1 "Aufruf zur Bildung einer Arbeitsgruppe Unabhängiger Historiker der DDR", in: Eckert, Rainer / Küttler, Wolfgang / Seeber, Gustav, Hrsg., Krise-Umbruch-Neubeginn. Eine selbstkritische Dokumentation der DDR-Geschichtswissenschaft 1989/90, Stuttgart 1992, S. 160

2 Aufruf 1992, S. 160

3 vgl. John, Jürgen / Küttler, Wolfgang / Schmidt, Walter, Für eine Erneuerung des Geschichtsverständnisses in der DDR, in: Eckert, Rainer /Küttler, Wolfgang / Seeber, Gustav, Hrsg., Krise-Umbruch-Neubeginn. Eine selbstkritische Dokumentation der DDR-Geschichtswissenschaft 1989/90, Stuttart 1992, S.152-159, S. 154.

4 John, J./Küttler, W./ Schmidt, W., 1992, S.153.

5 John, J./Küttler, W./ Schmidt, W., 1992, S.153

zukünftigen deutschen Geschichtswissenschaft zu sichern"[1] Dem Befund Konrad Jarausch ist zuzustimmen: die DDR-Historiker "zögerten... im demokratischen Aufbruch des Herbstes 1989. Im Gegensatz zu ihrer prominenten Rolle in der osteuropäischen Opposition (Roy Medwedjew in der Sowjetunion) gingen von den Geschichtsforschern kaum Impulse zur Veränderung aus."[2]

Nun ist gegenüber vorschnellen moralischen Urteilen, zumal wenn die vom Westen aus geäußert werden, Vorsicht geboten. So verführerisch es sein mag, als Unbetroffener den Finger auf die Wunden der etablierten DDR-Historiographie und deren Vertreter zu legen, so wenig kann doch bei der zwangsläufig nüchterneren Betrachtung eines unbetroffenen westdeutschen Beobachters das "Verantwortungs-Dilemma" der ostdeutschen Geschichtsforscher übersehen werden. Die Dynamik des Zusammenbruchs der DDR verlangte ständig nach neuen Standortbestimmungen, die sich zu existentieller und wissenschaftlicher Desorientierung verdichteten. Das schlagartige Verlassen sämtlicher marxistischer Standards und Denkgewohnheiten einerseits wäre zwangsläufig als wendehälsiger Opportunismus gewertet worden, das Verharren in alten Gleisen hätte andererseits als Borniertheit zum Verlust der persönlichen und wissenschaftlichen Reputation geführt. "Noch gravierender [als die berufliche Lage, K.E.] ist die innere Desorientierung der Wissenschaftler, bei der für viele die Krise des Übergangs zum Neukapitalismus die kritische Auseinandersetzung mit der eigenen Vergangenheit verdrängt. Weder vorschnelle Anpassung noch betonköpfige Verteidigung überlebter Dogmen werden helfen, die Glaubwürdigkeit der Forschung wiederzugewinnen."[3]

Am glaubwürdigsten konnten diejenigen etablierten Historiker bleiben, die mit Dialogbereitschaft, aber doch behutsam an ihre persönliche Neuorientierung und die Aufarbeitung der DDR-Geschichtsschreibung herangingen. Exemplarisch mag hier der Rostocker Historiker Wolfgang Küttler genannt werden, der im November 1991 die zwei Jahre zuvor zurückgewiesene "Magd-These" nunmehr gelten ließ. "Die DDR-Historiographie war von Anfang an und trotz aller schließlich erreichten, interna-

1 Badstübner, Rolf, Die Geschichtsschreibung über die DDR zwischen Krise und Erneuerung, in: BzG 4/90, S. 481-491, 483

2 Jarausch, Konrad, Vom Zusammenbruch zur Erneuerung. Überlegungen zur Krise der ostdeutschen Geschichtswissenschaft, in: ders., Hrsg., Zwischen Parteilichkeit und Professionalität. Bilanz der Geschichtswissenschaft der DDR, Berlin 1991, S. 13-32, S. 17.

3 Jarausch, K., 1991, S. 30

tional akzeptierten Professionalität vieler ihrer Teilgebiete zugleich Staats- und Parteihistorie, gewissermaßen Haus-, Hof- und Staatsaktion zum Ruhme des Regimes und seiner Repräsentanten, wie auch methodisch geregelte, rational betriebene Geschichtswissenschaft."[1]

Die Aufarbeitung der fachlichen Instrumentalisierung der Geschichtswissenschaft der DDR wurde nunmehr in einen wissenschafts- und erkenntnistheoretischen Kontext gerückt. Die Standortbestimmung der DDR-Historiographie erfolgte in dem für alle - auch die nicht-marxistischen - Wissenschaftsdisziplinen konstitutiven Spannungsverhältnis zwischen Objektivität und Parteilichkeit. "Es geht bei der spezifischen Vergangenheitsbewältigung immer um die *einseitige* politische Monopolisierung, das Monopol *einer* Weltanschauung und deren unkritische, andere schädigende Ausübung - nicht um Politik und weltanschauliche Werte schlechthin, ohne die Historie nicht betrieben werden kann..."[2] Ob allerdings die DDR-Historiographie mitsamt ihren methodischen Ansätzen und Ergebnissen als "pure" Wissenschaft von ihren politisch-ideologischen Entstehungsbedingungen so abgelöst werden kann, daß sie nunmehr als marxistischer Zweig in eine pluralistische, gesamtdeutsche Geschichtswissenschaft integrierbar ist, erscheint Küttler selbst zweifelhaft. Zumindest bliebe der logisch-immanente Widerspruch ungeklärt, wie bei genereller Akzeptanz der Wertgebundenheit von Wissenschaft, diese sozusagen positivistisch und wertfrei von einem politischen System ins andere transportiert werden kann.

In der Weiterentwicklung des wissenschaftstheoretischen Ansatzes zur Standortbestimmung der DDR-Historiographie sind auch dessen Grenzen sichtbar geworden. Küttler diskutiert die grundsätzlichen Beschränkungen wissenschaftlicher Arbeit auf dem Hintergrund einer "wachsenden Modernitäts-, Zivilisations- und Kulturkritik" und einem damit verbundenen "wachsenden Skeptizismus gegenüber den Erkenntnismöglichkeiten der Sozialwissenschaften."[3] Jede Wissenschaft stelle Herrschaftswissen zur Verfügung, so lautet sein Credo, deren Geltungsansprüche in verschiedenen politischen Systemen ideologisch mißbraucht und zu repressiven Zwecken genutzt werden könnten. Die kritische Aufarbeitung des marxistisch-

1 Küttler, Wolfgang, Neubeginn der ostdeutschen Geschichtswissenschaft. Bilanz nach dem Zusammenbruch der DDR, in: apuz, B 17-18/92, S. 3-12, S. 6. Es handelt sich um den Abdruck eine Referates auf der Tagung "Zur Geschichte der SBZ 1945-49", das von der Fachgruppe Geschichtswissenschaft der Gesellschaft für Deutschlandforschung im November 1991 gehalten wurde.

2 Küttler, W., 1992b, S. 7

3 Küttler, Wolfgang, Geschichtsperspektiven im Umbruch. Zum aktuellen Stand der Grundlagendebatte über die Geschichtswissenschaft, in: ZfG 8/92, S. 725-736, S. 727.

leninistischen Geschichtsdenkens könne in diesem Zusammenhang dazu beitragen, daß Geschichte als Wissenschaft sich nicht zu sehr von der konkreten Lebenserfahrung der Individuen entferne, oder in Küttlers Worten ausgedrückt, "die Konfrontation von Geschichte als Wissenschaft und von [sic!] lebendiger lebensweltlicher Geschichtsorientierung kritisch zu überwinden. Denn einerseits schärft das Fiasko des vom Marxismus-Leninismus erzwungenen Geltungsmonopols zweifellos die Sensibilität dafür, daß der kognitive Anspruch der Geschichtswissenschaft Grenzen hat, die zu überwinden immer - und wohlverstanden in allen Systemen, wenn auch besonders gravierend in Diktaturen - die Gefahr des Mißbrauchs für eine repressive Herrschaftsabsicherung heraufbeschwört."[1] Hier wäre, den Zusammenbruch der DDR im Blick, zunächst zu ergänzen, daß eben auch die Herrschaftsmacht von Wissenschaft in der Geduld des Individuums ihre Grenzen hat.[2] Bedeutsamer im Kontext der "Vergangenheitsbewältigung" erscheint mir aber, daß eine Wissenschaftskritik der "Postmoderne" nicht von der Auseinandersetzung mit der *konkreten* Beziehung von Geschichte und Politik in der DDR entbinden kann. Denn es war ja keineswegs so, wie Küttler offenbar annimmt, daß es bei der Aufarbeitung der DDR-Geschichtswissenschaft um deren "kognitiven Anspruch" allein ginge. Wenn philosophische Wissenschaftskritik in der Folge der "Dialektik der Aufklärung" die Gefahr des "Umkippens" von Vernunftwissen in Herrschaftswissen als Triumph der instrumentellen Vernunft begreift[3], so hat doch die Geschichtswissenschaft der DDR ihren Geltungs- und Wahrheitsanspruch nicht durch die Zuspitzung ihrer inneren Rationalität erworben, um auf diese Weise über die legitimen Geltungsgrenzen von Wissenschaft hinausgeschossen zu sein. Ihre "instrumentelle" Vernunft war darin begründet, daß die Historiographie sich vom Erkenntnissubjekt gelöst vollzogen hat und gegen dessen Autonomie gerichtet war, ein Vorgang, der nur im politischen und gesellschaftlichen Verwertungszusammenhang der Geschichtsbetrachtung selbst analysiert werden kann. Letztlich muß der Elfenbeinturm einer immanenten Wissenschaftskritik verlassen werden, um zu einer Aufarbeitung der Rolle der Geschichte, der Historiker und ihrer Wissenschaft in der DDR zu gelangen.

1 Küttler, W., 1992 a, S. 736.

2 In den Worten Abraham Lincolns ausgedrückt: "You can fool some people all of the time, and all people some of the time, but you cannot fool all of the people all of the time."

3 vgl. Horkheimer, Max/Adorno, Theodor W., Dialektik der Aufklärung, Frankfurt/M., 1989, S. 31ff.

1.2 Politische Ideologie und Geschichtsbetrachtung

Wird die Geschichtswissenschaft der DDR mit ihrem gesellschaftspolitischen Verwertungszusammenhang konfrontiert, ist sie gleichsam einem "Ideologieverdacht" im Sinne Karl Mannheims ausgesetzt, der darunter ein umfassendes methodisches Mißtrauen gegen jedwede einheitliche Weltdeutung verstand.[1] Haben Ideologien im Zuge der Verweltlichung des Denkens den Charakter von "Ersatzreligionen"[2] angenommen, um der menschlichen Existenz eine Sinnstiftung zu verleihen, so haftete ihnen notwendigerweise der "Mangel" an, eben nicht transzendent, sondern welt- und praxisorientiert zu sein. Damit kamen sie angesichts der Pluralität von Weltanschauungen per se in den Verdacht, partikulare Interessen von Machtgruppen[3] als Menschheitsinteressen auszugeben, mithin den Einzelnen durch die Erzeugung eines "falschen Bewußtseins"[4] zu täuschen, ihm seine Selbständigkeit zu nehmen und ihn zu instrumentalisieren. Insofern den gesellschaftlichen Machtgruppen der manipulative Charakter ihrer Weltbilderzeugung bewußt ist, handelt es sich aus deren Sicht nicht bloß um falsches Bewußtsein, sondern auch um ein "Bewußtsein der Falschheit"[5]

Ideologie besitzt mithin eine Orientierungs- und eine Legitimationsfunktion. Sie kann als "Überzeugungsgemeinsamkeit"[6] wert- und konsensorientierte Grundlage für das Handeln einer Gesellschaft sein, sie kann aber auch ein, die wirklichen Herrschaftsverhältnisse ummäntelndes Instrument der Manipulation sein und somit der Herrschaftslegitimation dienen. Welche ihrer beiden Funktionen im Vordergrund steht, hängt von der Machtstruktur der Gesellschaft ab. In jedem Fall hat sie weningstens einen gewissen Umfang an Problemlösungskompetenz und Realitätsbezogenheit bereitzuhalten, um nicht zur dauernden Stagnation zu führen. Für die jeweiligen Macht- und Herrschaftsgruppen entfaltet sie eine gruppenbindende Qualität und läßt damit Rückschlüsse auf deren Wirklichkeitswahrnehmung und Handlungsstrategien zu. "Ist die Ideologie einmal in die grundlegenden Institutionen und Ziele der neuen Gesellschaft aufgenommen, gerät der Marxismus in eine historische Dynamik, die über die

1 Mannheim, Karl, Ideologie und Utopie, Frankfurt/M., [7]1985, S. 53 und 65ff.

2 Matz, Ulrich, Ideologische Bewegungen in der offenen Gesellschaft, in: Die offene Gesellschaft und ihre Ideologie, hrsg.v. Arthur F. Utz, Bonn 1988, S. 252-270, S. 264.

3 vgl. hierzu auch Ludz, Peter, C., Ideologiebegriff und marxistische Theorie, Opladen 1976, S. 13.

4 Mannheim, Karl, 1985, S. 53 u. 65ff.

5 Marcuse, Herbert, Die Gesellschaftslehre des Sowjetmarxismus, Darmstadt, Neuwied, 1974, S. 92.

6 Matz, U., 1986, S. 259.

Absichten der Führung hinausgeht und der die Manipulatoren selbst erliegen," schreibt Herbert Marcuse über den sowjetischen Marxismus.[1]

Im Hinblick auf den Marxismus-Leninismus in der DDR bedeutet dies, daß die Aussagen der SED eben durchaus einen Wirklichkeitsbezug besaßen und deren politisches Selbstverständnis offenbarten. Sie können, wie Wilhelm Bleek feststellt, zum Ausgangspunkt wissenschaftlicher Analyse gemacht werden, denn "Propaganda ist zwar nicht mit Politik identisch, aber ein Teil der Politik und in diese eingebettet; diese Tatsache ermöglicht es, von propagandistischen Äußerungen auf politische Ziele zu schließen."[2] Dies bedeutet nun aber auch umgekehrt, daß der Marxismus-Leninismus auf politischen Wandel reagieren mußte, ihn integrierte und so veränderte Wirklichkeitskonstellationen reflektierte. So kann zum Beispiel das Leninsche Prinzip der friedlichen Koexistenz als Abkehr vom Universalismus des Marxschen Gedankens der Weltrevolution und damit als ein Reflex auf die geänderten außenpolitischen Rahmenbedingungen der UdSSR in den 20er Jahren verstanden werden. Für unseren Betrachtungszeitraum und -gegenstand stellt sich mithin die Frage, ob es bei der "rigiden Etablierung einer Gesellschaftsordnung bei gleichzeitiger dogmatischer Immunisierung des ideologischen Orientierungsrahmens"[3] in der DDR die ganze Zeit geblieben ist. Clemens Burrichter stellte 1985 die Frage, wie der ideologische Orientierungsrahmen des Marxismus-Leninismus auf die zunehmende "Verwissenschaftlichung der Gesellschaft"[4] reagieren würde.

Überträgt man diese Überlegungen auf die Frage nach der Geschichtsbetrachtung in der DDR, so sind Erkundungen nach der Entwicklung der Geschichtswissenschaft und nach ihrem Einfluß auf den historischen Materialismus, der den geschichtlichen Orientierungsrahmen der DDR repräsentierte, einzuholen. Geht man in diesem Zusammenhang mit Burrichter und auch nach dem Zusammenbruch der DDR noch davon aus, daß dem sozialistischen System nicht "auf der ideologischen Ebene a priori und über die Zeit jede Lernfähigkeit abgesprochen werden..."[5] konnte, so ist entscheidend viel eher, welche Qualität die Einflüsse der Geschichts-

1 Marcuse, H., 1974, S. 26.

2 Bleek, Wilhelm, Einheitspartei und nationale Frage 1945-55, in: Der X. Parteitag der SED. 35 Jahre SED-Politik, vierzehnte Tagung zum Stand der DDR-Forschung in der Bundesrepublik Deutschland. 9. bis 12. Juni 1981, Köln 1981, S. 87-99, S. 98.

3 Burrichter, Clemens, Zur Kontingenz ideologischer Reformation im wissenschaftlichen Zeitalter. Die Funktion der Wissenschaft bei der Reparatur des beschädigten marxistisch-leninistischen Orientierungsrahmens in der DDR, in: Ideologische und gesellschaftliche Entwicklungen in der DDR. Achtzehnte Tagung zum Stand der DDR-Forschung in der Bundesrepublik Deutschland. 28. bis 31. Mai 1985, hrsg. v. Edition Deutschland-Archiv, Köln 1985, S. 50-65, S. 51.

4 Burrichter, C., 1985, S. 54.

5 Burrichter, C., 1985, S. 51.

wissenschaft hatten und in welche Richtung sie wirkten. Waren sie handlungs- und praxisorientiert oder verstärkten sie die dogmatische Immunisierung? Die Antwort auf diese Frage fällt sicher nicht über den gesamten Betrachtungszeitraum einheitlich aus und hängt nicht nur von der Entwicklung der Geschichtswissenschaft selbst, sondern auch von den konkreten Anforderungen des politischen Umfeldes ab.

Jörn Rüsen und Zdenek Vasicek haben ein funktionalistisches Betrachtungsmodell entwickelt, das es erlaubt, Geschichtswissenschaft, ihren ideologischen Rahmen und das politische Umfeld zueinander in Beziehung zu setzen. Sie gehen davon aus, daß die gesellschaftliche und individuelle Orientierungsfunktion von Geschichtsbetrachtung nicht nur für Marxisten-Leninisten typisch ist. "Historisches Denken beruht auf einem fundamentalen und allgemeinen Bedürfnis der menschlichen Lebenspraxis nach Orientierung im Wandel der Zeit. Dieses Orientierungsbedürfnis wird nach Maßgabe allgemeiner Sinnkriterien der menschlichen Lebenspraxis im Hinblick auf die menschliche Vergangenheit umgesetzt, und in diesen Hinsichten gewinnt die menschliche Vergangenheit erst ihren spezifisch historischen Charakter."[1] Rüsen/Vasicek fassen die anthropologisch fundierte Grundlegung der Genese und des Kontextes von historischem Orientierungswissen im Terminus "Historik" zusammen.[2] "'Historik' trägt der Tatsache Rechnung, daß historische Forschung und Erkenntnis den sie leitenden Interessen und praktischen Zwecken verpflichtet sind. Insofern kann die Entwicklung der Geschichtsbetrachtung in der DDR als Verlaufsform einer 'Historik' beschrieben werden, bei der die Vorgaben des historischen Materialismus von der Geschichtswissenschaft innerfachlich zur Konstituierung eines geforderten Geschichtsbildes umgesetzt werden."[3] Die Verwissenschaftlichung der Geschichtsbetrachtung erfolgt allgemein durch den Ausbau eines Instrumentariums, das die methodische "Geltungssicherung der Wahrheit organisiert."[4] In dieser Form nimmt sie dann teil am "sozialen Kampf um die Formierung und Anerkennung historischer Identität."[5]

Im Unterschied zu einem pluralistischen Wissenschaftssystem ist bei der Übertragung des 'Historik'-Modells auf die DDR allerdings zu beachten, daß hier der

1 Rüsen, Jörn/Vasicek, Zdenek, Geschichtswissenschaft zwischen Ideologie und Fachlichkeit. Zur Entwicklung der Historik in der DDR, in: Fischer, A./Heydemann, G., 1988, S. 307-331, S. 309.

2 Rüsen, J./Vasicek, Z., 1988, S. 309f.

3 Rüsen, J./Vasicek, Z., 1988, S. 312

4 Rüsen, J./Vasicek, Z., 1988, S. 310

5 Rüsen, J./Vasicek, Z., 1988, S. 310

geltungssichernde Wahrheitsanspruch nicht im Bereich der spezifischen, intersubjektiv nachprüfbaren Methodik verankert, sondern durch "eine ideologische Basis" vorgegeben [war, K.E.]. 'Ideologische Basis' heißt: Die lebensweltlichen Orientierungsbedürfnisse, die die fachspezifische Erkenntnisarbeit bedingen, wurden offiziell 'parteilich' (durch die herrschende Partei) formuliert, und zugleich wurden durch dieselbe Instanz politischer Herrschaft die dieser parteilichen Bedürfnisinterpretation entsprechenden sinnbildenden theorieförmigen Hinsichten auf die menschliche Vergangenheit ex officio dekretiert."[1]

Zu beachten ist hierbei, daß die ideologische Ausgangsbasis selbst weder en detail expliziert noch invariant war. So bleibt zu prüfen, ob die DDR-Historiographie, wie Hans-Peter Harstick offenbar annimmt, eine originär an Marx orientierte Version des historischen Materialismus ihrer Arbeit zugrunde legte.[2] Ebenso befragenswert erscheint die Annahme einer SED-eigenen Ausprägung des Marximus-Leninismus, wie dies bei Jan Brinks der Fall ist.[3]

Eine Konkretisierung des von Rüsen/Vasicek entwickelten "Historik"-Modells der DDR-Geschichtsbetrachtung könnte sich an den von Fischer/Heydemann vorgeschlagenen Betrachtungsebenen orientieren:

1. das Verhältnis zwischen Partei und Geschichtswissenschaft,
2. die Funktion der Geschichtswissenschaft im marxistisch-leninistischen Herrschaftssystem,
3. die inhaltlichen Akzentuierungen und der theoretisch-methodologische Zugriff,
4. die Institutionalisierung der Geschichtswissenschaft in der DDR.

Fischer/Heydemann geben sich dabei alleine mit der Hervorhebung der politisch-ideologischen Legitimationsfunktion für die Standortbestimmung und Beschreibung der Entwicklung der DDR-Historiographie keineswegs zufrieden. "Die Legitimationsfunktion kann als alleiniges Kriterium für die Einschätzung der

1 Rüsen, J./Vasicek, 1988, S. 313

2 Harstick, Hans-Peter, Marxistisches Geschichtsbild und nationale Tradition. Zur Gegenwartslage der Geschichtswissenschaft in der DDR, Hannover 1988, S. 38

3 Brinks, Jan H., Die DDR-Geschichtswissenschaft auf dem Weg zur Einheit. Luther, Friedrich II. und Bismarck als Paradigmen politischen Wandels, Frankfurt, New York 1992.

Wissenschaftsgeschichte der Historiographie der DDR nicht ausreichen."[1] Es sei durchaus in Rechnung zu stellen, daß es - wie Fischer/Heydemann für die fachwissenschaftliche Ebene konstatieren - zu international anerkannten Leistungen einiger DDR-Historiker und zu einer deutsch-deutschen Historiker-Annäherung gekommen war.[2]

Allerdings scheint der von Fischer/Heydemann unter anderem erbrachte Befund, daß sich "eine offenbar recht freimütige Diskussion zwischen führenden Historikern der Partei und den Wissenschaftssekretären des ZK der SED" in den 80er Jahren entspannt habe, die Interessenidentität von politischer und geschichtswissenschaftlicher Führungselite in der DDR nicht genügend in Rechnung zu stellen. Daß die "Weisungen von oben nach unten ... einem diskursiven Kommunikationsprozeß zwischen SED und Geschichtswissenschaft gewichen" sei, der "durchaus von unten nach oben verlaufen" konnte, ist so sicherlich nur bei einer recht etatistischen Betrachtungsweise unter dem damaligen status quo vor dem Umbruch von 1989 von Bestandskraft.[3] Die betont fachimmanente Betrachtung der Geschichtswissenschaft führt zu einem eindimensionalen Urteil über Politik und Geschichte in der DDR angesichts der fachlich als positiv bewerteten Entwicklungen in der DDR. Hier mag auch die fachliche Verbundenheit der Historiker im Rahmen der seit der Diskussion um Erbe und Tradition in der DDR in den 80er Jahren intensivierten deutsch-deutschen Historikerkontakte eine Rolle gespielt haben. Das Erstaunen über diese Entwicklung in der DDR wurde in der Beschreibung Hans-Peter Harsticks deutlich, der davon berichtet, daß DDR-Historiker an der 1984 vom VEB Deutsche Schallplatten produzierten Aufnahme "Gaudeamus igitur - Studentenlieder" mitgewirkt haben.[4] Die Zusammenarbeit zwischen Historikern aus Ost- und Westdeutschland hatte damals noch etwas "Sensationelles".[5]

So wichtig die differenzierte Betrachtungsweise der DDR-Historiographie für eine angemessene Rezeption der im Rahmen der ideologischen Vorgaben bedeutsamen Neuerungen und Nuancierungen erscheint, so problematisch ist es

1 Fischer, Alexander / Heydemann, Günther, Weg und Wandel der Geschichtswissenschaft und das Geschichtsverständnis in der SBZ/DDR seit 1945, in: dies., (Hrsg.), Geschichtswissenschaft in der DDR. Bd. I: Historische Entwicklung, Theoriediskussion und Geschichtsdidaktik, Berlin 1988, S. 3-33, S. 6.

2 Fischer/Heydemann führen als Erfolgsbereiche der DDR-Historiographie exemplarisch Alltags- und Sozialgeschichte, Agrargeschichte, Volkskunde und Wirtschaftsgeschichte auf, vgl. Fischer, A. / Heydemann, G., 1988, S. 24.

3 Fischer/Heydemann, 1988, S. 16.

4 Harstick, H.-P., 1988, S. 54.

5 Harstick, H.-P., 1988, S. 58.

doch, aus ihrer innerfachlichen Entwicklung Ableitungen auf das Verhältnis von Politik und Geschichte in der DDR vornehmen zu wollen. So nimmt Jan Brinks an, daß die Erweiterung des Blickfeldes auf die gesamte deutsche Geschichte im Rahmen der "Erberezeption" der DDR in den 80er Jahren dazu beigetragen hat, "den deutsch-deutschen Kohäsionskräften Auftrieb zu geben" und zur Entfaltung zu verhelfen.[1] Damit wird der DDR-Geschichtswissenschaft eine Wirkung unterstellt, an die deren Historiker heute selbst nicht mehr glauben. Die Betrachtungsweise verfiele damit in das umgekehrte Extrem früherer Untersuchungen, die, wie es bei Dietmar Kreusel offenbar der Fall war, in der deutschlandpolitischen Praxis der SED den Schlüssel zum Geschichts- und Nationsverständnis erblickten.[2]

Eine Schwäche der geschichtswissenschaftlich orientierten Untersuchungen scheint darin zu liegen, daß sie den politisch-ideologischen Kontext zwar berücksichtigen, aber die innerfachliche Entwicklung zum Gradmesser der politischen Entwicklung machen und damit das interdependente Verhältnis von Ideologie, Wissenschaft und Politik in der DDR einseitig verkürzen. Auch wenn sich in den 80er Jahren eine Diskussion unter den Historikern der DDR und zwischen Parteiführung und Historikern ein "Diskurs" entwickelt haben mag, so ist keineswegs auszuschließen, daß sich beide gleichermaßen gegenüber den innergesellschaftlichen und äußeren Realitäten der DDR verschlossen hatten. So urteilt Andreas Graf jedenfalls: "Die Geschichtswissenschaft hatte sich längst von der Öffentlichkeit verabschiedet und gab sich selbstvergessen ihren akademischen Lüsten und Glasperlenspielen hin."[3]

Die innerdisziplinäre Entwicklung kann nur als eine Determinante des Verhältnisses der DDR zu Geschichte und Nation betrachtet werden. Dies wurde auch von DDR-Historikern immer wieder betont. Wolfgang Küttler und Gustav Seeber[4] zählen in diesem Zusammenhang insgesamt sechs Einflußfaktoren auf:

1. die innergesellschaftliche Entwicklung der DDR
2. die Zielsetzung einer nationalen Identität der DDR
3. die Herausarbeitung eines DDR-Geschichtsbewußtseins

1 Brinks, J., 1992, S. 12.

2 Kreusel, Dietmar, Nation und Vaterland in der Militärpresse der DDR, Stuttgart-Degerloch 1971.

3 Graf, A., 1991, S. 38

4 Küttler, Wolfgang/Seeber, Gustav, Probleme von Erbe und Tradition in der gegenwärtigen Diskussion der DDR-Geschichtswissenschaft, in: Meier, H./Schmidt, W., Hrsg., Erbe und Tradition. Die Diskussion der Historiker, Köln 1989, S. 171-195, S.183ff.

4. die internationalen Rahmenbedingungen des Systemkonflikts
5. die deutsche Teilung und der Kampf um die historische Legitimation
6. die fachspezifische Entwicklung der DDR-Historiographie

In dieser Auflistung wird der politische Verwertungszusammenhang von marxistisch-leninistischer Ideologie und Geschichtsbetrachtung sichtbar.

1.3 Geschichtsverständnis, Geschichtsbild und Geschichtswissenschaft

Ziel der Bearbeitung des historischen Materials für die DDR-Führung war die Präparierung eines spezifisch sozialistischen Geschichtsbildes der DDR, das funktional der Integration der eigenen Bevölkerung durch die Bildung eines sozialistischen Geschichtsbewußtseins dienen sollte. Die egalitäre Ausrichtung der sozialistischen Gesellschaft und die fehlende Leistungsdifferenzierung sollten durch propagandistische Aktivierung des Einzelnen kompensiert werden. Der Sozialismus habe "die aktive, bewußte Mitwirkung möglichst aller Bürger zur Voraussetzung...Dies stellt ganz neue Anforderungen an das Bewußtsein der Menschen, auch an ihr Geschichtsbewußtsein."[1] Mit zunehmender Eigenentwicklung der DDR mußten "Geschichtsbild und Geschichtsbewußtsein zum Teil ... an die Stelle unmittelbarer Kampferfahrungen [treten, K. E.], die die jüngere Generation selbst nicht mehr sammeln konnte."[2] Der Zusammenhang von politisch determinierter Aneignung und Vermittlung des Geschichtlichen wurde in der DDR seit Beginn der 80er Jahre unter den Begriffen "Erbe und Tradition" diskutiert. "Erbe und Geschichte sind nicht identisch. Der Inhalt des Erbebegriffs ist substantiell immer an das Geschichtsbewußtsein geknüpft."[3]

Zur präziseren Konturierung des Verwertungszusammenhanges der DDR-Geschichtswissenschaft ist zu unterscheiden zwischen **Geschichtsverständnis** (Historischer Materialismus) als konzeptioneller Komponente und wertorientierter Grundlage der Geschichtsbetrachtung überhaupt, **Geschichtsbild** als politisch-ideologischer Zielbstimmung der Geschichtsbetrachtung (Praxisorientierung) und

1 Meier, Helmut / Schmidt, Walter, Der Sozialismus in der DDR und sein geschichtliches Erbe, in: dies., Hrsg., Erbe und Tradition. Die Diskussion der Historiker, Köln 1989, S. 318-339, S. 319.
2 Küttler, W./Seeber, G., 1989, S. 175.
3 Küttler, W./Seeber, G., 1989, S. 183

der **Geschichtswissenschaft** als der methodisch-konkreten Komponente zur inhaltlichen Ausgestaltung des angestrebten Geschichtsbildes.[1] Ziel der geschichtswissen-schaftlichen Aktivität war es, eine Korrespondenz zwischen den Entscheidungs-orientierungen des politischen Systems (Ideologie) und den Handlungsorientierungen der Individuen (historisches, politisches und gesellschaftliches Bewußtsein) zu erzeugen[2], oder in den Worten der DDR-Historiker ausgedrückt: "Das jeweilige Verhältnis zum Erbe hängt von der Klassenentwicklung, von den jeweiligen gesamtgesell-schaftlichen Bedingungen,..., und von den Geschichtskenntnissen ab. Die wissenschaftlichen Grundlagen für das Verständnis dieser Zusammenhänge werden durch den dialektischen und historischen Materialismus ...geschaffen. Die Entwicklung der Erbekonzeption ist untrennbar ein Bestandteil der Geschichte des Marxismus-Leninismus."[3]

Für das Verhältnis von Geschichtsbild und Geschichtswissenschaft arbeiteten Fischer/Heydemann[4] eine Komplementarität heraus, die schematisch folgendermaßen abgebildet werden könnte:

Geschichtsbild			Geschichtswissenschaft		
I	1945-50	"Misere"-Theorie	I	1945-47	Bürgerliche Kontinuität
II	1951-56	Freiheits- und Kampftraditionen des deutschen Volkes	II	1948-57	Institutioneller und personeller Umbau, "Sturm auf die Festung Wissenschaft"
III	1957-70	Geschichte der deutschen Arbeiterbewegung	III	1958-66	Abschluß der Konstituierungs- und Konsolidierungsphase
IV	1971-79	DDR im revolutionären Weltprozeß als sozialistische Nation	IV	1967-70	Methodische Ausweitung, "Wissenschaft als Produktivkraft"
V	1980-89	Übergang vom selektiven zum integralen Geschichtsbild / Wende zur Nationalgeschichte	V	1971-89	"Verwissenschaftlichung"

1 Rüsen, J./Vasicek, Z., 1988, S. 312.

2 vgl. Burrichter, C., 1985, S. 52

3 Küttler, W./Seeber, G., 1989, S. 176.

4 Fischer, A./Heydemann, G., 1988, S. 5ff.

1.4 Nationsverständnis und Geschichtsbild

Wenn in dieser Arbeit nach dem Wechselverhältnis von Nationsverständnis und Geschichtsbild gefragt wird, dann ist unter "Nationsverständnis" zunächst der ideologische Reflex des historischen Materialismus auf eine nicht-ideologiegerechte Wirklichkeitsentwicklung zu verstehen. Nationsverständnis signalisiert insoweit eine Anpassungsleistung oder ggf. auch eine Verformung des marxistisch-leninistischen Orientierungsrahmens im Hinblick auf die Resistenz von Nationen, die im geschichtlichen Entwicklungsprozeß auch den Übergang vom Kapitalismus zum Sozialismus überdauert hatten. Die vorliegende Arbeit geht von einer Verformung des universalistisch angelegten historischen Materialismus durch die Erfahrung der Marxschen Adepten mit der Resistenz und Dominanz des "Nationalen" vor und nach dem ersten Weltkrieg aus.[1] Dementsprechend trat marxistisch-leninistische Herrschaft nach dem zweiten Weltkrieg in betont nationalem Gewand auf, um in den sich als stabil erweisenden nationalstaatlichen Einheiten ihren Führungsanspruch legitimieren zu können, wie es beispielsweise in der "Volksfront"-Politik nach 1945 zum Ausdruck kam.[2]

In seiner historischen und für die Geschichtsbetrachtung folgenreichen Bedeutung ging das Nationsverständnis als Unterscheidung zwischen unterdrückten und unterdrückenden Nationen, wie sie von Lenin begründet wurde, in das Geschichtsverständnis ein. Das Denkschema vom Klassengegensatz wurde auf die nationalen Beziehungen übertragen, was im Begriff der "Klassennation" zum Ausdruck kam und später in den von den DDR-Historikern entdeckten "Klassenlinien der deutschen Geschichte"[3] wiederkehrte. Retrospektiv wurde also der Blick und die Selektion von Geschichtsmaterial durch den Filter "Klassennation" geprägt.

Umgekehrt beeinflußte aber auch dieser gewandelte ideologische Orientierungsrahmen die Wirklichkeitswahrnehmung und daraus abgeleitete Handlungsstrategien. So war es lange Zeit ein Gemeingut des Marxismus-Leninismus gewesen, daß internationale Beziehungen zwischen Industriestaaten der westlichen Welt und rückständigen Staaten der sog. "Dritten Welt" immer Klassenauseinandersetzungen seien, in denen die Unterstützung der unterdrückten Nationen den Zusammenbruch des Kapitalismus beschleunigen helfe. Sprachen Theoretiker des Marxismus-Leninismus weniger vom Nationsverständnis, als von der "nationalen Frage", die immer auch eine Klassenfrage sei, so zeigte diese Wendung gleichzeitig an, daß die

1 Marcuse, H., 1974, S. 150

2 vgl. in dieser Arbeit S. 36ff.

3 Küttler, W./Seeber, G., 1989, S. 178.

Dimension des Nationalen seiner eigentlichen Spezifik, nämlich des "Andersseins", entkleidet und in die universalistische Perspektive des historischen Materialismus gestellt worden war. Der Kampf der "Klassennationen" wurde zur modernen Form des Klassenkampfes erklärt und hatte angesichts des Zwangs zur Koexistenz zwischen Sozialismus und Kapitalismus die Rolle des Movens in der Geschichte übernommen.[1] Bei aller äußerst fragwürdigen Simplizität und Dichotomie dieser Welterklärung, war doch durchaus realitätsgerecht, daß mit dem Entkolonialisierungsprozeß seit der Mitte des 20. Jahrhunderts sich die Systemauseinandersetzung zwischen Sozialismus und Kapitalismus zunehmend in die weniger entwickelte Welt verlagerte.

Es stellt sich im Hinblick auf die Ausgestaltung des Geschichtsbildes der DDR allerdings die Frage, ob und inwieweit das oben skizzierte Nationsverständnis friktionslos adaptiert werden konnte. Die "nationale Frage" präsentierte sich in Deutschland nach dem Zweiten Weltkrieg schließlich nicht in einer industriestaatlich rückständigen Weltregion. Das eigentlich Prekäre an der "nationalen Frage" in Deutschland lag überdies in der Zweistaatlichkeit Deutschlands. Zwei Staaten konkurrierten um den Anspruch, der historisch rechtmäßige deutsche Staat zu sein. Für das Geschichtsbild in der DDR mußte dies eine permanente Herausforderung sein. Es ging hier nicht nur darum, den Marxschen Fortschrittsgedanken in den Kategorien von abfolgenden ökonomischen Formationen bis hin zum Sozialismus um den Aspekt des Nationalen historisch zu verankern. Die Tatsache, daß es im Verlauf des historischen "Fortschritts" zu einer staatlichen Teilung kommen konnte, mußte plausibel gemacht werden. Der Plausibilitätsnachweis konnte letztlich nur am historischen Material selbst geführt werden und mußte die Erarbeitung eines entsprechend überzeugenden Geschichtsbildes zum Ziel haben.

Das "historische Material" war die deutsche Geschichte, die damit Teil des politischen Kampfes um die Festigung der eigenstaatlichen Existenz der DDR angesichts der deutschen Teilung wurde. Geschichte und Geschichtsbetrachtung waren im geteilten Deutschland immer "ein Politikum" wie Fischer/Heydemann zu Recht urteilen.[2] Deutsche Geschichte manifestierte sich für die DDR-Führung und für deren Historiker zunächst als gemeinsamer historischer Fundus, der mit der Bundesrepublik Deutschland zu teilen war. Die Frage war letztlich, wie man teilte. In diesem

1 Zur Rolle von Klassen und Fortschritt im Marxismus-Leninismus vgl. auch Sywottek, Arnold, "Marxistische Historik": Probleme und Scheinprobleme, in: Fischer,A./Heydemann, G., 1988, S. 255-268, S. 260ff.

2 Fischer, A./Heydemann, G., 1988, S. 3.

Zusammenhang spielte nun der Aspekt des Nationalen in der DDR eine entscheidende Rolle. Deutsche Geschichte war so in ein Geschichtsbild umzuformen, daß das spezifische Selbstverständnis der DDR, also ihre Eigenschaft als "Klassennation", sichtbar und bewußtseinsbildend werden konnte.

Der Zusammenhang von Geschichtsbild und Nationsverständnis läßt sich im Rückgriff auf das "Historik"-Modell Rüsen/Vasiceks verdeutlichen[1]. Mit dem Geschichtsverständnis wurde der erkenntnisleitende Orientierungsrahmen - der um das Phänomen des Nationalen angereicherte historische Materialismus - gekennzeichnet, innerhalb dessen die Geschichtswissenschaft entsprechend den Vorgaben der SED und nach dem eigenen Kenntnis- und Forschungsstand ein *Geschichtsbild* zu generieren hatte. Im Geschichtsbild drückten sich wiederum die am konkreten historischen Material erarbeiteten Vorstellungen von (deutscher) *Geschichte* und das jeweilige *Nationsverständnis* aus.

Beide Komponenten, das Geschichtsbild und das Nationsverständnis - konnten sowohl gesamtdeutsche, einheitsbezogene als auch abgrenzende, DDR-spezifische Aspekte betonen. Die SED-Führung konnte beispielsweise einen nicht näher explizierten "nationalen" Führungsanspruch für ganz Deutschland postulieren, sie konnte sich aber auch als "sozialistische" Nation von Westdeutschland abgrenzen. Sind im Aspekt des Geschichtlichen zunächst und unzweifelhaft gesamtdeutsche Bezüge vorherrschend, so konnte aber auch hier durch einen selektiven Zugriff, der ausschließlich die "revolutionären" Traditionen der deutschen Geschichte auf die DDR bezog, eine Abgrenzung gegenüber der Bundesrepublik vollzogen werden.

Die beiden Komponenten "Geschichtsbild" und "Nationsverständnis", so die in dieser Arbeit vertretene These, befanden sich in einem antizyklischen Verhältnis zueinander, wobei tendenziell und auf längere Sicht im Nationalen der abgrenzende und im im Geschichtlichen der gesamtdeutsche Aspekt sich durchsetzten. Diese Annahme soll mit einer vorläufigen Begründung versehen werden.

Greifen wir wiederum auf das "Historik"-Modell Rüsen/Vasiceks zurück, war die Präparierung eines eigenen Geschichtsbildes in der DDR den "praktischen Zwekken"[2] verpflichtet, die die Partei- und Staatsführung der DDR festlegte. Im Mittelpunkt stand dabei die ausschließlich auf die DDR selbst bezogene Funktion der "Geschichtsbildproduktion". Die eigenstaatliche Existenz der DDR sollte durch ein

1 vgl. in dieser Arbeit S. 7f.

2 Rüsen, J./Vasicek, Z., 1988, S. 312.

entsprechendes historisches und DDR-spezifisches Bewußtsein der Bevölkerung stabilisiert werden. Deswegen mußte im Geschichtsbild der DDR zumindest eine gegenüber der Bundesrepublik abgrenzende Komponente dominieren. Sah sich die DDR-Führung aufgrund ihres ideologischen Orientierungsrahmens nach 1945 genötigt, den ostdeutschen Staat überhaupt in einen nationalen Bezug zu bringen, so wäre sie ohne eine entschiedene Abgrenzungskomponente in ihrem Geschichtsbild Gefahr gelaufen, ein - ohnehin bestehendes - gesamtdeutsches Bewußtsein wachzuhalten und damit den staatlichen Konsolidierungsprozeß der DDR zu unterlaufen.[1] Eine Abgrenzung vom 1945 vorgefundenen Ergebnis deutscher Geschichte lag insofern nahe, als diese sich zunächst als Scherbenhaufen und damit in ausgesprochen schlechter Verfassung präsentierte. Dies wurde im übrigen nicht nur von marxistisch-leninistischen Geschichtsbetrachtern so empfunden.

Andererseits ist anzunehmen, daß die DDR-Führung hinsichtlich ihrer ideologisch begründeten Gewißheit über den gesetzmäßigen Fortschritt in der Geschichte bemüßigt war, den ostdeutschen Staat als das fortschrittliche und siegreiche Ergebnis deutscher Geschichte herauszustellen. Dies konnte durch die Verkündung einer besonderen "nationalen" Verantwortung für Deutschland erfolgen, die allerdings ohne einen anfänglich nicht näher explizierten Bezug auf die deutsche Geschichte auf Dauer leerlaufen müßte, denn Geschichte und Nation standen in einem untrennbaren Bezug zueinander. Die Schaffung einer nationalen und staatlichen Identität für die DDR blieb deshalb immer an die Verifikation durch die deutsche Geschichte gebunden. Hier erwuchs der DDR-Historiographie die Aufgabe, das spezifisch "DDR-Nationale" im Rückgriff auf die deutsche Geschichte herauszuarbeiten. Je breiter sich dabei der Geschichtshorizont in die Vergangenheit entfaltete, desto mehr historische Berührungspunkte mit dem westdeutschen Staat mußte es geben. Dies konnte nur durch eine verstärkte Abgrenzung in der "nationalen" Komponente des Geschichtsbildes kompensiert werden.

Hiermit ist zunächst noch keine Aussage über den konkreten politischen Bezugsrahmen und dessen einzelne Determinanten im Hinblick auf die jeweilige Akzentuierung von "Geschichte" und "Nation" verbunden. Immerhin soll aber festgehalten werden, daß sich das reale Bedürfnis der staatlichen Abgrenzung gegenüber der Bundesrepublik im historischen Bezugssystem der DDR reflektierte. Es machte sich einerseits als methodisches Problem der "abgrenzenden" Aneignung und

1 Vgl. hierzu Kregel, Bernd, Außenpolitik und Systemstabilisierung in der DDR, Opladen 1979, S.31

Vermittlung von Geschichte, andererseits als inhaltliches Problem der Ausgestaltung des Verhältnisses von Geschichtsbild und Nationsverständnis bemerkbar. "Geschichtswissenschaft war ein Teil der politischen Abgrenzungsstrategie, die...die Eigenständigkeit der DDR, die Existenz einer 'sozialistischen Nation' und die Dauerhaftigkeit der Zweistaatlichkeit Deutschlands zu betonen hatte."[1]

Für die DDR-"Historik" lautete die entscheidende Frage: wie kann deutsche Geschichte retrospektiv so interpretiert und dargestellt werden, daß die deutsche Teilung nicht nur als deren plausibles Ergebnis erscheint, sondern auch die "nationalen" Wurzeln für die spätere DDR sichtbar werden, um den ostdeutschen Staat als Ziel und Krönung der Bemühungen aller Geschichte erscheinen zu lassen?

Mit dieser Frage ist das Leitmotiv dieser Arbeit vorgegeben, die das Wechselverhältnis von Geschichtsbild und Nationsverständnis in der DDR im Bezugsrahmen der "nationalen Frage" in Deutschland von 1945 bis 1989 untersuchen will. Das in Abschnitt 1.3 dargelegte Verlaufschema von Geschichtsbild und Geschichtswissenschaft soll dahingehend genauer analysiert werden, daß das Geschichtsbild und das Nationsverständnis, den Entwicklungsphasen der DDR folgend in ihrer jeweiligen Ausprägung herausgearbeitet und gegenübergestellt werden.

Der Wandel von Geschichts- und Nationsverständnis ist insbesondere von einigen westdeutschen Publikationen zum Untersuchungsgegenstand gemacht worden. Hieran hatte die Neuorientierung der DDR-Geschichtswissenschaft seit 1981 auf eine eigene Nationalgeschichte der DDR entscheidenden Anteil. So hat Johannes Schradi die neue Sicht der DDR-Historiographie auf das 19. Jahrhundert und das Bürgertum untersucht.[2] Hans-Peter Harstick geht dem Zusammenhang zwischen marxistischem Geschichtsbild und der Entwicklung einer nationalen Tradition in der DDR mit der Vermutung nach, daß die DDR insgesamt der deutschen Nationalgeschichte "enger verhaftet geblieben" sei als die Bundesrepublik.[3] Jan Brinks untersucht die Haltung der Klassiker, ihrer Nachfolger und der DDR-Historiographie zum Gedanken der nationalen Einheit, exemplifiziert an der jeweiligen Einschätzung von Reformation, preußischer Geschichte und der Reichsgründung von 1871. Bei ihm wird die Verbindung von "Nations- und Geschichtsdenken" an den

1 Kleßmann, C., 1991, S. 45.

2 Schradi, Johannes, Die DDR-Geschichtswissenschaft und das bürgerliche Erbe. Das deutsche Bürgertum und die Revolution von 1848 im sozialistischen Geschichtsverständnis, Frankfurt/M., Bern, New York 1984.

3 Harstick, H.-P., 1988, S. 19

Kriterien von "Einheit" und "Abgrenzung" explizit thematisiert, wobei er nicht nur zu dem Ergebnis gelangt, daß die positive Bindung an die Reichsgründung von 1871 eine Konstante der marxistisch-leninistischen Bewertung darstellte, sondern auch, daß die DDR-Geschichts-wissenschaft die 1989 vollzogene deutsche Einigung vorbereitet habe.[1] In diesem Zusammenhang könnte die Fragestellung der Arbeit im Hinblick auf das Scheitern des SED-Projektes "Nationalstaat DDR" zugespitzt werden: Hat die Dominanz der gesamtdeutschen Geschichtsbild-Komponente zum Scheitern der DDR in der Weise beigetragen, daß die deutsche Einheit von der DDR-Geschichtswissenschaft und -entwicklung vorbereitet wurde. Verkürzt gefragt, hat sich die deutsche Einigung aufgrund oder trotz der DDR-Geschichtswissenschaft ereignet?

Die Antworten auf diese Frage fallen durchaus kontrovers aus. Von den Historiker-"Dissidenten" aus der DDR selbst wird ein völliges Versagen der Geschichtswissenschaft konstatiert. Weder habe es, auch und gerade in der Umbruchphase der DDR, eine auch nur halbswegs offene fachliche Debatte gegeben, noch habe sie die ihr gestellte Aufgabe, nämlich durch die Implementierung eines DDR-Geschichtsbildes zur Festigung der nationalen Identität der DDR beizutragen, erfüllen können. Von westlichen Historikern wird hingegen aus dem "gesamtdeutschen" Horizont der Geschichtsbetrachtung der DDR die These abgeleitet, daß die DDR-Geschichtswissenschaft die deutsche Einigung vorweggenommen und damit vorbereitet habe. "Die DDR-Führung hatte Luther zur Abgrenzung intendiert. Aber die Auswirkungen äußerten sich im deutsch-deutschen Gespräch, das über Lurthers Haupt hinweg geführt wurde...Hierdurch wurde die Zwei-Staatlichkeitsdoktrin unterwandert; vor allem auch, da Luthers Rehabilitierung unter Berufung auf die ganze deutsche Geschichte stattfand... Luther war gewissermaßen paradigmatisch für Abgrenzung durch Öffnung."[2]

1.5 Das politische Bedingungsgefüge: Systemkonflikt und nationale Frage

Die Struktur und das Verlaufsmuster des Systemkonfliktes zwischen Ost und West werden in der politikwissenschaftlichen Literatur[3] in die Begriffe "Bipolarität"

1 Brinks, J., 1992, S. 13

2 Brinks, J., 1992, S. 306.

3 Link, Werner, Der Ost-West-Konflikt. Die Organisation der internationalen Beziehungen im 20. Jahrhundert, Stuttgart, Berlin, Köln, Mainz, [2]1988, S. 120ff.

und "Bipolarisierung" gefaßt. Unter "Bipolarität" wird der dem Ost-West-Konflikt zugrunde liegende Gegensatz zwischen den USA und der UdSSR aufgrund ihrer jeweiligen gegeneinandergerichteten Ideologien und Machtpotentiale verstanden[1], die beide Staaten zu Hegemonialmächten in ihren Einfluß- und Interessensphären machten. Im Begriff der "Bipolarisierung" wird zum Ausdruck gebracht, daß die nach dem Zweiten Weltkrieg aufgrund der vorherrschenden Bipolarität erfolgte "Rückbildung der Ost-West-Beziehungen (=Regression) [mit einer, K.E.] ...Erhöhung des Beziehungsgrades zwischen den Verbündeten (=Integration) einherging, wobei die jeweilige Führungsmacht der Orientierungspol war..."[2]

Die Integrationsdichte der durch den Systemkonflikt herausgebildeten Allianzen, das heißt, das Ausmaß der Bipolarisierung, wurde bestimmend für den jeweiligen Aktionsradius der Bündnisstaaten und vom Wechselspiel kooperativer und konfrontativer Elemente in den Ost-West-Beziehungen maßgeblich beeinflußt. Hierbei ist allerdings nicht von einem mechanistischen Wirkungszusammenhang zwischen Systemkonflikt und Allianzstrukturen auszugehen. Eine Ost-West-Entspannung (kooperative Elemente) mußte nicht automatisch und auf allen Ebenen zu einer Lockerung der jeweiligen Bündnisse ("Depolarisierung") führen.[3] Eine Öffnung auf der Systemebene konnte im Gegenteil eine dichtere Abschließung des Bündnisses zur Voraussetzung haben.

Der Systemkonflikt gewann in Deutschland seine besondere Bedeutung dadurch, daß er untrennbar mit der nationalen Frage verbunden war. "Die regressive Politik der Eingliederung der SBZ in den sowjetischen Herrschaftsbereich und der Bi- bzw. Trizone in die westliche Interessensphäre bedeutete nicht die Abgrenzung entlang nationaler Territorialgrenzen, sondern die Teilung der deutschen Nation und ihrer Hauptstadt sowie die staatliche Verfestigung dieser Teilung mit der Gründung der Bundesrepublik Deutschland und der Deutschen Demokratischen Republik."[4] Im Rahmen des Systemkonfliktes bildete sich in Deutschland ein "Sonderkonflikt" heraus, der in dessen Verlauf eingebettet war und dessen ordnungspolitischen Gegensätze in sich aufnahm, darüberhinaus aber eben auch eine spezifische nationale Komponente aufwies.[5]

1 Link, W., 1988, S. 120.

2 Link, W., ²988, S. 120.

3 vgl. Link, W., 1988, S. 137

4 Link., W., 1988, S. 119

5 Zur "Einbettungsthese" vgl. Bruns, Wilhelm, Deutsch-deutsche Beziehungen. Prämissen-Probleme-Perspektiven, dritte, erw. und aktualisierte Aufl. Opladen 1982, S. 20ff.

Für die DDR bedeutete Systemabgrenzung damit nicht nur die Gegenüberstellung von Sozialismus und Kapitalismus, sondern auch "nationale" und staatliche Abgrenzung von der Bundesrepublik, mit der sie aufgrund einer gemeinsamen Geschichte und eines Zusammengehörigkeitsgefühls der Bevölkerung beider deutscher Staaten verbunden war. Wie kein anderer Staat des östlichen Bündnisses war die DDR als einer der entwickeltsten sozialistischen Industriestaaten und gleichzeitig als Frontstaat gegenüber dem Westen in einer exponierten Lage. Das permanente Konkurrenzverhältnis zur Bundesrepublik verstärkte den Druck auf die Führung des ostdeutschen Staates, sich als Spitzenreiter des Sozialismus zu profilieren. Im ideologischen Bereich hatte dies zur Folge, daß die Staats- und Parteiführung zum Gralshüter der reinen sozialistischen Lehre und somit auch hier zum traurigen Spitzenreiter wurde.

Welche Bedeutung hatte der Zusammenhang zwischen Systemkonflikt, Allianzbildung und nationaler Frage nun für das Geschichtsbild der DDR? Dem ideologischen Bezugsrahmen des Geschichtsdenkens in der DDR, dem historischen Materialismus, waren "globale" Kategorien vorgegeben. Vergangenheitsbetrachtung, aber vor allem auch die Wirklichkeitswahrnehmung erfolgten im Muster der Abfolge universalistischer Gesellschaftsformationen, bzw. ihrer Gegensätzlichkeit. Insoweit reflektierte das Geschichtsdenken in der DDR nicht nur stets den Systemkonflikt in einer spezifisch marxistisch-leninistischen Sprache, sondern es hatte im Ost-West-Konflikt seinen zentralen Ausgangs- und Orientierungspunkt. Allianzbildung und nationale Frage wurden in diesem globalen Kontext wahrgenommen und wirkten ihrerseits modifizierend auf das Wahrnehmungsmuster ein.

Dabei dürfte die langfristig aushöhlende Wirkung des Systemkonflikts auf die Orientierungs- und Überzeugungskraft der marxistisch-leninistischen Ideologie von kaum zu überschätzender Bedeutung sein. Indem die "strategische Bipolarität"[1] zum dominanten Faktor des Systemkonflikts wurde, das heißt Nuklearrüstung und -bedrohung vorherrschten, verfielen die Blockbeziehungen in ein "Gleichgewicht des Schreckens". Nuklearrüstung und Militärstrategien wurden zum eigentlichen Kommunikationsmedium zwischen Ost und West. Nicht der Klassenkampf der Nationen, sondern das Streben nach gesicherter gegenseitiger Abschreckung wurde

1 Ritter, Klaus, Die Dominanz des Ost-West-Konfliktes, in: Kaiser, Karl/Schwarz, Hans-Peter, Hrsg., Weltpolitik. Strukturen-Akteure-Perspektiven, Bonn 1985, S.89-101, S. 95.

zur eigentlich dynamischen Kraft zwischen den Blöcken.[1] Der damit verbundene Immobilismus innerhalb der östlichen Allianz, ließ anstelle eines Ideologieverdachts den Verdacht auf den Funktionsverlust der Ideologie wach werden. Je mehr sich eine den Status Quo zementierende Machtpolitik durchsetzte, desto weniger Glaubwürdigkeit konnte eine Fortschrittsideologie wie der Marxismus-Leninismus beanspruchen. "Indessen beruht die weltweite Dominanz dieses Systemkonfliktes zunehmend auf dessen machtpolitischen Ausprägungen, d.h. auf den globalen Wirkungen strategischer Bipolarität. Demgegenüber verlieren die ideologischen Grundpositionen, die Gegensatzstellung von Sozialismus und Kapitalismus, jedenfalls in ihrer dogmatischen Form, an Realitätsbezug. Soweit die unterschiedlichen Bauprinzipien und Antriebe der jeweiligen Herrschaftsformen in Frage stehen, behält der Bezug zur Ideologie eine Legitimations- und Steuerungsfunktion. Zur Lösung der tatsächlich anstehenden Probleme beider Seiten...wird er zunehmend unergiebig."[2] Diese Tatsache kam in der DDR nicht zuletzt dadurch zum Ausdruck, daß die SED und ihre Historiker am Ende angesichts der Nuklearbedrohung die "Menschheitsinteressen" als vorrangig gegenüber den Klasseninteressen einstuften.

Hinzu kam, daß die "Philosophie der Abschreckung" selbst auf einer "Anti-Ethik" basierte, die mit den Zukunfts- und Glücksverheißungen eines Marxismus-Leninismus nur schwerlich in Einklang zu bringen waren: der Rechtszustand des Friedens sollte aus dem Unrecht der Androhung einer nuklearen Menschheitsvernichtung erwachsen.[3]

Wenn eine Korrespondenz zwischen militärischer Machtdominanz und dem Verfall der östlichen Ideologie angenommen werden kann, dann hatte auch die offizielle Geschichtsbild-Produktion in der DDR kaum mehr schlüssige Wirklichkeitsorientierung zu bieten. Insofern hat die These einiges für sich, daß am Ende allenfalls noch die die Führung der DDR und ihre Historiker an das selbstentworfene Geschichtsbild glaubten, vom Verstehen ganz zu schweigen. "Mit der wachsenden Krise und Überlebtheit des Systems machten sich... Tendenzen einer dogmatischen Abschottung, der Sterilität und fehlender Innovationsbereitschaft auch innerhalb der Forschung und Lehre bemerkbar."[4]

1 Kaiser, Karl, Kernwaffen als Faktor der internationalen Politik, in:Kaiser, Karl/Schwarz, Hans-Peter, Hrsg., Weltpolitik. Strukturen-Akteure-Perspektiven, Bonn 1985, S. 102-118, S. 103.

2 Ritter, K., 1985, S. 90

3 Glucksmann, André, Philosophie der Abschrekcung, Stuttgart [2]1984, S. 45ff.

4 Küttler, W., 1992b, S. 8.

Denn angesichts der Komplexität des Zusammenhangs von Systemkonflikt und nationaler Frage muß es zweifelhaft erscheinen, ob und inwieweit überhaupt ein in sich konsistentes Geschichtsbild für die DDR konstituierbar war. Daß Partei- und Staatsführung es sich nicht glaubten leisten zu können, die Bevölkerung selber über Vergangenheit und Zukunft nachdenken zu lassen, war ihrem spezifischem Legitimationsverständnis geschuldet. Geschichtsdenken war eben "Staatsdoktrin" der DDR, in der sich das staatliche Selbstverständnis ausdrücken und in Form eines überzeugenden Geschichtsbildes an die Bevölkerung weitergegeben werden sollte. Nun waren im Geschichtsbild der DDR aber eine ganze Reihe unterschiedlicher und z.T. auch widersprüchlicher Informationen zu bündeln. Dabei waren die globale Auseinandersetzung im Rahmen des Ost-West-Konfliktes als Etappe auf dem weltweiten Sieg des Sozialismus, der "Bruderbund mit der Sowjetunion" sowie der Aufbau der sozialistischen DDR als entscheidende Wendemarken darzustellen. Gleichzeitig war aber auch begreifbar zu machen, warum dieser Weg des historischen Fortschritts mit der staatlichen Teilung Deutschlands verbunden war und dennoch im "nationalen" Interesse lag.

In diesem Zusammenhang ist zu vermuten, daß die DDR-Führung den "Gebrauchswert" des Geschichtsbildes darin sehen zu können glaubte, daß es je nach Bedarfslage variabel ausgestaltet werden konnte. Indem es, ebenso wie das Nationsverständnis, zwischen einer gesamtdeutschen und einer nur auf die DDR bezogenen Bedeutung osszillieren konnte, gewann es seinen eigentlichen praxisorientierten und damit auch ideologischen Charakter. Sollte sich diese Annahme bestätigen, dürfte sich auch die Bedeutung der "Verwissenschaftlichung" der Geschichtsbetrachtung relativieren. Sie hätte dann lediglich den "pool" des einsetzbaren Herrschaftswissens erweitert. Küttler spricht davon, daß mit der zunehmenden Differenzierung des sozialistischen Systems der DDR die Herrschafts- und Legitimationsfunktion eine "wissenschaftliche Professionalisierung"[1] erfuhr.

Wenn zum Beispiel der separatstaatliche Aufbau der DDR nach 1945 unter dem Signum eines "nationalen" Kampfes für die Einheit Deutschlands vollzogen wurde, so legitimierte diese Wendung eine politische Praxis, auf die die Wortwahl nicht eindeutig abgehoben hatte. Es wurde "falsches Bewußtsein" gestiftet. Denn ohne in Zweifel

1 Küttler, W., 1992b, S. 10.

zu ziehen, daß die SED-Führung überzeugt war, daß nach der Erfahrung des Nationalsozialismus der Sozialismus die Zukunftsperspektive für ganz Deutschland darstelle, ist nicht davon auszugehen, daß ihr die Aussichtslosigkeit eines "nationalen" Kampfes unter den Bedingungen des Ost-West-Konfliktes verborgen geblieben war.

Verallgemeinernd wollen wir unterstellen, daß der Konjunkturverlauf des Ost-West-Konfliktes zwischen konfrontativen und kooperativen Elementen die Auswahl der Komponenten "Geschichte" und "Nation" geprägt hat. In konfrontativen Phasen konnten die gesamtdeutschen Aspekte in den Vordergrund treten, in kooperativen Phasen, wenn der globale Abgrenzungsmechanismus entfiel, mußte durch DDR-spezifische Aspekte im Geschichtsbild oder Nationsverständnis nachgeholfen werden.

Der Systemkonflikt und dessen Verlauf, vermittelt über die Ausgestaltung von Allianzstrukturen und modifiziert durch den deutschen Sonderkonflikt wird in der vorliegenden Arbeit als *politisches Bedingungsgefüge der DDR* verstanden, das auf die Geschichtsbild-Produktion in der DDR eingewirkt hat. Damit kann die in Abschnitt 1.3 aufgeworfene Fragestellung folgendermaßen komplettiert werden: welchen Einfluß hat das politische Bedingungsgefüge auf die Herausarbeitung von Geschichtsbild und Nationsverständnis in der DDR gehabt?

1.6 Zielsetzung, Aufbau und Methode

Fassen wir die im Vorangegangenen aufgeworfenen einzelnen Fragestellungen zusammen, so ergibt sich folgendes Bild:

1. In welches Verhältnis wurden Geschichtsbild und Nationsverständnis von der DDR-Historiographie gestellt, um die deutsche Teilung plausibel zu machen, die Eigenstaatlichkeit der DDR historisch zu untermauern und eine nationalstaatliche Identität zu erzeugen?

2. Welchen Einfluß hatte das politische Bedingungsgefüge der DDR auf die Ausgestaltung des jeweiligen Verhältnisses von Geschichte und Nation?

3. Inwieweit hat die DDR-Geschichtswissenschaft zur Herstellung der deutschen Einheit beigetragen?

Die Fragestellungen der vorliegenden Arbeit zielen, in einen weitergefaßten Rahmen gestellt, auf die Bestimmung des Verhältnisses von politischer Ideologie (Geschichtsbild) und politischer Praxis (politisches Bedingungsgefüge) in der DDR ab. Damit versucht sie einen Beitrag zur kritischen Aufarbeitung der marxistisch-leninistischen Geschichtswissenschaft, wie er beispielsweise von Wolfgang Küttler angemahnt wurde[1], zu leisten, ohne sich allerdings auf eine immanente Betrachtung der Entwicklung der DDR-Geschichtswissenschaft zu beschränken. Im Rahmen der DDR-"Historik" nahm die Geschichtswissenschaft auch und vor allem die Rolle eines Ideologieproduzenten ein. Wird also, wie dies bei Küttler der Fall ist, nach den Geltungsgrenzen von Wissenschaft gefragt, so ist im Zusammenhang mit der politischen Praxis des DDR-Systems auch die Frage nach den Grenzen der Ideologiebildung zu stellen.

Ein ideologiekritisches Vorgehen zielt darauf ab, die Differenz von Gesagtem und Gemeintem sichtbar zu machen und am Maßstab der politischen Praxis zu bewerten. Was kann die Frage nach dem Geschichtsbild der DDR seines Wechselverhältnisses mit dem Nationsverständnis im Verlauf des Ost-West-Konfliktes in diesem Zusammenhang leisten? Die Komponenten "Geschichte" und "Nation" symbolisieren das Spannungsverhältnis der DDR zwischen eigenstaatlicher Existenz und gesamtdeutscher Verbundenheit auf jeweils eigene Weise. Wenn die DDR-Führung das Ziel der staatlichen Konsolidierung durch die Herausbildung einer auf die DDR bezogenen Identität verfolgte, mußte sie bestrebt sein, beide Elemente in ein kohärentes Verhältnis zu bringen, was letztlich die Orientierung auf einen "Nationalstaat DDR" bedeutete.

Das jeweilige Verhältnis von "Geschichte" und "Nation" kann als Indikator angesehen werden für jene Störungen und Friktionen, die eine Herausbildung der erstrebten nationalstaatlichen Identität der DDR, wie sie durch das offizielle Geschichtsbild vermittelt werden sollten, verhinderten. Die Friktionen sind im politischen Bedingungsgefüge der DDR selbst begründet und wirken auf die Geschichtsbildgestaltung durch die DDR-Historiographie und die SED-Führung ein.

1 vgl. S. 3f in dieser Arbeit.

Von der methodischen Anlage her gliedert sich die vorliegende Arbeit nicht ohne weiteres in einen der Ansätze der Deutschlandforschung ein, weil das in Betracht gezogene politische Bedingungsgefüge der DDR sowohl den innenpolitischen als auch den Rahmen des deutsch-deutschen Vergleiches verläßt.[1] In dieser Arbeit wird der Versuch unternommen, einen allianzpolitischen Ansatz, wie er beispielsweise von Roger Morgan für die Analyse der deutsch-amerikanischen Beziehungen entwickelt wurde, auf die DDR, den Handlungsrahmen und das politische Verhalten ihrer Staats- und Parteiführung zu übertragen. Einflüsse auf Regierungen und Regierungsentscheidungen gehen nach Morgan von vier Ebenen aus:
"a) vom innenpolitischen System...;
b) von der bilateralen Allianzbeziehung;
c) von der multilateralen Allianz;
d) vom internationalen System als Ganzem, insbesondere mit Einschluß der Beziehungen zu dem potentiellen Gegner der Allianz."[2]

Als Eigentümlichkeit und Abweichung von diesem vierstufigen Aufbauschema geht der Umstand ein, daß für die DDR-Führung die "besonderen Beziehungen" zur Bundesrepublik eine ganz wesentliche Bedeutung hatten, die als eigene Betrachtungsebene in die vorliegende Arbeit einzufügen sind. Bilaterale und multilaterale Allianzbeziehungen wurden zu einer Ebene zusammengefaßt. Die Ausgestaltung des Geschichtsbildes unter dem Einfluß des jeweiligen Nationsverständnisses ist in diesem Zusammenhang als eine Handlungsentscheidung der DDR-Führung zur Systemstabilisierung in einem sich wandelnden innen- und außenpolitischen Umfeld zu verstehen. "Im gesamten Entscheidungsgefüge jeder Regierung sind Entscheidungen der Kategorie A [innenpolitische, K.E.] die wichtigsten"[3], doch werden die Handlungsentscheidungen von allen vier Ebenen beeinflußt. Der Wandel der staatlichen Existenzbedingungen der DDR läßt sich alleine mit der Kategorie der Innenpolitik, so wichtig diese auch ist, nicht hinreichend erklären. Geht man davon aus, daß das Bündnis mit der UdSSR eine entscheidende Voraussetzung und Existenzgarantie für die DDR war, gilt die Überlegung Morgans uneingeschränkt: "die eigentliche

1 vgl. hierzu Bleek, Wilhelm, Deutschlandforschung, in: Weidenfeld, Werner/Korte, Karl-Rudolf, Handwörterbuch zur deutschen Einheit, Bonn [2]1992, S. 154-161

2 Morgan, Roger, Washinghton und Bonn: Eine Fallstudie für Allianz-Politik, in: Knapp, Manfred, Hrsg., Die deutsch-amerikanischen Beziehungen nach 1945, Frankfurt New York 1975, S. 170-187, S. 185.

3 Morgan, R., 1975, S. 185.

raison d' etre eines Allianzverhältnisses ist die Existenz einer Gegnerschaftsbeziehung, und alle bedeutenden Veränderungen in der Perzeption beider Bündnispartner bezüglich der letzeren müssen der Haupteinflußfaktor für den Wandel der Beschaffenheit der ersteren sein."[1]

Die vorliegende Arbeit will sichtbar machen, von welchen Ebenen des politischen Bedingungsgefüges (Systemkonflikt, Ostintegration, Beziehungen zur Bundesrepublik, innere Entwicklung der DDR) im Verlauf der 40-jährigen DDR-Geschichte Impulse und Anforderungen an die SED und ihr ideologisches Orientierungssystem ausgingen und wie sie im jeweils propagierten Geschichtsbild aufgenommen wurden. Damit nimmt die politische Strategie der SED zur Verknüpfung von externen Anforderungen an das politische System der DDR mit dem Ziel innerer Stabilisierung eine zentrale Stellung ein.

Die vorliegende Arbeit bewegt sich somit auf zwei Problemfeldern, die zum Scheitern des politischen Systems der DDR beigetragen haben: dem Spannungsverhältnis zwischen politischer Ideologie und politischer Praxis und der Wechselwirkung zwischen Außen- und Innenpolitik in der DDR. Im Hinblick auf den Zusammenbruch der DDR hob Gert-Joachim Glaeßner hervor, daß in beiden Bereichen noch "gravierende Desiderata der Forschung" bestünden. "Die Frage hätte deutlicher gestellt werden müssen, was die Vorstellung eines monistischen Gesellschaftsmodells in einer modernen Welt bedeutet, die sich durch hochkomplexe und diversifizierte gesellschaftliche und politische Strukturen auszeichnet."[2] Das Gleiche gelte auch für die Betrachtung der "innenpolitischen Konsequenzen der Veränderung der äußeren Rahmenbedingungen"[3] der DDR.

Am allianzpolitischen Ansatz orientiert sich auch der Aufbau der Arbeit, dessen einzelne Kapitel prinzipiell die Einflußebenen des politischen Bedingungsgefüges abschichten und mit den jeweiligen Ausprägungen von "Geschichte" und "Nation" aus SED-Sicht verknüpfen:

1. Ost-West-Konflikt
2. Bündnisintegration der DDR

1 Morgan, R., 1975, S. 186.

2 Glaeßner, Gert-Joachim, Bremer Symposium über Deutschland- und DDR-Forschung, in: DA 10/90, S. 1863-1868, S. 1864.

3 Glaeßner, G.-J., 1990, S. 1684.

3. Deutsch-deutsche Beziehungen
4. Innere Entwicklung der DDR
5. Geschichtsbetrachtung in der DDR

Der Darstellungszeitraum wurde in sechs Phasen gegliedert, die ihrerseits die enge Verflechtung des Systemkonflikts mit den deutsch-deutschen Beziehungen und der DDR-Entwicklung deutlich machen[1]: 1. Von der Reorganisation der SBZ bis zur Staatsgründnung der DDR (1945-49), 2. Von der Staatsgründung bis zur Souveränität der beiden deutschen Staaten und der Zwei-Staaten-These (1949-55), 3. Von der Souveränität bis zur Abriegelung der DDR (1955-61), 4. Von der Abriegelung bis zum Beginn der Entspannungspolitik und der Zwei-Nationen-These (1961-1971), 5. Von der der Entspannungspolitik zur Ost-West-Konfrontation und der Wende zur Nationalgeschichte in der DDR (1971-81), 6. Von der Konfrontation zum nationalstaatlichen Höhepunkt der DDR (1981-1987) und 7. Das Scheitern des Nationalstaates DDR (19878-1989).

Die Strukturierung des Problemhorizontes und die Ausarbeitung des politischen Bedingungsgefüges der DDR erfolgte anhand von Sekundärliteratur. Als Ausgangsmaterial zur Untersuchung und Darstellung des Problemkreises von Geschichts- und Nationsverständnis und Geschichtsbild dienten die Texte der Klassiker des Marxismus-Leninismus, die Dokumente der SED, das ZK-Organ "Einheit" sowie Veröffentlichungen der DDR-Historiker in der "Zeitschrift für Geschichtswissenschaft". Bei der Auswahl der Texte aus der DDR wurden folgende inhaltliche Kriterien zugrundegelegt: Aufgabenzuweisungen der SED an die Geschichtswissenschaft, parteioffizielle Aussagen zum Geschichtsverständnis und -bild der DDR, Untersuchungen von DDR-Historikern mit Bezug zu Geschichte und Nation. Als zeitliches Auswahlkriterium dienten besondere Wendemarken im politischen Bedingungsgefüge der SBZ/DDR, wie zum Beispiel die Staatsgründung der DDR oder der Übergang zur Entspannungspolitik.

Die Nutzung offizieller Quellen und Publikationen und der Verzicht auf Archivmaterialien wird damit begründet, daß es der vorliegenden Arbeit darauf ankommt, das Verhältnis von Ideologie und Politik sowie Innen- und Außenpolitik am

1 Kuppe, Johannes, Phasen, in: 3 Jahrzehnte Außenpolitik der DDR, hrsg. v. Jacobsen, H.A./Leptin, G./Scheuner, U./Schulz,E., München, Wien 1979, S. 173f.

Beispiel des von der SED *propagierten* Geschichtsbildes zu untersuchen. Die Untersuchung des politischen Entscheidungsprozesses innerhalb der geschichtsbild-produzierenden Institutionen des politischen Systems der DDR selbst ist an dieser Stelle nicht beabsichtigt.

2. GESCHICHTS- UND NATIONSVERSTÄNDNIS IM MARXISMUS-LENINISMUS

2.1 Geschichtsverständnis und Herrschaftslegitimation

Das Geschichtsverständnis des Marxismus-Leninismus, der historische Materialismus, besaß eine praktisch-politische Bedeutung für die Herrschaftslegitimation der marxistisch-leninistischen Partei, insofern nahm es einen zentralen Platz in der gesamten Lehre des Marxismus-Leninismus ein. Folgende Prinzipien waren für den historischen Materialismus konstitutiv:

1. *Die Dialektik von Produktivkräften und Produktionsverhältnissen*: Die Produktivkräfte (Menschen, Produktionsmittel) bestimmen den Entwicklungsstand der Geschichte. Ihre Entfaltung unterliegt durch die Produktionsverhältnisse bestimmten Schranken, die nur durch deren Revolutionierung (z.B. Änderung der Eigentumsstruktur) beseitigt werden können.[1]

2. Die *Existenz gesellschaftlicher Klassen* ist durch den Besitz/Nichtbesitz an Produktionsmitteln bedingt und der gesellschaftliche Antagonismus der Klassen ist das "innere Movens" der Geschichte.[2]

3. Der *Geschichtsablauf* ist in *ökonomische Gesellschaftsformationen* gegliedert, die durch den jeweiligen Stand von Produktivkräften und Produktionsverhältnissen (als Basis) gebildet werden und als historisch abgrenzbare, aufeinanderfolgende Geschichtsstadien mit einem spezifischen Überbau versehen sind. Es gibt insgesamt fünf ökonomische Gesellschaftsformationen: Urgesellschaft, Sklavenhaltergesellschaft, Feudalismus, Kapitalismus, Kommunismus/Sozialismus.[3]

4. Der *Geschichtsverlauf* ist durch die jeweilige Konstellation von Produktivkräften und Produktionsverhältnissen determiniert und verläuft *gesetzmäßig und*

1 Autorenkollektiv unter der Leitung von Schulz, Gertrud, Hrg., Kleines Politisches Wörterbuch, dritte überarb. Auflage, Berlin-Ost 1978, S. 715ff.; vgl auch Heydemann, Günther, Geschichtswissenschaft im geteilten Deutschland. Entwicklungsgeschichte, Organisationsstruktur, Funktionen, Theorie- und Methodenprobleme in der Bundesrepublik Deutschland und in der DDR, Fankfurt/M. Bern Cirencester 1980, S.203

2 Wörterbuch 1978, S.712ff.; vgl. auch Heydemann, G., 1980, S.203

3 Wörterbuch 1978, S. 645ff.

teleologisch. Mit der Ausweitung der Produktivkräfte wird dieser Geschichtsprozeß globaler, gleichzeitig bewegt er sich auf seinen Endzustand des Kommunismus zu.[1]

5. Die *historische Mission des Proletariats* als revolutionärer Klasse im Kapitalismus (der vorletzten ökonomischen Gesellschaftsformation) besteht in der Abschaffung der privaten Eigentumsverhältnisse und der endgültigen Aufhebung des Antagonismus zwischen Produktivkräften und Produktionsverhältnissen. Da dieser Umstand universale Befreiung der Menschheit von Ausbeutung und Fremdbestimmung bedeutet, vertritt die Arbeiterklasse keine partikularen Klassenziele mehr, sondern sie handelt im Interesse der Menschheit.[2]

6. Hieraus wurde das *Prinzip der Parteilichkeit* als Wahrheitskriterium für die Theorie und die führende Stellung der Partei der Arbeiterklasse für die Praxis gefolgert. Die historische Mission der Arbeiterklasse verlangt zwingend die praktische und theoretische Parteinahme, da die "Stellungnahme für den proletarischen Standpunkt mit der Erkenntnis der objektiven Wahrheit des historischen Prozesses" zusammenfällt.[3]

7. Die Partei kennt die Gesetzmäßigkeiten der Geschichts-und Gesellschaftsentwicklung - die Wahrheit des historischen Prozesses - und sie vertritt die Interessen der Arbeiterklasse aus dieser Kenntnis heraus und löst damit die *Einheit von Theorie und Praxis* ein.

Die Arbeiterklasse selbst war nach marxistisch-leninistischer Auffassung nicht fähig, ihre Interessen selbst zu vertreten, weil sie sich nicht als "Klasse für sich", d.h. als revolutionäres Subjekt konstituiert hatte.[4] Unter dem Einfluß der harmonisierenden Ideologie des Kapitalismus war der Klassengegensatz befriedet und die Arbeiterklasse integriert worden.

Die marxistisch-leninistische Partei nahm die revolutionäre Zielsetzung der Arbeiterklasse auf und erhielt dadurch als "Avantgarde des Proletariats" eine historische und gesellschaftliche Führungsrolle.

Die Führungsrolle der Partei wurde mit der vorgeblichen Gesetzmäßigkeit des

1 Wörterbuch 1978, S.645

2 Wörterbuch 1978, S. 60ff.; vgl.auch Heydemann, G., 1980, S.205

3 Heydemann, G., 1980, S.205; Wörterbuch 1978, S. 679ff.

4 Marcuse, Herbert, Die Gesellschaftslehre des sowjetischen Marxismus, Darmstadt, Neuwied 1979, S. 37f.

historischen Prozesses begründet und verlagerte das Legitimationsverfahren von einer empirisch-praktischen (Wahlen, Partizipation) auf eine geschichts-und erkenntnistheoretische Ebene. Die Partei entzog sich in der Praxis dadurch einer Rechenschaftslegung ihrer Maßnahmen gegenüber den Regierten und ließ die Theorie durch den Verzicht auf eine konkret-historische Festlegung zur Ideologie gerinnen. An die Stelle empirischer Uberprüfbarkeit trat "die scheinbar streng szientifische Gesetzlichkeit, aus der sich politische Folgerungen ableiten lassen, die dann ihrerseits den Anschein von szientifischer Strenge und Unausweichlichkeit haben..."[1]

Die Arbeiterklasse selbst wurde zum Objekt der Politik; sie wurde von der marxistisch-leninistischen Partei geführt. Die Distanz zwischen Partei und Arbeiterklasse war ein konstituives Merkmal marxistisch-leninistischer Herrschaft. "Indem die Partei, als politische Institution, nicht als organisierte Arbeiterschaft verstanden, definitorisch bestimmt, was in der jeweiligen historischen Situation als Notwendigkeit zu gelten, wie die politische Praxis auszusehen habe, welche Interpretationen der Theorie die jeweils richtige sei, fungiert sie als politischer Souverän."[2] Dieses konstitutive Herrschaftsmerkmal kommunistischer Systeme, die politische Distanz zwischen Partei und Bürger, sollte durch das Theorem der "Einheit von Staat und Volk" ideologisch überbrückt werden.

1 Haufe, Gerda, Dialektik und Kybernetik in der DDR. Zum Problem von Theoriediskussion und politisch- gesellschaftlicher Entwicklung im Übergang zur wissenschaftlich-technischen Revolution, Berlin 1980, S.64

2 Haufe, G., 1980, S.61

2. 2 Zum Nationsbegriff bei den "Klassikern"

Wohl ist im Grundgerüst des historischen Materialismus von Klassen, insbesondere der Arbeiterklasse und ihrer marxistisch-leninistischen Partei, die Rede; der Nationsbegriff besitzt aber offensichtlich keine nennenswerte Bedeutung. Daher soll die Haltung der Klassiker unter folgender Fragestellung dargestellt werden: Welche Rolle spielte die Nation beim gesetzmäßigen Übergang vom Kapitalismus zum Sozialismus aus ihrer Sicht?

2.2.1 Marx und Engels

Entwicklungsprobleme der Nationen und spezielle Nationalitätenfragen spielten bei Marx und Engels eine eher untergeordnete Rolle, die zentrale Kategorie ihres geschichtsphilosophischen Denkens war das Prinzip der Universalität.[1] Der Kommunismus konnte als Endzustand der Menschheitsgeschichte nur die dialektische Negation des Zustands der gegenseitigen Abgeschiedenheit bürgerlicher Nationalstaaten im Weltmaßstab bedeuten.[2]
"Die Marxsche Revolutionstheorie beruhte auf der Hypothese, daß das Proletariat nicht nur in ökonomisch-sozialer, sondern auch in universaler Beziehung die Negation der Negation darstellte, daß es aufgrund seiner Rolle als weltgeschichtliche Klasse die gesamte bisherige Geschichte aufheben werde."[3] Marx und Engels schrieben 1845/46: "Der Kommunismus ist empirisch nur als Tat der herrschenden Völker "auf einmal" und gleichzeitig möglich, was die universelle Entwicklung der Produktivkraft und den mit ihm zusammenhängenden Weltverkehr voraussetzt."[4]

1 Mommsen, Hans, Sozialismus und Nation. Zur Beurteilung des Nationalismus in der marxistischen Theorie, in: Engelhardt, Ulrich/Sellin, Volker/Stuke, Horst, Hrg., Soziale Bewegung und politische Verfassung. Beiträge zur Geschichte der modernen Welt, Stuttgart 1976, S. 653-676, S.659; vgl. auch Kolakowski, Leszek, Die Hauptströmungen des Marxismus. Entstehung - Entwicklung - Zerfall, Band 3, München 1979, S.422

2 Mommsen, Hans, Martiny, Albrecht, Nationalismus, Nationalitätenfrage, in: Sowjetsystem und demokratische Gesellschaft, hrsg. v. C.D.Kernig, Frankfurt/M. 1973-1974, Sp.623-695, Sp.649; vgl. auch Löwy, Michael, Die nationale Frage und die Klassiker des Marxismus, in: Nairn, Tom/Hobsbawn, Eric/Debray, Régis/Löwy, Michael, o. Hrsg., Nationalismus und Marxismus. Anstoß zu einer notwendigen Debatte, Berlin 1978, S. 102-126, S.103

3 Mommsen, H., 1976, Sp.660

4 Marx, Karl/Engels, Friedrich, Werke, hrsg. v. Institut für Marxismus-Leninismus beim ZK der SED, Band 3: 1845 - 1846, S.35

Die Entwicklung der bürgerlichen Ökonomie, vor allem die weltweite Ausdehnung der kapitalistischen Marktbeziehungen, würde die Voraussetzung für die globale proletarische Revolution selbst hervorbringen. Der Marxsche "Freihandelsoptimismus"[1] nahm an, daß die Globalisierung der kapitalistischen Produktionsverhältnisse nationale Differenzierungen einebnen und eine weltweite soziale Proletarisierung verursachen würde, die die Bedingung für eine kommunistische Revolution darstelle.[2]

Der bürgerliche Nationalstaat stellte aus Marxscher Sicht ein notwendiges Zwischenglied der historischen Entwicklung beim Übergang zum Kommunismus dar. Einerseits fungierte er als Entwicklungsrahmen für die Zentralisierung und Steigerung der Produktivkräfte, andererseits "trug er den Keim zu seiner Überwindung in sich", sowohl in sozialer als auch in nationaler Hinsicht.[3] Die industriell-kapitalistische Entwicklung erzeuge "überall dieselben Verhältnisse zwischen den Klassen der Gesellschaft und vernichtete dadurch die Besonderheit der einzelnen Nationalitäten. Und endlich, während die Bourgeoisie jeder Nation noch aparte nationale Interessen behält, schuf die große Industrie eine Klasse, die bei allen Nationen dasselbe Interesse hat und bei der die Nationalität schon vernichtet ist, eine Klasse, die wirklich die ganze alte Welt los ist und zugleich ihr gegenübersteht."[4]

Die "Entnationalisierung" des Proletariats wurde als ein Bestandteil der kapitalistischen Entwicklungsphase erachtet, der Gedanke einer "Annäherung der Nationen" im Sozialismus, wie er uns später bei Lenin begegnet, war Marx und Engels in jeder Hinsicht fremd. Das Proletariat war wesentlich "antinational" und soweit von einer Verbrüderung ("Fraternisierung") der Nationen die Rede war, hieß es: "Die Proletarier allein können die Nationalität vernichten, das erwachende Proletariat allein kann die verschiedenen Nationen fraternisieren lassen."[5]

In den Revolutionsjahren 1848/49 hatte sich nicht nur gezeigt, daß das deutsche Bürgertum sein "Klassenziel", die Herstellung eines geeinten Deutschlands, nicht erreicht hatte.[6] Die gesamte Marxsche Prognose einer ungehinderten Durchsetzung der kapitalistischen Produktionsverhältnisse wurde durch die revolutionshemmende

1 Löwy, M., 1978, S.102
2 MEW, 3, S.34ff.
3 Mommsen, H., 1973, S.649
4 MEW, 2, S.60f.
5 MEW, 2, S.614
6 MEW, 8, S.48

Rolle der kleineren osteuropäischen Nationen während der revolutionären Situation infrage gestellt worden.[1] Engels vor allem erkannte den Nationalbewegungen Osteuropas keinen sozial-emanzipatorischen Charakter zu, sondern sah in diesen Nationen vom industriellen kapitalistischen Entwicklungsprozeß ausgeschlossene Naturvölker, denen keine "Lebensfähigkeit" zukomme.[2]

Engels entwickelte nach der Erfahrung des Scheiterns der 1848er Revolution die Doktrin der "geschichtslosen Völker", die von einer ausgeprägt sozialdarwinistischen Grundhaltung gespeist war.[3] Die osteuropäischen slawischen Nationen seien atavistische entwicklungsunfähige Relikte einer vom "Gang der Geschichte,..., unbarmherzig zertretenen Nation,... Völkerabfälle" die "bis zu ihrer gänzlichen Vertilgung oder Entnationalisierung" konterrevolutionär blieben.[4]

Letzten Endes war für Marx und Engels das entscheidende Kriterium auch zur praktischen Beurteilung der nationalen Frage der Gesichtspunkt, ob dadurch die proletarische Revolution gefördert würde oder nicht.[5] Dies führte bei Engels zur weniger materialistischen als dogmatischen Unterscheidung in revolutionäre und konterrevolutionäre Nationen[6] und zur Ablehnung des Selbstbestimmungsrechts der Nationen als eigenständige politisch-programmatische Forderung.[7]

Ein gewisser Wandel in der Einschätzung der nationalen Frage deutete sich bei Marx und Engels seit 1860 in der Haltung zur irischen Frage an. Sie gingen seither nicht mehr davon aus, daß die Revolution in Großbritannien auch die irische Frage lösen wird, sondern sahen umgekehrt in der Lösung der Iren aus britischer Herrschaft

1 Während Marx und Engels einen vom sowjetischen Zarenreich aus gelenkten Panslawismus hinter dem antirevolutionären Verhalten der kleineren slawischen Nationen Osteuropas vermuteten, schienen diese offensichtlich aus Angst vor einer sowjetischen Hegemonie an der Zugehörigkeit zu Österreich-Ungarn festhalten zu wollen, vgl. Motschmann, Klaus, Sozialismus und Nation. Wie deutsch ist die "DDR", München 1979, S.54ff. und Mommsen, H., 1973, Sp.653ff.

2 MEW, 6, S.275 und Mommsen, H., 1973, Sp.653ff.

3 Löwy, M., 1978, S.105 und Mommsen, H., 1973, Sp.653ff.

4 MEW, 6, S.172

5 Conze, Werner/Groh, Dieter, Die Arbeiterbewegung in der nationalen Bewegung, Stuttgart 1966, S.68

6 MEW, 6, S.168

7 Mommsen, H., 1976, S.665. Eine Ausnahme wurde bei "revolutionären Nationen" wie den Polen freilich gemacht, weil die Hoffnung bestand, die polnische Forderung nach Wiederherstellung des Reiches in den Grenzen von 1772 würde einen Krieg gegen das Zarenreich provozieren. Vgl. MEW, 8, S.47ff. und Conze, W., 1966, S.55

die Voraussetzung für die proletarische Revolution.[1] Letzlich war es auch die Einsicht, daß die Arbeiter einer unterdrückenden Nation sich ebensowenig sozialrevolutionär verhalten wie die einer unterdrückten, was Engels 1882 zur Äußerung veranlaßte, "eine internationale Bewegung des Proletariats ist überhaupt nur möglich zwischen selbständigen Nationen."[2]

Aus heutiger Sicht läßt sich die marxistische Voraussage über den Zusammenhang zwischen der weltweiten Ausweitung des Kapitalismus und der proletarischen Revolution und damit auch letzlich über die ökonomische determinierte Gesetzmäßigkeit, wie sie Marx und Engels projektierten, als Fehlprognose beurteilen. Die Ausbreitung des Kapitalismus hob das sozial-ökonomische Niveau an, führte gleichzeitig aber zu stärkerer nationaler Differenzierung.[3] Verständnis für sozial motivierte nationale Emanzipationsbewegungen fehlten den beiden eurozentrisch denkenden Klassikern vor allem im Hinblick auf das Problem des Kolonialismus.[4] Sie verlängerten ihre Haltung gegenüber den osteuropäischen Nationen quasi auf den kolonialen Bereich und erachteten die "gewaltsame kapitalistische Zivilisierung und damit Entnationalisierung der Kolonialvölker" als historisch notwendig.[5] Von dieser Warte aus begrüßten sie beispielsweise die Annexion großer Teile Mexikos durch die USA und den britischen Kolonialismus in Indien.[6]

2.2.2 Lenin und Stalin

Wenn Lenin die historische Rolle des bürgerlichen Nationalstaates auch ähnlich beurteilte wie Marx und Engels, nämlich als historisch notwendige und vorübergehende politische Form zur Durchsetzung kapitalistischer Produktionsverhältnisse, so gelangte er zu einer grundlegend anderen Auffassung in der nationalen Frage.

Für ihn war die Durchsetzung kapitalistischer Produktionsverhältnisse prinzipiell mit dem Entstehen nationaler Bewegungen verbunden, und insofern gestand er jeder Nation ihr Selbstbestimmungsrecht zu.[7] Während Westeuropa die nationale

1 Löwy, M., 1978, S.104 und Boersner, Demetris, The Bolsheviks and the national and colonial question (1917 - 1928), Genf 1957, S. 8ff.

2 MEW, 35, S.270

3 Mommsen, H., 1976, S.658

4 Boersner, D., 1957, S.56

5 Mommsen, H., 1973, Sp.6S6

6 Boersner, D., 1957, S.23f.

7 Lenin, Wladimir I., Kritische Bemerkungen zur nationalen Frage, Berlin-Ost 1980, S.50ff.

Phase 1789 - 1871 durchlaufen hatte, begann sie nach seiner Ansicht in Osteuropa und Asien erst 1905. Der Marxsche Standpunkt, daß die osteuropäischen Nationen konterrevolutionär seien, habe nach Lenins Auffassung im "20. Jahrhundert aufgehört, richtig zu sein. In den meisten slawischen Ländern und sogar in einem der rückständigsten slawischen Länder, in Rußland, sind selbständige demokratische Bewegungen und sogar eine selbständige proletarische Bewegung erwacht."[1]

Im Hinblick auf die Situation des zaristischen Vielvölkerstaats trat Lenin für ein extensives Selbstbestimmungsrecht der Nationen, d.h. für die Anerkennung des Rechts der Nationen auf Lostrennung vom multinationalen Staatengebilde ein, damit sie einen eigenen Nationalstaat bilden könnten.[2] Damit konnte er hoffen, das nationale Potential der vom großrussischen Nationalismus unterdrückten Völker freizusetzen, um die zentralstaatliche Struktur des feudalen Reiches aufzusplittern.[3] Freilich war Lenin kein Nationalist: um den dadurch freigesetzten zentrifugalen Kräften entgegenzuwirken, forderte er den engsten Zusammenhalt der Proletarier der unterdrückten und der unterdrückenden Nation.[4] Diese Zweigleisigkeit war grundlegend für Lenins Haltung in der nationalen Frage: "Split nations apart in order to break the imperialist chains, and then draw them together again on the new basis of proletarian solidarity: that is the essence of Lenin's theory of self-determination. "[5]

Meissners Interpretation, daß das später von der Sowjetunion und ihren Verbündeten vertretene Prinzip des"proletarisch-sozialistischen Internationalismus" nicht im Einklang mit Lenins "Selbstbestimmungskonzeption" stehe, scheint zumindest verkürzend.[6] Für Lenin besaß das Selbstbestimmungsrecht einen revolutionären Stellenwert im Gesamtzusammenhang des Übergangs vom Feudalismus zum Kapitalismus, mit dem der feudale, monarchische Überbau zu "knacken" war. Durch die Errichtung eines bürgerlich-demokratischen Nationalstaats sollten die Kampfbedingungen für die proletarische Revolution verbessert werden, letztere besaß aber gegenüber dem Recht auf nationale Selbstbestimmung absolute Priorität. "Bei

1 Lenin, W.I., 1980a, S.96

2 Lenin, W.I., 1980a, S.73ff. u. S.117

3 Lenin, W.I., 1980a, S.70f. und Boersner, D., 1957, S.57

4 Lenin, W.I., 1980a, S.68

5 Boersner, D., 1957, S.53

6 Meissner, Boris, Der sowjetische Nationsbegriff und seine politische und rechtliche Bedeutung in östlicher Sicht, in: Die Nation in östlicher Sicht, von Meissner, B./Hacker, J., Berlin 1977, S.7-39

Anerkennung der Gleichberechtigung und des gleichen Rechts auf einen Nationalstaat schätzt und stellt es [das Proletariat, K.E] die Vereinigung der Proletarier aller Nationen über alles andere, wobei es jede nationale Forderung, jede nationale Lostrennung *unter dem Gesichtspunkt* des Klassenkampfes der Arbeiter wertet."[1]

Lenin hat für die weitere Entwicklung der nationalen Frage im Sozialismus offensichtlich eine Annäherung gleichberechtigter Nationen angenommen und insofern ließe sich auch die im RGW vertretene These von der Existenz sozialistischer Nationen auf ihn zurückführen. "Hat das Proletariat den Kapitalismus in den Sozialismus umgestaltet, so schafft es die *Möglichkeit* für die völlige Beseitigung der nationalen Unterdrückung;... Auf dieser Basis wird ihrerseits *in der Praxis* die absolute Beseitigung auch der kleinsten nationalen Reibungen, des geringsten nationalen Mißtrauens erfolgen und damit die beschleunigte Annäherung und Verschmelzung der Nationen, die durch das *Absterben* des Staates vollendet werden wird."[2]

Es ist aus postkommunistischer Sicht allerdings zu bezweifeln, ob der im RGW-Bereich postulierte Annäherungsprozeß in der Praxis jemals auf der Gleichberechtigung der Nationen und dem Absterben des Staates basierte.[3] Die DDR-Theoretiker sahen die Existenz des sozialistischen Staats immer als ganz wesentliches Merkmal der sozialistischen Nationen an.[4]

Lenin setzte sich gegen das von der österreichischen Sozialdemokratie vertretene Prinzip der "national-kulturellen Autonomie" vehement zur Wehr, weil es darauf abzielte, der nationalen Frage die revolutionäre Spitze zu nehmen und die Habsburger Monarchie als föderativen Staat zu erhalten.[5] "Durch die Herauslösung der kulturellen Agenden aus den gesamtstaatlichen Aufgaben, insbesondere der Wirtschafts-, Wehr- und Außenpolitik, und die Schaffung nationaler Selbstverwaltungseinheiten auf genossenschaftlicher Grundlage (Personalitätsprinzip)" sollte dem Nationalismus seine politische Brisanz genommen werden.[6] Nationale Interessen würden als

1 Lenin, W.I., 1980a, S.68 f. Vgl. auch Carrere D'Encausse, Helene, Unite proletarienne et diversite nationale, in: Revue francaise de Science Politique 21/1971, S.221-255, S.221

2 Lenin, Wladimir I., Werke, Band 22: Dezember 1915 - Juli 1916, hrsg. v. Institut für Marxismus-Leninismus beim ZK der KPdsu, Berlin-Ost [6]1981, S.148 und S.33

3 Vgl. in dieser Arbeit S. 161. u. S.186

4 Vgl. hierzu die Ausführungen zu Kosing, Alfred, Nation in Geschichte und Gegenwart, Berlin-Ost 1976, in dieser Arbeit S. 186

5 Lenin, W.I., 1980a, S. 30f. und Mommsen, H., 1973, Sp. 662ff.

6 Mommsen, H., 1973, Sp. 663

kulturelle Belange föderalisiert, während soziale und politische Fragen in der zentralstaatlichen Entscheidungskompetenz verbleiben sollten. Die austromarxistische Nationalitätenpolitik rekurrierte auf ein Nationsverständnis, das Nation als Kulturgemeinschaft beziehungsweise bei Bauer als historisch gewachsene "Schicksalsgemeinschaft" bestimmte.[1]

Auf dem Hintergrund der Auseinandersetzung mit dem Austromarxismus ist die 1913 im Auftrage Lenins in Wien entstandene Arbeit Stalins über den "Marxismus und die nationale Frage" zu sehen.[2] Stalin wandte sich gegen das Personalitätsprinzip und die austromarxistische Auffassung von der Nation als einer Kultur- und Schicksalsgemeinschaft. "Eine Nation ist eine historisch entstandene stabile Gemeinschaft von Menschen, entstanden auf der Grundlage der Gemeinschaft der Sprache, des Territoriums, des Wirtschaftslebens und der sich in der Kultur offenbarenden psychischen Wesensart."[3] Überraschend an dieser "Definition" ist die undialektische und schematische Sicht Stalins, der im Unterschied zu Lenin den Nationen eine historische Stabilität und eine "psychische Wesensart" - worunter er den "Nationalcharakter" verstanden wissen wollte - zuspricht.[4] Hiermit hatte Stalin, was auch später von sowjetischen und besonders DDR-Autoren kritisiert wurde, eine ausgesprochen klassenneutrale Bestimmung vorgelegt.[5]

Nach der Oktoberrevolution 1917 veränderte sich die Sachlage für die Beurteilung der nationalen Frage. Im Inneren des russischen Reiches wurde die Frage akut, wie weit die bolschewistische Partei den einzelnen Nationen tatsächlich das Recht auf Lostrennung zugestehen sollte. Hier zeichnete sich de facto eine föderalistische Lösung ab, die mit der Gründung der UdSSR 1923 verfassungsrechtlich festgeschrieben wurde.[6] Die föderative Lösung war allerdings zunächst noch als ein internationales Modell konzipiert, d.h. es sollte durch den Anschluß anderer Staaten über die sowjetischen Grenzen hinaus erweitert werden.[7]

1 Carrère D'Encausse, H., 1971, S. 224f., Löwy, M., 1978, S. 114ff. und Mommsen, H., 1973, Sp. 663 u. Sp. 666ff.

2 Mommsen, H., 1973, Sp.672; Stalin, Jossif, Werke, Band 2: 1907 - 1913, Berlin-Ost 1953

3 Stalin, J., 2, S.272

4 Carrere D'Encausse, H., 1971, S.228ff.

5 vgl. zur Einschätzung Stalins Nationsbestimmung auch Carrere D'Encausse, H., 1971, S.228ff.

6 Mommsen, H., 1973, Sp.674, Carrere D'Encausse, H., 1971, S.246ff.

7 Geyer, Dietrich, Voraussetzungen sowjetischer Außenpolitik in der Zwischenkriegszeit, in: Osteuropa-Handbuch. Sowjetunion, Außenpolitik 1917-1955, hrsg. v. D. Geyer, Köln, Wien 1972, S. 1-85, S. 36

Darüber hinaus erweiterte Lenin, von seiner Imperialismustheorie und einer weltrevolutionären Konzeption ausgehend, seit 1916/17 seine Anschauungen zur nationalen Frage um den Aspekt der kolonialen Frage. Der nationale Befreiungskampf in den Kolonien sollte von den Sozialisten unterstützt werden, um den westlich-imperialistischen Ländern ihre weltweite Herrschaftsbasis zu entziehen und dadurch die im Westen unmittelbar bevorstehende sozialistische Revolution zu beschleunigen.[1] Auch die Oktoberrevolution hatte ihre Begründung und ihren Stellenwert als sozialistische Revolution im weltrevolutionären Gesamtzusammenhang als Auslöser einer westeuropäischen, v.a. einer deutschen Revolution erhalten, die sich in eine weltweite verlängern sollte.[2]

Im März 1919 wurde die Komintern als Koordinationsinstrument der Weltrevolution gegründet.[3] Sie hatte gewissermaßen ihren Angelpunkt in der UdSSR und sollte sowohl für die westlich-imperialistischen als auch für die Kolonialstaaten zuständig sein. In den Jahren 1919 - 1920 war das Hauptaugenmerk auf die proletarische Revolution in Westeuropa, besonders Deutschland, gerichtet.[4] Der 2. Kongreß der Komintern im Juli 1920 brachte zwei alternative Varianten der revolutionären Strategie hervor. Für den Fall einer erfolgreichen sozialistischen Revolution im Westen sollte in den Kolonien sofort eine kommunistische Politik verfolgt werden. Falls die Revolution im Westen ausblieb, war in den Kolonialländern der Umweg über den Kapitalismus, das heißt eine Kooperation zwischen kommunistischen und bürgerlich-demokratischen Unabhängigkeitsbewegungen erforderlich.[5]

Der 4. Kongreß der Komintern 1923 stellte einen Wendepunkt der politischen Strategie dar, die Kommunisten gingen seither von der Tatsache aus, daß sich der Kapitalismus in den westlichen Ländern stabilisieren konnte.[6] Das faktische Ausbleiben der sozialistischen Revolution im Westen hatte langfristig zur Folge, daß die Frage des gesetzmäßigen Übergangs vom Kapitalismus zum Sozialismus ihren universellen Charakter verlor und die Sowjetunion selbst den Platz des weltrevolutionären Zentrums einnahm: "The USSR had taken the place of the West in Bolshevik theory."[7] Damit war die Weltrevolution gleichsam "nationalisiert" worden, was seinen Ausdruck 1929 in der Stalinschen Unterscheidung von "sozialistischen"

1 Boersner, D., 1957, S. 86; Mommsen, H., 1973, Sp. 673; Lenin, W.I., 1981, S. 152ff.

2 Boersner, D., 1957, S. 66ff.; Rauch, Georg v., Geschichte der Sowjetunion, Stuttgart [5]1969, S. 59ff.

3 Mommsen, H., 1973, Sp. 675

4 Boersner, D., 1957, S. 66ff. und S. 272

5 Mommsen, H., 1973, Sp.675

6 Boersner, D., 1957, S.272ff.

7 Boersner, D., 1957, S.274

und "bürgerlichen" Nationen fand.[1] Die sozialistischen Nationen, die bisher nur in der UdSSR existierten, hoben sich nach Stalins Darstellung durch ihre veränderte Interessenzusammensetzung, ihr neues "geistiges Gepräge" und ihre andersartigen "sozialpolitischen Interessen und Bestrebungen" grundlegend von den bürgerlichen Nationen ab.[2]

Interessanterweise lehnte Stalin aber die Vorstellung, daß ein Annäherungs- oder Verschmelzungsprozeß zwischen diesen sozialistischen Nationen stattfinde, wie er von Lenin etwa prognostiziert wurde, mit der Begründung ab, daß eine Annäherung und Verschmelzung nur im Zustand des Sozialismus im Weltmaßstab möglich sei.[3] Solange der Sozialismus auf die Sowjetunion beschränkt sei, käme nur "eine Wiedergeburt und ein Aufblühen" der Nationen infrage.[4]

2.3 Nationale Frage und sowjetische Außenpolitik

Mit dem Ausbleiben der sozialistischen Revolution in Westeuropa wurde die Weltrevolution "nationalisiert", d.h. die Sowjetunion wurde ihr Zentrum, und die Frage des gesetzmäßigen Übergangs zum Sozialismus rückte in einen untrennbaren Zusammenhang mit der Entwicklung der Sowjetunion selbst.[5] Stalins Doktrin vom "Aufbau des Sozialismus in einem Lande" deutete den Begriff der Weltrevolution um in den "langandauernden Prozeß einer Auseinandersetzung innerhalb eines bipolaren Systems, in dem sich die Zentren des Imperialismus und des Sozialismus und die um sie gruppierenden Staaten gegenüberstehen."[6] Damit war die Marxsche These von der Einheit und Gleichzeitigkeit des weltrevolutionären Prozesses, der auch Lenin ursprünglich noch angehangen hatte, endgültig preisgegeben worden,und der vorgeblich universelle Gegensatz zwischen Proletariat und Bourgeoisie verfestigte sich in einen zwischenstaatlichen Antagonismus.[7]

Die Neubewertung der internationalen Kräftekonstellation innerhalb der bolschewistischen Führung hatte sich bereits zum Ende des Bürgerkriegs mit der Wiederaufbaupolitik des NEP 1920/21 herausgeschält. Der weltrevolutionäre Impetus

1 Stalin, J., 11, S.302f.

2 Stalin, J., 11, S.304

3 Stalin, J., 11, S.308ff.

4 Stalin, J., 11, S.308

5 Geyer, D., 1972 a, 5.59

6 Mommsen, H., 1973, Sp.678

7 Link, W., 1980, S.64

machte einem traditionellen Gleichgewichtsdenken Platz, das dem sowjetischen Bedürfnis nach einer "Atempause" im revolutionären Weltgeschehen für die existenznotwendige ökonomische Rekonstruktion den theoretischen Begründungszusammenhang lieferte.[1] Die Denkfigur des Gleichgewichts wurde auf die Interpretation des Verhältnisses zwischen Sozialismus und Kapitalismus transponiert: aufgrund der zeitweiligen Dominanz innerimperialistischer Widersprüche sei ein labiles Equilibrium zwischen Kapitalismus und Sozialismus prinzipiell möglich und im Einzelnen bestimmbar geworden. Die Einschätzung des "relativen Gewichts" dieser beiden Faktoren - Systemantagonismus und Krisen im kapitalistischen System selbst - wurde zukünftig zum bestimmenden Perzeptionsmuster der sowjetischen Führung.[2]
Die ideologische Selbstbehauptung des Sowjetstaates als Zentrum einer dilatorischen sozialistischen Weltrevolution entsprach längst nicht mehr seiner faktischen internationalen Isolation. Die weltrevolutionäre Berufung wurde zunehmend in eine innergesellschaftliche Mobilisierungs- und Entwicklungsstrategie beim Aufbau des Sozialismus in der UdSSR umfunktioniert.[3] In dem Maße aber, wie sowjetische staatliche Interessen mit den Interessen der Weltrevolution identifiziert wurden, trat die Instrumentalisierung der Komintern für die sowjetischen Interessen in den Vordergrund. Die Entscheidung der sowjetischen Führung, den Zusammenhang zwischen innersowjetischer Entwicklungsstrategie und dem Fortschritt der internationalen Revolution propagandistisch zu wahren, machte die Komintern weitgehend manövrierunfähig. Anstatt ihren nationalen Sektionen die nötige Eigenständigkeit zur flexiblen Anpassung ihrer Taktiken an jeweils unterschiedliche nationale Rahmenbedingungen zu ermöglichen, spiegelte die programmatische Einstellung der gesamten Komintern die jeweilige taktische Konzeption der inneren Entwicklungsstrategie der Sowjetunion wieder.

Der organisatorische Grundstein zur Instrumentalisierung der kommunistischen Parteien durch die UdSSR wurde auf dem 5. Kongreß der Komintern Juni/Juli 1924 durch den Beschluß zur "Bolschewisierung" der kommunistischen Parteien gelegt.[4]

1 Link, W., 1980, S.65

2 Geyer, D., 1972 a, S.45 und Marcuse, H., 1979, S.58

3 Geyer, D., 1972 a, S.44ff.

4 Weber, Hermann,Die Wandlung des deutschen Kommunismus. Die Stalinisierung der KPD in der Weimarer Republik, gekürzte Studienausgabe, Frankfurt/M. 1969, S.85 u. S.81ff.

Die KPD beispielsweise übernahm auf ihrem X. Parteitag 1925 das nach dem Prinzip des demokratischen Zentralismus aufgebaute "Musterstatut" der Komintern als Parteistatut und unterwarf sich damit direkten Eingriffsmöglichkeiten des von der KPdSU dominierten Exikutivkomitee der Komintern.[1] Die Dominanz der KPdSU innerhalb der Komintern war formal das Resultat ihrer im Vergleich zu anderen kommunistischen Parteien seit 1926 überragend hohen Mitgliederzahl.[2] Eine praktisch bedeutsame Rolle spielten die Bevollmächtigten und Instrukteure der Komintern, die zur Anleitung der einzelnen kommunistischen Parteien - nunmehr als Sektionen der Komintern verstanden - zum Teil längere Zeit in den betreffenden Ländern lebten.[3]

Die organisatorische Abhängigkeit von der UdSSR bzw. der KPdSU reflektierte sich in der ideologischen Überhöhung der UdSSR zum Vaterland und Vorbild aller Kommunisten. Die Haltung zur KPdSU wurde zum Maßstab des kommunistischen Bekenntnisses und die bedingungslose Treue zur UdSSR zur Pflicht eines jeden Kommunisten.[4]

Die Sowjetunion hat die einseitige Ausrichtung der Komintern auf sowjetischen Interessen seit dem 5. Kongreß der Komintern im Sommer 1928 maßgeblich durch die Verbreitung eines Einkreisungs- und Kriegssyndroms gefördert. "Vor dem Hintergrund des drohenden imperialistischen Krieges stellte sich die internationale Ausbreitung des Sozialismus fortan als Funktion eines Kampfes dar, dessen vordringliches Ziel der Schutz der Sowjetmacht war."[5]

Die angeblich steigende Kriegsgefahr wurde als Symptom des bevorstehenden weltrevolutionären Zusammenbruchs des Imperialismus gedeutet, der den Systemantagonismus verschärfe. Die Aktualisierung des internationalen Klassenkampfmusters ist freilich auf dem Hintergrund der neuen, bauernfeindlichen Agrarpolitik der Sowjetführung seit 1928 zu sehen. Die Preisgabe des Bündnisses zwischen Arbeitern und Bauern in der Sowjetunion die mit der folgendem "Entkulakisierung" verbundene Verschärfung des Klassenkampfes in der UdSSR wurde als immanenter Bestandteil der Entwicklung des internationalen Klassenkampfes interpretiert, des-

1 § 6 des Musterstatus legte die "bindende Anerkennung der Beschlüsse höherer Parteiorgane durch die unteren, strenge Parteidisziplin und schnelle genaue Durchführung der Beschlüsse des EKKI und der leitenden Parteiorgane" fest. Weber, H., 1969, S.259 und S.258ff.

2 Weber, H., 1969, S.298f.

3 Weber, H., 1969, S.297

4 Weber, H., 1969, S.315

5 Geyer, D., 1972 a, S. 57

sen Tendenzen wiederum von den einzelnen Sektionen der Komintern aufzugreifen waren. Die Komintern hatte demgemäß in dieser Situation mit der Absage an jede Bündnispolitik und einer revolutionären Klassenkampfstrategie hervorzutreten, die den Imperialismus von innen schwächen sollte.[1]

Vor allem in Deutschland führte die ultralinke Taktik der Komintern im Zeichen der "Sozialfaschismusthese", die in der Sozialdemokratie die Hauptstütze der imperialistischen Systeme sah, zur folgenschweren Fehleinschätzung des Faschismus. Ganz offensichtlich besaß der deutsche Nationalsozialismus in der Bewertung der UdSSR in dieser Phase keine systemeigenen Qualitäten, die ihn grundlegend vom bürgerlich demokratischen System unterschieden, sondern die "Faschisierung" wurde als allgemeines Entwicklungsmerkmal der parlamentarischen Demokratie zur Zeit verschärfter innerer und internationaler Klassenspannungen begriffen.[2] Auf der Grundlage dieser Interpretation mußte die KPD auch 1932 noch an der These von der Sozialdemokratie als eigentlichem Hauptgegner festhalten und von einem Bündnis mit der SPD absehen.

Besaß die von der UdSSR dirigierte Komintern auch trotz ihrer ultra-linken Programmatik in erster Linie eine die sowjetischen Interessen reflektierende und ihre außenpolitischen Bedürfnisse flankierende Funktion, so repräsentierte sie darüber hinaus den transnationalen revolutionären Anspruch der Sowjetunion. Nach dem deutschen Angriff auf die UdSSR im Juni 1941 und dem Beginn der "antagonistischen Kooperation"[3] zwischen der UdSSR und den Westmächten veränderten sich die Rahmenbedingungen für die sowjetische Außenpolitik. Eine ultralinke, revolutionäre Strategie der Komintern-Sektionen hätte die Kooperationsbasis der Anti-Hitler-Koalition unterminiert.

Im Bestreben, die Zusammenarbeit mit den Westmächten konstruktiv zu gestalten, wurde die Komintern im Mai 1943 aufgelöst.[4] Die sowjetische Führung verfolgte nunmehr anstelle einer revolutionären eine nationalorientierte politische Linie, die den Verzicht der UdSSR auf eine Einmischung in die inneren Angelegenheiten ihrer außenpolitischen Bündnispartner und die Kompabilität der gegenseitigen internationalen Ordnungsvorstellungen demonstrieren sollte.[5]

1 Geyer, D., 1972 a, S.57ff
2 Geyer, D., 1972 a, S.68f.
3 Link, W., 1980, S.68
4 Link, W., 1980, S.98
5 Link, W., 1980, S.98

Die Volksfront-Konzeption der Jahre 1935 - 1938 modifizierend, traten die kommunistischen Parteien nun einheitlich mit einem Programm sog. "nationaler Fronten" auf.[1] Das Programm der nationalen Fronten und darauf aufbauend das Konzept der Volksdemokratie besaß in seiner antifaschistischen Stoßrichtung einen zentralen Bezugspunkt. In Anlehnung an die revidierte Faschismusinterpretation des 7. Weltkongresses der Komintern von 1935 - der Faschismus sei die "offene terroristische Diktatur der reaktionärsten, am meisten chauvinistischen, am meisten imperialistischen Elemente des Finanzkapitals"[2] - wurden in den nationalen Programmen antimonopolitische Strukturveränderungen gefordert, die die sozialökonomische Grundlage des Faschismus beseitigen sollten.[3] Das Ziel dieses den Kapitalismus gleichsam auf eine frühere "demokratischere" Stufe zurückschraubenden Programms war es indessen nicht, dieselbe Entwicklung zum Monopolkapitalismus zu reproduzieren. Die über die bürgerliche Demokratie hinausweisende Tendenz der Volksdemokratie wurde von der KPD schon auf der Berner Konferenz im Februar 1939 bei der Grundlegung der Volksfronttaktik betont. "Die Politik der Volksfront und die Schaffung einer neuen demokratischen Republik bedeuten nicht den Verzicht der Arbeiterklasse auf den Kampf um den Sozialismus. In einem Volks-frontdeutschland werden die sozialistischen und kommunistischen Arbeiter und ihre Organisationen die volle Freiheit haben, die Mehrheit des Volkes für das sozialistische Ziel zu gewinnen."[4] Die "richtige" Entwicklung - identisch mit der Entwicklung zum Sozialismus - sollte durch flankierende Maßnahmen im politischen Bereich garantiert werden. Der politische "Überbau" der Volksdemokratie hatte im festen Bündnis aller Schichten mit der Arbeiterklasse unter Führung der marxistisch-leninistischen Partei zu bestehen. Diese bündnispolitische Komponente stellte das Vehikel der volksdemokratischen Entwicklung und den Kern der nationalen Fronten dar.

1 In der CSSR wurde 1945 das Programm der Nationalen Front verkündet, in Ungarn wurde Ende 1944 die "Ungarische Nationale Unabhängigkeitsfront" errichtet, im März 1945 entstand in Rumänien eine Regierung der "Nationalen Demokratischen Front", und in Bulgarien eine "Vaterländische Front", vgl. Damus, Renate, RGW - wirtschaftliche Zusammenarbeit in Osteuropa, Opladen 1979, S.46ff.

2 Staritz, Dietrich, Sozialismus in einem halben Land. Zur Programmatik und Politik der KPD/5ED in der Phase der antifaschistisch-demokratischen Umwälzung in der DDR, Berlin 1976, S.44

3 Dies waren Bodenreformen und Verstaatlichungen der Schlüsselindustrien, die in den von der Roten Armee besetzten Staaten seit 1945 auch durchgeführt wurden. Staritz, D., 1976, 5.137 und Damus, R., 1979, S.38ff.

4 Dokumente zur Geschichte der SED, o. Hrg., Band 1: 1847 bis 1965, Redaktion: Müller, Eckhard (Leitung); Holze, Rainer; Laschitza, Horst; Winkler, Gerhard, Berlin-Ost 1981, S.344

In geschichtsphilosophischer Hinsicht wurde mit dem volksdemokratischen Konzept eine Korrektur des Geschichtsverlaufes versucht. Die Entwicklung des Kapitalismus zum Imperialismus, seine monopolitische Tendenz, hat nicht nur verhindert, daß die sozialistische Revolution aus ihm hervorgehen konnte, sie hat sogar die Grundlage der sozialistischen Revolution, den bürgerlich-demokratischen Staat unterminiert. "Die monopolkapitalistische Herrschaft untergräbt die nationalen Souveränitäten, die demokratischen Rechte und liberalen Ideologien; die fortschrittlichen Errungenschaften des aufsteigenden Bürgertums sind durch die monopolitische Bourgeoisie verraten worden. Unter diesen Umständen wird es zur Aufgabe des Proletariats und der kommunistischen Parteien in den unterjochten Ländern, das "Banner der bürgerlich-demokratischen Freiheiten"; der "nationalen Unabhängigkeit und nationalen Souveränität" hochzuhalten und zu tragen.[1]

Der Nationalstaat wurde - ganz im Sinne der Stalinschen Doktrin vom Sozialismus in einem Lande - zum Ausgangspunkt und zur Rahmenbedingung der sozialistischen Entwicklung gemacht, und die Errichtung eines Systems von Nationalstaaten, das von imperialistischer Hegemonie befreit ist, wird zum Vorstadium der weltweiten Verbreitung des Sozialismus.

Damit war zugleich das Feld für die marxistisch-leninistische Geschichtswissenschaft, das Geschichts- und Nationsverständnis abgesteckt. Ohne grundlegende Reflexion Marscher Kategorien war das Geschichtsverständnis in der kommunistischen Theorie vom Scheitern der sozialistischen Revolution im Weltmaßstab und von der Katastrophe des Zweiten Weltkriegs, in die ein pervertierter Nationalismus geführt hatte, geprägt. Die marxistisch-leninistische Herrschaftslegitmimation hatte ihr theoretisches Fundament am Ende des 2. Weltkrieges in einem aus ideologischem Zugzwang heraus revidierten Geschichtsverständnis zu suchen. Neben die klassische Gedankenfigur des weltweiten Gegensatzes von Arbeitern und Ausbeutern trat die des nationalen Auftrags der Arbeiterklasse und ihrer Partei. Geschichte war nunmehr vordringlich als Nationalgeschichte zu sehen, die von den marxistisch-leninistischen Historikern auf ihre progressiven Aspekte zu untersuchen und mit den aktuellen Zielen der marxistisch-leninistischen Partei in Beziehung zu setzen war. Die inhaltliche Auswahl mußte, wie der gesamte Denkansatz, nicht ökonomisch-deterministisch, wie bei Marx, sondern voluntaristisch nach dem jeweiligen politischen Bedarf erfolgen.

1 Marcuse, H., 1979, S.76f.

Für die beginnenden Ansätze der Historiographie in der DDR stellte sich in diesem Zusammenhang neben dem Problem der Kompabiltität von historischem Materialismus und Nationalgeschichte noch eine ganz andere Schwierigkeit: wie konnte die desolate deutsche Nationalgeschichte, deren vorläufiger Endpunkt 1949 im Nationalsozialismus zu liegen schien, so dargestellt werden, daß ein positiver Bezug zwichen Nationalgedanken, Geschichtsverständnis und der Rolle der Arbeiterpartei herzustellen war?

3. VON DER HERSTELLUNG DER EINHEIT ZUM KAMPF UM DIE UNABHÄNGIGKEIT DEUTSCHLANDS (1945-1949)

Zu den wesentlichen Voraussetzungen der Haltung der KPD/SED zur nationalen Frage gehört die enge Bindung der deutschen Kommunisten während des Krieges und in der Nachkriegszeit an die KPdSU sowohl in ideologischer als auch in politisch-praktischer Hinsicht.[1] Drei Tage nach der deutschen Kapitulation in Berlin vom 8.5.1945 verfaßte die Parteileitung der KPD "Richtlinien für die Arbeit der deutschen Antifaschisten in dem von der Roten Armee besetzten deutschen Gebiet", die ihre vordringlichste Aufmerksamkeit der widerstandslosen Durchsetzung der sowjetischen Besatzungspolitik widmeten.[2] Die politische Planung der KPD beschränkte sich damals ausdrücklich auf das von der sowjetischen Armee besetzte Gebiet, um dort unverzüglich mit der Rekonstruktion der Verwaltung zu beginnen. Offensichtlich stellte die Frage nach den zukünftigen Perspektiven der deutschen Einheit für die KPD kein eigenständiges Problem dar, sondern sie war unter dem Blickwinkel der sowjetischen außenpolitischen Interessen und Planung zu sehen.

3.1 Sowjetunion und die deutsche Einheit

Auf die Frage Churchills auf der Potsdamer Konferenz im Juli/August 1945 "Was bedeutet "Deutschland"?", antwortete Stalin: "Deutschland ist das, was es nach dem Kriege geworden ist. Ein anderes Deutschland gibt es nicht."[3] Er meinte damit, daß Deutschland ein "aufgeteiltes Land"[4] sei und fügte auf Insistieren Trumans, ob man Deutschland in seinen Grenzen von 1937 als Ausgangspunkt nehmen könne, hinzu: "Ausgehen kann man von allem. Von irgend etwas muß man ausgehen. So kann man auch das Jahr 1937 nehmen."[5]

1 vgl. in dieser Arbeit S. 44 u. 58f.

2 Dokumente zur Geschichte der SED, o. Hrsg., Bd. 1: 1847 bis 1965, Redaktion: Müller, Eckhard (Leitung), Holze, Rainer/Laschitza, Horst/Winkler, Gerhard, Berlin-Ost 1981 , S.398

3 Das Potsdamer Abkommen, Dokumentensammlung, hrsg. vom Institut für Internationale Politik und Wirtschaft der DDR u. Historische Gedenkstätte des Potsdamer Abkommens Cecilienhof, Berlin-Ost 1979, S.61

4 Potsdamer Abkommen, 1979, S.62

5 Potsdamer Abkommen, 1979, S.62

Im Unterschied zu diesem offensichtlichen Pragmatimus in der deutschen Frage auf der Potsdamer Konferenz war Stalin bereits im Mai 1945 offiziell von interalliierten Zerstückelungsplänen abgerückt und für die Wahrung der Einheit Deutschlands eingetreten.[1]

Die alliierte Deutschlandpolitik war seit ihrem Beginn im Jahre 1943 zunächst auf die Zergliederung des deutschen Reichsgebiets angelegt gewesen.[2] Die von der EAC entworfenen Pläne zur zonalen Aufteilung und interalliierten Kontrolle Deutschlands, die auf der Jalta-Konferenz vom Februar 1945 von den "Großen Drei" übernommen worden waren, standen noch in keinem direkten Zusammenhang mit der Aufteilung Deutschlands.[3] Doch bereits in der hier vorgelegten Konzipierung eines alliierten Kontrollsystems spiegelte sich das Nebeneinander von Kooperationsplanung und und Interessenabgrenzung der Alliierten wieder. Die Einrichtung eines interalliierten, nur einstimmig beschlußfähigen Kontrollrats stand in einem konzeptionellen Spannungsverhältnis zur Bildung separater Besatzungszonen, auf die sich jede Besatzungsmacht im Falle einer Meinungsverschiedenheit zurückziehen konnte.[4]

Für eine auf die Erhaltung der deutschen Einheit angelegte politische Linie bot die nach 1941 entwickelte sowjetische Volksdemokratie-Konzeption mit ihrer Politik der "nationalen Front" eine günstige Ausgangsbasis.[5] Die auf einer antifaschistischen Grundlage basierende Konzeption war generell auf unterschiedliche Staaten anwendbar und verschaffte der sowjetischen Europapolitik mehr "Pragmatismus und Flexibilität"[6] als die alte rigide Komintern-Strategie.[7] Ihre jeweiligen Realisierungschancen hingen von der Stärke der nationalen kommunistischen Parteien und den praktischen Einflußmöglichkeiten der UdSSR bzw. der KPdSU ab. Während die nationale Programmatik der kommunistischen Parteien Westeuropas diese auf ein

1 Fritsch-Bournazel, Renata, Die Sowjetunion und die deutsche Teilung. Die sowjetische Deutschlandpolitik 1945 - 1979, Opladen 1979, S.20

2 Hillgruber, Andreas, Deutsche Geschichte 1945 - 1975. Die "deutsche Frage" in der Weltpolitik, zweite erw. u. durchgesehene Auflage, Frankfurt/M., Wien 1978, S.14f. und Fritsch-Bournazel, Renata, 1979, S.17

3 Huster, Ernst-Ulrich/Kraiker, Gerhard/Scherer, Burkhard/Schlotmann, Friedrich-Karl, Determinanten der westdeutschen Restauration 1945 - 1949, Frankfurt [7]1980, S.23

4 Fritsch-Bournazel, Renata, 1979, S.18f.

5 vgl. in dieser Arbeit S.46f.

6 Schwarz, Heinz-Peter, Vom Reich zur Bundesrepublik. Deutschland im Widerstreit der außenpolitischen Konzeptionen in den Jahren der Besatzungsherrschaft 1945 - 1949, zweite erw. Auflage, Stuttgart Neuwied Berlin 1980, S.215

7 vgl. in dieser Arbeit S. 44f.

"Minimalprogramm" der Zusammenarbeit mit bürgerlichen Parteien im Rahmen bürgerlich-demokratischer Staaten festlegte, ging die Zielsetzung in Osteuropa wesentlich weiter.[1] Die dort durch die Präsenz der sowjetischen Truppen gesicherte Dominanz der jeweiligen kommunistischen Parteien forcierte die über den bürgerlichen Staat hinausweisende Dynamik der volksdemokratischen Konzeption.

Deutschland lag im Übergangsbereich der Realisierungsmöglichkeiten des Volksdemokratie-Konzeptes; wie weit die Verwirklichung in den Westzonen gelänge, würde unter anderem vom Umwälzungstempo in der SBZ abhängen. Freilich hatte die Rigorosität, mit der die UdSSR in ihrem osteuropäischen Einflußbereich die neue Ordnung der Volksdemokratie durchgesetzt hatte, das Verhältnis zu den Westmächten bereits auf extreme Belastungsprobe gestellt.[2] Immerhin war die Unabhängigkeit Polens der Anlaß für den Zweiten Weltkrieg gewesen und gerade hier präjudizierte die UdSSR durch die Westverschiebung Polens die ungeklärte polnische Grenzregelung ohne Übereinkunft mit den Westalliierten.[3] Die sowjetische Osteuropapolitik stand aber auch hier im Zusammenhang mit der deutschen Frage, weil für die UdSSR die "Beherrschung Osteuropas...die Voraussetzung einer Politik [war, K.E] die nach den Erfahrungen des Krieges darauf bedacht sein mußte, unumstößliche Garantien gegen ein Wiederaufkommen des deutschen Imperialismus und Faschismus durchzusetzen."[4]

Das sicherheitspolitische Interesse der UdSSR an einer weitestmöglichen Einflußnahme auf ganz Deutschland ging aber über eine reine territoriale Einflußabsicherung hinaus; es hatte auch eine sozialökonomiche Dimension. Es bestand ein enger Zusammenhang zwischen Sicherheitsvorstellungen der UdSSR und gesellschaftspolitischen Maßnahmen, sog. antimonopolistischen Strukturveränderungen, in den Staaten ihres Einflußbereiches. Dieser gesellschaftspolitische und ökonomische Aspekt gab der Kooperation zwischen der UdSSR und den Westmächten in Deutschland nach dem Kriegsende seine besondere Problematik. Hier konnte die UdSSR nicht unilateral vorgehen wie in Osteuropa, sondern es

1 Marcuse, H., 1979, S.77

2 Link, W., 1980, S.100f. und S.106f.

3 Kleßmann, Christoph, Die doppelte Staatsgründung. Deutsche Geschichte 1945 - 1955, Bonn 1982, S.31

4 Geyer, Dietrich, Von der Kriegskoalition zum Kalten Krieg, in: Osteuropa-Handbuch. Sowjetunion, Außenpolitik 1917 - 1955, hrsg. von D. Geyer, Köln, Wien 1972, S.343-381, S.357

5 Geyer, D., 1972 b, S.357

bestand solange ein "Zwang zur Kooperation" wie eine die Einheit Deutschlands wahrende Lösung gefunden werden sollte.[1]

Die sowjetischen Kriegsverluste an Menschen und Wirtschaftpotential waren so beträchtlich, "daß der Wiederaufbau und planmäßige Ausbau der sowjetischen Wirtschaft in absehbaren Zeiträumen nur mit auswärtiger Hilfe erfolgen konnte."[2] Als auswärtige Hilfsquellen kamen amerikanische Kredite und Reparationen von Kriegsgegnern infrage. Nachdem die Problematik amerikanischer Hilfen als "kreditpolitischer Hebel" für die UdSSR offenkundig geworden war, gewann die Aussicht auf umfangreiche Reparationsleistungen einen zweifellos hohen Stellenwert für die Sowjetunion.[3] Unter diesem reparationspolitischen Gesichtspunkt wird die Wahrung der staatlichen Einheit Deutschlands für die sowjetische Führung an Attraktivität gewonnen haben. Die konkreten Optionen der sowjetischen Deutschlandpolitik werden sich allerdings, dies deutete die pragmatische Haltung Stalins auf der Potsdamer Konferenz an, aus der faktischen Entwicklung der Kooperationsbeziehungen mit den Westmächten ergeben haben.[4]

3.2 Der sowjetisch-amerikanische Gegensatz: Zonenaufteilung und Reparationsfrage

Die Stalinsche Kursänderung in der Deutschlandpolitik vom Mai 1945, die auf die Erhaltung der deutschen Einheit abzuzielen schien, fand in der reparationspolitischen Regelung des Potsdamer Abkommens nur einen begrenzten Niederschlag.[5] Die Alliierten einigten sich darauf, Deutschland während der Besatzungszeit als "wirtschaftliche Einheit"[6] zu behandeln.[7] Die UdSSR wurde verpflichtet, ihre Wiedergutmachungen aus der eigenen Zone zu decken, zusätzlich wurden ihr 25% der industriellen Ausrüstungen der Westzone zugesprochen, davon 15% gegen Lebensmittellieferungen. Hierdurch war aber eine Trennung zwischen Westzonen und SBZ

1 Geyer, D., 1972b, S. 357

2 Die Sowjetunion hatte u.a. 20 Mio. Tote, erhebliche Vermögensverluste, Kriegsfolgekosten und zerstörte Wohngebäude. Vgl. Hierzu Jerchow, Friedrich, Deutschland in der Weltwirtschaft 1944 - 1947. Alliierte Deutschland- und Reparationspolitik und die Anfänge der westdeutschen Außenwirtschaft, Düsseldorf 1978, 5.23

3 Vogel, Walter, Deutschland, Europa und die Umgestaltung der amerikanischen Sicherheitspolitik 1945-1949, in: VfZG 1973, S.64-82, S.75; Link, W., 1980, S.102

4 Potsdamer Abkommen, 1979, S.17f.

5 Potsdamer Abkommen, 1979, S.17

6 Potsdamer Abkommen, 1979, S.222

7 vgl. auch Link, W., 1980, 5.116 und Kleßmann, C., 1982, S.32

eingeführt, die den Grundsatz der wirtschaftlichen Einheit des Reichsgebietes unterlief.[1] Besonders folgenreich für die Frage der Grenzen des zukünftigen Deutschlands erwies sich das Zugeständnis an die UdSSR, Gebiete jenseits von Oder und Neiße auch als Reparationsbasis zu benutzen. Dadurch, daß diese Gebiete als ein "Verhandlungspaket" mit der Reparationsfrage behandelt wurden, konnte sich sehr schnell die sowjetische Grenzregelung, das heißt die Unterordnung dieser Gebiete unter polnische und sowjetische Verwaltung durchzusetzen.[2]

Das Spannungsverhältnis zwischen zonaler Verwaltung in Deutschland und gemeinsamer alliierter Deutschlandpolitik entfaltete sich wesentlich an der Reparationsfrage. Es lag auch an den inneren Unausgewogenheiten des Potsdamer Abkommens, daß die materielle Existenzerhaltung in den Zonen mit der Reparationsregelung kollidierte.[3] Die Demontage von Industrieanlagen und dadurch sinkende Produktionskapazitäten machten vor allem die Westzonen zu einem permanenten wirtschaftlichen Zuschußgebiet und die wirtschaftliche Selbstversorgung der Zonen bald zum Problem. Aus diesem Grund verordnete der amerikanische Militärgouverneur Clay im Mai 1946 einen Demontagestopp.[4]

Um die defizitäre Lage in den Westzonen auszugleichen, verlangten die USA auf der Pariser Außenministerkonferenz im Juli 1946 eine Umstellung der Reparationspolitik. Dem Export-Import-Ausgleich der Besatzungszonen sollte Priorität gegenüber Reparationsentnahmen eingeräumt werden, und insofern wurde eine Wirtschaftseinheit des Reichsgebietes angestrebt.[5] In diesem Zusammenhang war an eine Anhebung der Produktionsquoten des ersten Industrieplans vom März 1946 gedacht worden, welche die UdSSR im Interesse höherer Reparationen sehr niedrig angesetzt hatte.[6] Den reparationspolitischen Umstellungsplänen der USA wollte die sowjetische Führung, die ihre sicherste deutsche Einflußzone dadurch einem fremden Eingriff geöffnet sah, nur unter verschiedenen Bedingungen zustimmen. Erstens sollte eine feste sowjetische Reparationssumme von 10 Mrd.$, auf die die Alliierten sich in Jalta geeinigt hatten, offiziell bestätigt werden, und zweitens sollten Reparationen künftig auch der laufenden Produktion entnommen werden dürfen.[7] Vor allem die

1 Fritsch-Bournazel, Renata, 1979, S.23

2 Kleßmann, C., 1982, S.33f.

3 Kleßmann, C., 1982, S.31ff.

4 Kleßmann, C., 1982, S.100

5 Kleßmann, C., 1982, S.99ff.

6 Kleßmann, C., 1982, S.102 und Huster, E.-U., 1980, S.37 6 Huster, E.-U., 1980, S.37f.

7 Huster, E.-U., 1980, S. 37f.

Forderung nach Entnahmen aus der laufenden Produktion warf das Problem wieder auf, wer die aus der aus der laufenden Produktion abgeschöpfte Reparationsleistung finanzieren sollte. Darüberhinaus forderte die UdSSR eine Viermächteverwaltung für das Ruhrgebiet und einen zentralstaatlichen Aufbau Deutschlands, der mit den amerikanischen Föderationsplänen kollidierte.[1] Die unterschiedlichen reparationspolitischen, aber auch verwaltungsmäßigen Vorstellungen unter den Alliierten, bei denen neben den sowjetisch-amerikanischen Divergenzen auch die ablehnende Haltung der Franzosen gegenüber einer zentralistischen Verwaltungsstruktur eine einflußreiche Rolle spielte, schränkten ihre Kooperationsmöglichkeiten ein und beschleunigten die gegenseitige Interessenabgrenzung.[2]

Deutlichen Ausdruck fand die Umstellung der amerikanischen Deutschlandpolitik in der Stuttgarter Rede des US-Außenminister Byrnes am 5. September 1946, die als Antwort auf die sowjetischen Forderungen auf der Pariser Außenministerkonferenz vom Juni/Juli 1946 verstanden werden kann und zur amerikanisch-britischen Vereinbarung vom 4.9.1946 über den Zusammenschluß der beiden Zonen zur sog. "Bizone" führte.[3]

Die Auseinandersetzung um die Reparationsfrage gewann ihre Konturen allerdings erst auf dem Hintergrund weitreichender deutschland- und europapolitischer Überlegungen der Besatzungsmächte. Bei der Umstellung der amerikanischen Reparationspolitik hat offensichtlich die Einschätzung der US-Führung im Hinblick auf die Realisierungsmöglichkeiten ihrer "open-door-policy" insgesamt und die restriktiven Erfahrungen in Osteuropa im Herbst 1945 eine nicht zu unterschätzende Rolle gespielt.[4] Die UdSSR hatte den von den USA erbetenen Warenkredit in Höhe von 6 Mrd.$ deswegen abgelehnt, weil die US-Regierung politische und wirtschaftliche Einflußmöglichkeiten in Osteuropa mit der Kreditgewährung verknüpft hatte.[5] Die von den USA vertretenen Vorstellungen eines "internationalen Multilateralismus" friedlicher Demokratien auf ökonomischer Basis hätte den Vereinigten Staaten zweifellos einen steigenden politischen Einfluß in Osteuropa ermöglicht, wenn es zu einer wirtschaftspolitischen Kooperation in Osteuropa unter amerikanischen Bedingungen gekommen wäre. "Insbesondere auf ökonomischen Gebiet war das Poten-

1 Hillgruber, A., 1978, S.28f.

2 Kleßmann, C., 1982, S.104, vgl. auch Vogel, W., S.69ff

3 Hillgruber, A. 1978, S.29f. und Kleßmann, C., 1982, S.101f.

4 Vogel, W., 1973, S.71ff.

5 Link, W., 1980, S.101ff.

tial der USA überwältigend, und hier war auch die eigentliche Verbindungsstelle, an der sich der machtpolitische mit dem systemischen Konflikt untrennbar...verband. Der nichtdiskriminierte freie Handels- und Wirtschaf tsverkehr hätte die verkehrs- und marktwirtschaftliche Ordnung unter Führung der USA weltweit vorherrschend gemacht - also das kapitalistische System global stabilisiert. Da aber sowohl die amerikanischen als auch die sowjetischen Führungseliten überzeugt waren, daß eine untrennbare Einheit von Wirtschaftssystem und Herrschaftsordnung existiert, hätte wirtschaftliche Überlegenheit zugleich auch politische Vorherrschaft bedeuten können. "[1]

Die Abschließung der sowjetischen Interessensphäre in Osteuropa war der deutschlandpolitischen Entwicklung vorausgegangen und machte es umgekehrt wahrscheinlich, daß die USA ihren Einfluß in West- und Mitteleuropa soweit wie möglich zu verankern trachtete. "Auch wenn die amerikanische Führung alles vermied, was ihr von deutscher Seite den Vorwurf einbringen könnte, an der Teilung Schuld zu sein, entwickelte sich der Gedanke, die Westzonen voll in Westeuropa zu integrieren und so in Deutschland ein Bollwerk gegen das sowjetische Vordringen zu errichten, rasch zu einer Leitidee ihrer Europapolitik."[2] Die Stationen des westdeutschen Integrationsprozesses sind umrissen mit den Stichworten Bizonen-Bildung 1947, Marshall-Plan-Initiative 1947/48[3] und Londoner Sechs-Mächte-Konferenz vom Februar bis Juni 1948, auf der die Konzeption eines in Westeuropa integrierten deutschen "Weststaats" unter Einschluß der französischen Besatzungszone feste Konturen annahm.[4] Als "Frankfurter Empfehlungen" wurde dies Konzept den westdeutschen Ministerpräsidenten mit dem Auftrag unterbreitet, eine Verfassung für einen zukünftigen "Weststaat" auszuarbeiten.[5]

Daß die Sowjetunion mit ihrer Reparationspolitik auch die Absicht verband, die sozialökonomischen Aspekte ihrer Sicherheitsvorstellungen zu realisieren[6], wurde aus den Äußerungen Molotows auf der Pariser Außenministerkonferenz vom Juli 1946 deutlich: "Um die Welt vor einer eventuellen Aggression seitens Deutschlands zu sichern, ist es unerläßlich, seine vollständige militärische und wirtschaftliche

1 Link, W., 1980, S.99

2 Schwarz, H.-P., 1980, S.81

3 Kleßmann, C., 1982, S.180ff. und Hillgruber, A., 1978, S.33

4 Hillgruber, A., 1978, S.42

5 Hillgruber, A., 1978, S.44

6 vgl. in dieser Arbeit S.51

Entwaffnung zu verwirklichen, wobei in Bezug auf das Ruhrgebiet eine interalliierte Vierstaatenkontrolle errichtet werden muß, deren Aufgabe es ist, die Entstehung einer Rüstungsindustrie in Deutschland zu verhindern.... Der Aufgabe der vollständigen militärischen und wirtschaftlichen Entwaffnung Deutschlands hat auch der Reparationsplan zu dienen."[1] Durch eine längerfristig geplante und produktionsmäßig begrenzte deutsche "Friedenswirtschaft" im Rahmen einer interalliierten Kooperation sollte die ökonomische Basis von Faschismus und Imperialismus beseitigt werden.

Die sowjetische Führung interpretierte die marktwirtschaftlichen Ordnungsvorstellungen der USA nach der Verkündigung der sog. "Truman Doktrin" und der Marshall-Plan-Initiative als Versuch des US-Imperialismus, andere Staaten unter seine Herrschaft zu zwingen.[2] Seit der Rede Shdanows anläßlich der Kominform-Gründung im Herbst 1947, die als Reaktion der UdSSR auf die amerikanische Politik der Westintegration zu sehen ist, war offenkundig geworden, daß die sowjetische Führung das Antagonismus-Konzept reaktivierte.[3] In der forthin geltenden Zwei-Lager-Doktrin hatten die USA die Führung des feindlichen imperialistischen Lagers übernommen.[4]

Die Balance zwischen Kooperationsbemühungen und Interessenabgrenzung innerhalb der Anti-Hitler-Koalition war 1947/48 endgültig aus dem Gleichgewicht geraten. Der sowjetische Militärgouverneur Sokolowski wurde von der sowjetischen Führung anläßlich der Londoner Sechs-Mächte-Konferenz im März 1948 aus dem Alliierten Kontrollrat abberufen. Damit war die gemeinsame Vier-Mächte-Kontrolle in Deutschland lahmgelegt.[5] Die UdSSR konzentrierte sich seit 1947/48 auf die Stabilisierung ihrer Besatzungszone, ohne freilich gegenüber den Westmächten von einer auf die Wiederherrstellung der Einheit Deutschlands gänzlich abrückenden Politik zu verzichten.

Durchdie Eingliederung der SBZ in den sowjetischen Herrschaftsbereich und der Westzonen in die Interessensphäre der Westmächte fand die Einflußabgrenzung zwischen Ost und West nicht entlang territorialstaatlicher Grenzen statt, sondern teilte die deutsche Nation und verfestigte sich durch die Gründung der Bundesrepublik Deutschland am 23.5.1949 und der Deutschen Demokratischen Republik am 7.10.1949.

1 Huster, E.-U., 1980, S.307
2 Kleßmann, C., 1982, S.179ff.
3 vgl. in dieser Arbeit S.51
4 Link, W., 1980, S.109f.
5 Hillgruber, A., 1978, S.42

Die spezifisch nationale Dimension des Ost-West-Gegensatzes in Deutschland verlieh dem Systemkonflikt hier seine besondere Dynamik. Besaß die Westintegration durch den Wiedervereinigungsanspruch der BRD eine offensive, gegen die Konsolidierung der sowjetischen Interessensphäre gerichtete Spitze, so schien das Taktieren mit der nationalen Einheit Deutschlands auf der Basis der deutschen Blockfreiheit für die UdSSR das wirksamste Gegenmittel zu sein. Die sowjetische Führung hielt offiziell an der Wiederherstellung eines bündnisfreien Gesamtdeutschland fest, um den Prozeß der Westintegration hinauszuzögern.

Die DDR-Führung sah sich demgegenüber vor eine zweiseitige Aufgabe gestellt: zum einen war sie bestrebt, ihre Herrschaft in der SBZ abzusichern, andererseits unterstützte sie die sowjetische Einheitspolitik. Je mehr der volksdemokratische Transformationsprozeß in der SBZ allerdings voranschritt, desto größer wurde die Kluft zwischen nationaler Ideologie und separatstaatlicher Praxis.

3.3 Volksdemokratische Transformation und nationale Orientierung in der SBZ

3.3.1 Voraussetzungen nationaler Politik unter alliierter Besatzung

Nationale Orientierungen schienen im Nachkriegsdeutschland im Bewußtsein des nationalsozialistischen Exzesses, der das Selbstbestimmungsrecht der deutschen Nation vollkommen diskreditiert hatte, an politischem Stellenwert erheblich eingebüßt zu haben. Die Nationalstaatsidee machte im Westen Deutschlands der Hinwendung zu größeren Integrationseinheiten Platz, wie z.B. der „Europaidee".[1]

Darüberhinaus war einer nationalen Interessenwahrnehmung in Deutschland auch der institutionelle Boden, nämlich der souveräne Nationalstaat, entzogen worden. Die Berliner Erklärung der Alliierten vom 5.6.1945 stellte fest: "Es gibt in Deutschland keine zentrale Regierung oder Behörde, die fähig wäre, die Verantwortung für die Aufrechterhaltung der Ordnung, für die Verwaltung des Landes und für die Ausführung der Forderungen der siegreichen Mächte zu übernehmen."[2] Deshalb übernahmen sie selbst "die oberste Regierungsgewalt in Deutschland, einschließlich aller Befugnisse der deutschen Regierung, des Oberkommandos der Wehrmacht und der Regierungen, Verwaltungen oder Behörden der Länder, Städte und Gemeinden."[3]

1 Schwarz, H.-P., 1980, S.645ff.
2 Potsdamer Abkommen, 1979, S.33
3 Potsdamer Abkommen, 1979, S.34

Überkommene nationale Traditionen zu konservieren oder einer fragwürdigen politischen Kultur Deutschlands unbefragt den Nährboden wieder aufzubereiten, erschien den Alliierten keineswegs erstrebenswert. Vielmehr lautete es im Potsdamer Abkommen vom 2.8.1945, die "Alliierten werden dem deutschen Volk die Möglichkeit geben, sich darauf vorzubereiten, sein Leben auf einer demokratischen. und friedlichen Grundlage von neuem wiederaufzubauen."[1] Freilich ließ die Formel "endgültige Umgestaltung des deutschen politischen Lebens auf demokratischer Grundlage" jenen Interpretationsspielraum, der von der UdSSR und den Westmächten so unterschiedlich ausgefüllt wurde.[2]

Entscheidend aber scheint, daß die deutschen Interessen in der unmittelbaren Nachkriegsphase ganz auf die unumgängliche Kooperation mit den jeweiligen Besatzungsmächten gerichtet war und sein mußte, daß es keine "deutsche Einheitsfront" gegen die Besatzungsmächte gab, sondern allenfalls einen "Länder- und Zonenegoismus" der Besiegten.[3]

Mit zunehmender Ost-West-Konfrontation und wachsender Einbeziehung der Besatzungszonen in die jeweilige Interessensphäre der Alliierten fand der Bruch zwischen den Siegermächten seine Fortsetzung bei den Deutschen.[4] Die Bewertung des Spaltungsvorgangs und das Verhältnis zur Besatzungsmacht wurde zum ausschlaggebenden Legitimationskriterium für die Herrschaft der politischen Eliten im östlichen und westlichen Teil Deutschlands.

3.3.2 KPD und SPD

Seit dem Brüsseler Parteitag vom Oktober 1935 verfolgte die KPD keine unmittelbar revolutionäre Zielsetzung mehr, sondern operierte auf der Grundlage eines bürgerlich-demokratischen Programms.[5] Das in der Moskauer Emigration von der Parteiführung der KPD verfaßte "Aktionsprogramm...für einen Block der kämpferischen Demokratie zur antifaschistisch-demokratischen Umgestaltung Deutschlands" forderte die "Aufrichtung eines starken demokratischen Volksregimes", die "Entfaltung einer wahren Demokratie" und die "Wirtschaftsfreiheit des gewerblichen Mittelstandes."[6] Der neuen Programmatik entsprechend war auch die "Sozialfaschismus-

1 Potsdamer Abkommen, 1979, S.218
2 Potsdamer Abkommen, 1979, S.220
3 Schwarz, H.-P., 1980, S.593
4 vgl. in dieser Arbeit S.63ff.
5 SED-Dokumente 1981, S.318f.
6 SED-Dokumente 1981, S.392f.

These" aufgegeben worden und die KPD zur Kooperation mit der SPD prinzipiell bereit.[1]

Trotzdem lehnte sie eine organisatorische Verschmelzung mit der SPD, für die der am 15. Juni 1945 gebildete Berliner Zentralausschuß der SPD eintrat, in einer ersten gemeinsamen Besprechung am 19.6.1945 ab.[2] Die KPD-Führung war als wichtigstes politisches Hilfsorgan der sowjetischen Militärverwaltung (SMAD) beim Wiederaufbau und der Transformation der SBZ vor eine vielschichtige Aufgabe gestellt, die eine sofortige Verschmelzung mit der SPD nicht wünschenswert erscheinen ließ. Die eigene Parteiorganisation mußte wieder aufgebaut werden, und das politische Spektrum war zu sondieren, um die bündnispolitische Konzeption in Angriff zu nehmen. Die KPD sah sich beim Wiederaufbau der SBZ gezwungen, "trotz einer voraussichtlich relativ geringen Zahl von Anhängern sofort einen gewissen Einfluß auf alle Schichten der Bevölkerung sicherzustellen."[3]

Drei in den Richtlinien von 1945 vorgesehene "Arbeitsgruppen" der KPD-Führung in Moskau waren im April/Mai 1945 in die SBZ gebracht und dort einzelnen Frontstäben der Roten Armee zugeordnet waren, um als Bindeglied zwischen der SMAD und der deutschen Bevölkerung die Verwaltung wiederaufzubauen, das politische Leben und das Wirtschaftsgeschehen in Gang zu setzen.[4]

Der bündnispolitischen Konstellation des Volksdemokratie-Konzeptes entsprechend, erfolgte die Einbindung der im Juni/Juli wieder zugelassenen Parteien in einen "Block antifaschistischer-demokratischer Parteien" am 14.7.1945. Durch die Regelung, gemeinsame Beschlüsse nur per Vereinbarung und nicht durch Abstimmung zu fassen, sicherte sich die KPD hier zunächst ihren Einfluß.[5]

Das Verhältnis zur SPD wurde allerdings zunehmend problematischer. Der Berliner Zentralausschuß war innenpolitisch mit einem sozialistischen Programm unter der Parole "Demokratie in Staat und Gemeinde, Sozialismus in Wirtschaft und Gesellschaft" hervorgetreten.[6] Die außenpolitischen Vorstellungen der Berliner SPD

1 Staritz, D., 1976, S.42ff.

2 Weber, H., 1976, S.22 und Moraw, Frank, Die Parole der "Einheit" und die Sozialdemokratie. Zur parteiorganisatorischen und gesellschaftspolitischen Orientierung der SPD in der Periode der Illegalität und in der ersten Phase der Nachkriegszeit 1933 - 1948, Bonn-Bad Godesberg 1973, S.94

3 Ein eigenes Problem stellte der Umstand dar, daß die in Deutschland verbliebene Parteibasis der KPD auf einem viel radikaleren Kurs lag als die Moskauer Exilführung, vgl. z.B. die Richtlinien der KPD-Landesleitung von 1944, abgedruckt in SED-Dokumente 1981, S.369ff.; vgl. auch Moraw, F., 1973, S.92f.

4 Staritz, D., 1976, S.85f.

5 Moraw, F., 1973, S.95

6 Moraw, F., 1973, S.87

ließen sich unter den Begriff der "Ostorientierung" zusammenfassen, wenngleich die Spannbreite der unter diesem Begriff firmierenden Konzepte beträchtlich war.[1] In jedem Fall aber wurde der Sowjetunion in der deutschen Außenpolitik der Nachkriegszeit eine zentrale Rolle zugeschrieben, und die Vorstellung eines mit sowjetischer Unterstützung wiederauf gebauten sozialistischen Deutschlands konnte als Kooperationsangebot der Berliner SPD an die SMAD verstanden werden. Je länger aber die KPD den vom Zentralausschuß der SPD (ZA)gewünschten Zusammenschluß ablehnte und von ihrer privilegierten Stellung in der SBZ profitierte, desto mehr schwächten sich die Neigungen der Sozialdemokraten ab, sich außenpolitisch allein an der UdSSR zu orientieren. Grotewohl formulierte im September 1945 einen gesamtdeutschen Führungsanspruch der Sozialdemokratie, der das Spannungsverhältnis der Westmächte und der Sowjetunion aufgriff.[2] In das Bild einer "Sammellinse" faßte er die Rolle der Sozialdemokratie im politischen Spektrum Deutschlands in der Nachkriegszeit: weder allein die bürgerlichen Parteien würden von der UdSSR noch allein die KPD von den Westmächten als Repräsentanten des deutschen Volkes anerkannt werden, aus diesem Grund komme der SPD unter dem gegebenen internationalen Kräfteverhältnis die führende Rolle in Deutschland zu.

Die von Grotewohl im September 1945 ins Spiel gebrachte Problematik der Wahrung der Reichseinheit im Konflikt der Sowjetunion mit den Westmächten stand im Zusammenhang mit der inneren politischen Entwicklung der SBZ. Sie fungierte als ein Palliativ gegen die inzwischen nicht mehr vom Zentralausschuß angestrebte, aber seit September 1945 von der KPD propagierte Verschmelzung von SPD und KPD in der SBZ. Darüber hinaus drückte sie ein Kooperationsangebot an die Westzonen-SPD unter Schumacher aus.

Auf der Konferenz von Wennigsen im Oktober 1945 hatten sich Grotewohl und Schumacher nach einigen Auseinandersetzungen über die jeweiligen Kompetenzen auf die Fortführung der gemeinsamen Kontakte geeinigt, was aber u.a. daran scheiterte, daß Schumacher einer Kooperation mit dem ZA letztlich ausgesprochen skeptisch gegenüberstand und sie auch möglichst einzuschränken gedachte. Bald nach der Wennigser Konferenz war die "Zusammenarbeit, ja der bloße inforamtorische Kontakt zwischen beiden sozialdemokratischen Zentren ohne Intervention der Besatzungsmächte zusammengebrochen."[3]

1 Moraw, F., 1973, S.96ff.

2 Moraw, F., 1973, S.105f.

3 Moraw, F., 1973, S.120ff. und S.128

Für den Standpunktwechsel der KPD im September 1945 in der Frage der Einheitspartei ließen sich einige Gründe ins Feld führen. Zweifellos befand sich die KPD generell in einem Konkurrenzkampf mit der SPD um politischen Einfluß in der SBZ, wobei sich die SPD zunächst durch ein sozialistisches Programm vor einer traditionell größeren Mitgliederbasis profilieren konnte.[1]

Moraw führt die Wende der KPD in der Frage der Einheitspartei u.a. auf eine vom ZA der SPD erfolgreich betriebene Strategie der "Politisierung" in der SBZ zurück.[2] Während die bündnispolitischen Vorstellungen des volksdemokratischen Konzepts den politischen Parteien in erster Linie eine Kanalisierungs- und Steuerungsfunktion zuwiesen, versuchte die SPD, nicht zuletzt aufgrund ihrer mangelnden Unterstützung durch die SMAD, Mitglieder zu mobilisieren und Interessen der Bevölkerung gegenüber der Besatzungsmacht zu vertreten.[3] Dabei griff sie Themen wie die Frage der Reparationsleistungen, die Lebensbedingungen der Werktätigen und die Frage der deutschen Ostgrenze auf, die bei der KPD tabuisiert waren.[4]

Demgegenüber geriet die KPD ins Hintertreffen. Im Oktober 1945 stellte die Partei einen Rückstand und Tempoverlust in der Mitgliederentwicklung gegenüber der SPD fest. Die Vorstellungen der KPD über die Zielrichtung einer politischen Interessenvertretung und Mobilisierung in der SBZ waren dem Vorgehen der ZA eher entgegengesetzt. In den Richtlinien der KPD vom 5.4.1945 für die Reorganisation der SBZ hieß es, "die auf dem besetzten deutschen Gebiet tätigen Antifaschisten arbeiten im vollen Einvernehmen mit der Besatzungsbehörde und sorgen dafür, daß die Befehle und Anweisungen der Besatzungsbehörde als im Interesse des deutschen Volkes liegend unbedingt durchgeführt werden."[5] Die bedingunslose Befürwortung der sowjetischen Besatzungspolitik trug der KPD/SED schon bald das Stigma der "Russenpartei" ein.[6] Stellte Grotewohls Rede vom September 1945, in der er den gesamtdeutschen Führungsanspruch der Sozialdemokratie formulierte, einen ersten Höhepunkt der SPD-Politisierungsstrategie dar, so war Grotewohl im

1 1933 zählte die KPD ca. 100.000 Mitglieder, die SPD hingegen 581.000 Mitglieder auf dem Territorium der SBZ. Vgl. hierzu Moraw, F., 1973, S.177

2 Moraw, F., 1973, S.247

3 Nach Moraws Angaben belief sich der Mitgliederstand der SPD im November 1945 bereits wieder auf 300.000 Mitglieder. Vgl. Moraw, F., 1973, S.132

4 Moraw, F., 1973, S.132f.

5 SED-Dokumente 1981, S.398

6 Krisch, Henry, Vorstellungen von künftiger außenpolitischer Orientierung in der SBZ und ihre Auswirkungen auf die spätere Außenpolitik der DDR, in: 3 Jahrzehnte Außenpolitik der DDR, hrsg. von Jacobsen, H.A./Leptin, G./Scheuner, U./Schulz, E., München, Wien 1979, S. 37-49, S.40

November 1945 noch deutlicher geworden. Zum Jahrestag der Novemberrevolution hielt er wieder eine öffentliche Rede, in der er die elende materielle Notlage in Deutschland beklagte und mit der Forderung nach notwendigen sozialistischen Aufbauarbeiten nicht nur gegen die bürgerlich-demokratische KPD-Programmatik sondern auch gegen die sowjetische Reparationspolitik Stellung bezog. Außerdem machte er hier die Herstellung der Reichseinheit zur Voraussetzung für eine Vereinigung der beiden Arbeiterparteien.[1]

Die unterschiedliche Auffassung über die Qualität politischer Interessenvertretung und Massenmobilisierung zwischen KPD und SPD und der Erfolg der SPD-Strategie ließen die Führungsrolle der KPD im politischen Spektrum der SBZ potentiell ungesichert erscheinen. Dies trug dazu bei, daß sie auf die Bildung einer Einheitspartei mit der SPD drängte, was faktisch den ersten Schritt der volksdemokratischen Transformation darstellte. Zugleich war mit dem Vorbehalt Grotewohls, daß die Reichseinheit die Voraussetzung für die Bildung einer Einheitspartei darstelle, zum ersten Mal der Zusammenhang zwischen einer parteipolitischen Opposition in der SBZ/DDR und einer gesamtdeutschen Orientierung hervorgetreten. Für den zunehmend von KPD und SMAD in Bedrängnis geratenen ZA stellte das Insistieren auf der Vorrangigkeit der Reichseinheit ein Palliativ gegen die Einheitskampagne der KPD dar.

3.3.3 SED-Gründung

Seit September 1945 trat die KPD, entgegen ihren Verlautbarungen vom Juni 1945, für die Vereinigung der beiden Arbeiterparteien in der SBZ ein. Der ZA der SPD war bemüht, seine gegenüber der von der SMAD privilegierten KPD, ungünstigeren Ausgangsbedingungen durch eine Strategie der Interessensvertretung und politische Mobilisierung "von unten" auszugleichen, die der Kanalisierungs- und Kontrollfunktion politischer Parteien im volksdemokratischen Konzept nicht entsprach. Der praktische Erfolg der vom ZA betriebenen Eigenprofilierung schien einer der wesentliches Ursachen für den Beginn der Einheitskampagne der KPD zu sein.[2]

Auf der sog. Sechziger Konferenz im Dezember 1945, als Vertreter der beiden Arbeiterparteien der SBZ über die Möglichkeiten und Modalitäten eines organisatorischen Zusammenschlusses berieten, griff die KPD den Vorbehalt Grotewohls gegen die Bildung einer Einheitspartei auf. Auch die KPD sprach sich in der

1 Moraw, F., 1973, S.132f.

2 Moraw, F., 1973, S.247

Schlußresolution für die Bildung einer Einheitspartei im gesamtdeutschen Rahmen aus. Solange jedoch Reichsparteikongresse nicht absehbar seien, meinte Pieck, müßten die Parteien in der SBZ "das große Beispiel geben."[1]

Die Parole des "beispielhaften Voranschreitens" wurde in der Folgezeit die Legitimationsfigur für die Separatentwicklung der SBZ, ohne daß die Möglichkeit eines gesamtdeutschen Ausgleichs in Erwägung gezogen wurde. Freilich setzte sich diese kompromißlose Linie der KPD/SED nicht in dieser Eindeutigkeit durch, sondern sie blieb durch national orientierte Formeln kaschiert.

Mit der These vom eigenen deutschen Weg zum Sozialismus vollzog die KPD im Februar 1946 eine taktische Annäherung an die Position der SPD. Die von Ackermann ausgearbeitete Auffassung, daß das sowjetische Modell des Sozialismus nicht auf Deutschland übertragbar sei, sollte der von der SPD vertretenen Abgrenzung autonomer deutschen Interessen gegenüber der Besatzungsmacht entgegenkommen.[2] Der beste Garant sowjetischer Sicherheitsinteressen, so lautete die Überlegung, die die Parteienverschmelzung bei den Sozialdemokraten attraktiver machen sollte, sei gerade im Falle eines eigenen deutschen Weges zum Sozialismus die einheitliche sozialistische Partei, die die Führung im Parteienspektrum beanspruchen konnte.[3] Die KPD übertrug gewissermaßen das SPD-Konzept der "Sammellinse" auf die Rolle der Einheitspartei und erschwerte es dem ZA dadurch, sich der Einheitskampagne zu entziehen.

Ackermanns These vom deutschen Sonderweg wurde zum "Leitmotiv"[4] der Verhandlungen im "Organisationsausschuß zur Durchführung der Vereinigung", wie die gemeinsame Studienkommission von SPD und KPD seit dem 26.2.1946 hieß.[5]

Durch den Druck der unteren Parteiinstanzen, die - oft unter Pression der SMAD - für eine Vereinigung plädierten, entschied sich der ZA am 11.2.1946 dafür, die Frage der Parteienverschmelzung zur Abstimmung in der SPD vorzulegen. "Die.. Entscheidung fiel zu einem Zeitpunkt, in dem die SPD-Spitze nach allgemeiner Ansicht der ZA-Mitglieder wie auch der Landesvorsitzenden ihre Handlungsfreiheit eingebüßt hatte. Was die normalen Kommunikationswege betraf, war der ZA von der Provinz faktisch isoliert. Gleichzeitig wurden die nachgeordneten Parteiinstanzen von den östlichen sowjetischen Kommandanturen gedrägt, sich auf eine sofortige

1 Pieck zit. nach Moraw, F., 1973, S.140. Vgl. auch Staritz, D., 1976, S.74

2 Moraw, F., 1973, S.162ff. und Stern, Carola, Porträt einer bolschewistischen Partei. Entwicklung, Funktion und Situation der SED, Köln 1957, S.49

3 Stern, C., 1957, S.47

4 Moraw, F., 1973, S.167

5 Moraw, F., 1973, S.162

Verschmelzung festzulegen. Der Druck auf die Organisationen in den Ländern war für den Beschluß vom 11. Februar 1946 bestimmend, von daher kann das letzte entscheidende Stadium des Prozesses, das mit dem Gründungsparteitag der SED endete, ohne Zweifel im Sinne der Mehrheit der Funktionäre und interessierten Mitglieder der Sozialdemokratie als "Zwangsvereinigung" angegeben werden - und zwar recht genau angebbar von dem Zeitpunkt (Dezember 1945/Januar 1946) an, da die KPD von dem nicht förmlich vereinbarten, weil anfangs selbstverständlichen Ziel einer reichseinheitlichen Lösung abging und sich ausdrücklich für eine zonale Verschmelzung einsetzte."[1]

Tatsächlich fand der Vereinigungsparteitag von KPD und SPD am 21./22.4.1946 unter gesamtdeutschem Vorzeichen statt.[2] Die SED beanspruchte mit ihrer Gründung die sozialistische Einheitspartei ganz Deutschlands zu sein, die Zielvorstellung nationaler Einheit war im Gründungsprozeß der SED verankert. "Mit ihrem Namen erhob sie [die SED, K. E] nicht nur die Einheit der Arbeiterklasse, sondern auch die Einheit Deutschlands zum Programmatischen Grundprinzip ihres Wirkens und setzte beides, die proletarische und die nationale Einheit, in enge Beziehung."[3] Der Zusammenhang von nationaler Frage und Einheitspartei kuliminierte aus der Sicht der SED hinfort im gesamtdeutschen Führungsanspruch der Partei, der aus dem Versagen des deutschen Bürgertums 1848 und 1918, der zahlenmäßigen Überlegenheit der Mitglieder der Arbeiterpartei und ihrem geschichtlich progressiven Charakter abgeleitet wurde.[4] Im Oktober 1946 stellte Ulbricht[5] fest, daß die Arbeiterklasse die "Hauptkraft" "im Kampf um eine neue demokratische Ordnung" sei und daß sie die "große Aufgabe der Rettung von Volk und Nation übernommen" habe, weil "an ihrer Spitze die Sozialistische Einheitspartei die Vorkämpferin für die Einheit des schaffenden Volkes und für die Einheit Deutschlands,... stehe."[6]

Die SED hatte sich den offensiven Charakter der ursprünglich vom ZA formulierten gesamtdeutschen Strategie zu eigen gemacht und mit der Einheit der Arbeiterklasse den Kampf um die Einheit der deutschen Nation und die führende

1 Moraw, F., 1973, S.155

Eine Abstimmung über die Frage der Einheitspartei im West-Berliner Parteibezirk der SPD am 31.3.1946 ergab 19.529 Stimmen gegen einen sofortigen Zusammenschluß, lediglich 2.938 Mitglieder waren dafür, vgl. Moraw, F., 1973, S.160f.

2 103 von 548 SPD- und 127 von 507 KPD-Delegierten waren aus den Westzonen gekommen, vgl. Moraw, F., 1973, S.175

3 Bleek, W., 1981, S.89

4 Stern, C., 1957, S.47

5 Ulbricht, Walter, Strategie und Taktik der SED, in: E 5/1946, S.257-271

6 Ulbricht, W., 1946, S.264

Rolle der Einheitspartei im nationalen Rahmen begründet. Ihre Führungsrolle konnte die SED aber selbst in der SBZ zunächst nicht so klar durchsetzen, wie die Ergebnisse der Wahlen vom September/Oktober 1946 zeigten.[1]

Die SED-Gründung wurde in den Westzonen als "Zwangsvereinigung" angesehen und förderte dort die Abgrenzungstendenz gegenüber der SBZ.[2] Die Versuche der SED, in den Westzonen gemeinsame Arbeits- und Organisationsausschüsse von KPD und SPD zu gründen, "die die Konstituierung der SED auf gesamtdeutscher Basis vorbereiten sollten", scheiterten nicht nur an Verboten der Westmächte, sondern auch an der mangelnden Resonanz in der West-SPD nach der erzwungenen Parteiverschmelzung in der SBZ.[3] Später wurde der mit der Parteigründung vertretene gesamtdeutsche Anspruch auch von der SED relativiert. Im historischen Rückblick bezeichnete die SED-Geschichtsschreibung die Gründung "lediglich" als den historischen "Sieg des Marxismus-Leninismus, die bedeutendste Errungenschaft in der Geschichte der deutschen Arbeiterbewegung seit der Verkündigung des kommunistischen Manifests durch Marx und Engels."[4]

3.3.4 Die Volkskongreßbewegung

Trotz ihrer gesamtdeutschen Zielsetzung mußte die SED die wirtschaftliche Produktion in der SBZ in Gang setzen und hier auch das administrative und politische Leben reorganisieren.[5] Hierdurch schuf sie ein institutionelles gesellschaftliches und staatliches Gefüge in der Ostzone, das unabhängig von den Westzonen einer gewissen Eigenentwicklung unterworfen war. Akute wirtschaftliche Mängel verlangten besonders im Hinblick auf die Erfüllung der Reparationsverpflichtungen schon bald die zentrale Planung des im April 1946 gebildeten volkseigenen Wirtschaftssektors.[6]

Die sowjetische Reparationspolitik war im Frühjahr 1946 zum Teil von der Demontage der Industrieanlagen auf Entnahmen aus der laufenden Produktion

1 Bei den Gemeindewahlen im September 1946 erhielt die SED 5.093.114, LDPD 1.884.033, CDU 1.672.951 und die Massenorganisation 270.131 Stimmen, bei den Landtagswahlen im Oktober 1946 erhielt die SED nur noch 4.658.483 (47,5%), die LDPD 2.410.146 (24,6%), die CDU 2.397.975 (24,5%) und die Massenorganisationen 331.909 (3,4%) Stimmen. Noch schlechter fiel das Ergebnis für die SED am 20.10.1946 in Groß-Berlin aus: die SED erhielt 19,8, die SPD 48,7%, die CDU 22,2% und die LDPD 9,3% der Stimmen. Vgl. Moraw, F., 1973, S.196f.

2 Schwarz, H.-P., 1980, S.263

3 Stern, C., 1957, S.66

4 Heitzer, Heinz, DDR - geschichtlicher Überblick, Frankfurt/M. 1979, S.48

5 Staritz, D., 1976, S.155f.

6 Staritz, D., 1976, S.106

umgestellt worden.[1] Die volkswirtschaftliche Belastung der zu diesem Zweck 1946 errichteten 213 SAG-Betriebe, aus deren Produktion die UdSSR ihre Reparationen entnahm, belief sich in den Jahren 1946 - 1948 auf 25% des Sozialprodukts der SBZ[2] und überstieg damit die jährlichen Ausgaben für Bruttoinvestitionen.[3] Das Ausmaß der Reparationen verschärfte den desolaten Zustand der Lebens- und Arbeitsbedingungen, und werktätige Parteimitglieder forderten von der SED im Vorfeld des II. Parteitags 1947, für Verbesserungen des Versorgungsstandards bei der SMAD einzutreten.[4]

Im Frühsommer 1947 war die SBZ von einem rapiden Produktionsrückgang betroffen, die Löhne wurden durch die "eklatante" Warenknappheit entwertet und die Arbeitsmoral sank auf den Nullpunkt. In der weitgehend desorganisierten Wirtschaft war der Handel auf das "Niveau einfacher Tauschbeziehungen" gesunken.[5] Während die sowjetischen Reparationsforderungen die perspektivlose Situation in der SBZ überschatteten, eröffnete der vom US-Außenminister Marshall am 5.6.1947 verkündete Plan eines europäischen Wiederaufbauprogramms den Westzonen eine Hoffnung auf neue Prosperität, deren psychologischer Effekt auch auf die Ostzone hinüberstrahlte.

Um die wirtschaftlichen Probleme in der SBZ in den Griff zu bekommen, wurde u.a. im Juni 1947 auf Befehl der SMAD die Deutsche Wirtschaftskommission (DWK) als Koordinierungsinstrument der Zentralverwaltungsstellen errichtet. Mit dem SMAD-Befehl Nr. 234 vom 9.10.1947 wurde die Arbeitsorganisation grundlegend neu strukturiert. Die Maßnahmen dieses Befehls legten nach Staritz den Grundstein für die "Wiedergeburt einer Leistungsgesellschaft" in der SBZ, sie führten Akkordlöhne und andere Leistungsdifferenzierungen ein.[6]

1 Die Demontagen gingen bis 1948 weiter, vgl. Bundesministerium für innerdeutsche Beziehungen, Hrg. DDR-Handbuch, wiss. Leitung: Peter C. Ludz unter Mitwirkung von Johannes Kuppe, Köln 1975, S.725f.

2 Cornelsen, Doris, Die Industriepolitik der DDR. Veränderungen von 1945 bis 1980, in: Der X. Parteitag der SED. 35 Jahre SED-Politik, Versuch einer Bilanz, vierzehnte Tagung zum Stand der DDR-Forschung in der Bundesrepublik Deutschland 9. bis 12. Juni 1981, hrsg. von Edition Deutschland Archiv, Köln 1981, S. 46-62, S.47

3 Deutsches Institut fur Wirtschaftsforschung, Hrg., Handbuch DDR-Wirtschaft, Reinbeck bei Hamburg 1977, S.20. Die Zahlenangaben über die gesamten Reparationsleistungen der SBZ/DDR bis 1953 schwanken beträchtlich zwischen 4,3 Mrd.$ und 66,4 Mrd.$. Vgl. Autorenkollektiv unter der Leitung von Ernst Diehl und Gerhard Roßmann, Geschichte der SED. Abriß, Berlin-Ost 1978, S.300 und DDR-Handbuch 1975, S.726

4 Moraw, F., 1973, S.199

5 Staritz, D., 1976, S.104ff.

6 Staritz, D., 1976, S.106f.

Obwohl die Separatentwicklung der SBZ damit im Keim angelegt war, hielt die SED auf dem II. Parteitag im September 1947 an der gesamtdeutschen Führungsrolle fest. In Ulbrichts Referat zeichnete sich allerdings eine bewußte Differenzierung zwischen der anzustrebenden Entwicklung in der SBZ und den Westzonen ab. "Wenn wir in der sowjetischen Besatzungszone die Aufgabe der Steigerung der Arbeitsproduktivität stellen, so bedeutet das nicht, daß man diese Aufgabe auf andere Gebiete Deutschlands übertragen kann."[1] Die Produktionssteigerung in der SBZ habe zu zeigen, daß die "demokratische Wirtschaftsordnung der alten kapitalistischen überlegen ist."[2] Ulbricht suchte die Konkurrenz der Ostzone mit den Westzonen und weniger ihre Annäherung.

Ende 1947, als die Separatentwicklung der SBZ deutlichere Züge angenommen hatte, wurde die eigentliche national orientierte Politik inauguriert. Auf die Initiative der SMAD wurde im Vorfeld der Londoner Außenministerkonferenz im Dezember 1947 ein "deutscher Volkskongreß für Einheit und gerechten Frieden" ins Leben gerufen.[3] Der Volkskongreß sollte den Willen des deutschen Volkes zur staatlichen Einheit in London gegenüber den Westalliierten bekunden. Sein gesamtdeutscher Charakter sollte durch die Teilnahme von Westzonen-Delegierten bestärkt werden.[4] In seiner Entschließung vom 6./7.12.1947 setzte sich der Volkskongreß für die staatliche Einheit Deutschlands ein, weil eine "Aufteilung Deutschlands in Staaten oder Zonengebiete... dem Aufbau der deutschen Wirtschaft und die Erfüllung der Reparationsverpflichtungen gefährden" würde.[5]

Sollte der Volkskongreß außenpolitisch als "nationale Repräsentation" der Deutschen angesichts der Spaltungstendenzen bei den Alliierten fungieren, so scheiterte dieser Auftrag bald, weil seine Delegation nicht zur Londoner Konferenz zugelassen wurde.[6] Bedeutsamer waren aber seine innenpolitischen Rückwirkungen. Faktisch verstärkte er - wie die SED-Gründung -die Abgrenzung der SBZ von

1 Protokoll der Verhandlungen des zweiten Parteitages der SED, 20. bis 24. September 1947 in der deutschen Staatsoper zu Berlin, Berlin 1947, S.481

2 Protokoll 1947, S.478

3 Neef, Helmut, Hrg., Dokumente der Nationalen Front des demokratischen Deutschland, Berlin-Ost 1967, S.22

4 Von 2215 Teilnehmern waren 664 aus den Westzonen. Die Mitgliedschaft strukturierte sich wie folgt: 893 SED/KPD, 572 CDU/LDPD, 91 SPD, 273 parteilos, 286 SEDMassenorganisationen. Vgl. Staritz, D., 1976, S.171. Rein rechnerisch bestand hier ein Übergewicht der SED/KPD und SED-Massenorganisationen, was die Auffassung der SED über ihr politisches Gewicht in Deutschland ausdrücken sollte.

5 Neef, H., 1967, S.24f.

6 Kleßmann, C., 1982, S.203

den Westzonen, weil er dort auf Ablehnung und Verbot stieß.[1] In der SBZ selbst wurde durch die Absetzung der CDU-Vorsitzenden Kaiser und Lemmer durch die SMAD wegen ihrer ablehnenden Haltung zum Volkskongreß das bürgerliche politische Spektrum geschwächt.[2]

Obwohl der Volkskongreß seine deutschlandpolitische Absicht nicht erreichte, wurde er institutionalisiert, ausgebaut und in ein verfassungsorbereitendes Gremium umgewandelt. Im März 1948 tagte der 2. Volkskongreß, der einen 400 Mitglieder starken "Deutschen Volksrat" aus seiner Mitte wählte.[3] Der Volksrat bildete einen Verfassungsausschuß mit Grotewohl als Vorsitzendem aus seiner Mitte, der den Auftrag erhielt, eine für ganz Deutschland gültige Verfassung auszuarbeiten. "Hier zeigte sich eine charakteristische Doppelfunktion, die viele politische Gremien und Initiativen der folgenden Jahre in der DDR kennzeichnet. Der Volksrat verstand sich in demonstrativem Kontrast zum Parlamentarischen Rat als eine Art gesamtdeutsches Vorparlament, das jedoch im Falle seines Scheiterns konkrete Vorarbeit für die Bildung eines ostdeutschen Separatstaats leistete, der sich substantiell ohnehin in der beginnenden stalinistischen Transformation der SBZ abzeichnete."[4]

Die Zusammenkunft des 2. Volkskongresses im März 1948 wurde explizit in eine Kontinuität mit der nationalen Einheitsbewegung von 1848 gestellt. Erich Gniffke, wie Grotewohl kam er aus dem ZA der SPD, deutete im Februar 1948 die bündnispolitische Konstellation in der SBZ als historische Vervollkommnung der vor 100 Jahren gescheiterten Nationalbewegung. "Die Erinnerung an das Jahr 1848 macht das Jahr 1948 besonders geeignet, aus der deutschen Geschichte die Erkenntnis zu schöpfen, zu welchen Fehlentwicklungen es kommt, wenn nicht endlich - wie das in der Ostzone geschehen ist - die bürgerliche Revolution von 1848 fortgeführt und vollendet wird... In der Volkskongreßbewegung für Einheit und gerechtem Frieden findet...im Hinblick auf 1848 die Arbeiterklasse über die noch vorhandenen Parteigrenzen hinweg das einende Band zu dem Kampf für die Verwirklichung der großen nationalen Ziele, die schon seit dem 23. Februar 1848, dem Tage der

1 Kleßmann, C., 1982, S.204

2 Weber, Herrmann, DDR. Grundriß der Geschichte 1945 - 1976, Hannover 1976, S.25

3 100 Mitglieder des Volksrates waren Westdeutsche, die SED verfügte über 24,5%, die SED-Massenorganisationen über 33% der Sitze. Vgl. hierzu Staritz, D., 1976, S.171

4 Kleßmann, C., 1982, 5.204

Veröffentlichung des kommunistischen Manifests, zu ihrem Programm gehörten."[1] Die Erfahrung der 100jährigen Entwicklung zeige, dies ist Gniffkes Fazit, daß die Vollendung der deutschen Einheit nunmehr unter der deutschen Arbeiterklasse zu erfolgen habe. Diesen Weg habe bereits das "Kommunistische Manifest" gewiesen. "'Das Manifest der Kommunistischen Partei' am Vorabend der Revolution von 1848 ist das Urteil über die ökonomische, politische und staatliche Misere Deutschlands bis in unsere Tage. In ihm wird die Arbeiterklasse erhoben zur wahren Höhe ihrer historischen Aufgabe, zur Vollstreckerin des positiven deutschen Erbes, zur Bannerträgerin der sich befreienden Menschheit."[2]

Mit dem 2. Volkskongreß, der im Zeichen "nationaler Selbsthilfe" tagte, deutete sich aber auch eine Akzentverschiebung der Deutschlandpolitik der SED an, die nach der DDR-Gründung stärker hervortreten sollte. Neben die Formel von der "Einheit" rückte das Ziel der "nationalen Unabhängigkeit"[3] von den Westmächten.[4]

Indessen setzte die SED die Umwandlung der SBZ fort. Im Juli 1948 wurde die Umstrukturierung der SED von einer Massen- zu einer Kaderpartei forciert.[5] Zuvor wurde Juni 1948 der Entwurf eines Zweijahrplans 1949/50 vom Parteivorstand der SED beschlossen.[6] Im Oktober 1948 verwarf der Parteivorstand der SED die These vom besonderen deutschen Weg zum Sozialismus und machte damit aus seiner Sicht eine gesamtdeutsche Einigung nur noch nach sowjetischem bzw. ostdeutschem Vorbild möglich.[7] Der volkseigene Sektor wurde weiter ausgebaut und erwirtschaftete

1 Gniffke, Erich W., Der Weg zu Einheit und Frieden, in: E 2/1948, S.104f.

2 Kropp, Willi, Die Zeit des Vormärz, in: E 3/1948, S.193-203

3 Grotewohl, Otto, Volksbegehren als nationale Selbsthilfe, in: E 5/1948, S. 390

4 vgl. in dieser Arbeit S. 80f.

5 Die Anweisungen für die "organisatorische Festigung der Partei und für ihre Säuberung von feindlichen und entarteten Elementen" vom 28./29.7.1948 ermöglichten beschleunigte Parteiausschlußverfahren und die Bildung einer innerparteilichen Funktionärselite. Vgl. Moraw, F., 1973, S.217

6 Die SED-Historiographie kennzeichnete rückblickend die weitreichende Bedeutung des Zweijahrplans. "Der Zweijahrplan war ein wirksames Instrument, die Wirtschaftsbeziehungen der sowjetischen Besatzungszone zur sozialistischen Planwirtschaft in der Sowjetunion und den Staaten der Volksdemokratie planmäßig zu entwickeln und den antifaschistisch demokratischen Verhältnissen einen festen Rückhalt zu geben." Autorenkollektiv unter der Leitung von Ernst Diehl und Gerhard Roßmann, Geschichte der SED, Berlin-Ost 1978, S.181

7 Staritz, D., 1976, S.159. Franz Dahlem erklärte 1949, daß jeder fortschrittliche Mensch "zwei Vaterländer" habe, sein eigenes und die Sowjetunion. Vgl. hierzu Dahlem, Franz, Lebendiger Proletarischer Internationalismus, in: E 4/1949, S.294

im Frühjahr 1948 bereits 40% der Industrieproduktion.[1] Auf der 1. Parteikonferenz im Januar 1949 beschloß der Parteivorstand, die gesamte Organisationsstruktur der SED umzuwandeln, womit die Entwicklung zur Partei "neuen Typus" einen ersten Höhepunkt fand. "Ohne eine straff disziplinierte und zentral gesteuerte Organisation als Motor, Lenkungsinstrument und maßgebliche Kontrollinstanz konnte die umfassende wirtschaftliche und zugleich politische Zielsetzung des Plans [des Zweijahrplans, K.E] nämlich die schrittweise Umformung der bestehenden Ordnung in eine sozialistische Ordnung, nicht erfüllt werden."[2]

Der 3. Volkskongreß wählte im Mai 1949 den Deutschen Volksrat nach dem Prinzip der Einheitslistenwahl unter der Parole "Einheit der Nation erfordert Einheit der Liste."[3] Die Kombination des nationalen Appells mit einem Sonder-Wahlmodus läßt die Instrumentalfunktion der gesamtdeutschen Gremien für Konsolidierung der SBZ unter Führung der SED deutlich werden. "Gesamtdeutsche Einheit und innerstaatliche Homogenität wurden von der SED in einen Argumentationszusammenhang gebracht", der die Zustimmung zur nationalen Einheit als Billigung vereinheitlichter politischer Willensbildung umdeutete.[4] Von der SED-Geschichtsschreibung wurde dieser Zusammenhang, natürlich mit positiven Vorzeichen als erfolgreicher Integrationsprozeß, nicht geleugnet. "Unter Führung der SED wurde die Volkskongreßbewegung in der sowjetischen Besatzungszone zu einer starken demokratischen Massenbewegung. Im Kampf gegen den Imperialismus und dessen Spaltungspolitik entstanden, trug sie in wachsendem Maße auch zur Festigung der antifaschistisch-demokratischen Verhältnisse bei. Im Deutschen Volksrat und seinen Organen sowie in den zahlreichen Volksausschüssen entwickelte sich die Zusammenarbeit zwischen der Arbeiterklasse und anderen demokratischen Kräften. Dies ermöglichte, die Werktätigen in breiterem Umfang als bisher in die staatliche Tätigkeit einzubeziehen, und förderte auch den Klärungsprozeß in den mit der SED verbündeten Blockparteien. "[5]

1 Heitzer, H., 1979, S. 54

2 Stern, C., 1957, S..83

3 Bleek, W., 1981, S..93. Die Stimmabgabe war verbunden mit einer Volksabstimmung über die Frage: "Willst du die Einheit Deutschlands und einen gerechten Frieden?" Das Ergebnis belief sich auf 66,1% Ja-Stimmen und 33,9% Nein-Stimmen, vgl. auch Kleßmann, C., 1982, S.204

4 Bleek, W., 1981, S.94

5 Heitzer, H., 1979, S.74. Aufschlußreich ist die Sicht des Verhältnisses von Staat und Demokratie hierbei. Die demokratische Massenbewegung entwickelt sich "unter Führung der SED" und macht es möglich, die Arbeiter nun stärker in "die staatliche Tätigkeit einzubeziehen."

Der 3. Volkskongreß nahm die vom Verfassungsausschuß ausgearbeitete Verfassung an. Am 7.10.1949 konstituierte sich der Deutsche Volksrat im Zeichen "nationaler Selbsthilfe" als provisorische Volkskammer, um eine verfassungsmäßige Regierung zu bilden.[1] Spätestens zu diesem Zeitpunkt wurde deutlich, daß sich mit der Errichtung des Deutschen Volksrates im März 1948 "ein unter gesamtdeutschem Vorzeichen gebildetes Gremium zu einem Vorparlament entwickelt [hatte, K.E]"[2]

Am Ende der zur Herstellung der deutschen Einheit ins Leben gerufenen Volkskongreßbewegung stand in der SBZ ein Parlament, das am 7.10.1949 eine Verfassung für die DDR verabschiedete.

3.3.5 Einheitsstaat und Verfassung 1949

Der "Einheitsstaat" stellte einen verfassungspolitische Dreh- und Angelpunkt der SED-Deutschlandpolitik dar. In der Vorstellung vom Einheitsstaat überschnitten sich "horizontale" und "vertikale" Gewaltenverschränkung. Die Forderung einer Gewalten-verschränkung im Sinne einer Machtkonzentration beim Parlament selbst war nicht ungewöhnlich, sie war auch in damaligen Verfassungsvorstellungen der Sozialdemokratie in den Westzonen zu finden. In der SBZ wurde sie u.a. - wie die Ausführungen Karl Polaks, eines späteren wissenschaftlichen Mitarbeiters beim Zentralkomitees der SED zeigen - mit geschichtstheoretischen Argumenten untermauert.[3] Polak stellte die verfassungsrechtlich überlegene Position des Reichspräsidenten gegenüber dem Reichstag in der Weimarer Reichsverfassung in eine Analogie zum sozialpolitischen Gegensatz zwischen Staat und Gesellschaft, der für die obrigkeitsstaatliche Tradition in Deutschland konstitutiv gewesen sei. "In Wahrheit war nicht die parlamentarisch verantwortliche Regierung die Spitze der Exekutive, sondern der Reichspräsident, der vom Parlament ganz unabhängig war...So mußte sich auch in der Weimarer Republik die Volksvertretung, der Reichstag mehr oder weniger unter die Staatsbürokratie beugen, an deren Spitze der Reichspräsident stand: den [sic!] Beamtenapparat, die Ministerialmaschinerie, die Reichswehr."[4]

1 Staritz, D., 1976, S.174
2 Staritz, D., 1976, S.172: "Es war - so scheint es - auch bewußt im Hinblick auf diese Doppelfunktion gebildet worden. Es sollte sowohl nationale Agitation...dokumentieren und zugleich im Falle des Scheiterns seines gesamtdeutschen Auftrages, die institutionellen und legitimatorischen Voraussetzungen für die Bildung eines Separatstaates schaffen."
3 Stern, C., 1957, S.340; Polak, Karl,Gewaltenteilung, Menschenrechte, Rechtsstaat. Begriffsformalismus und Demokratie, zur Kritik der Weimarer Verfassung, in: E 7/1946, S.385-401
4 Polak, K., 1946, S.392

Künftig müsse auch verfassungspolitisch die Macht des Volkes durch weiterreichende Rechte der Volksvertretung abgesichert werden. "In einer volksdemokratischen Ordnung ist des Volkes Wille oberstes Gesetz. Alles muß durch das Volk und für das Volk geschehen." Aus diesem politischen Postulat zog Ulbricht im Aufsatz "Strategie und Taktik" vom Oktober 1946 die verfassungspolitische Konsequenz, daß "das Parlament das höchste Staatsorgan [ist, K.E] in dessen Hand die Gesetzge bungsgewalt sowie die Kontrolle über die gesamte Verwaltung liegt."[1] Die Gewaltenkonzentration beim Parlament war - wie es in Ulbrichts Äußerung zur "volksdemokratischen Ordnung" anklingt - ein typisches Merkmal der Volksdemokratien in Osteuropa. Der eigentliche Grund für die Gewaltenkonzentration beim Parlament, dies legt die transnationale Verbreitung dieses Verfassungsmodells nahe, scheint deshalb weniger in der Rezeption und Verarbeitung spezifisch deutscher Geschichtserfahrung gelegen zu haben. Vielmehr war die in den volksdemokratischen Staaten des sowjetischen Einflußbereiches erforderliche Planung und Lenkung der Ökonomie[2] nur praktikabel, wenn die Legislative auch für die administrative Umsetzung der von ihr verabschiedeten Wirtschaftspläne kompetent war.[3] Eine Gewaltenteilung im Sinne eines Systems von "checks and balances", bei dem Parlament und Exekutive Gegengewichte bilden sollten, hätte einen Konflikt zwischen Planvorgaben und Planerfüllung institutonalisiert.[4]

Gleichwohl darf die verfassungspolitische Machtstellung des Parlaments nicht über dessen relativ geringe rechtliche und gesellschaftspolitische Stellung hinwegtäuschen. Die Zusammensetzung der Volkskammer war ein Spiegelbild der SED-Bündnispolitik. Die Abgeordneten wurden nicht, wie Art. 51,1 der DDR-Verfassung vorschrieb, nach dem Verhältniswahlrecht gewählt, sondern durch die Sitzverteilung auf der Einheitsliste festgelegt. Auf der Einheitsliste, die der Wahl des Deutschen Volksrates am 15./16.5.1949 zugrunde lag, entfielen von 330 Plätzen 90

1 Ulbricht, W., 1946, S.263

2 Seit 1945 waren überall Verstaatlichungen vorgenommen worden. In der SBZ betrug der Anteil staatseigener Betriebe im Frühjahr bereits 40% der Industrieproduktion. Vgl. hierzu Damus, R., 1979, S.38ff. und Heitzer, H., 1979, S. 54

3 Art. 63 der DDR-Verfassung von 1949 legte fest, daß u.a. die Beschlußfassung über die Wirtschaftsplanung der Volkskammer obliege. Vgl. hierzu Schuster, Rudolf, Hrsg., Deutsche Verfassungen, München [13]1981, S.200

4 "Höchstes Organ der Republik ist die Volkskammer." (Art. 50), in ihre Zuständigkeit fiel die "Bestimmung der Grundsätze der Regierungspolitik" und die "Wahl der Mitglieder des Obersten Gerichtshofes der Republik und des Obersten Staatsanwaltes der Republik sowie deren Abberufung." (Art. 63). Schuster, R., 1981, S.198 und S.200

auf die SED und 120 auf die von ihr dominierten Massenorganisationen FDGB, FDJ, DFD, VVN und Kulturbund (insgesamt 63,4%). CDU und LDPD erhielten je 45 (insgesamt 27,3%), NDP und DBD je 15 (insgesamt 9%) Sitze.[1] Da alle SED-Abgeordneten nach dem Parteistatut den Beschlüssen und der Kontrolle der Parteigremien unterworfen waren, konnte sich letztlich die SED, d.h. ihre Führungsorgane den entscheidenden Einfluß auf Gesetzgebung und Exekutive sichern, ohne daß ein verfassungspolitisches Gegengewicht existiert hätte.[2]

Die Frage der vertikalen Gewaltenteilung berührte das Problem der Einheit Deutschlands direkt. Otto Grotewohl, Mitgestalter des SED-Verfassungsentwurfs vom November 1946 und Vorsitzender des Verfassungsausschusses seit 1948, sprach sich in einem Aufsatz mit dem Titel "Die Grundrechte des deutschen Volkes und der Weg zur Einheit Deutschlands" vom November 1946 gegen einen föderativen Staatsaufbau aus. Er sah die Gefahr der Zersplitterung der Reichseinheit. "Der deutsche Partikularismus und Separatismus, der nach 1945 in die Halme zu schießen begann, zeigt, eine wie große Zahl deutscher Menschen sich von der Nationalidee nichts mehr zu versprechen scheint. Deutsche Menschen, besonders auch im Bürgertum, die mehr als ein Jahrhundert nach dem nationalen Einheitsstaat gerufen haben, stehen jetzt auf dem Sprung ihn preiszugeben."[3] Für Grotewohl war die Einheit der deutschen Nation die Grundlage für die Forderung nach einem Einheitsstaat, der, wenn das Bürgertum sich nun nicht mehr zu dieser Aufgabe bekannte, von anderen Kräften anzustreben war. Was verstand Grotewohl unter der deutschen Nation? 1946 hatte er sich dazu geäußert. "Wenngleich uns auch aus dem Hitlerschen Trümmerfeld kein Staat verblieben ist, eine Nation sind wir trotz allem noch. Wir haben noch die Gemeinschaft der Sprache, des Bodens, der Wirtschaft und des Nationalcharakters. Gewiß sind auch diese Merkmale einer Nation nicht unangetastet geblieben. Der Boden ist verkleinert, die Wirtschaft ist durch Zonengrenzen zerschnitten und der Nationalcharakter ist von vielfachen Krankheiten infiziert."[4] Die Nationsmerkmale, die Grotewohl aufführt, entsprachen denen der Stalinschen Definition, wenngleich

1 Weber, H., 1976, S.35

2 Moraw, F., 1973, S.207

3 Grotewohl, Otto, Die Grundrechte des deutschen Volkes und der Weg zur Einheit Deutschlands, in: E 6/1946, S.329

4 Grotewohl, Otto, Im Kampf um unsere Zukunft, in: E 3/1946, S.135

ihre Reihenfolge geändert wurde. Von besonderem Interesse ist die Feststellung, daß das Territorium "verkleinert" sei. Darin mag sich die implizite Anerkennung der Gebietsabtretungen östlich der Oder-Neiße-Linie, die die UdSSR seit 1944 forderte, ausgedrückt haben.[1]

Im April sprach sich Franz Dahlem, Zentralkomitee-Mitglied, bis 1933 Mitglied des Reichstags, offen für die Anerkennung der Oder-Neiße-Linie als deutsch-polnischer Grenze im Zeichen des proletarischen Internationalismus aus.[2] Immerhin bedeutete dies, daß der territoriale Bereich der deutschen Nation, deren Zusammenhalt die SED durch partikularistische Kräfte bedroht sah, um 24% reduziert wurde, ohne daß die SED Veränderungen der deutschen Nation wahrgenommen hätte.[3]

In Bezug auf die übrigen Gebiete des Deutschen Reiches trat die SED für eine zentralstaatliche Struktur ein, eine Auffassung, die sie allerdings vor den Verhandlungen der Außenministerkonferenz modifizierte.[4] So fand sich in der DDR-Verfassung von 1949 entgegen ursprünglichen Absichten der SED-Konzeption eines Einheitsstaates eine Länderkammer, sie hatte jedoch geringe verfassungsrechtliche Kompetenzen.[5]

In deutschlandpolitischer Hinsicht auffallend ist die Tatsache, daß die DDR-Verfassung keine konkreten Aussagen über ihren Geltungsbereich, wie z.B. das Grundgesetz sie in Art. 23 enthielt, machte. Immerhin beanspruchte die DDR-Verfassung in der Präambel, daß sich das "deutsche Volk" diese Verfassung gegeben habe.[6] Die der Verfassungsplanung in der SBZ zugrunde gelegte Vorstellung von der Existenz der deutschen Nation legte nahe, daß die Verfassung für ganz Deutschland außer den Ostgebieten gelten sollte. Diese Annahme wurde durch folgende Verfassungsartikel unterstützt:

Art. 1,1:"Deutschland ist eine unteilbare demokratische Republik; sie baut sich auf den deutschen Ländern auf."

1 Der Gedanke wurde durch Grotewohls Feststellung vom November 1946 gestärkt, daß das Reich von Hitler verspielt worden wäre und man zwischen dem "Reich" und einer zukünftigen "Republik Deutschland" unterscheiden müsse. Grotewohl, O., 1946b, S.336

2 Dahlem, F., 1949, S.295ff.

3 Grosser, Alfred, Geschichte Deutschlands seit 1945. Eine Bilanz, München [8]1980, S.58

4 Auf der Moskauer Außenministerkonferenz im Frühjahr 1947 war Molotow auf westliche Vorstellungen eines föderativen Staatsaufbaus eingegangen und hatte der Einrichtung einer Länderkammmer zugestimmt. Huster, E.-U., 1980, S.54ff.

5 Die Stellung der Ländervertretungen war in Art. 71ff. geregelt. Das weitreichendste Instrument war das Veto-Recht gegenüber der Volkskammer, das diese mit 2/3 Mehrheit aber zurückweisen konnte. Es ist anzunehmen, daß die Länderkammer aufgrund der bündnispolitischen Konstruktion ähnlich wie die Volkskammer von der SED majorisiert wurde. Schuster, R., 1981, S.203ff.

6 Schuster, R., 1981, S.189

Art. 1,2:"Die Republik entscheidet alle Angelegenheiten, die für den Bestand und die Entwicklung des deutschen Volkes in seiner Gesamtheit wesentlich sind; alle übrigen Angelegenheiten werden von den Ländern selbständig entschieden."
Art. 1,4:"Es gibt nur eine deutsche Staatsangehorigkeit."
Art. 25, 2: "Bis dahin [d. h. bis zur Überführung aller Bodenschätze, Naturkräfte und bestimmter Betriebe des Bergbaus, der Eisen- und Stahlerzeugung und der Energiewirtschaft in Volkseigentum, K.E] untersteht ihre Nutzung der Aufsicht der Länder, soweit gesamtdeutsche Interessen in Frage kommen, der Aufsicht der Republik."
Art. 114:"Gesamtdeutsches Recht geht dem Recht der Länder vor."
Art. 118,1: "Deutschland bildet ein einheitliches Zoll- und Handelsgebiet, umgeben von einer gemeinschaftlichen Zollgrenze."[1]
Die DDR-Verfassung hielt sich in einem territorialen Schwebezustand. Sie war durchaus auf das gesamte Territorium aller Besatzungszonen im Sinne einer gesamtdeutschen Verfassung ausdehnbar, sie konnte aber auch als die Verfassung einer SBZ-Staatsgründung fungieren. Insofern war sie für zukünftige Entwicklungen offen. Wenn man die oben skizzierte Vorgeschichte, vor allem die Aussagen zur deutschen Nation, hinzuzieht, erscheint es gerechtfertigt, von einem gesamtdeutschen Geltungsanspruch der DDR-Verfassung von 1949 zu sprechen. Unter diesem Blickwinkel war die deutsche Wiedervereinigung zunächst gar kein Thema für die SED, weil bei der DDR-Gründung Deutschland noch nicht geteilt war. Die DDR war Deutschland, war *die* deutsche demokratische Republik,die das deutsche Bürgertum in der Vergangenheit nicht dauerhaft zu errichten vermocht hatte.
Zweifelhaft erscheint allerdings, daß aus der DDR-Verfassung von 1949 über einen gesamtdeutschen Geltungsanspruch dieser Verfassung hinaus auch eine Identitätsaussage in dem Sinne vorlag, daß die DDR mit dem fortexistierenden deutschen Reich identisch sei, wie Hacker dies behauptet.[2] Otto Grotewohl, der maßgeblich an der Verfassungsausarbeitung beteiligt war, hatte ausdrücklich vermerkt, daß "aus dem Hitlerschen Trümmerfeld kein Staat verblieben ist"[3], wohl aber eine Nation. Gegen eine derartige Identitätsaussage spräche auch das damalige Traditions- und Kontinuitätsverständnis der SED selbst.[4]

1 Schuster, R., 1981, S. 189ff.

2 Hacker, Jens, Der Rechtsstatus Deutschlands aus der Sicht der DDR, Köln 1974, S.111ff.

3 vgl. in dieser Arbeit S. 73

4 vgl. in dieser Arbeit den folgenden Abschnitt.

3.3.6 Nationale Einheit und Geschichtsbetrachtung im Zeichen der bürgerlichen Revolution von 1848

Zweifellos hatte die Vorstellung einer weiterexistierenden deutschen Nation in der politischen Auseinandersetzung in der SBZ 1945-1949 eine wichtige Rolle gespielt. Hatte die KPD erst spät in der Weimarer Republik die innenpolitische Bedeutung der "nationalen Frage" erkannt, so korrigierte sie ihre Haltung nach 1935 durch eine bürgerlich-demokratische Programmatik für ein Nachkriegsdeutschland, dessen politischer Grundgedanke ein antifaschistischer "Block der kämpferischen Demokratie" bzw. das feste Bündnis aller demokratischen Parteien war.

Die Vereinigung von KPD und SPD, die nicht nach dem Willen des Zentralausschusses der SPD erfolgte, hatte ganz im Zeichen nationaler Einheit gestanden. Mit der SED-Gründung beanspruchte die Parteiführung, die Spaltung der Arbeiterklasse Deutschlands überwunden zu haben und leitete daraus einen nationalen Führungsanspruch in Deutschland ab.[1] Kennzeichnend für die praktische Haltung der KPD-Führung zur nationalen Führungsrolle der SED, die ja nur in der SBZ gegründet wurde, war der Anspruch, für ganz Deutschland das "große Beispiel zu geben." Dieser Anspruch prägte durchgängig die Haltung der SED in der "nationalen Frage" und kuliminierte in der Spätphase Ulbrichts Herrschaft.[2]

Obwohl die SED-Führung (Ulbricht) seither keinen politischen Ausgleich mit den deutschen Führungskräften der Westzonen mehr suchte, fand die Gründung des ostdeutschen Staates im Zeichen nationaler Einheit statt. Ein entscheidender institutioneller Träger zur Bildung eines separaten Staates war die Volkskongreßbewegung, die sich selbst als nationale Einheitsbewegung darstellte.[3] Bei der im Rahmen der Volkskongreßbewegung erarbeiteten Verfassung der DDR war die Einheit der deutschen Nation ausdrücklich unterstellt worden, und die Verfassung ging implizit auch von der weiteren staatlichen Einheit Deutschlands aus.[4]

Vor die Frage gestellt, nach welchen Gesichtspunkten die SED die Einheit der deutschen Nation ermittelte, gelangt man zu dem Ergebnis, daß der von Stalin 1913 entwickelte Nationsbegriff die wesentliche Grundlage darstellte.[5] In ihrer nationalen Einheitsvorstellung knüpfte die SED an die Revolutionsbewegung von 1848 an. Otto

1 vgl. in dieser Arbeit S.64ff.
2 vgl. in dieser Arbeit S.137ff.
3 vgl. in dieser Arbeit S.65ff.
4 vgl. in dieser Arbeit S.73ff.
5 vgl. in dieser Arbeit S.73

Grotewohl hatte im November 1946 die "einzige und unteilbare Republik" zum Hauptprogrammpunkt der SED erklärt und an die Spitze eines SED-Manifests über die "Grundrechte des deutschen Volkes" gestellt.[1] Die Formulierung dieses Programmpunktes war fast wörtlich den "Forderungen der kommunistischen Partei in Deutschland" von Marx und Engels aus dem März 1848 entnommen.[2] Die SED wollte glauben machen, daß 1947/48 das deutsche Volk "auf höhere Stufe die Ziele der bürgerlich-demokratischen Revolution von 1848.. verwirklichen" werde.[3]

Der auf die Situation nach dem zweiten Weltkrieg übertragene nationale Einheitskampf war, so irreal diese Vorstellung insgesamt erschien, zweifellos nicht als Kopie der Nationalentwicklung Deutschlands vom 19. Jahrhundert an gedacht, sondern sollte unter der Ägide der SED als Repräsentant der deutschen Arbeiterbewegung zur "Herstellung der einen unteilbaren deutschen Republik", zur "gesamtdeutschen Einigung, Vernichtung der feudalen Junkermacht und Rückgabe des den Bauern geraubten Bodens" führen.[4] Das deutsche Bürgertum habe seinen Anspruch auf die Führung der deutschen Nation dadurch verspielt, daß es nicht in der Lage gewesen war, die sozialen und politischen Strukturen des Feudalsystems so zu verändern, daß die deutsche Entwicklung friedlich hätte verlaufen können. Vielmehr habe die Bourgeoisie aus Angst vor der Arbeiterklasse 1848 "nationalen Verrat" begangen, sich mit dem Großgrundbesitz und der preußischen Bürokratie arrangiert und dadurch innenpolitisch die obrigkeitsstaatliche Tradition verfestigt und außenpolitisch die aggressiv imperialistische Tendenz des Reiches verstärkt.[5] Im Bündnis des Bürgertums mit den alten Feudalkräften wurzelte die Fehlentwicklung Deutschlands, die im Nationalsozialismus und zweiten Weltkrieg kuliminiert sei.[6] "Als Hauptlehre ergab sich aus der Revolution in Deutschland wie in Frankreich und Österreich..., daß die Rolle des Vorkämpfers für die Demokratie von der Bourgeoisie auf das Proletariat übergegangen war."[7]

1 Grotewohl, O., 1946b, S.336

2 SED-Dokumente 1981, S.52. Er lautete dort: "Ganz Deutschland wird zu einer einigen unteilbaren Republik erklärt".

3 Lindau, Rudolf, März 1948. Die bürgerliche Revolution und ihre Lehren, in: E 3/1947, S. 225-235, S.235. Lindau war bis 1950 Direktor der 1946 gegründeten Parteihochschule "Karl Marx", vgl. Stern, C., 1957, S.71f.

4 Lindau, R., 1947, S.229

5 Lindau, R., 1947, S. 232

6 Lindau, R., 1947, S.230

7 Lindau, R., 1947, S.232

Am prägnantesten wurde dieses Bild deutscher Geschichte von Alexander Abusch in "Der Irrweg einer Nation" zum Ausdruck gebracht.[1] Für ihn war die deutsche Geschichte im wesentlichen durch "zwei Tendenzen" geprägt: "das Bemühen reaktionärer Gewalthaber um die Behauptung ihrer Macht - und das Ringen fortschrittlicher Volksklassen um eine freie deutsche Nation."[2] Der Beginn reaktionärer Selbstbehauptung sei die Lutherische Reformation gewesen, die durch ihre Koalition mit dem Fürstentum zum Scheitern der Bauernbefreiung im 16. Jahrhundert, zur Verfestigung der territorialstaatlichen Zersplitterung Deutschlands und zur Verankerung eines obrigkeitsstaatlichen Bewußtseins auf lange Zeit geführt habe.[3] Von hier aus führt letztlich eine, durch freiheitliches Aufbegehren gebrochene (Tätigkeit der preußischen Reformer von 1807, 1848er Revolution, Novemberrevolution von 1918), reaktionäre Verbindungslinie über Friedrich II und Bismarck zu Hitler und in den zweiten Weltkrieg. "Die deutsche Nation steht nun [1947, K.E.] vor der Aufgabe, ihren langen Weg des Irrtums und des Verhängnisses zu verlassen. Sie ist in eine nationale Katastrophe gestürzt, wie Deutschland sie seit dem Dreißigjährigen Krieg nicht erlebt hat."[4]

Welchen Ausblick für eine neue Entwicklung bot die SED zu dieser Zeit? "Die Bemerkungen Gottfried Herders und Goethes um die Kultur der osteuropäischen Völker, Alexander von Humboldts um den Nachweis der Gleichheit der Rassen, Gotthold Ephraim Lessings um das Lernen aus der englischen Literatur, Heinrich Heines um eine Brücke zum französischen Geist ..., vereinigt mit dem Internationalismus von Marx und Engels - das ist die Vergangenheit, die im deutschen Volke wieder zu erwecken ist."[5] Bei Abusch deutete sich die zukünftige intendierte Traditionsbildung in groben Umrissen an: eine Verknüpfung der humanistischen Traditionen des deutschen Volkes mit den fortschrittlichen der deutschen Arbeiterbewegung. Für die Erarbeitung eines "positiven" Traditionsverständnisses war die von Abusch insgesamt gezeichnete Fehlentwicklung der deutschen Nation indessen eher hinderlich, weshalb sie schon bald "Misere-Theorie" bezeichnet wurde. Die Vollendung der bürgerlich-demokratischen Revolution und die Errichtung einer "unteilbaren Republik" war die historisierende Umschreibung der von der SED betriebenen

1 Abusch, Alexander, Der Irrweg einer Nation, Berlin 1947

2 Abusch, A., 1947, S..252

3 Abusch, A., 1947, S.22ff.

4 Abusch, A., 1947, S.267

5 Abusch, A., 1947, S.269

"antifaschistisch-demokratischen" Umwälzung in der SBZ, die allerdings keineswegs eine auf die besondere deutsche Nationalgeschichte abgestimmte Politik darstellte. Sie war seit dem 7. Weltkongreß der Komintern 1935 zum festen Bestandteil der Programmatik aller kommunistischen Parteien geworden und wurde nach dem Ende des zweiten Weltkriegs auch in allen Ländern des sowjetischen Einflußbereiches praktiziert.[1]

Die antifaschistisch-demokratische Umwälzung zielte auf die Enteignung marktbeherrschender Konzerne und Banken sowie auf eine Umverteilung des Grundbesitzes ab. Die seit Herbst 1945 in der SBZ durchgeführte Bodenreform verteilte quasi als historisch überfällige Entfeudalisierung 3,3 Mio. ha Land in 5-10 ha großen Parzellen an ca. 500000 Personen. Eine Maßnahme, von der die KPD/SED sich zunächst Popularität versprechen konnte.

Die antifaschistischen Maßnahmen stellten die Voraussetzung für langfristige sozialökonomische Veränderungen in der SBZ dar. Vor allem der mit den Verstaatlichungen von Industriebetrieben angelegte volkseigene Sektor wurde von der SED zügig ausgebaut; er stellte 1948 bereits 40% der Industrieproduktion.[2]

Einer über die bürgerlich-demokratische Revolution hinausgehenden Zielsetzung trug die SED in offiziellen Verlautbarungen allerdings nur sehr vage Rechnung. Es war z.B. die Rede davon, daß die parlamentarische Demokratie und Bürgerrechte lediglich "Nebenprodukte einer tief umwühlenden Revolution" seien, mit der offenbar die sozialistische gemeint war.[3]

Mit den sichtbar wachsenden Spannungen im Ost-West-Verhältnis seit 1947/48 und dem Voranschreiten der sozialökonomischen Strukturveränderungen in der SBZ, ohne daß in den Westzonen eine ähnliche Entwicklung stattgefunden hätte, verschärfte sich aber der in der SED-Politik angelegte Zielkonflikt zwischen der propagierten deutschen Einheit und dem praktizierten SBZ-Sozialismus.[4] Anstatt aber den sozialistischen Charakter der inneren Entwicklung beim Namen zu nennen, hielt die SED auf der 1. Parteikonferenz im Januar 1949 offiziell an der antifaschistisch-demokratischen Orientierung fest und betonte den angeblichen Entwicklungsunterschied der SBZ zu den übrigen osteuropäischen Volksdemokratien. Der Grund für

1 vgl. in dieser Arbeit S. 46
2 vgl. in dieser Arbeit S. 76
3 Lindau, R., 1947, S.234
4 vgl. in dieser Arbeit S. 67ff.

diese Kaschierung lag in der deutschlandpolitischen Rücksichtnahme auf die Entwicklung in den Westzonen. "Wesen und Rolle der antifaschistisch-demokratischen Ordnung in der Ostzone werden...nur völlig verständlich, wenn man sie im Zusammenhang mit der gesamtdeutschen Entwicklung und den Aufgaben des Kampfes um die nationale Einheit unseres Volkes betrachtet. ...Die Bedeutung der ersten Parteikonferenz besteht gerade darin, daß sie die Notwendigkeit des weiteren Ausbaus der antifaschistisch-demokratischen Ordnung in der Ostzone mit den Erfordernissen des Kampfes um die Einheit Deutschlands und um die Sicherung des Friedens in Einklang brachte."[1]

Staritz nimmt an, daß in die Ergebnisse der 1. Parteikonferenz 1949 sowjetische Überlegungen eingeflossen waren.[2] Die sowjetische Führung, so läßt sich vermuten, hoffte durch das "Offenhalten" der deutschen Frage zumindest Einfluß auf die Deutschlandpolitik der Westmächte und eventuell auf die öffentliche Meinung in den Westzonen zu gewinnen. Die Volkskongreßbewegung hatte hierbei exemplarischen Charakter.

Für die SED, die im Unterschied zur sowjetischen Führung zuallererst an einer Abgrenzung und sozialistischen Entwicklung der SBZ gegenüber den Westzonen interessiert war, war die Politik der nationalen Einheit nicht eindeutig negativ. Auf der einen Seite erwuchs der SED daraus, daß sie ihre Herrschaft als sozialistische Partei auf eine ausschließlich national begründete Argumentationsbasis stellte, eine Legitimationsschwäche, die selbst Parteimitglieder verwirrte. "Im innerparteilichen Leben galt der Sozialdemokratismus als gefährlichste Abweichung, im Rahmen der Nationale-Front-Politik [Nachfolge der Volkskongreßbewegung, K.E], mußte der Parteifunktionär um eine möglichst enge Kampfgemeinschaft mit westdeutschen Sozialdemokraten werben."[3] Andererseits hatte die nationale Legitimation einen erheblichen Anteil an der Eingliederung der Bevölkerung und der Konstitution des ostdeutschen Staates, so daß kein Anlaß bestand, sich diese Legitimationsbasis zu entziehen.[4]

Vielmehr forcierte die SED seit 1948 die revolutionäre Komponente ihrer nationalen Politik. Auf dem 2. Volkskongreß 1948 rückte die Formel von der "nationalen Unabhängigkeit" neben das Ziel der nationalen Einheit. Dieser Modifikation

1 Hager, Kurt, Antifaschistisch-demokratische Ordnung. Über den Charakter der gesellschaftlichen Zustände der Ostzone, in: E 4/1949, S. 299-307, S.299

2 Staritz, D., 1976, S.163

3 Stern, C., 1957, S.101

4 vgl. in dieser Arbeit S.67ff.

lag eine veränderte Einschätzung der deutschen Frage im Geflecht der Ost-West-Auseinandersetzung zugrunde. Waren die westlichen Besatzungszonen unter die "imperialistische Versklavung" der Westmächte geraten, so galt es nun, eine "antiimperialistische nationale Kampffront" von der SBZ aus zu bilden, deren Festigung und Ausweitung zur Befreiung der westdeutschen Bevölkerung beitragen werde.[1] "Je mehr sie [die antifaschistischdemokratische Ordnung in der SBZ, K.E.] gefestigt wird, um so größer...ihr materielles, politisches und moralisches Gewicht, um so tiefgreifender ihr Einfluß auf die Werktätigen Westdeutschlands, die...Opfer imperialistischer Unterdrückung sind."[2]

Während der sich abzeichnenden Spaltung Deutschlands betonte die SED ihre Verbundenheit mit der Bevölkerung Westdeutschlands, der diese Spaltung aufgenötigt worden sei. In diesem Zusammenhang wurde die soziale Zusammensetzung der Nation, für deren Einheit und Freiheit die SED eintrat, deutlich. Die deutschen "Volksmassen"[3], bestehend aus Arbeiter, Bauern und Teilen des Bürgertums, wurden auf dem Territorium der Westzonen von "Junkern", "Monopolkapitalisten" und "reaktionären Beamten und Politikern aus CDU und SPD" in Kollaboration mit dem "anglo-amerikanischen Imperialismus" unterdrückt.[4] Das Herrschaftsbündnis dieser deutschen Eliten stellte nach Ansicht der SED ein Kontinuitätsmerkmal deutscher Geschichte dar, das im Nationalsozialismus kulminierte und durch die Katastrophe des zweiten Weltkrieges seine historische Überlebtheit unter Beweis gestellt habe. Insofern gab es mindestens zwei Schnittlinien der deutschen Teilung: eine territoriale entlang der Grenze zwischen der SBZ und den Westzonen und eine nationale, die zwischen den Volksmassen ganz Deutschlands und dem reaktionären, antinationalen Herrschaftsbündnis der Westzonen verlief.

Die strukturelle Gleichsetzung von Faschismus und Imperialismus, die im nahtlosen Übergang von "antifaschistischer" zu "antiimperialistischer" Politik seit 1948/49 zum Ausdruck kam[4], bot die Möglichkeit, das historische Feindbild des

1 Hager, K., 1949, S.305f.

2 Hager, K., 1949, S.305

2 Als Volksmassen wurden per definitionem die sozialen Schichten bezeichnet, die den "gesellschaftlichem Fortschritt" fördern. Vgl. hierzu: Wörterbuch 1978, S.977

3 Hager, K., 1949, S.105

4 Damus, Renate, Die Kontinuität des Absolutheitsanspruches der Partei und die unterschiedlichen Legitimationstheoreme von der antifaschistisch-demokratischen Ordnung bis zur entwickelten sozialistischen Gesellschaft, in: 30 Jahre DDR, zwölfte Tagung zum Stand der DDR-Forschung in der Bundesrepublik Deutschland 5. bis 8. Juni 1979, Sonderheft Deutschlandarchiv, hrsg. von Edition Deutschland Archiv 1979, S.45-61, S.49

Nationalsozialismus auf die politische Führungselite der Westzonen, vor allem auf die Westmächte zu übertragen. Auf diese Weise erlangte der "Antiimperialismus" in der SBZ auch eine sozialpsychologische Entlastungs- und Integrationsfunktion, da er den Faschismus bzw. dessen Fortführung in Bezirke umleitete, die außerhalb des eigenen kollektiven Identitätsbereiches lagen.

Badstübner-Peters bezifferte die Zahl der in der SBZ aus ihren Ämtern entlassenen NSDAPMitglieder auf 520000. Die Gesamtzahl der Nationalsozialisten in der SBZ dürfte jedoch weit höher gelegen haben, nach Schätzungen betrug sie allein in Sachsen-Anhalt 400000. Schon 1947 wurde durch einen SMAD-Befehl, der den "nominellen" NSDAPMitgliedern das aktive Wahlrecht zugestand, ein Wandel der sowjetischen Entnazifierungspolitik eingeleitet und bereits im Februar 1948 sollte die Entnazifizierung auf Anordnung der SMAD abgeschlossen werden.[1]

Die Gründung der "Nationalen Front des demokratischen Deutschlands" im Oktober 1949 war ein weiterer Schritt in der auf Integration und Mobilisation aller Bevölkerungsteile gerichteten politischen Linie der SED.[2] Die Gründungsentschlie ßung des Parteivorstands der SED zeichnete sich durch eine betont nationalistische Sprache aus und verband die Gründung der Nationalen Front mit dem Vorschlag einer Generalamnestie und beruflichen Wiedereingliederung ehemaliger NSDAP-Mitglieder - Ausnahmen: Justiz, Wirtschaft und Inneres.[3] An die SED-Mitglieder selbst erging gleichzeitig der Aufruf, ihre "Anstrengungen zum staatlichen Aufbau und zur Festigung der DDR,..., zur Erfüllung und Überfüllung des Wirtschaftsplanes" zu verstärken.[4]

Hält man sich die extrem schwierigen Lebensbedingungen der Bevölkerung in der unmittelbaren Nachkriegszeit vor Augen, so ist die mobilisierende Wirkung der national-revolutionären Politik der SED allerdings in Zweifel zu ziehen. Die nationalsozialistische Herrschaft und der fünfeinhalb Jahre währende Krieg hatten ein breites Mißtrauen gegen alles Staatliche sowie eine apolitische Haltung in der Bevölkerung produziert; lang anhaltende materielle Nöte, vor allem die eklatante

1 Badstübner-Peters, Evemarie, Kultur und Lebensweise der Arbeiterklasse in der sowjetischen Besatzungszone Deutschlands als Gegenstand kulturhistorischer Forschung, in: Jahrbuch für Volkskunde und Kulturgeschichte, Jg. 1980, S. 159-194, S.169

2 Neef, H., 1967, 5.61-63

3 Es war die Rede von einer "Überfremdung der deutschen Wirtschaft durch ausländische Kapitalisten", durch "volksfremde Elemente in Westdeutschland", die den Teil des Landes in eine "Dollarzinsknechtschaft" stürzten. Vgl. hierzu Neef, H., 1967, S.73ff.

4 Neef, H., 1967, S.93

Unterernährung bei harter körperlicher Arbeit führten zu Demoralisierung und Resignation der Werktätigen.[1]

Woran konnte unter diesen Umständen eine "positive" Traditionsbildung aus der deutschen Geschichte anknüpfen? Weder die nachwirkende Kriegserfahrung in der Bevölkerung noch die deutsche Geschichte selbst schienen zu dieser Zeit geeignete Bezugspunkte herzugeben. Über 100 Jahre deutscher Vergangenheit wurden schlicht als Fehlentwicklung erachtet, in der übrigens auch die deutsche Arbeiterbewegung erhebliche Mißerfolge zu verbuchen hatte.

1 95% aller Arbeitenden litten 1946/47 an Unterernährung aufgrund einer Lebensmittelzuweisung, die "unter dem Existenzminimum lag". Über die Hälfte der Arbeitenden hatten ein Untergewicht von 10-25 kg, vgl. Badstübner-Peters, E., 1980, S.190.

4. VON DER NATIONALEN BEFREIUNGSPOLITIK ZUR POLITIK STAATLICHER ANNÄHERUNG (1949-1955)

4.1 Deutsche Einheit und europäische Sicherheit

Mit der Gründung zweier deutscher Staaten 1949 fand die Polarisierung der Ost-West-Beziehungen in Deutschland ihren sichtbaren Ausdruck. Die deutsche Spaltung stand als spezifische, nationale Komponente des Systemkonflikts zunächst im Zentrum der Ost-West-Auseinandersetzung in Mitteleuropa, die sich auf die Modalitäten eines Friedensvertrages der Siegermächte mit "Deutschland" konzentrierte, um auf diesem Weg zur Wiederherstellung der deutschen Einheit zu gelangen. Wiedervereinigungspolitik der Bundesrepublik und antikommunistische Eindämmungsstrategie der Westmächte hatten einen gemeinsamen Nenner, indem beide auf das Zurückdrängen des sowjetischen Einflusses in Europa abzielten. Diese partielle Interessenübereinstimmung war in der Formulierung des Artikel 7 des 1952 unterzeichneten Deutschland-Vertrages festgehalten worden. Ein wiedervereinigtes Deutschland sollte eine ähnliche Verfassung wie die Bundesrepublik erhalten und in die europäische Gemeinschaft integriert sein.[1] Im Zentrum der westdeutschen Wiedervereinigungskonzeption stand die Forderung nach freien Wahlen in ganz Deutschland.

Erst als sich aber neben der wirtschaftlichen auch die militärische Integration der Bundesrepublik in ein westliches Verteidigungsbündnis (EVG) abzeichnete, reagierte die Sowjetunion auf westliche Wiedervereinigungsvorschläge. Auf der Prager Außenministerkonferenz im Oktober 1950 wurde statt der "Remilitarisierung" Westdeutschlands der Abschluß eines Friedensvertrages mit einem eigens hierzu gebildeten "gesamtdeutschen konstituierenden Rat" gefordert.[2] Die SED griff den Vorschlag, einen gesamtdeutschen, paritätisch besetzten Rat zu bilden, im "Grotewohl-Brief" vom November 1950 auf. Mußte sie doch "wenigstens die paritätische Besetzung eines Gremiums fordern, von dem sie annahm, es könnte womöglich über die Ausarbeitung der Modalitäten eines Friedensvertrages Einfluß auf die Struktur

1 Hillgruber, A., 1978, S.59

2 Fritsch-Bournazel, R., 1979, S.50

ganz Deutschlands gewinnen. Die CDU und die SPD mußten mußten ein solches Gremium aus eben diesem Grunde ablehnen. "[1]

Als die EVG-Pläne auf der Washingtoner Außenministerkonferenz im September 1951 weitere Fortschritte gemacht hatten, schien der Volkskammer-Appell "Deutsche an einem Tisch", gesamtdeutsche, freie Wahlen auch Sicht der DDR-Führung möglich zu machen.[2] Die Durchführung scheiterte freilich an der Weigerung der UdSSR, eine internationale Wahlprüfungskommission in die DDR einreisen zu lassen.[3]

Im Anschluß an die sog. "Stalin-Note" vom 10.3.1953 fand ein Notenwechsel zwischen der UdSSR und den Westmächten statt, der die Differenzpunkte in der deutschen Frage nochmals konkretisierte: das Problem der Bildung einer gesamtdeutschen Regierung (freie Wahlen oder konstituierender Rat) die internationale Stellung einer gesamtdeutschen Regierung (Neutralität oder Wahl der Bündniszugehörigkeit), die territorialen Grenzen Gesamtdeutschlands und der Grad seiner militärischen Bewaffnung.[4]

Die Stalin-Note stellte das vorläufig letzte Wiedervereinigungsangebot der Sowjetunion dar; sie projektierte ein neutralisiertes, wiedervereinigtes Deutschland anstelle einer militärisch aufgerüsteten Bundesrepublik. Die politischen Absichten der Stalin-Note sind nach wie vor umstritten, ihre Deutung wirft die Frage nach den Zielen der sowjetischen Deutschlandpolitik auf, und drei Interpretationen können Plausibilität für sich in Anspruch nehmen. Eine Auffassung besagt, die Stalin-Note habe als scheinbares Wiedervereinigungsangebot angesichts der nicht mehr aufzuhaltenden Westintegration der Bundesrepublik eine reine Alibi-Funktion für die Sowjetunion besessen. Daneben wird die Ansicht vertreten, daß Stalin hoffte, durch die Neutralisierung Deutschlands das Kräfteverhältnis in Deutschland und längerfristig auch in Europa zugunsten der UdSSR zu verändern. Schließlich läßt sich die Note so deuten, daß Stalin versuchte, einen Keil zwischen Westdeutschland und die Westmächte zu treiben.[5]

1 Staritz, D., 1976, S.183

2 Wortlaut in: Siegler, Heinrich, Hrg., Wiedervereinigung und Sicherheit Deutschlands, Band 1: 1944-1963. Eine dokumentarische Diskussionsgrundlage, sechste erw. Auflage, Bonn, Wien, Zürich 1967, S.36f.

3 Fritsch-Bournazel, R., 1979, S.51

4 Wortlaut in: Siegler, H., 1967, S.41ff.

5 Vgl. die Darstellung der Diskussion bei Wettig, Gerhard, Die sowjetische Deutschland-Note vom 10. März 1952. Wiedervereinigungsangebot oder Propagandaaktion?, in: DA 2/1982, S.130-148

Für die "Spaltungs-These", das heißt die Auffassung, daß Stalin hoffte, Westdeutschland durch eine in Aussicht gestellte Wiedervereinigung in Gegensatz zu den Westmächten zu bringen, sprechen Stalins Überlegungen in der Spätschrift "Ökonomische Probleme des Sozialismus der UdSSR". Stalin schwächte hier das Antagonismus-Konzept ab und spekulierte auf ein Konfliktpotential im westlichen Lager, das in Analogie zu der Zwi-chenkriegszeit in einem neuen antiwestlichen "nationalen" Ressentiment der Bundesrepublik liegen könnte.[1]

Die Hoffnung, die Bundesrepublik zum Ausbrechen aus der "amerikanischen Knechtschaft"[2] zu bewegen, besaß, ebenso wie der Vergleich mit der außenpolitischen Konstellation der Weimarer Republik, wohl wenig Realitätsgehalt. Stalins Überlegungen deuten daher eher auf das sowjetische Bedürfnis nach einer "Atempause" im Systemkonflikt hin, um die Wirtschaft der UdSSR zu konsolidieren - die Stalinsche Schrift beschäftigt sich mit den ökonomischen Problemen des Sozialismus! - und ihre Rüstung ausbauen zu können.[3] Im Rahmen dieser im Ganzen defensiven sowjetischen Grundhaltung wäre die Verzögerung der Westintegration durch Angebote in der deutschen Frage ein wichtiger Zwischenschritt gewesen.

Wollte die sowjetische Führung hier gewissermaßen die "nationale Karte" in Deutschland gegen die Westmächte ausspielen, so wies diese Haltung Parallelen zur nationalrevolutionären Phraseologie der SED in dieser Phase auf. Die SED gab vor, mit dem Aufbau der DDR einen nationalrevolutionären Befreiungskampf um die Unabhängigkeit ganz Deutschlands von den Westmächten zu führen.[4] Allerdings wird hier auch eine unterschiedliche Funktionalisierung der nationalen Frage sichtbar. Während die Stalin-Note die DDR in Verhandlungen mit den Westmächten sozusagen die DDR zur Disposition stellte, zielte die nationalrevolutionäre Haltung der SED darauf ab, den ostdeutschen Staat gegenüber der Bundesrepublik zu stabilisieren.

Grundsätzlich ist zu bedenken, daß die gegensätzlichen gesellschaftlichen und politischen Ordnungsvorstellungen der Siegermächte nach 1945 den Anlaß des Ost-West-Konflikts und der deutschen Teilung bildeten und daß hierzu aus der Stalin-Note auch keine Anhaltspunkte für einen Ausgleich mit den Westmächten zu entnehmen waren.

1 Stalin, Jossif, Ökonomische Probleme des Sozialismus in der UdSSR, Stuttgart 1952, S.32ff.

2 Stalin, J., 1952, S.33

3 Rauch, G., 1969, S.490

4 vgl. in dieser Arbeit S.80f.

Die Anläufe zu einer friedensvertraglichen Regelung der deutschen Frage blieben ohne Erfolg, und mit wachsender Integration der Blöcke rückte die deutsche Frage in den Kontext einer gesamteuropäischen Friedensregelung auf der Basis des Status Quo. Der sowjetische Außenminister Molotow brachte auf der Berliner Außenministerkonferenz vom Januar/Februar 1954 den Vorschlag eines gesamteuropäischen Sicherheitspakts ein, an dem beide deutschen Staaten beteiligt werden sollten.[1] Dieser Vorschlag stellte insofern eine Kursänderung der sowjetischen Deutschlandpolitik dar, als sie seither von einer gesamtdeutschen Neutralitätslösung abrückte und statt dessen über eine Anerkennung des Status Quo in Europa ihren Machtbereich zu konsolidieren gedachte.[2] Einige Autoren, gerade auch aus der DDR, sahen im Molotow-Vorschlag von 1954 den Ausgangspunkt der fast 20 Jahre später durchgeführten europäischen Sicherheitskonferenz (KSZE).[3] Die Westmächte reagierten im Oktober 1955 auf den sowjetischen Vorstoß mit einer Modifizierung des Eden-Plans, der an der Priorität freier Wahlen in Deutschland festhielt, die deutsche Frage aber auch in einen gesamteuropäischen Kontext stellte.[4] Mit der Ratifizierung der Pariser Verträge im Mai 1955, die den Prozeß der Westintegration der BRD abschlossen und durch den Wandel der sowjetischen Deutschlandpolitik 1954/55 war offensichtlich geworden, daß eine isolierte Lösung der deutschen Frage auf absehbare Zeit nicht mehr möglich war.[5] Auf der Genfer Gipfelkonferenz im Juli 1955 konnten die Westmächte zwar noch offiziell am Junktim zwischen einer Lösung der deutschen Frage und der europäischen Sicherheit festhalten, die UdSSR lehnte jedoch mechanische Wiedervereinigung ab. Chruschtschow stellte bereits unmittelbar nach der Genfer Konferenz klar, daß in Deutschland zwei Staaten existierten, deren Wiedervereinigung den Fragen der Abrüstung und Entspannung in Europa nachgeordnet sei.[6]

1 Fritsch-Bournazel, R., 1979, S.53

2 Fritsch-Bournazel, R., 1979, S.53f. und Niclauß, Karlheinz, Kontroverse Deutschlandpolitik. Die politische Auseinandersetzung in der Bundesrepublik Deutschland über den Grundlagenvertrag mit der DDR, Frankfurt/M. 1977, S.15f.

3 Fritsch-Bournazel, R., 1979, S.53f. und Heitzer, H., 1979, S.114

4 Es handelt sich hier um den sog. zweiten Eden-Plan, der von den Westmächten auf der Genfer Außenministerkonferenz im Oktober 1955 vorgelegt wurde. Wortlaut in: Siegler, H., 1967, S. 69ff. u. 362f.

5 Niclauß, K., 1977, S.13

6 Fritsch-Bournazel, R., 1979, S.57ff. und Hacker, J., 1974, S.139f.

4.2 Die Haltung der Bundesrepublik

Für die Haltung der Bundesregierung zur DDR spielte, ähnlich wie bei der SED, die Bewertung des deutschen Spaltungsprozesses eine ausschlaggebende Rolle.[1] Adenauer gab in seiner Regierungserklärung am 21.10.1949 vor dem deutschen Bundestag eine Beurteilung der DDR-Entstehung ab. "Sie ist zustande gekommen auf Befehl Sowjetrußlands und unter Mitwirkung einer kleinen Minderheit ihr ergebener Deutscher."[2] Damit fehle der DDR-Regierung die Legitimierung durch das deutsche Volk. "Das was dort [in der DDR, K.E] geschieht, wird nicht von der Bevölkerung getragen und damit legitimiert... Die Bundesregierung stützt sich dagegen auf die Anerkennung durch den frei bekundeten Willen von rund 23 Millionen stimmenberechtigter Deutscher. Die Bundesrepublik Deutschland ist somit bis zur Erreichung der deutschen Einheit insgesamt die alleinige legitimierte staatliche Organisation des deutschen Volkes."[3] Die Grundlage des damit formulierten Alleinvertretungsanspruchs der Bundesregierung war das eigene demokratische Legitimationsverständnis und die Annahme der Fortexistenz der deutschen Nation in den Grenzen des Deutschen Reiches von 1871. "Nur auf der Grundlage dieser Prämissen konnte der Anspruch der Bundesrepublik politisch gerechtfertigt und die Abspaltung der DDR verurteilt werden. Wer hingegen den Untergang des Deutschen Reiches und die originäre bzw. revolutionäre Entstehung zweier neuer Staaten auf dem ehemaligen Territorium des Reiches annahm, konnte der DDR zwar wegen ihres Legitimationsdefizits, nicht aber im Hinblick auf die Erhaltung der nationalen Substanz die Anerkennung verweigern."[4]

Die deutschlandpolitische Haltung der Bundesregierung wurde rechtlich in die Staatskernthese gefaßt: die Bundesrepublik sei mit dem Deutschen Reich identisch und umfasse das Territorium des Reiches in den Grenzen vom 31.12.1937, also auch das Gebiet der DDR und die ehemaligen deutschen Ostgebiete jenseits von Oder und Neiße. Die Hoheitsgewalt der Bundesregierung sei allerdings auf die BRD

1 End, Heinrich, Zweimal deutsche Außenpolitik. Internationale Dimensionen des innerdeutschen Konflikts 1949-1972, Köln 1972, S.23

2 Schmitt, F.J., Hrg., Deutschland- und Ostpolitik im deutschen Bundestag, Bonn 1973, S.14

3 Schmitt, F.J., 1973, S.15

4 End, H., 1972, S.25

beschränkt. Die ehemaligen Ostgebiete und die DDR liegen auf dem Staatsterritorium der Bundesrepublik und stellten besetzte Gebiete - Irredenta - dar, die zu befreien waren.[1]

Das Legitimationsverständnis der Bundesregierung bestimmte zugleich ihr spezielles Konzept zur Wiedervereinigung, das freie gesamtdeutsche Wahlen unter internationaler Kontrolle verlangte. Das westdeutsche Wiedervereinigungskonzept fand ausdrückliche Unterstützung durch die Westmächte, und die aus dem Alleinvertragsanspruch abgeleitete Nichtanerkennungspolitik der Bundesregierung gegenüber der DDR war der "regionale Beitrag der Bundesrepublik zur globalen Eindämmungsstrategie" der Westmächte.[2]

Seit der Souveränitätserklärung der UdSSR an die DDR im Jahre 1954 erhielt die Nichtanerkennungspolitik der Bundesrepublik auch eine außenpolitische Dimension. Die Bundesregierung erkannte die sowjetische Souveränitätserklärung mit der Begründung, daß die Abtretung deutschen Staatsgebiets einseitig durch die UdSSR nicht möglich sei, nicht an.[3] Dieser Auffassung verlieh die Bundesregierung, nachdem sie diplomatische Beziehungen zur UdSSR aufgenommen hatte, durch die sogenannte Hallstein-Doktrin Nachdruck. Sie drohte damit jedem Staat, der die DDR staatlich anerkannte, mit dem Abbruch diplomatischer Beziehungen. Die Entwicklung der Hallstein-Doktrin war als außenpolitische Erweiterung der Nichtanerkennungspolitik Bestandteil der westdeutschen "Politik der Stärke" gegenüber der DDR. Sie ließ aber auch transparent werden, daß das Wiedervereinigungsziel faktisch gegenüber dem Nichtanerkennungsziel zurückzutreten begann.[4]

4.3 Die Ostintegration der DDR

Die wirtschaftliche Integration der DDR in den Ostblock war trotz des Beitritts in den RGW im September 1950 relativ gering.[5] Bis 1953 kam es zu kaum einer intensiven Kooperation der osteuropäischen Staaten, weil die Stalinsche Doktrin vorherrschend war, daß jeder sozialistische Staat zum Aufbau einer "autarken Industriestruktur" verpflichtet sei.[6]

1 Schuster, Rudolf, Deutschlands staatliche Existenz im Widerstreit politischer und rechtlicher Gesichtspunkte 1945-1963, München 1963, S. 85f.

2 End, H., 1972, S. 25. Zur Unterstützung der bundesrepublikanischen Position vgl. z.B. die Londoner-Erklärung der Westmächte vom Mai 1950, Wortlaut in: Siegler, H., 1967, S. 33f.

3 End, H., 1972, S. 34

4 End, H., 1972, S. 43

5 Fritsch-Bournazel, R., 1979, S.48

6 Cornelsen, D., S.47

Außenwirtschaftspolitik wurde auf rein bilateraler Basis betrieben.[1] Nach der Verabschiedung des Zweijahrplans in der DDR im Sommer 1948 war es im gleichen Jahr zu Handelsabkommen mit verschiedenen osteuropäischen Volksdemokratien gekommen.[2] Im April 1950 und im September 1951 schloß die DDR mit der UdSSR Handelsabkommen ab.[3]

1949 hatten sich im Zuge der außenwirtschaftlichen Bipolarisierung die Ost-West-Handelsbeziehungen für die SBZ/DDR einschneidend geändert.[4] Vor 1939 entfielen weniger als 25% des ostdeutschen Handelsvolumens auf Osteuropa und ca. 70% auf westliche Staaten. 1950 wickelte die DDR bereits 80% ihres Außenhandels mit osteuropäischen Staaten ab.[5] Der damit eingetretene Bruch in den innerdeutschen Wirtschaftsbeziehungen stellte die DDR vor schwierige Aufgaben, da nahezu die gesamte Grundstoffindustrie und Metallurgie gemäß der Stalinschen Autarkie-Doktrin aus eigenen Kräften neu errichtet werden mußte. Die Konzentrationen der Investitionen auf die neu zu errichtenden Bereiche und die hohe Reparationsbelastung gingen zulasten der Konsumgüterproduktion, was die Versorgungslage und damit auch die politische Stabilität gefährdete. Erst nach dem Arbeiteraufstand vom Juni 1953 verzichtete die Sowjetunion auf weitere Reparationsleistungen und übergab zu Beginn des Jahres 1954 schrittweise die 33 SAG-Betriebe der DDR.[6]

In ihren Beziehungen zu den osteuropäischen Staaten stellte für die DDR die Anerkennung des territorialen Status Quo die Voraussetzung für eine erfolgreiche Integration in den Ostblock dar. Am 6.7.1950 anerkannte die SED im Abkommen mit der polnischen Volksrepublik die polnische Westgrenze und am 23.7.1950 legte eine gemeinsame Deklaration mit der CSSR die Endgültigkeit der Aussiedlung Deutscher fest.[7]

Die politischen Beziehungen der DDR mit der UdSSR waren, ähnlich wie die der Bundesrepublik zu den Westmächten durch einen schrittweisen Abbau von Besatzungsrechten zugunsten ostdeutscher Souveränitätsrechte gekennzeichnet,

1 Fischer, Alexander, Außenpolitische Aktivität bei ungewisser sowjetischer Deutschlandpolitik (bis 1955), in: 3 Jahrzehnte Außenpolitik der DDR, hrsg. von Jacobsen, H.A; Leptin, G.; Scheuner, U.; Schulz, E., Wien 1979, S. 51ff., S.77

2 Heitzer, H., 1979, S.70

3 Fischer, A., 1979, S.66

4 Die außenwirtschaftliche Bipolarisierung drückte sich in der Embargopolitik und der Einführung einer cocom-Liste durch den Westen aus, vgl. Fritsch-Bournazel, R., 1979, S.48

5 Fritsch-Bournazel, R., 1979, S.48

6 Autorenkollektiv unter der Leitung von Ernst Diehl und Gerhard Roßmann, Geschichte der SED. Abriß, Berlin-Ost 1978, S.300

7 Autorenkollekriv, 1978, S.235

wodurch sich die DDR auch von den übrigen osteuropäischen Bündnispartnern der UdSSR unterschied.[1]

Der Austausch diplomatischer Missionen zwischen der UdSSR und der DDR erfolgte im Oktober 1949, im November desselben Jahres wurde die SMAD aufgelöst und eine Sowjetische Kontrollkommission (SKK) unter General Tschnikow errichtet, ohne daß damit allerdings Souveränitätsrechte an die DDR übertragen worden wären. Die UdSSR gestand der DDR keine außenpolitische Entscheidungskompetenz zu, sondern behielt sich die Kontrolle der Durchführung der Potsdamer Abkommen und andere Vier-Mächte-Beschlüsse vor.[2]

Der ökonomische Autarkiezwang und die prekäre Wirtschaftslage in der DDR, die an der UdSSR ausgerichtete Bilateralität der Bündnisbeziehungen und der Sonderstatus als besiegter Feindstaat mit eingeschränkter Souveränität verursachten eine gewisse Isolation der DDR. Verglichen mit dem Integrationsprozeß der Bundesrepublik in das westliche Bündnis, war die Lage der DDR im Ostblock sehr viel ungefestigter. Während die Westmächte die Nichtanerkennungspolitik der Bundesrepublik unterstützten, förderte die zunächst neutralitätsfreundliche Deutschlandpolitik der Sowjetunion die Stabilisierung der DDR nicht. Die sowjetische Haltung zur Wiedervereinigung schien nicht, wie die der Westmächte nach Artikel 7 Deutschlandvertrag, die Übertragung der sozialökonomischen und politischen Strukturen der DDR auf ganz Deutschland zu implizieren.

Die SED, welche die sowjetische Wiedervereinigungspolitik offiziell unterstützte, war bemüht, ihr internationales Positionsdefizit durch eine betont nationale Selbstdarstellung zu kompensieren. Dabei versuchte sie die sowjetische Haltung zur Wiedervereinigung innenpolitisch umzulenken in einen von der DDR ausgehenden nationalen, antiimperialistischen Kampf um die Befreiung der Bundesrepublik von den Westmächten. Hier mag ihr die innenpolitische Kontroverse in der Bundesrepublik um Adenauers kompromißlose Westintegration und um die Wiederbewaffnung zur agitatorischen Verwertung zugute gekommen sein.

Durch den Führungswechsel in der Sowjetunion nach Stalins Tod am 5.3.1953 war die nationalrevolutionäre Deutschlandpolitik der SED, die vor allem Ulbricht

1 Uschakow, Alexander, Die Sonderstellung der DDR im osteuropäischen Bündnissystem, in: Leptin, G., Hrg., Die Rolle der DDR in Osteuropa, Berlin 1974, S. 35-54, S.40

2 Fritsch-Bournazel, R., 1979, S.41 und Fischer, A., 1979, S.56

zuzuschreiben ist, für kurze Zeit in Frage gestellt. Semjonow, nach der Auflösung der SKK zum Hohen Kommissar der UdSSR in der DDR ernannt, hob die Beschlüsse der 2. Parteikonferenz der SED zum Aufbau des Sozialismus gegen Ulbrichts Widerstand teilweise auf, um einen gemäßigteren innenpolitischen Kurs durchzusetzen. Hiermit wären eventuell Möglichkeiten eines tatsächlichen deutschlandpolitischen Ausgleichs mit den Westmächten greifbar geworden. Nach dem Arbeiteraufstand vom 17. Juni 1953 festigte sich allerdings Ulbrichts innerparteiliche Position wieder, und der neuen sowjetischen Führung schienen die Folgen deutschlandpolitischer Experimente zu schwer kalkulierbar zu sein.[1]

Die UdSSR schien nämlich nun an der Stabilisierung des Erreichten durch eine förmliche Anerkennung des Status quo in Deutschland und Europa interessiert zu sein, wie sich auf der Berliner Außenministerkonferenz Januar/Februar 1954 abzeichnete. Dieser Einstellung entsprach die Souveränitätserklärung an die DDR vom 25.3.1954. Die Erklärung übertrug der DDR begrenzte Hoheitsrechte und beschränkte die Zuständigkeit des Hohen Kommissars zukünftig auf Fragen, die Deutschland als Ganzes und sicherheitspolitische Aspekte betrafen. Der Staatsvertrag zwischen der UdSSR und der DDR vom 20.9.1955 bildete den vorläufigen Abschluß der Ostintegration der DDR; dem ostdeutschen Staat wurde die volle innere und äußere Souveranitat zuerkannt. Der DDR wurde u.a. das Recht der Kontrolle des zivilen Grenzverkehrs zur Bundesrepublik und zwischen der Bundesrepublik und Westberlin zugesprochen.[2]

Die staatliche Aufwertung der DDR gegen Ende dieses Betrachtungszeitraumes setzte neue Akzente in der Haltung der SED zur nationalen Frage in Deutschland. Sie schwächte die nationalrevolutionäre Komponente der Deutschlandpolitik ab und rückte das Ziel staatlicher Anerkennung der DDR in den Vordergrund. Wandelte sich der Kampf um die deutsche Einheit in diesen Jahren in einen Anerkennungskonflikt zwischen beiden deutschen Staaten, so wäre im Hinblick auf die DDR zu fragen, inwieweit die nationalrevolutionäre Haltung der SED mit dem Anerkennungsziel kompatibel war.

1 Jänicke, Martin, Der dritte Weg. Die antistalinistische Opposition gegen Ulbricht seit 1953, Köln 1964, S.33 und Osten, Walter, Die Außenpolitik der DDR. Im Spannungsfeld zwischen Moskau und Bonn, Opladen 1969, S.14ff.
2 End, H., 1972, S.54

4.4 Die DDR-Position: zwei Staaten - eine Nation

4.4.1 Sozialismus als nationale Aufgabe

Der Abschluß der EVG-Verträge im Mai 1952 hatte den Mißerfolg der Stalin-Note vom März offenbart und die neutralitätsfreundliche Haltung in der Sowjetischen Deutschlandpolitik obsolet gemacht. Die militärische Integration der BRD in ein westliches Bündnis ließ sich scheinbar nicht verhindern, damit waren die Voraussetzungen für eine Wiederherstellung der Einheit Deutschlands in einem neutralisierten Gesamtstaat illusorisch geworden.[1]

Die im Juli 1952 tagende zweite Parteikonferenz der SED zog ihre deutschlandpolitische Konsequenz, sie proklamierte den Aufbau des Sozialismus in der DDR.[2] Tatsächlich stellte die Parteikonferenz von 1952 in wirtschaftspolitischer Hinsicht jedoch keine bedeutsame Wende dar. Der III. Parteitag von 1950 hatte schon mit dem Entwurf der ersten Fünfjahrplans 1951-55 die Weichen auf eine Ausweitung des volkseigenen Sektors gestellt. Nun wurde die Investitionstätigkeit im Bereich der Schwerindustrie forciert und mit der Enteignung von Landwirtschaftsbetrieben, um sie zu kollektivieren, begonnen. Der Anteil des volkseigenen Sektors an der Industrieproduktion war bereits 1948-1950 von 40% auf 75% gestiegen und nahm von 1950-1955 weiter zu auf 87,6%.

Mit der *Proklamation* des sozialistischen Aufbaus - dies war die eigentliche Zäsur - konnte die SED auch offiziell als marxistisch-leninistische Klassenpartei auftreten und den "Klassenkampf nach innen" verschärfen.[3] Die Partei strebte nun kein breites Bündnis aller fortschrittlichen Klassen zur Festigung der antifaschistischen Verhältnisse mehr an, sondern es hieß, daß "die Überreste des kapitalistischen Denkens und der kapitalistischen Methoden in der volkseigenen Wirtschaft"zu überwinden seien.[4] Mit der sozialistischen Staatsmacht der DDR werde "der

1 Fritsch-Bournazel, R., 1979, S.63f.

2 Beschluß der 2. Parteikonferenz der Sozialistischen Einheitspartei Deutschlands zur gegenwärtigen Lage und zu den Aufgaben im Kampf fur Frieden, Einheit und Sozialismus, in: E 8/1952, S.708-713, S.708ff.

3 Beschluß 1952, S.710

4 Beschluß 1952, S.711

Widerstand der reaktionären gesellschaftlichen Kräfte unterdrückt und der Aufbau der sozialistischen Gesellschaftsordnung sowie deren Schutz organisiert."[1] Diese Haltung ließ sich argumentativ mit einer auf ganz Deutschland gerichteteten nationalrevolutionären Politik verbinden.

Der Übergang vom antifaschistisch-demokratischen zum sozialistischen Kurs wurde innenpolitisch nämlich nicht mit immanenten Entwicklungsgesetzen oder Sacherfordernissen des weiteren Aufbaus der eigenen Volkswirtschaft begründet, sondern als Schutzmaßnahme gegen eine akute Kriegsbedrohung aus der Bundesrepublik ausgegeben. Die SED wußte zu berichten, daß die Bundesregierung "Kriegsverträge" für ein "Kriegsbündnis" mit den Westmächten abgeschlossen habe[2], daß die DGB-Führung bereit sei, sich einem geplanten "Kriegswirtschaftsrat" unterzuordnen[3] und daß, wie zur Zeit des Kapp-Putsch von 1920, "gewaltige Aufmärsche der westdeutschen Arbeiterschaft"[4] stattfänden. Die nationalrevolutionäre Befreiungskampagne gipfelte in dem Aufruf an die westdeutsche Arbeiterschaft, die Regierung Adenauer zu stürzen, um mit DDR-Vertretern gesamtdeutsche Gespräche aufzunehmen.

Gleichzeitig fand aber im Oktober 1952, sozusagen als Reaktion auf die geplante Remilitarisierung der Bundesrepublik, die Remilitarisierung der DDR statt. Die Kasernierte Volkspolizei (KVP) wurde in eine nach militarischen Prinzipien organisierte Streitkraft umgewandelt.[5]

Die Folgen des nun 'verschärften Klassenkampfes' waren vielfältig. Die Forcierung des schwerindustriellen Aufbaus führte in eine "chaotische Wirtschafts- und Versorgungslage" und zu einem sprunghaften Ansteigen der Fluchtbewegung aus der DDR.[6] Trotz dieser schwierigen Lage ordnete die DDR-Regierung am

1 Zentralkomitee der SED, Die Deutsche Demokratische Republik verkörpert die Zukunft Deutschlands (Zum sechsten Jahrestag der Gründung der Deutschen Demokratischen Republik), in: E 10/1955, S.956-969, S.960

2 Zentralkomitee der SED, Der Kampf um den Frieden und die nationale Einheit Deutschlands ist die oberste Aufgabe, in: E 7/1952, 5.609-620, S.609ff.

3 ZK-SED 1952, S.613

4 ZK-5ED 1952, S.615

5 DDR-Handbuch 1975, S.562

6 Infolge der Kollektivierung der Landwirtschaft flüchtete ein großer Teil der Bauern, so daß 13% der landwirtschaftlichen Nutzfläche herrenlos wurden. Die Gesamtzahl der Flüchtlinge stieg 1952-1953 von 182.393 auf 331.390 und ging 1954 fast wieder auf den alten Stand von 1953 zurück. Der absolute Höchststand war im März 1953 mit 58.605 Flüchtlingen erreicht. Vgl. hierzu Jänicke, M., 1964, S.24f. und DDR-Handbuch 1975, S.313

28.5.1953 eine Erhöhung der Arbeitsnormen in den VEB um mindestens 10% an.[1]

Offenbar erst auf Druck der KPdSU hin nahm die SED-Führung am 9.6.1953 viele der auf der 2. Parteikonferenz 1952 beschlossenen Maßnahmen des verschärften Klassenkampfs zurück, nicht aber die Normerhöhung für die Arbeiter vom 28. Mai 1953![2] Ein Streik der Bauarbeiter vom Morgen des 16. Juni 1953 weitete sich zum politischen Generalstreik am17. Juni 1953 aus, der nur durch das Eingreifen der sowjetischen Armee unterdrückt werden konnte.[3]

Der gemäßigte "Neue Kurs" vom 9.6.1953 war vom sowjetischen Hohen Kommissar Semjonow gegen den Willen Ulbrichts durchgesetzt worden und ließ möglicherweise auf eine deutschlandpolitische Ausgleichsbereitschaft der sowjetischen Führung nach Stalin schließen.[4] Dadurch erhielt ein sechsköpfiger innerparteilicher Oppositionszirkel im Politbüro um Wilhelm Zaisser (Staatssicherheitsminister und Politbüromitglied) und Rudolf Herrnstadt (Chefredakteur des "Neuen Deutschlands", ND) Auftrieb.[5]

Die Oppositionsgruppe differierte weniger mit dem strategischen Ziel Ulbrichts, das heißt dem Aufbau des Sozialismus, als mit dessen Mitteln. Sie sah die Bemühungen der Partei, bei der Bevölkerung Resonanz zu finden, als gescheitert an und strebte von daher die Umstrukturierung der SED zu einer Volkspartei wie auch weitere Demokratisierungsmaßnahmen an.[6] Daß die Opposition, wie ihr Ulbricht später vorwarf, den Sozialismus habe preisgeben wollen, ist weniger wahrscheinlich als die Tatsache, daß sie einen anderen Übergang anstrebte als er.[7] Ob die gemäßigtere Politik einer SED-Opposition auch deutschlandpolitisch kompromißfähiger gewesen wäre, wird vielleicht durch künftig zugängliche Akten entscheidbar sein. Es läßt sich aber vermuten, daß eine innerparteiliche SED-Opposition, sozusagen als sozialdemokratische Komponente der Partei, auch Fragen eines gesamtdeutschen Ausgleichs in ihre Überlegungen einbezogen hätte.[8]

1 Stern, C., 1957, S.154

2 Kleßmann, Christoph, Die doppelte Staatsgründung. Deutsche Geschichte 1945 - 1955, Bonn 1982, S.278

3 Stern, C., 1957, S.156f.

4 Jänicke, M., 1964, S.33

5 Außerdem sollen A. Ackermann, dessen Frau E. Schmidt, Hans Jandretzky und Heinrich Rau der Opposition angehört haben. vgl hierzu Jänicke, M., 1964, S.33 und Stern, C., 1957, S.163

6 Stern, C., 1957, S.168 und Jänicke, M., 1964, S. 34f

7 Kleßmann, C., 1982, S.280f.

8 vgl. in dieser Arbeit S.110ff.

Falls von der KPdSU eine Ablösung Ulbrichts zugunsten einer gemäßigteren Parteiführung vorgesehen war, so wurde er durch den Arbeiteraufstand vom 17.6.1953 zunichte gemacht. Die instabile innenpolitische Lage ließ einen Führungswechsel als zu riskant erscheinen, Ulbricht konnte sich paradoxerweise durch den Arbeiteraufstand an der Macht halten.[1]

4.4.2 Die Einheit der Nation

Hatten die Ereignisse um den 17. Juni 1953 bewirkt, daß ein Führungswechsel in der SED geradezu verhindert wurde, so stellte sich in der Folgezeit auch ein deutschlandpolitischer Kurswechsel der Sowjetunion ein, der im März 1954 durch eine Souveränitätserklärung an die DDR offensichtlich wurde. Die UdSSR, so hieß es, "nimmt mit der DDR die gleichen Beziehungen auf wie mit anderen souveränen Staaten. Die DDR wird die Freiheit besitzen, nach eigenem Ermessen über ihre inneren und äußeren Angelegenheiten einschließlich der Frage der Beziehungen zu Westdeutschland zu entscheiden."[2] Als Rechtsgrundlage der Souveränität ihres Staates berief sich die SED auf das Selbstbestimmungsrecht der Nationen, das für die deutsche Nation im Potsdamer Abkommen präzisiert worden sei. In der DDR habe das deutsche Volk sein Selbstbestimmungsrecht wahrgenommen, indem es die antifaschistisch-demokratischen Strukturveränderungen realisierte, die im Potsdamer Abkommen verlangt worden seien.

Im Gegensatz dazu sei im Westen Deutschlands ein "Marionettenstaat" errichtet worden, der über keinerlei Souveränitätsrechte verfüge, sondern stattdessen die Werktätigen unterdrücke.[3] Die SED zog aus dem behaupteten Souveränitätsmangel allerdings nicht den Schluß, die Staatlichkeit der Bundesrepublik abzulehnen, sondern sie erkannte die Bundesrepublik ausdrücklich als Staat an: "Es gibt heute zwei Staaten in Deutschland", hieß es zum fünfjährigen DDR-Jubiläum.[4]

Nach dem Abschluß des Staatsvertrages zwischen der DDR und der UdSSR am 20.9.1955, in dem die Souveränität der DDR ein zweites Mal bestätigt wurde, erhob die SED einen spezifischen Alleinvertretungsanspruch der DDR als Pendant

1 Kleßmann, C., 1982, S.281

2 Zentralkomitee der SED, Die Souveränität und die Außenpolitik der Deutschen Demokratischen Republik, in: E 7/1954, S.625-636, S.625

3 ZK-SED 1954a, S.625f.

4 Zentralkomitee der SED, Fünf Jahre Deutsche Demokratische Republik, in: E 10/1954, S.897-909, S.906 weitere Nachweise zur Zwei-Staaten-These vgl. Hacker, J., 1974, S.133f.

zur bundesdeutschen Haltung. "Die Deutsche Demokratische Republik hat sich durch ihr konsequentes Eintreten für die Wahrung der unveräußerlichen Rechte der deutschen Nation allein die Legitimation erworben, im Namen des gesamten deutschen Volkes zu sprechen."[1]

Nach der Souveränitätserklärung von 1954 und dem Staatsvertrag von 1955 bestand kein Zweifel, daß die Sowjetunion keine Wiedervereinigungsangebote auf der Grundlage eines neutralisierten Gesamtdeutschlands mehr an die Westmächte richten würde.[2] Dennoch gaben weder die DDR- noch die sowjetische Führung das Ziel der deutschen Wiedervereinigung offiziell auf. Im Staatsvertrag erklärten sie, das Hauptziel ihrer Politik sei "eine friedensvertragliche Regelung und die Wiederherstellung der Einheit Deutschlands."[3] Allerdings stellte die Wiedervereinigung kein Nahziel, sondern ein Fernziel der SED-Deutschlandpolitk dar. Die Einheit Deutschlands sei nicht durch eine "mechanische Wiedervereinigung", sondern nur durch einen Prozeß der Annäherung erreichbar.[4] "Solange zwei Staaten mit verschiedenen gesellschaftlichen Systemen in Deutschland existieren, gibt es keinen anderen Weg als eine Annäherung der beiden Staaten."[5]

Die Annäherungspolitik zwischen beiden deutschen Staaten wurde zugleich in den Kontext einer gesamteuropäischen Friedenspolitik gestellt, wie sie Molotow auf der Berliner Außenministerkonferenz 1954 konzipiert hatte.[6] "Die nationale Frage ist heute zur wichtigsten politischen Lebensfrage des deutschen Volkes geworden, sie hat einen tief sozialen Inhalt und ist untrennbar mit der Erhaltung des Friedens in Europa verbunden."[7]

Faktisch konnte die SED darauf hoffen, durch die Teilnahme beider deutschen Staaten an europäischen Friedens-und Sicherheitsverhandlungen zur internationalen staatlichen Anerkennung zu gelangen, die ihr bisher von der Bundesregierung und

1 Die Ergebnisse der Genfer Konferenz. Leitartikel in: E 12/1955, S.1145-1152, S.1149; vgl. auch Hacker, J., 1974, S.280

2 vgl. in dieser Arbeit S.90

3 ZK-SED 1955, Die Deutsche Demokratische Republik verköpert die Zukunft Deutschlands, in: E 10/55, S. 956-969, S.956

4 Leitartikel 1955, S.1148

5 ZK-SED 1955, S.967

6 vgl. in dieser Arbeit S. 90

7 ZK-SED 1954b, S.902

den Westmächten versagt worden war.[1] In diesem Zusammenhang durfte die SED auch damit rechnen, daß die DDR nach dem Abschluß des Staatsvertrages mit der UdSSR zum Ansprechpartner der Bundesregierung bzw. der Westmächte würde, wenn es um Fragen des Transitverkehrs von der Bundesrepublik nach West-Berlin ging, da der Artikel 1 des Staatsvertrages die Regelung der Beziehungen zur Bundesrepublik in die Kompetenz der DDR gestellt hatte.[2]

Trotz des 1952 verkündeten Aufbaus des Sozialismus in der DDR und der seit 1954 vertretenen Zwei-Staaten-These hielt die SED an der Einheit der deutschen Nation und an ihrer nationalen Führungsrolle fest. Der Sozialismus sei zur "historischen Notwendigkeit" in Deutschland geworden und durch seinen Aufbau in der DDR werde der ganzen deutschen Nation der Weg gewiesen.[3] Genauso wie die Vereinigung von SPD und KPD 1946 als beispielgebend für ganz Deutschland ausgegeben wurde, postulierte die SED nun die Beispielhaftigkeit der sozialistischen DDR.[4]

Das Festhalten an der Einheit der deutschen Nation war insofern fragwürdig, als an den Stalinschen Nationskriterien gemessen, die territoriale und wirtschaftliche Teilung Deutschlands nicht zu übersehen war. Fred Oelßner kam bei einer Überprüfung der Sachlage im Jahr 1951 beziehungsweise 1954 zu einem entgegengesetzten Ergebnis. Die Unterbrechung der Verkehrsbeziehungen zwischen den beiden Teilen Deutschlands sei "nichts anderes als ein Ausdruck der Tatsache, daß die heute getrennten Gebiete Deutschlands die Teile eines zusammengehörenden Wirtschaftskörpers darstellen."[5] Zum Merkmal der psychischen Wesensart stellte er lakonisch fest: "Nun, hüben wie drüben leben Deutsche."[6] Einen gemeinsamen Staat hatte Stalin nicht als Nationskriterium gelten lassen und daher konnte Oelßner zu der Schlußfolgerung gelangen: "Wenn wir aber ein fünftes Merkmal, einen einheitlichen deutschen Nationalstaat unterstellen, dann findet in der Tat die falsche Auffassung Nahrung, daß es keine deutsche Nation mehr gäbe."[7] Man wird dem Nationsverständnis der SED in dieser Phase nicht ganz gerecht, wenn man wie Kopp

1 vgl. in dieser Arbeit S. 89f.
2 ZK-SED 1955, S.954
3 ZK-5ED 1955, S.959f.
4 vgl. in dieser Arbeit S. 64
5 Oelßner, Fred, Die heutige Bedeutung der nationalen Frage, Berlin ^{2}1954, S.8
6 Oelßner, F., 1954, S.8
7 Oelßner, F., 1954, S.8

behauptet, daß es das "Anliegen des Politbüro-Mitglieds Oelßner war..., an Stalins Nationstheorie immer wieder das Moment der Beständigkeit und Festigkeit (Stabilität) der Nationen hervorzuheben."[1]

Es ist sicher richtig, daß Oelßner - vor allem in der ersten Auflage seiner Schrift von 1951 - bestrebt war, anhand der Stalinschen Kriterien die fortexistierende Einheit der deutschen Nation nachzuweisen. Oelßner teilte auch mit, daß es pragmatische Motive waren, die ihn dazu veranlaßten. "Denn, wenn wir sagen, daß die deutsche Nation nicht mehr existiert, nehmen wir der Nationalen Front des demokratischen Deutschlands den Boden, aus dem sie erwachsen ist."[2] Da die innenpolitische Integration unter anderem auf der Basis der Nationalen Front stattgefunden hatte, war es für die SED nicht ohne weiteres möglich, dieses Integrationsbecken einfach preiszugeben.

Wie bestimmte die SED aber die politische Substanz der deutschen Nation? Oelßner bezog sich ausführlich auf Stalins Aufsatz "Die nationale Frage und der Leninismus" aus dem Jahre 1929 (der 1949 zum ersten Mal erschienen ist) und versuchte ihn in Beziehung zu Stalins Nationsdefinition von 1913 zu setzen. Stalin hatte 1929 die Unterscheidung zwischen bürgerlichen und sozialistischen Nationen eingeführt, und es war für Oelßner keine Frage, daß die langfristige Entwicklungsperspektive in der ganzen Welt in der Entwicklung sozialistischer Nationen bestehe.[3] Im Nachwort vom August 1954, also nach der Souveränitätserklärung der UdSSR und der 2. Parteikonferenz 1952, stellte er fest, daß in der DDR "der Raum zu einer neuen Entwicklung der deutschen Nation gelegt [wurde, K.E.], die sie später in eine sozialistische Nation verwandeln wird. Natürlich wird dieser Entwicklungsprozeß die ganze deutsche Nation umfassen."[4]

Die SED hantierte nicht mit einem "gesamtnationalen Nationsbegriff"[5] sondern sie begann sich mit einem "klassenbezogenen Nationsbegriff" auf der Grundlage Stalins Unterscheidung von sozialistischen und bürgerlichen Nationen auseinanderzusetzen. Die wichtigste Klammer der Einheit der deutschen Nation war nach Ansicht der SED die Einheit der deutschen Arbeiterklasse. Nur auf dieser Grundlage könne mit der "vereinten Kraft aller werktätigen Schichten, aller patriotischen Kräfte

1 Kopp, Fritz, Der Nationsbegriff in der DDR und in der Bundesrepublik Deutschland. Aspekte der Kontinuität und des Wandels, in: Beiträge zur Konfliktforschung 4/77, S. 79-115, S.83

2 Oelßner, F., 1954, S. 9

3 Oelßner, F., 1954, S.15ff.

4 Oelßner, F., 1954, S.39

5 Kopp, F., 1977, S.81

des deutschen Volkes ein wirksamer Kampf gegen dem Militarismus geführt und die Wiedervereinigung bedeutend näher gebracht werden."[1]

Die SED versuchte, die nationale Komponente ihrer Deutschlandpolitik auch einzusetzen. Das "Manifest an alle Deutschen", das der 2. Nationalkongreß der Nationalen Front im Mai 1954 verabschiedete, wandte sich an den Bundestag und die Volkskammer mit dem "Ersuchen" eine Volksabstimmung über den EVG-Vertrag durchzuführen.[2] Darüber hinaus appellierte das Manifest aber an das deutsche Volk, gegen die Wiederbewaffnung der Bundesrepublik zu kämpfen. Arbeiter, Bauern, Intelligenz und Handwerker, aber auch "Kaufleute und Unternehmer,... denen die Einheit Deutschlands eine Steigerung ihrer Umsätze bringen wird [!]" wurden zum Einheitskampf aufgefordert.[3]

4.4.3 Das Spannungsfeld von Eigenstaatlichkeit und nationalrevolutionärem Anspruch

Die Unterscheidung "zwei Staaten - eine Nation" versinnbildlicht die seither betriebene Zweigleisigkeit der SED-Deutschlandpolitik, die durch eine defensive (auf die Stabilisierung des Status Quo der Teilung) und durch eine offensive (den Status Quo überwindende) Komponente geprägt war. Auf der einen Seite drängte die SED, besonders nachdem sie durch den Staatsvertrag von 1955 Rückhalt bei der UdSSR erhalten hatte, auf die staatliche Anerkennung. Andererseits propagierte sie die Überwindung der deutschen Teilung, wobei sie sich als national verantwortungsvollste und in die Zukunft weisende revolutionäre Kraft profilieren wollte.

Damit waren für die SED zwei Bezugsgrößen für eine Standortbestimmung der DDR in der "deutschen Frage" konstitutiv. Ein Pol war die von der Bundesrepublik abgegrenzte Eigenstaatlichkeit der DDR, der andere Pol war die, über das Staatsgebiet der DDR hinausreichende, auch die "Volksmassen" der Bundesrepublik umfassende Nation.

Die Rolle des hierdurch errichteten "Spannungsverhältnisses zwischen überstaatlich gedachtem, gesellschaftspolitischen Anspruch einerseits und der tatsächlich praktizierten Form traditioneller Nationalstaatlichkeit andererseits"[4] war ambivalent. Indem die SED selbst immer wieder den Blick auf die nationale Frage

1 ZK-SED 1955, S.968
2 Neef, H., 1967, S.146-152
3 Neef, H., 1967, S.148f.
4 Kregel, B., 1979, S.18

lenkte - die Nationale Front fungierte als politisches Integrationsbecken der nichtsozialistischen Kräfte der DDR - lief sie Gefahr, das Bewußtsein eines "nationalen Defizits" bei der eigenen Bevölkerung wachzuhalten.[1] Dies konnte die Partei nur vermeiden, wenn sie die nationale Frage als eine revolutionäre Aufgabe ausgab, die darin bestand, den Sozialismus in der DDR und schließlich in ganz Deutschland gegen die imperia-listischen Kräfte in der Bundesrepublik aufzubauen. Unter diesem Aspekt besaß die nationalrevolutionäre Orientierung der SED eine dynamisierende Funktion, die der ausgeprägten Feindbildrolle der Bundesregierung und der Westmächte bedurfte. So wurde beispielsweise der Aufbau des Sozialismus und die Verschärfung des inneren Klassenkampfes 1952 als notwendige Formierung aller antikapitalistischen Kräfte Deutschlands gegen die Kriegsvorbereitungen der Bundesregierung und der Westmächte ausgegeben.[2] "Eine Partei aber, deren Ideologie in der Klassenkampftheorie wurzelt und die ihre Existenzgrundlage aus dem marxistischen Gesetz des Klassenkampfs ableitet, braucht einen psychologisch möglichst eindrucksvollen Klassenfeind. Die ständige Berufung auf die Verderben bringenden Pläne und Machenschaften des Feindes sind für sie eines der wirksamsten Mittel, um das eigene Funktionärskorps und die Parteimitgliedschaft - und über diese wiederum möglichst große Bevölkerungsteile - jederzeit alarmieren und in einem Zustand permanenter Aktionsbereitschaft halten zu können."[3]

4.4.4 Die nationale Geschichtsbetrachtung

In den Jahren 1950/51 hatte im Zeichen der "sozialistischen Kulturrevolution die Institutionalisierung der gesellschaftswissenschaftlichen Forschung begonnen.[4] Im Rahmen der Hochschulreform von 1951 wurden geschichtswissenschaftliche Forschungs-institute an den Universitäten Berlin, Halle und Leipzig gegründet, und im Dezember 1951 eröffnete die SED ein eigenes Institut für Gesellschaftswissenschaften.[5]

1 Kregel, B., 1979, S.31
2 vgl. in dieser Arbeit S.95ff.
3 Stern, C., 1957, S.99
4 Akademie der Wissenschaften der DDR, Zentralinstitut für Geschichte, Hrg., unter der Leitung von Ernst Diehl, Grundriß der deutschen Geschichte. Von den Anfängen der Geschichte des deutschen Volkes bis zur Gestaltung der entwickelten sozialistischen Gesellschaft in der Deutschen Demokratischen Republik, Klassenkampf - Tradition - Sozialismus, Berlin-Ost [2]1979, S.619
5 Heitzer, H., 1979, S.100

Das Zentralkomitee der SED legte im Oktober 1951 den Schwerpunkt der historischen Forschung auf die Ausarbeitung einer Geschichte Deutschlands und der deutschen Arbeiterbewegung.[1] Sie strebte die Bildung eines "neuartigen Nationalbewußtseins", eines "wirklich echten deutschen Patriotismus" an, der über die Tradition der bürgerlichen Revolution von 1849 und über die Repräsentanten des "humanistischen Erbes" der deutschen Nationalkultur (Goethe, Schiller, Lessing, Kant, Fichte und Hegel) hinaus an die "Freiheits- und Kampftraditionen des deutschen Volkes" anknüpfen sollte.[2] Aus der Geschichte des deutschen Volkes sollten geeignete Vorbilder an "Mut, Heldentum, Patriotismus und Hingabe" gewonnen werden, die die "Kenntnis der geschichtlichen Vergangenheit des deutschen Volkes zur mobilisierenden Kraft... für den Kampf um Frieden, Demokratie, Fortschritt und Aufbau eines gesamten Deutschland" machten.[3] Damit sollte auch das 'chauvinistische Nationalbewußtsein', das mit dem Bismarckschen Nationalstaat von 1871 verbunden sei, überwunden werden.[4]

Um die DDR in der Tradition einer deutschen Revolutionsgeschichte zu verankern, die den Aufbau der DDR in Fortsetzung revolutionärer Aktionen in einem fortwährenden Klassenkampf gegen die imperialistische Bundesregierung darstellte, galt es, die "Misere-Theorie" zu überwinden.[5]

"Ein weiterer Mangel in der Arbeit unserer Historiker ist die immer noch nicht überwundene Tendenz, die Geschichte des deutschen Volkes und der deutschen Arbeiterbewegung als Geschichte der Misere darzustellen, das heißt die großen revolutionären Leistungen der geschichtlichen Persönlichkeiten der deutschen Geschichte zu negieren oder zu verkleinern."[6] Wie allerdings das Bewußtsein der historischen Fehlentwicklung der deutschen Nation und der politischen Erfolgslosigkeit der deutschen Arbeiterbewegung im Hinblick auf den Nationalsozialismus durch eine optimistischere Geschichtsauffassung ersetzt werden sollte, konnte die Partei auch nicht sagen. Sie forderte die Historiker der DDR auf, den Marxismus-Leninismus und

1 7. Tagung des Zentralkomitees Okt. 1951, vgl. Diehl, Ernst, Wie erfüllen unsere Historiker ihre Aufgaben?, in: E 6/1953, S.813-820, S.814

2 Oelßner, F., 1954, S.30f. und Leo Stern, zit. n. Heydemann, G., 1980, S.145

3 Leo Stern, zit. n. Heydemann, G., 1980, S.145

4 Oelßner, F., 1954, S.30f.

5 Unter der "Misere-Theorie" war das Bild einer deutschen Fehlentwicklung zu verstehen, wie sie etwa A. Abusch im "Irrweg einer Nation festgehalten hat. Vgl. hierzu auch Neuhäußer-Wespy, Ulrich, Von der Urgesellschaft bis zur SED. Anmerkungen zur "Nationalgeschichte der DDR", in: DA 2/1983, S.145-152, S.145f.

6 Diehl, E., 1953, S.816

die Ergebnisse der sowjetischen Historiographie stärker in die Forschungsarbeit einzubeziehen und die Forschung auf die Neuzeit, besonders die Geschichte der deutschen Arbeiterbewegung zu konzentrieren.[1]

Wie wenig das Misere-Problem allerdings gelöst werden konnte, verdeutlicht eine Auswertung des SED-Beschlusses "Die Verbesserung der Forschung und Lehre in der Geschichtswissenschaft der Deutschen Demokratischen Republik" vom 5.7.1955.[2] Diehl und Dlubek beklagten, daß zum Beispiel bei der Darstellung der Revolution von 1848 die "Kraft der revolutionären Volksbewegung" herabgesetzt würde und die Rolle der deutschen Arbeiterbewegung, vor allem der KPD, in der deutschen Geschichte zu wenig berücksichtigt werde.[3] Sie forderten ein "wissenschaftliches Bild von der gesamten Geschichte unseres Volkes", das sie selbst folgendermaßen skizzierten: "Im Mittelpunkt aller Forschungsaufgaben steht die allseitige Erforschung der Rolle der Volksmassen in den einzelnen Perioden der deutschen Geschichte. Die Erforschung der Höhepunkte im Klassenkampf muß fortgesetzt werden, wobei den revolutionären Traditionen der deutschen Arbeiterbewegung, vor allem im Zeitalter des Imperialismus, besondere Bedeutung zukommt."[4]

Außerdem sollten in Zukunft Konferenzen der DDR-Historiker einberufen, eine DDR-Historikergesellschaft gegründet und die Forschung am Institut für Geschichte bei der Deutschen Akademie der Wissenschaften zentralisiert werden.[5]

1 Diehl, E., 1953, S.817f.

2 Diehl, Ernst/Dlubek, Rolf, Die Historiker der Deutschen Demokratischen Republik vor neuen großen Aufgaben, in: E 9/1955, S.882-892

3 Diehl, E., 1955, S.888

4 Diehl, E., 1955, S.891

5 Diehl, E., 1955, S.891

5. VON DER POLITIK DER STAATLICHEN ANNÄHERUNG ZUR ABRIEGELUNG DER DDR (1955-1961)

5.1 Die Stabilisierung des Status Quo in Europa

Die Entwicklung des militärstrategischen Nuklearpotentials hatte die Kristallisation einer "bipolaren Struktur des internationalen Systems begünstigt und verstärkt."[1] Bei beiden Hegemonialmächten rückte in den 50er Jahren die Kernwaffenrüstung u.a. aus Kostengründen gegenüber einer konventionellen Militarrustung in den Mittelpunkt der Militärpolitik. Die Möglichkeit der nuklearen Vernichtung des Gegners begründete 1954 die vom US-Außenminister Dulles formulierte Abschreckungsstrategie, die Doktrin der "massiven Vergeltung".[2] Der im Grunde defensive Charakter dieser Militärstrategie gelangte indessen den USA nicht gleich zu Bewußtsein, sie wurde zunächst als Bestandteil eines globalen "rollback"-Konzepts gegenüber dem Kommunismus verstanden. Erst die westliche Ohnmacht während der politischen Unruhen in Osteuropa 1956 ließ den "begrenzten Nutzen strategischer Macht"[3] sichtbar werden. Die offensive "rollback"-Politik konnte militärstrategisch nicht umgesetzt werden, weil die Auslösung eines Atomkriegs dem Konfliktfall nicht angemessen schien.

Die sowjetische Führung relativierte auf dem 20. Parteitag der KPdSU 1956 das Antagonismuskonzept. Mit der Propagierung des Prinzips der friedlichen Koexistenz zwischen Ost und West wurde auf sowjetischer Seite die Voraussetzung für eine Status-quo orientierte Abschreckungspolitik geschaffen.[4] Seither begann die UdSSR mit dem Ausbau ihres militärstrategischen Nuklearpotentials.[5]

Schien die zunehmende militärpolische "Bipolarisierung" der Ost-West-Beziehungen und die Herausbildung einer strategischen Asymmetrie zwischen den USA und der UdSSR paradoxerweise zur Voraussetzung einer sich in den 60er Jahren erst durchsetzenden Tendenz zur Blockkooperation zu werden[6], so zementierte sie gleichzeitig den Status quo der deutschen Teilung. Zwar setzte sich das Bewußtsein dieses Zusammenhangs erst langfristig bei den westlichen Beteiligten durch, doch

1 Görtemaker, Manfred, Die sowjetisch-amerikanische Rüstungspolitik im Atomzeitalter, in: Lutz, Dieter S., Hrsg., Die Rüstung der Sowjetunion. Rüstungsdynamik und bürokratische Strukturen, Baden-Baden, 1979, S.19

2 Görtemaker, M.,1979, S.25

3 Görtemaker, M.,1979, S.27, vgl. auch Hillgruber, A., 1978, S.74

4 Fritsch-Bournazel, R., 1979, S.66f; Görtemaker, M., 1979, S.26

5 Link, W., 1980, S.126f.

6 Link, W., 1980, S. 135

eine gewisse Verbindung zwischen der deutschen Frage und europäischen Sicherheitsproblemen wurde schon in der zweiten Hälfte der 50er Jahre sichtbar.

Der Gedanke einer Rüstungsbeschränkung zur Wahrung der "europäischen Sicherheit und zur Verminderung der Rüstungslasten" wurde im sog. zweiten Edenplan, den die Westmächte auf der Genfer Außenministerkonferenz am 27.10.1955 vorlegten, im Zusammenhang mit der Konzipierung eines Wiedervereinigungsmodus für Deutschland sichtbar.[1] Zwei Tage später wurde ein sowjetisches Gegenkonzept vorgelegt, das die Bildung einer "Zone eingeschränkter und kontrollierter Rüstungen in Europa" vorschlug, ohne allerdings den Aspekt der deutschen Wiedervereinigung zu berücksichtigen.[2] In der Folgezeit wiederholte die UdSSR ihre "Disengagement"-Pläne, auch der polnische Verbündete griff diese Ideen auf.[3]

Die Crux der europäischen Sichrheitskonzepte blieb aber die Stellung der deutschen Wiedervereinigung. Hatten die Westmächte im Mai 1956 erneut bekräftigt, daß eine europäische Abrüstungspolitik von der Regelung der deutschen Frage abhänge[4], so ging die sowjetische Führung bei ihren Abrüstungsvorschlägen vom Status quo der deutschen Teilung aus.

Wie sehr der UdSSR an der Konsolidierung ihres europäischen Machtbereichs, d.h. an einer Anerkennung des Status-Quo der deutschen Teilung und einer internationalen Aufwertung der DDR gelegen war, wurde im November 1958 deutlich.[5] Chruschtschow forderte die Westmächte von einer demonstrativen Position der Stärke aus ultimativ auf, innerhalb einer Frist von sechs Monaten eine Berlin-Vereinbarung mit der UdSSR auszuhandeln, die dem westlichen Teil der Stadt einen "Freie-Stadt"-Status zuschreibe. Andernfalls würde die UdSSR den Vier-Mächtestatus der Stadt von sich aus aufkündigen und ihre Berlin-Rechte an die DDR abtreten.[6] Im März 1959 ging die UdSSR noch einen Schritt weiter und drohte mit dem Abschluß eines separaten Friedensvertrags mit der DDR, falls es zu keinen Berlin-Verhandlungen komme.[7]

1 Wortlaut in: Siegler, H., 1967, S.363

2 Der sowjetische Entwurf sah eine Abrüstungszone vor, die die BRD, die DDR und evtl. einige Nachbarstaaten umfassen sollte. In dieser Zone sollten Atomwaffen verboten und die Stärke der alliierten Streitkräfte limitiert sein, Wortlaut in: Siegler,H.,1967, S.365

3 So Z.B. im sog. Rapacki-Plan, Wortlaut in: Siegler, H., 1967, S.380ff.

4 Wortlaut in: Siegler, H., 1967, S.366

5 Fritsch-Bournazel, R.,1979,S.75ff

6 Wortlaut in: Siegler, H. ,1967, S.117ff.

7 Hillgruber, A.,1978, S.75ff.

Als dann im Mai 1959 die von Chruschtschow geforderte Vierer-Konferenz stattfand, an der auch Vertreter der beiden deutschen Staaten an "Katzentischen" teilnahmen, wurde kein konkretes Abkommen, auch keine separate Berlin-Vereinbarung getroffen.[1] Statt dessen wurde eine Atempause in der Auseinandersetzung erzielt, in der den Westmächten, vor allem den USA, das "Dilemma der Deutschlandpolitik"[2] offenkundig wurde. Die USA "festgefahren in der Sackgasse ihrer Alternative: Kapitulation oder Vergeltung, gebannt in die ausweglose Situation bei der kleinsten sowjetischtischen Regung einen Atomkrieg entfesseln zu müssen, dem sie dann auch selbst zum Opfer fallen würden, hatten begonnen, sich auf den Rückzug einzustellen."[3]

Die drei Kernpunkte in der Berlin-Frage, die der neu gewählte US-Präsident Kennedy im Juli 1961 präsentierte, bezogen sich allein auf West-Berlin: Präsenz der US-Truppen in West-Berlin, freier Zugang von und nach West-Berlin, Garantie der wirtschaftlichen Lebensfähigkeit West-Berlins durch enge Beziehungen zur Bundesrepublik.[4] Damit "war indirekt ausgesprochen, ..., daß...eine sowjetische Aktion, die sich auf Ost-Berlin beschränkte, kein amerikanisches Interesse tangierte, daß somit ein entsprechender sowjetischer Vorstoß für die UdSSR risikolos war."[5] Für die UdSSR wie für die DDR war damit freie Hand zur Abriegelung Ost-Berlins am 13.8.1961 gelassen.

Die Berlin-Krise hatte deutlich gemacht, daß unter den Bedingungen des atomaren Patts eine Änderung des Status quo einseitig nicht mehr möglich war. Vielmehr ging es für Ost und West darum, den Status quo abzustecken, um im Abschluß daran zu einer Regelung der gegenseitigen Beziehungen zu gelangen.

5.2 Entstalinisierung und Rezentralisierung im östlichen Bündnis

Der 20. Parteitag der KPdSU stellt den Höhe- und Wendepunkt des "Tauwetters" dar, das die Entstalinisierung gebracht hatte. Von grundlegender Bedeutung war der Versuch, in der poststalinistischen Ära zu einem neuen wirtschaftspolitischen Konzept zu gelangen. Das sowjetische Modell der Industrialisierung, das bislang für alle

1 Hillgruber, A.,1978, S.77
2 Hillgruber, A.,1978, S.75,
3 Besson, Waldemar, Von Roosevelt bis Kennedy. Grundzüge der amerikanischen Außenpolitik 1933-1963, Frankfurt 1964, S.238
4 Besson, W., 1964, S.257
5 Hillgruber, A., 1978, S.82

kommunistischen Staaten unbefragt gegolten hatte, wurde 1956 aus seiner Verbindlichkeit entlassen. Das Stalinsche Autarkieprinzip hatte sich als "ökonomischer Unsinn" erwiesen, weil es für kleinere Staaten gar nicht möglich war, ohne Produktionsspezialisierung rentabel zu wirtschaften.[1] Seit 1956 wurde der Plan gefaßt, innerhalb des RGW arbeitsteilig zu produzieren, die "Außenwirtschaft erhielt ...die Funktion, das Wirtschaftswachstum durch Arbeitsteilung "[2] zu beschleunigen.

Auch die innenpolitischen Methoden der Wirtschaftspolitik sollten sich ändern. Eine weitere extensive Ausbeutung der Arbeitskraft allein versprach kein Produktivitätswachstum mehr. Über eine Politik der "materiellen Anreize"[3] sollten die Beschäftigten in eine dezentralisierte und intensivierte Produktion eingebunden werden. Damit verbanden sich auch Zielsetzungen wie die Verbesserung der Arbeitsbedingungen, Förderung der Konsumgüterindustrie und die Tendenz zur innenpolitischen Liberalisierung. Die Modernisierungstendenzen in der Wirtschafts- und Gesellschaftspolitik räumten den einzelnen Volksdemokratien einen vergleichsweise selbständigeren Platz im Bündnis ein, ihre Mitspracherechte im RGW wurden vergrößert und Chruschtschow sprach von den "nationalen Wegen zum Sozialismus."[4]

Für die DDR, die 1954/55 erst souverän geworden war, ergab sich daraus zwar auch die Möglichkeit einer selbständigeren Interessenwahrnehmung. Im Vordergrund stand aber das Problem, den durch die Entstalinisierung verursachten sozialen und politischen Wandel zu verarbeiten. Die Rehabilitierung der nationalen Wege zum Sozialismus mußte in der DDR die Frage nach dem Verhältnis von Sozialismus und Nation in Deutschland zu einem Zeitpunkt aufwerfen, als die Position Ulbrichts, einem Stalinisten, in der SED nicht unangefochten war. Mit der Formel vom "nationalen Weg" war wieder Raum innerhalb der SED gegeben, den kompromißlos separatstaatlichen Weg der DDR infrage zu stellen, um zu einem Ausgleich in der deutschen Frage zu gelangen.

Das Zugeständnis größerer nationaler Eigenständigkeit hatte aber bald zentrifugale Tendenzen im östlichen Bündnissystem freigelegt (Ungarn, Polen 1956), welche die UdSSR zu einer partiellen Rücknahme des neuen Kurses zwangen, ohne

1 Damus, R., 1979, S.72
2 Damus, R., 1979, S.76
3 Damus, R.,1979, S.71
4 Damus, R.,1979, S.75

jedoch ganz zum Stalinismus zurückkehren zu können. Im folgenden bündnispolitischen Rezentralsisierungsprozeß trat die KP Chinas als führende prosowjetische und "antirevisionistische" Kraft auf. Die Zusammenkunft der kommunistischen Parteien im November 1957 in Moskau markierte einen Wendepunkt zum Antirevisionismus. Dort wurden die "allgemeinen Gesetzmäßigkeiten des sozialistischen Aufbaus" festgelegt, wozu unabdingbar die Führungsrolle der marxistisch-leninistischen Partei und die sozialistische Bündnispolitik zählten.[1]

Die gestiegene Bdeutung der KPCh und die jugoslawische Sonderrolle deuteten an, daß der vormals monolithische Ostblock zu einem "sozialistischen commonwealth"[2] zu werden schien. "Die führende Rolle der Sowjetunion im Block war nicht mehr, wie in der Periode des Stalinismus, eine selbstverständliche Tatsache, die sich aus ihrer Macht und ihrem Monopol ergab."[3]

Insgesamt gesehen, hatte die Entstalinisierung in der DDR die paradoxe Folge, daß sich die SED-Führung, nicht ohne innere Kontroversen, stärker an die UdSSR anlehnte. "Die Ulbricht-Gruppe machte zwar von der mit der Entstalinisierung verbundenen größeren Eigenständigkeit einigen Gebrauch, jedoch weniger im Sinne einer Demokratisierung, als vielmehr in der Absicht, sich gegen eine zu weitgehende Kehrtwendung mit ihren gefährlichen innerpolitischen Folgen zu wehren."[4]

Die DDR wurde zu einem wichtigen Bündnispartner der UdSSR und hieraus mag sich auch das sowjetische Interesse an einer Stabilisierung des Status quo in Deutschland und einer internationalen Aufwertung der DDR erklären.[5] Vor allem in militärpolitischer Hinsicht stellte die DDR als zuverlässiger Verbündeter der UdSSR eine Klammer des östlichen Bündnisses und einen Sperriegel gegen den Westen dar.[6] Auch die wirtschaftliche Stellung der hochindustrialisierten DDR fiel im RGW in diesem Zeitraum stärker ins Gewicht. 1960 kamen bereits 34% aller Anlagen und Maschinen aus der DDR[7], und die Verflechtung des ostdeutschen Staates lag mit einem Anteil von ca. 17% des Intra-Blockhandels an zweiter Stelle hinter der UdSSR mit ca. 37%.[8]

1 Meissner, Boris, Die "Breshnew-Doktrin". Das Prinzip des proletarisch-sozialistischen Internationalismus und die Theorie von den verschiedenen Wegen zum Sozialismus, Köln 1969,S.20f.

2 Brzezinski, Zbigniew, Der Sowjetblock. Einheit und Konflikt, Köln 1962, S.324

3 Brzezinski, Z., 1962, S.324

4 Jänicke, M., 1964, S.71

5 Fritsch-Bournazel, R., 1979, S.75 3

6 Fritsch-Bournazel,R.,1979, S.79

7 Fritsch-Bournazel, R., 1979, S.80

8 DDR-Wirtschaft,1977, S.373

5.3 Die DDR zwischen "Dogmatismus" und "Revisionismus"

Das wohl schwierigste Problem in dieser Phase bestand für die SED darin, die liberalisierenden Folgewirkungen der Entstalinisierung abzudämpfen und zugleich den Ausbau der sozialistischen Wirtschafts und Gesellschaftsstruktur voranzutreiben. Zwar stammten bereits 88% der Industrieproduktion aus dem staatlichen Sektor, doch die landwirtschaftliche Erzeugung wurde noch zu 70% von bäuerlichen Privatbetrieben erwirtschaftet.[1] Die Kollektivierung der Landwirtschaft stellte sich vor allem deswegen problematisch dar, weil die meisten der Betriebe erst durch die Bodenreform der KPD/SED entstanden waren. Der Versuch der SED-Führung, die im RGW eingeleiteten Reformbestrebungen aufzugreifen, um auf diese Weise einen gesellschaftlichen Wandel "von oben" zu initiieren, gab der innergesellschaftlichen und innerparteilichen Opposition mehr Raum. Die Aufforderung der Parteiführung zu mehr "Meinungsstreit" und zur "schöpferischen Anwendung"[2] der Theorie gegen den "Dogmatismus "[3] setzte Reformtendenzen in mehreren gesellschaftlichen Bereichen frei, die sich den Kontroll- und Kanalisierungsmöglichkeiten der SED zu entziehen drohten.[4]

5.3.1. Alternativen zur Ulbrichtschen Deutschlandpolitik in der DDR

Die Reformbestrebungen der SED schlugen sich auch in der Haltung zur deutschen Frage nieder. Nicht zuletzt die nationale Propaganda der SED eröffnete hier Gestaltungsmöglichkeiten, die von der Parteiführung selbst nicht intendiert waren. Im Oktober/November 1956 besaß das Thema Wiedervereinigung bzw. Annäherung der beiden Teile Deutschlands bei den "Auseinandersetzungen im Politbüro...substantielle Bedeutung."[5]

Die Revisionsversuche im Hinblick auf die deutsche Frage traten von zwei Seiten in der DDR zutage. In der SED selbst wurde auf dem 29. Plenum des Zentralkomitees im November 1956 eine gesamtdeutsche Konzeption vorgelegt, die die Wiedervereinigungsfrage neu aufzurollen schien. Dem Plenum war ein Gespräch zwischen Bundesfinanzminister Schäffer und dem sowjetischen Botschafter in Ost-

1 Weber, H., 1976, S.68

2 Jänicke, M.,1964,S.104

3 Ulbricht, Walter, Zur Geschichte der deutschen Arbeiterbewegung - Aus Reden und Aufsätzen, Band VI, Berlin-Ost 1964, S. 325

4 Jänicke, M., 1964, S.92ff

5 Jänicke, M., 1964, S. 81

Berlin, Puschkin, im Oktober 1956 vorangegangen, das der stellvertretende Verteidigungsminister der DDR, Müller, initiiert hatte. In diesem Gespräch hatte Schäffer den Gedanken einer möglichen Konföderation beider Teile Deutschlands ins Spiel gebracht.[1] Allerdings schien eine konzessionsbereitere Haltung zur deutschen Frage auf dem Novemberplenum nach der militärischen Intervention der UdSSR in Ungarn vom Oktober 1956 keine Mehrheit mehr zu finden.[2]

Wahrscheinlich unabhängig von den SED-internen deutschlandpolitischen Überlegungen hatte sich 1956 im "Kulturbund" eine "nationalkommunistische Opposition"[3] um den Cheflektor des AufbauVerlages, Harich, gebildet. Diese Oppositionsgruppe vertrat eine in der SBZ/DDR nach der SED-Gründung systematisch bekämpfte, sozialdemokratisch zu bezeichnende Variante ostdeutscher Deutschlandpolitik. Harichs politische Plattform zielte auf eine Reformierung der SED ab, um sie anschließend mit der SPD in ein Bündnis zu bringen oder zu verschmelzen.[4] Eine auf sozialdemokratischer Grundlage geeinte deutsche Arbeiterpartei sollte als stärkste politische Kraft aus gesamtdeutschen Wahlen hervorgehen und die gesellschaftspolitische Ausgestaltung Deutschlands bestimmen. Allerdings sollte es in einem wiedervereinigten Deutschland nicht zu einer "kapitalistischen Restauration" kommen, sondern in der Bundesrepublik seien die meisten derjenigen antifaschistischen Maßnahmen zu erfüllen, die bisher auch von der SED gefordert worden waren.[5]

Die entscheidende deutschlandpolitische Differenz zwischen der SED-Führung unter Ulbricht und der nationalkommunistischen Opposition um Harich lag in der Prioritätensetzung zwischen den Zielpunkten Sozialismus und deutsche Einheit. Für die Opposition war zuvörderst die deutsche Einheit anzustreben, um dann mit den sozialistischen Kräften Westdeutschlands den Sozialismus aufzubauen. Für Ulbricht war das in Harichs Plattform angelegte Bündnis und die mögliche Verschmelzung der deutschen Arbeiterparteien nicht annehmbar, weil die damit verbundene Demokratisierung der SED seine eigene Machtposition infrage gestellt hätte.

Ulbrichts Haltung zur deutschen Frage hatte sich im Prinzip seit dem 2. Parteitag der SED 1947 nicht geändert. Der Aufbau des Sozialismus in der DDR sei für die

1 Jänicke, M., 1964, S.81ff

2 Jänicke, M., 1964, S.82/83

3 Stern, C.,1957, S.214

4 Flechtheim Ossip K., Hrg., Dokumente zur parteipolitischen Entwicklung in Deutschland seit 1945, Band 7: Innerparteiliche Auseinandersetzungen, 2. Teil, Berlin 1969, S.622ff.

5 Flechtheim, O.K., 1969, S.626. Hierzu zählten Bündnisfreiheit, Entmilitarisierung und antimonopolitische Maßnahmen.

Wiederherstellung der deutschen Einheit notwendig, um auf die westdeutschen Arbeiter beispielgebend auszustrahlen.[1] Die "sozialistischen Errungenschaften" der DDR dürften nicht angetastet werden. Ulbricht setzte gegen den Versuch einer nationalen Annäherung das Prinzip der nationalen Konkurrenz: "Den Wettbewerb mit Westdeutschland... können wir nur gewinnen, wenn wir den Sozialismus aufbauen.[2]

Ulbrichts deutschlandpolitische Gegenoffensive bestand darin, daß er den Konföderationsgedanken, den er möglicherweise dem gesamtdeutschen Konzept der parteiinternen Opposition auf dem November-Plenum 1956 entnommen hatte, aufgriff und so ausbaute, daß er ihm seine politische Brisanz nahm. Im Dezember 1956 hatte er eine deutsche Konföderation als ersten Zwischenschritt einer Annäherung beider deutscher Staaten bezeichnet.[3] Auf der 30. Tagung des Zentralkomitees im Januar/Februar 1957 präzisierte er seine Vorstellungen von der Annäherung beider deutscher Staaten. Ein ständiger Ausschuß der Bundesrepublik und der DDR sollte Maßnahmen zu einer innerdeutschen Entspannung einleiten und durch ein gesamtes Bündel gravierender innen- und außenpolitischer Maßnahmen[4], die sich hauptsächlich auf die Bundesrepublik bezogen, sollte die Voraussetzung (!) für die Bildung eines Gesamtdeutschen Rats als Organ der Konföderation geschaffen werden. Die Konföderation selbst stand am Endpunkt eines langwierigen und in dieser Form aussichtslosen Vorbereitungsprozesses.

Ulbrichts ganze Aufmerksamkeit galt der Überwindung des Status quo im sozialistischen Aufbau der DDR und der inneren Stagnation der SED. Er erkannte richtig, daß als Spätfolge des Arbeiteraufstands vom Juni 1953 und im Zusammenhang mit der Entstalinisierung seit 1956 die SED-Mitglieder selbst politisch desorientiert waren und potentielle Folgewirkungen einer forcierten sozialistischen Umgestaltung bei der Bevölkerung nicht abschätzen konnten beziehungsweise fürchteten.[5]

1 vgl. hierzu in dieser Arbeit S.64f.

2 Ulbricht-Aufsätze 1956-57, S.242f.

3 Ulbricht-Aufsätze 1956-57, S.240

4 Austritt der BRD aus der NATO, Verstaatlichungen, Abschluß eines kollektiven Sicherheitssystems in Europa, Aufhebung des Betriebs-Verfassungs-Gesetzes und anderes mehr, vgl. Ulbricht-Aufsätze 1956-57, S.318ff.

5 vgl. Ulbrichts Äußerungen auf der 35. Tagung des Zentralkomitees der SED im Februar 1958, Ulbricht-Aufsätze 1958-59, S.57ff

Durch die von der KPDSU-Führung 1957 eingeleitete Wende vom antistalinistischen zum antirevisionistischen Kurs[1] wurde die Stellung Ulbrichts in der SED und sein kompromißloser deutschlandpolitischer Kurs entscheidend begünstigt.[2] Bereits auf der 30. Tagung des Zentralkomitees im Januar 1957 konnte er verkünden, nunmehr werde "niemand mehr über die Sensation der 'Chruschtschow-Rede'[3] sprechen, sondern heute werden alle Kräfte konzentriert auf den Kampf gegen den deutschen Imperialismus und gegen die Ideologie der Bourgeoisie."[4]

Die Erfolge in der Produktionssteigerung, die zwar nicht der illusorischen Direktive des Fünfjahrplans 1956-60, die einen Zuwachs der industriellen Bruttoproduktion von 55% zum Ziel setzte, gerecht wurden, aber mit einem Zuwachs von 12% im ersten Halbjahr 1958 die Versorgungslage spürbar verbesserten, schien indirekt Ulbrichts kompromißlose Haltung zu bestätigen.[5] Der V. Parteitag der SED im Juli 1958 präsentiert einen in seiner Macht gestärkten Ulbricht, der beschließen ließ, daß die Bundesrepublik in der Industrieproduktion bis 1961 zu überholen sei.[6] Folgenreicher als dieser Beschluß war die Entscheidung des Parteitages, die Kollektivierung der Landwirtschaft zu beschleunigen. Der LPG-Anteil an der landwirtschaftlichen Produktion, der 1957/58 von 25,1% auf 37% gestiegen war, kletterte von 1958-60 auf 84%.[7] Im Zusammenhang mit dem Scheitern der wirtschaftspolitischen Planung des Fünfjahrplans - er wurde 1959 abgebrochen - hatte die Zwangskollektivierung eine stetige Fluchtbewegung ausgelöst, die wegen der seit 1958 schwelenden Berlin-Krise nicht endgültig abebbte und auf Dauer nicht zu verkraften war. Die Flüchtlingszahlen hatten 1953 ihren vorläufigen Höhepunkt erreicht und waren von 1957 - 1960 von ca. 279.000 auf 199.000 pro Jahr zurückgegangen. In den ersten acht Monaten des Jahres 1961 waren bereits 155.403 Personen, davon 47.433 im August 1961 aus der DDR geflohen.[8] Ulbricht hatte am 15.6.1961 auf einer Pressekonferenz zweideutig erklärt, daß niemand die Absicht habe, eine Mauer zu bauen, was imgrunde erst Anlaß zu einem derartigen Verdacht gab und die Fluchtbewegung verstärkte.[9]

1 vgl. in dieser Arbeit S. 109

2 Jänicke, M., 1964, S.84f.

3 Gemeint waren Chruschtschows Enthüllungen über Stalin auf dem 20. Parteitag der KPdSU 1956.

4 Ulbricht-Aufsätze 1958-59, S.325

5 1958 wurden in der DDR die Lebensmittelkarten abgeschafft, vgl. Weber, H., 1976, S.70f.

6 DDR-Handbuch 1975, S.435

7 Jänicke, M., 1964, S.165

8 DDR-Handbuch 1975, S.313

9 Hillgruber, A., 1978, S.83

Da 50% der Flüchtlinge Jugendliche unter 25 Jahren waren, hatte die Fluchtbewegung für die demographische und wirtschaftliche Entwicklung der DDR gravierende Folgen. In der Nacht vom 12. zum 13. August 1961 setzte die SED der Massenflucht durch den Bau der Mauer entlang der Sektorengrenze zwischen Ost- und West-Berlin ein Ende.[1]

5.3.2 Nationale Einheit oder friedliche Koexistenz?

Um die weitere DDR-Transformation (Kollektivierung der Landwirtschaft) psychologisch abzustützen, wurde die Abgrenzung von der Bundesrepublik faktisch forciert und das westdeutsche Feindbild ähnlich wie 1952/53 ausgebaut. Die Bundesrepublik wurde verzerrt als "klerikalisch-militärische Diktatur der reaktionären und revanchistischen Kreise des deutschen Imperialismus" dargestellt dessen Wirtschaftsentwicklung einen "Raubzug der Konzern- und Bankherren gegen das Volk"[2] bedeute. Peter Florin, Mitglied der DDR-Delegation bei der Genfer Außenministerkonferenz 1959, wußte von der "Vorbereitung eines Atomkriegs" in Deutschland zu berichten.[3]

War es in Anbetracht der von Westdeutschland ausgehenden Friedensbedrohung aus der Sicht der SED nicht sinnvoll, für die Anerkennung des vom 20. Parteitag der KPdSU 1956 verkündeten Prinzips der friedlichen Koexistenz auch für beide deutsche Staaten geltend zu machen? Im Frühjahr 1956 hatte die Partei es abgelehnt, das Prinzip der friedlichen Koexistenz auf Deutschland zu übertragen, weil "es sich in Deutschland um eine Nation handelt."[4]

Daß sich Einheit der Nation und friedliche Koexistenz ausschlössen, war auf dem Hintergrund des SED-Nationsverständnisses zu sehen und auch so nur verständlich. "Da wir aber in Deutschland trotz aller unterschiedlichen Entwicklungen in Ost- und Westdeutschland eine Nation und eine Arbeiterklasse haben, müßte eine Übertragung der Koexistenz auf Deutschland faktisch darauf hinauslaufen, daß

1 Weber, H., 1976, 5.75

2 Politbüro der SED, Thesen zum zehnten Jahrestag der Gündung der Deutschen Demokratischen Republik, in: E 9/1959, S.1243-1263, S.1251

3 Florin, Peter, Lenin und die friedliche Koexistenz, in: E 4/1960, S.551-560,S.545

4 Reinhold, Otto, Das Leninsche Prinzip der friedlichen Koexistenz und die Beziehungen zwischen beiden deutschen Staaten, In: E 5/1956, S.433-440, S.439 Reinhold war Leiter der Arbeitsgruppe Propaganda beim Zentralkomltee der SED, vgl. Buch, G., 1979, S.255f.

zwischen deutschen Arbeitern einerseits und den deutschen Militaristen und Imperialisten andererseits Beziehungen der friedlichen Koexistenz entwickelt würden. Allen friedliebenden deutschen Werktätigen ist jedoch verständlich, daß es zwischen ihnen und den deutschen Militaristen keine Koexistenz geben kann."[1]

Präsentierte sich die nationale Frage für die SED als Klassenfrage, bei der die westdeutsche gesellschaftliche politische Elite (als Klassenfeind) die Arbeiterklasse und andere werktätige Schichten unterdrückte, so war die Übertragung des Prinzips der friedlichen Koexistenz auf den nationalen Klassengegensatz ideologisch nicht zu vertreten. Andererseits erschien es mit zunehmender Konsolidierung des DDR-Staates erstrebenswert, dessen Eigenstaatlichkeit stärker gegenüber der Bundesrepublik und vor der eigenen Bevölkerung hervorzuheben. In diesem Zusammenhang formulierte Ulbricht im April 1958 einen Rechtmäßigkeitsanspruch der DDR gegenüber der Bundesrepublik, der den Alleinvertretungsanspruch der DDR von 1954 präzisierte und erweiterte. Die DDR sei nicht nur im Hinblick auf das Potsdamer Abkommen der "rechtmäßige deutsche Staat", sondern auch, weil er von beiden deutschen Staaten der souveräne, friedliebende, demokratische und fortschrittliche sei und "wirklich" die Wiedervereinigung anstrebe.[2]

Im April 1960 erschien Florin auch die Möglichkeit einer friedlichen Koexistenz der beiden deutschen Staaten auf "der Grundlage der gegenseitigen Achtung und Gleichberechtigung, der Anerkennung der territorialen Integrität und der Nichteinmischung" erstrebenswert zu sein, wenngleich die nationale Grundlage der SED-Deutschlandpolitik davon unberührt zu bleiben habe. "Wie lange aber auch diese beiden deutschen Staaten bestehen werden, es werden sich nicht zwei Nationen herausbilden."[3]

Die Widersprüchlichkeit der SED-Deutschlandpolitik[4], die im Nebeneinander von staatlichem Abgrenzungsstreben und nationalem Einheitsanspruch ihren Kern hatte, wurde zum Ende der 50er Jahre deutlich sichtbar. Sie war nur daraus zu erklären, daß der SED-Führung um Ulbricht zu keinem Zeitpunkt in dieser Phase an gesamtdeutschen Kontakten, geschweige denn einer Wiedervereinigung gelegen

1 Reinhold, O., 1956, S.440

2 Ulbricht-Aufsätze 1956-59, S.156

3 Florin, P., 1960, S.546

4 vgl. hierzu in dieser Arbeit S.101ff.

5 vgl. Ulbrichts Haltung 1956 - 1958 in dieser Arbeit S.117ff.

6 Ulbrichts Konföderationsvorschläge intendierten allenfalls eine implizite staatliche Anerkennung der DDR durch die Bildung eines "Gesamtdeutschen Ausschusses" als erster "Konföderationsstufe.

war.[5] Durch Alibi-Wiedervereinigungsangebote[6] - die nur solange möglich waren, wie die Bundesregierungen sich weigerten, die staatliche Existenz der DDR überhaupt anzuerkennen - präsentierte sich die SED-Führung vor der DDR-Bevölkerung als die eigentliche Wahrerin deutscher Einheit, während in Westdeutschland die Spalter saßen. Das Bewußtsein, daß die Existenz und der Aufbau der DDR die deutsche Einheit verbürge, sollte im Hinblick auf die "nationale Frage", wie sie die Führung um Ulbricht interpretierte, noch verstärkt werden. Unter "nationalen" Gesichtspunkten war Deutschland nämlich gar nicht geteilt, solange die einheitliche deutsche Arbeiterklasse und die mit ihr verbündeten Werktätigen existierten, die für die Einheit kämpften. Und für die Einheit kämpfen bedeutete für die Arbeiter und Werktätigen in der DDR, einen optimalen Beitrag zur Steigerung der Arbeitsproduktivität und zur Erfüllung der Fünfjahrpläne zu leisten. Dies war das Ulbrichtsche Konzept der Deutschlandpolitik, das er auf dem II. Parteitag 1947 bereits formulierte.[1]

Die deutschlandpolitische Strategie der SED war praktikabel, sie warf aber ideologische Probleme auf. Solange die SED in der nationalen Frage auf dem Klassenstandpunkt beharrte, weil ihre historische Mission auch eine nationale Mission war, und wenn sie mit der Vorstellung der Einheit der deutschen Nation immer auch den zukünftigen Sieg des Sozialismus in Deutschland beschwor, so blieb aber ungeklärt, in welchem Zustand die deutsche Nation sich wohl gegenwärtig befindet. War sie sozialistisch oder kapitalistisch?

Unmittelbar nach dem Mauerbau entwickelte Polak die These von der "Dialektik der nationalen Entwicklung" in Deutschland[2], die darin bestehe, daß die gegenwärtige Herausbildung einer sozialistischen Nation in der DDR auch die Entstehung einer sozialistischen Nation in der Bundesrepublik fördere. Mit der "Entstehung des sozialistischen Staates und seiner Entfaltung entsteht und entfaltet sich die sozialistische Nation", behauptete Polak[3] im Gegensatz zu Lenin, der das Absterben des sozialistischen Staates als Kennzeichen der nationalen Entwicklung im Sozialismus begriff[4]. Polak charakterisiert den aktuellen Stand der nationalen Frage in Deutschland folgendermaßen: "Die Entwicklung zur sozialistischen Nation vollzieht sich in der

1 vgl. hierzu in dieser Arbeit S.67

2 Polak, Karl,Über fehlerhafte Auffassungen in Fragen unseres Kampfes um Frieden und nationale Wiedergeburt, in: E 9/1961, S.1315-1329, S.1329

3 Polak, K., 1961, S.1327

4 vgl. hierzu in dieser Arbeit S.39

DDR, sie entfaltet sich auf der Grundlage der Arbeiterund-Bauern-Macht,... Die Gesetzmäßigkeit der Entwicklung Deutschlands zur sozialistischen Nation hat ihre feste Grundlage gefunden. Die Tatsache, daß "supranationale" imperialistische Mächte einen Teil des deutschen Staatsgebietes - die drei Westzonen - aus dem deutschen Nationalverband herausgelöst, die Staatsmacht an sich gerissen haben und die westdeutsche Bevölkerung in das Joch ihrer Kriegspolitik zwängten, kann natürlich nicht die Entfaltung der sozialistischen Gesellschaftsordnung und der sozialistischen Nation in der Deutschen Demokratischen Republik verhindern."[1]

Polak explizierte den 1954/55 von der SED postulierten Alleinvertretungsanspruch der DDR unter nationalem Aspekt. Die DDR präsentierte sich hier als der deutsche Nationalstaat, aus dessen Territorium Westdeutschland "herausgelöst" wurde. Zu einer theoretischen Klärung des Nationsverständnisses gelangte er freilich nicht.

5.3.3 Geschichtsbetrachtung zur Herrschaftslegitimation: die Novemberrevolution 1918

Die Geschichtsbetrachtung der SED stand in diesem Zeitraum in allererster Linie im Kontext aktueller politischer Positionskämpfe, obwohl die systematische Ausgestaltung historischer Traditionsbezüge der Einheitspartei und der DDR 1955 nachrücklich an die Geschichtswissenschaftler delegiert worden war.[2]

Soweit es sich um den Versuch handelte, ein "sozialistisches Staatsbewußtsein" in der DDR zu entwickeln, schien weniger der Aspekt einer historischen Verankerung der DDR im Bewußtsein ihrer Bürger anvisiert zu werden.[3] Dem DDR-Bürger sollte schlicht eine disziplinierte Haltung zur Arbeit vermittelt werden. "Die Arbeitsmoral eines Bürgers des Arbeiter-und-Bauern-Staates ist deshalb eines der Hauptkriterien seines Staatsbewußtseins."[4]

Die ausgesprochen tagespolitische Verwertung der Geschichtsbetrachtung war in den Flügelkämpfen innerhalb der SED 1956-58 und in gewissem Maß in dem sich 1957 durchsetzenden liberalisierungsfeindlichen, antirevisionistischen Kurs im östlichen Bündnis begründet. Während die erste Phase der Entstalinisierung schrittweise beendet wurde, ging es darum, das Feld für künftig unverzichtbare

1 Polak, K., 1961, S.1328

2 vgl. hierzu in dieser Arbeit S. 104

3 Vorholzer, Jörg, Uber das sozialistische Staatsbewußtsein und seine Entwicklung in der Deutschen Demokratischen Republik, in: E 10/1958, S.1465-1479, S.1465

4 Vorholzer, J., 1958, S.1471f.

ideologische Axiome der Parteiherrschaft gegenüber unerlaubten Abweichungen abzustecken. Die SED hatte hierbei an der Geschichte nachzuweisen, d.h. zu legitimieren, daß ihre Existenzweise als marxistisch-leninistische Partei die einzig richtige und gesetzmäßige Konsequenz aus der deutschen Geschichte darstelle und daß es einen "dritten Weg" zwischen der DDR und der Bundesrepublik nicht gebe. Das wohl charakteristischste Beispiel bot die Auseinandersetzung um die "richtige" Interpretation der Novemberrevolution von 1918.

Im August 1958 präsentierte Ulbricht die "richtige" Auslegung der Novemberrevolution, die sich auch in den "Thesen des Zentralkomitees zum 40. Jahrestag der Novemberrevolution" vom Oktober 1958 wiederfand.[1] Die Novemberrevolution sei eine bürgerliche Revolution gewesen, weil noch keine marxistisch-leninistische Partei in Deutschland existierte - die KPD war erst im Dezember 1918/Januar 1919 gegründet worden. "Die Konzeption derjenigen Genossen, die den sozialistischen Charakter der Novemberrevolution vertreten, besagt letzten Endes, daß Lenin unrecht hatte, als er die marxistisch-leninistische Kampfpartei schuf... Die richtige Einschätzung der Novemberrevolution ist auch für die Strategie und Taktik nach 1945 und für den Kampf für ein einheitliches, demokratisches und friedliebendes Deutschland wichtig."[2]

Ulbricht bezog seine Interpretation auf den Moskauer Beschluß der kommunistischen Parteien vom November 1957, der die "allgemeinen Gesetzmäßigkeiten der sozialistischen Revolution und des sozialistischen Aufbaus" festlegte und die Führungsrolle der marxistisch-leninistischen Partei als unverzichtbare Herrschaftsgrunglage bestimmt hatte.[3] Die Hauptstoßrichtung der Ulbrichtschen Exegese richtete sich gegen die sozialdemokratisch orientierten Reformbestrebungen im eigenen Lager, die sich in den Jahren 1956 - 58 hervorgetan hatten. Er behauptete, die Novemberrevolution sei erfolglos geblieben, weil es den "deutschen Imperialisten und Militaristen" gelungen sei, die Arbeiterbewegung durch revisionistische Auffassungen zu spalten und die SPD- und Gewerkschaftsführung in ein arbeiterfeindliches Bündnis zu ziehen.[4] Offenbar hat sich der "nationale Verrat" von 1848 im Jahr 1918

1 Ulbricht, Walter, Über den Charakter der Novemberrevolution, in: E 8/1958, S.1175ff. und Ulbricht, Walter, Begründung der Thesen über die Novemberrevolution 1918, Referat auf der 2. Tagung des Zentralkomitees der SED, in: E 10/1958, S.1404-1427

2 Ulbricht, W., 1958a, S.1180

3 Ulbricht, W., 1958a, S.1180 und Meissner, B., 1969, S.20f.

4 Zentralkomitee der SED, Die Novemberrevolution 1918 in Deutschland. Thesen des Zentralkomitees zum 40. Jahrestag der Novemberrevolution, in: E 10/1958, S.1377-1403, S.1378f. u. S.1340

auf anderer Ebene wiederholt: nicht die Bourgeoisie, sondern die Sozialdemokratie korrumpierte die historischen Aufgaben.

Einzig die KPD galt nach Ulbricht als "alleinige und rechtmäßige Erbin der besten revolutionären und nationalen Traditionen der deutschen Arbeiterbewegung."[1] Mit der Gründung der SED 1946 konnte die Spaltung der Arbeiterbewegung "in einem großen Teil Deutschlands überwunden werden.[2] In der Bundesrepublik habe sich demgegenüber das Herrschaftsbündnis zwischen SPD-Führung, Imperialisten und Militaristen herausgebildet, das die Weichen für die Entstehung eines westdeutschen "militaristisch-klerikalen Obrigkeitsstaates" stellte.[3] In den "Thesen" folgerte das Ulbrichtsche Zentralkomitee, daß es"zwischen der Herrschaft des Imperialismus und der Herrschaft der Arbeiterklasse keinen sogenannten "dritten Weg gibt und geben kann."[4]

Wurde 1948/49 die nationale Politik der SED in den historischen Kontext der Einheitsbewegung von 1848 gerückt, so evozierte die Geschichtsbetrachtung von 1958 einen Zusammenhang zwischen der gegenwärtigen Lage und der revolutionären Situation von 1918. "Die deutsche Arbeiterklasse führt heute den Kampf gegen Imperialismus und Militarismus unter günstigeren Bedingungen als 1918. Das nationale und internationale Kräfteverhältnis hat sich entscheidend zugunsten der Arbeiterklasse verändert. Sie besitzt ihren eigenen Staat, die Deutsche Demokratische Republik, die ein fester Bestandteil des sozialistischen Lagers unter Führung der Sowjetunion ist."[5]

Zu einer systematischen Ausgestaltung eines Geschichtsbildes war es in dieser Entwicklungsphase noch nicht gekommen, obwohl die SED nach wie vor ein Nationsverständnis propagierte, das auf ganz Deutschland bezogen war. Hauptziel im nationalen Kampf war die Sicherung der Eigenstaatlichkeit der DDR als Bastion des geschichtlichen Fortschritts in Deutschland. Mit dem Mauerbau sollte die SED dies Ziel zunächst auch erreichen, woran sich allerdings die Frage anschloß, wie lange sich der nationale Anspruch der DDR für ganz Deutschland bei dürftiger, allenfalls eklektischer Verankerung des ostdeutschen Staates in der deutschen Geschichte würde aufrecht erhalten lassen.

1 ZK-SED, 1958, S.1393
2 ZK-SED, 1958, S.14011
3 ZK-SED, 1958, S.1402
4 ZK-SED, 1958, S.1398
5 ZK-SED, 1958, S.1403

6. DIE DDR ALS DEUTSCHER NATIONALSTAAT (1961-1971)

6.1 Von der Konfrontation zur Kooperation der Blöcke

Die Ursachen für den in den 60er Jahren sich vollziehenden Wandel in den Ost-West-Beziehungen waren verschiedener Art. Die Entwicklung der Kernwaffenpotentiale, die zum "atomaren Patt" bzw. später zur strategischen Parität zwischen der UdSSR und den USA führte, die mit dem fortdauernden Entkolonialisierungsprozeß eigenständigere Rolle der "Dritten Welt" als weltpolitischem Einflußfaktor und die Tendenz zur Respektierung und Konsolidierung der jeweiligen Einflußsphären bei den USA und der UdSSR sind dabei besonders hervorzuheben.[1]

Seit Mitte der 50er Jahre besaß die Nuklearrüstung im Ost-West-Konflikt rüstungspolitische Priorität. Ergab sich bis zu Beginn der 60er Jahre ein "atomares Patt", das es den beiden Supermächten ermöglichte, sich gegenseitig zu vernichten, so trat diese Tatsache während der Berlin- und der Kuba-Krise ins Bewußtsein beider Regierungen.[2] Der Bau der Berliner Mauer führte die "rollback"-Politik des Westens an die Grenzen ihrer Möglichkeiten und die Kuba-Krise verwies den sowjetischen Globalismus in seine Schranken. "Tatsächlich kann die Kuba-Krise als ein Wendepunkt in der Nachkriegsgeschichte der Beziehungen zwischen den USA und der UdSSR und als ein deutliches und von beiden Seiten verstandenes Warnsignal vor den Gefahren des Atomzeitalters angesehen werden."[3]

Die USA modifizierten in der Folgezeit ihr politisches "rollback"-Konzept, und sie ersetzten die westliche Militärdoktrin der "massive retaliation" durch die Strategie der "flexible response", die den Westen aus seinem militärpolitischen Immobilismus bei lokalen Konflikten lösen sollte.[4] Auch die Dekolonisationsbewegungen in der "Dritten Welt" wurden neu bewertet. Die Einordnung der nationalen und sozialen Emanzipationsbewegungen in den Kolonien in das antikommunistische "roll-back"-Konzept hatte sich als kontraproduktiv erwiesen, weil die Legitimität antifeudaler Nationalbewegungen als eigenständiger politischen Faktor nicht anerkannt, sondern nur als Ausfluß des Ost-West-Konflikts begriffen wurde. Damit wurden die nationalen

1 Link, W., 1980, S.169 und Bredow, W., 1976, S.1274ff.

2 Die UdSSR besaß 1962 ca. 70, die USA ca. 300 Interkontinentalraketen. Vgl. Görtemaker, M., 1979, S.28f.

3 Görtemaker, M., 1979, S.38

4 Görtemaker, M., 1979, S.30

Kräfte in den ehemaligen Kolonien aber in eine Kooperation mit der UdSSR gedrängt, während die USA zum natürlichen Verbündeten der Feudalkräfte wurde.[1]

Die sowjetische Führung unter Chruschtschow war bereits auf dem 20. Parteitag der KPdSU 1956 für eine Politik der friedlichen Koexistenz eingetreten. Doch hatten sich auch für die UdSSR die Rahmenbedingungen für ein friedliches Nebeneinander der Blöcke gewandelt. Friedliche Koexistenz war angesichts der militärpolitischen Entwicklung keine gegen den Klassenkampf auswechselbare Alternative, sondern ein Zwang. Ein Klassenkampf zwischen den antagonistischen Systemen konnte nur noch die Form eines ökonomischen Wettbewerbs annehmen.[2] Die Politik der friedlichen Koexistenz aus östlicher Sicht "bedeutet einmal (und vor allem) den erklärten Verzicht auf den Krieg als Mittel zur Lösung umstrittener Fragen. Darüber hinaus umschließt diese Politik noch die Verpflichtung, sich nicht in die inneren Angelegenheiten anderer Länder einzumischen, und das Ziel, die ökonomischen und kulturellen Beziehungen... auf der Basis der Gleichberechtigung und des gegenseitigen Nutzens zu gestalten."[3] Lediglich im ideologischen Bereich ist das Prinzip der friedlichen Koexistenz eine "Konfrontationsformel"[4], hier "kann es keine Kompromisse, keine Vermischung von sozialistischer und bürgerlicher Ideologie geben."[5]

Für das sowjetische Interesse an einer Ost-West-Kooperation in den 60er Jahren war auch der fortschwelende Konflikt mit der chinesischen Führung von Bedeutung. Seitdem die KPCh zur zweiten Führungsmacht des sozialistischen Lagers aufgestiegen war und ihren Führungsanspruch auch gegenüber der UdSSR zum Ausdruck brachte, war für die KPdSU eine klarere Trennungslinie gegenüber den chinesischen Kommunisten notwendig, um die Kohärenz ihres osteuropäischen Einflußbereichs zu erhalten.

Die KPCh hatte im Herbst 1958 mit der Errichtung von Volkskommunen begonnen und den Beginn des "Übergangs zum Kommunismus" erklärt, ohne die

1 Bredow, Wilfried, Ursprünge und Aussichten der Ost-West-Entspannung. Zur Geschichtsschreibung und Politologie der Déténte, in: Blätter für deutsche und internationale Politik 11/76, S.1265-1280, S.1275

2 Osten, Walter, Die Außenpolitik der DDR. Im Spannungsfeld zwischen Moskau und Bonn, Opladen 1969, S.54

3 Bredow, Wilfried v. Vom Antagonismus zur Konvergenz? Studien zum Ost-West-Problem, Frankfurt/M. 1972, S.181f.

4 Bruns, W., 1982, S.44

5 Wörterbuch 1978, S.258

nach dem sowjetischen Modell nötige Industrialisierung erreicht zu haben.[1] Diesen Anspruch schränkten die Chinesen Ende 1958 zwar wieder ein, doch der "große Sprung" bekundetet bereits den Willen der KPCh, einen eigenen Weg zum Sozialismus mit einem entsprechenden Überlegenheitsgefühl zu beschreiten.[2] Die KPCh lehnte die sowjetische Koexistenzpolitik und das Volksdemokratie-Konzept der UdSSR ab und vertrat, vor allem im Hinblick auf die "Dritte Welt", eine ultralinke Variante nationalrevolutionärer Befreiung. Die Risse im sowjetisch-chinesischen Verhältnis wurden nach dem 22. Parteitag der KPdSU größer und erreichten im militärischen Grenzkonflikt im November 1963 einen Höhepunkt.[3]

Obwohl sich auf beiden Seiten der Blöcke eine Kooperationsbereitschaft abzeichnete, blieben die Perspektiven der Kooperation weitgehend ungeklärt. Beide Seiten schienen eine langfristige Kräfteverschiebung jeweils zu ihren Gunsten zumindest nicht auszuschließen zu wollen. Nach östlichen Vorstellungen sollte die Koexistenzpolitik als friedliche Form des Klassenkampfes letzten Endes die Überlegenheit des Sozialismus im Weltmaßstab erweisen.[4] Im Westen erhoffte man, von konvergenztheoretischen Vorstellungen ausgehend, einen "friedlichen Wandel" induzieren zu können.

Der Kalte Krieg war in den 60er Jahren in eine "Latenzphase"[5] getreten, die zunächst auf rüstungspolitischem Gebiet zu einer Steigerung der Rüstungsanstrengungen führte, bis gegen Ende der 60er Jahre eine strategische Parität zwischen der UdSSR und den USA erreicht war, die zu konkreten amerikanisch-sowjetischen Abrüstungsverhandlungen in Genf führte.[6]

Mit dem schrittweisen Übergang von der Blockkonfrontation zur Kooperation änderte sich der Stellenwert der nationalen Frage in Deutschland im Kontext der Ost-West-Beziehungen. Für die beiden deutschen Staaten warf der Übergang zur

1 Brzezinski, Z. K., 1962, S.390

2 Brzezinski, Z. K., 1962, S.390f.

3 Die KPCh lehnte überdies den Abbau des Stalinkults durch Chruschtschow ab, vgl. Rauch, G., 1969, S.525

4 Bruns, W., 1982, S.45

5 Görtemaker, M., 1979, S.39

6 Görtemaker, M., 1979, S.42 und Link, W., 1980, S.143 Die US-Rüstung im ICBM-Bereich (Interkontinental-Raketen) wurde als Reaktion auf die Kuba-Krise von 1962 bis 1967 von 300 auf 1067 Raketen forciert, um die vermeintliche "Raketenlücke" gegenüber der UdSSR zu schließen. Erst 1967 wurde sie, wahrscheinlich aus finanziellen und rüstungstechnologischen Gründen eingefroren und auf die "Vermirvung" bestehender Systeme eingestellt. Zu dieser Zeit setzte eine sowjetische Rüstungswelle ein. Görtemaker, M., 1979, S.30ff

Entspannungspolitik aufgrund ihrer unterschiedlichen Haltung zur nationalen Frage verschieden gelagerte Probleme auf.

Die Wiedervereinigungspolitik der Bundesrepublik - mit ihren Merkmalen Nichtanerkennungspolitik, Hallstein-Doktrin und Junktim zwischen europäischer Sicherheit und Fortschritten in der deutschen Frage - wurde in wichtigen Punkten obsolet, weil sie, als regionaler Beitrag zur "roll-back"-Strategie, nunmehr den Übergang zur Blockkooperation eher zu belasten schien.[1]

Die DDR-Führung hatte sich demgegenüber frühzeitig hinter die sowjetische Forderung nach einer europäischen Sicherheitskonferenz gestellt und, zumindest offiziell im Zeichen der Friedenssicherung für eine deutsch-deutsche Annäherung mit dem Ziel einer Konföderation plädiert.[2]

Problematischer hingegen mußte der nationale Aspekt der SED-Deutschlandpolitik erscheinen, weil die Partei hier ihren Klassenstandpunkt in der nationalen Frage verankerte. Die SED reklamierte nicht nur einen Alleinvertretungs- und Rechtmäßigkeitsanspruch für die DDR, sondern sie postulierte auch, daß die DDR der eigentliche deutsche Nationalstaat sei und dem Kampf um die Einheit der deutschen Nation die entscheidende Grundlage gebe. Erst durch den revolutionären Sieg der Arbeiterklasse in ganz Deutschland könne die deutsche Einheit wiederhergestellt werden. Aus diesem Grund lehnte es die SED-Führung ab, das Prinzip der friedlichen Koexistenz auf das Verhältnis der beiden Teile Deutschlands zu übertragen.[3]

6.2 Die DDR, die UdSSR und die Anerkennungsfrage

Die sich abzeichnende Möglichkeit einer kooperativen Öffnung der beiden antagonistischen Bündnisse stellte die UdSSR vor die Aufgabe, eine gemeinsame Haltung des sozialistischen Lagers festzulegen und dabei ihre eigene Führungsrolle im Entspannungsprozeß zu verankern. Hierbei besaß zunächst die ost-und deutschlandpolitische Haltung der Bundesrepublik eine instrumentale Bedeutung für die sowjetische Führung, um das östliche Bündnis hinter einer gemeinsamen Feindbild-Perzeption zu einigen.[4] Solange die Bundesregierungen auf einer Wiederherstellung

1 vgl. in dieser Arbeit folgendes Kapitel

2 vgl. in dieser Arbeit S. 98f.

3 Kregel, B., 1979, S. 64

4 Fritsch-Bournazel, R., 1979, S. 91

des Deutschen Reiches in seinen Grenzen von 1937 bestanden, war nicht nur die DDR, sondern waren auch die Volksrepublik Polen und die CSSR von der Bonner Forderung nach Revision der Nachkriegsgrenzen betroffen. Die westdeutsche "Revanchepolitik die auf eine Revision der Ergebnisse des zweiten Weltkriegs abziele, konnte als Friedensgefahr nicht nur für die DDR, sondern für ganz Osteuropa herausgestellt werden."[1]

Die Vorstellung der westdeutschen Kriegsgefahr für Europa, das Bild einer vom "Neonazismus", "Revanchismus" und "Militarismus" geprägten Bundesrepublik, war der Hintergrund für künftige Friedensinitiativen des Warschauer Pakts und stellte einen wichtigen Aspekt ostdeutsch-sowjetischer Interessenübereinstimmung dar.[2] Die SED war seit der Bildung der Großen Koalition in der Bundesrepublik 1966 von der offiziellen deutschen Wiedervereinigungs- oder Annäherungspolitik - sei es durch Konföderationsangebote oder, wie zuletzt Ende 1966, durch das Angebot eines SPD-SED-Dialogs[3] - ganz abgerückt.[4]

Noch 1962 hatte die SED eine "gute Nachbarschaft" zwischen beiden deutschen Staaten auf der Basis friedlicher Koexistenz als erstrebenswert erklärt.[5] Wurde hierunter zunächst noch eine ausgewählte Zusammenarbeit beider Staaten auf der Grundlage der "Gegenseitigkeit und völligen Gleichberechtigung ihrer Rechte und...Interessen "[6] verstanden, so strebte die Partei seit 1966/67 explizit die völkerrechtliche Anerkennung der DDR an - nötigenfalls auch ohne Verhandlungen mit der Bundesrepublik durch die Internationalisierung der deutschen Frage als Bestandteil einer europäischen Friedensfrage.[7] "Für die weltweite Anerkennung der DDR mußten internationale Voraussetzungen geschaffen werden. Deshalb war es von entscheidender Bedeutung, daß die Bewegung für die Anerkennung der DDR zum wesentlichen Bestandteil des Ringens um ein System der kollektiven Sicherheit in Europa wurde", schreibt ein DDR-Historiker rückblickend.[8]

1 Florin, Peter, Probleme der europäischen Sicherheit, in: E 7/1966, S. 440-448 S. 440 ff.,

2 Im Juli 1966 hatte der Politische Beratende Ausschuß der Warschauer Pakt-Staaten zu einer kollektiven Sicherheitspolitik in Europa aufgerufen, die eine europäische Sicherheitskonferenz antizipierte. Heitzer, H., 1979, S.200

3 Wettig, Gerhard, Die Sowjetunion, die DDR und die Deutschlandfrage 1965-1976. Einvernehmen und Konflikt im sozialistischen Lager, Stuttgart 1976, S.30ff.

4 Wettig, G., 1976, S.159 und Weber, H., 1976, S.100

5 Neef, H., 1967, S.230

6 Neef, H., 1967, S.231

7 Kregel, B., 1979, S.62

8 Heitzer, H., 1979, S.200

Auf der Karlsbader Konferenz der kommunistischen und Arbeiterparteien im April 1967 erreichte die "Internationalisierung" der DDR-Position zur deutschen Frage ihren Höhepunkt. Die SED konnte die osteuropäischen Bündnispartner auf eine ostdeutsche Variante der Hallstein-Doktrin, die sog. "Ulbricht-Doktrin", festlegen.[1] Die völkerrechtliche Anerkennung der DDR durch die Bundesrepublik wurde damit zur Voraussetzung weiterer entspannungspolitischer Schritte in Europa von östlicher Seite gemacht. Die über die deutschlandpolitischen Interessen der DDR herausgebildete gemeinsame Haltung der Ostblock-Staaten zur deutschen Frage und zur Entspannungspolitik schien angesichts der taktischen Anlage der Bonner Ostpolitik in den Jahren 1965 bis 1967 geboten. Die neuen ostpolitischen Ansätze der Bundesregierungen, auch der Großen Koalition, beschränkten sich auf Kontakte mit den östlichen Nachbarn der DDR, um diese selbst mehr oder weniger zu isolieren. Dementsprechend wurden sie in der DDR nur als flexiblere Strategie des alten Konfrontationskurses, dessen Ziel die "Einverleibung" der DDR sei, interpretiert.[2] Dabei war in den Schritten der Bundesrepublik die Bereitschaft erkennbar, das Junktim zwischen Entspannungspolitik und deutscher Frage zu lockern und faktisch die Hallstein-Doktrin aufzugeben. Die Friedensnote der Regierung Erhard hatte einen Austausch von Gewaltverzichtserklärungen mit den osteuropäischen Staaten angeregt, die DDR blieb dabei allerdings ausgenommen.[3] Die Große Koalition war einen Schritt weiter gegangen und hatte auch die DDR in einen angestrebten Gewaltverzicht einbeziehen wollen. Die Schranke der Konzessionsbereitschaft bildete aber die Anerkennungsfrage: auch die Große Koalition hielt an der Nichtanerkennung der DDR und am westdeutschen Alleinvertretungsanspruch fest.[4]

Der auf der Karlsbader Konferenz im April 1967 wiederhergestellte Gleichklang der Westpolitik des Bündnisses stellte einen gewissen Höhepunkt des DDR-Einflusses im Ostblock dar.[5] Die Folgen der kurz vorangegangenen Aufnahme diplomatischer Beziehungen zwischen Rumänien und der Bundesrepublik, die die Durchschlagskraft der SED-Strategie einer "Internationalisierung" der DDR-Anerkennung

1 Fritsch-Bournazel, R., 1979, S.91
2 Kregel, B., 1979, S.57
3 Fritsch-Bournazel, R., 1979, S.88
4 Wettig, G., 1976, S.44
5 Kregel, B., 1979, S.71

infrage zu stellen und einen Erfolg der selektiven Bonner Ostpolitik zu implizieren schien, konnten durch die „Ulbricht-Doktrin" wieder aufgefangen werden.[1] Die bezeugte Übereinstimmung, aber auch die gestiegene Bedeutung der DDR im Bündnis, wurde durch die auch im April 1967 abgeschlossenen Freundschaftsverträge der DDR mit Polen, der CSSR, Ungarn und Bulgarien unterstrichen.[2]

Für die Sowjetunion stellte die DDR zu dieser Zeit einen ideologisch wichtigen Bündnispartner dar, dessen deutschlandpolitische Haltung es erleichterte, das Bündnis in der Entspannungspolitik auf einen Nenner zu bringen und damit die Kohärenz des gesamten Blockes zu festigen.[3] Der im Juni 1964 unterzeichnete Freundschaftsvertrag zwischen der DDR und der UdSSR hatte die zwischenstaatlichen Beziehungen auf eine neue Rechtsgrundlage gestellt. Die DDR wurde nicht mehr als ehemaliger Feindstaat behandelt, sondern sollte als eigenständiges Völkerrechtssubjekt und gleichberechtigter Staat nach Art. 51 der UN-Charta in das Bündnis einbezogen werden.[4] Die deutschlandpolitische Relevanz des Vertrages hatte darin gelegen, daß die DDR nun unter völkerrechtlichen Gesichtspunkten von der Bundesrepublik unterschieden und in ihrer Eigenstaatlichkeit gestärkt wurde.

Auch in ökonomischer Hinsicht war die DDR zum wichtigsten Bündnispartner der UdSSR geworden. Aufgrund ihres vergleichsweise hohen Industrialisierungsgrades war die DDR "im RGW ein wirtschaftliches Kraftzentrum ersten Ranges."[5] Besonders die UdSSR besaß ein großes Interesse an einer ökonomisch-technischen Zusammenarbeit mit der DDR. "Für keinen Mitgliedstaat des RGW spielt der Handel mit der DDR eine so überragende Rolle wie für die Sowjetunion. Rund 17% aller sowjetischen Außenhandelsumsätze entfielen auf die DDR."[6] Im September 1965 schloß die DDR mit der UdSSR ein Abkommen über technisch-wissenschaftliche Zusammenarbeit, im Dezember desselben Jahres ein langfristiges Handelsabkommen ab, und im März 1966 wurde eine "paritätische Kommission für ökonomisch-technische Zusammenarbeit" beider Staaten gebildet.[7]

1 Wettig, G. 1976, S.47ff.

2 Fritsch-Bournazel, R., 1979, S.91 und Kregel, B., 1979, S.70

3 Kregel, B., 1979, S.63

4 Uschakow, A., 1974, S.39ff.

5 Schulz, Eberhard/Schulz, Dieter, Braucht der Osten die DDR?, Opladen 1968, S.40

6 Schulz, E., 1968, S.67. Über 50% der gesamten DDR-Ausfuhr an Investitionsgütern ging an die UdSSR, umgekehrt deckte die UdSSR mehr als 50% des DDR-Imports an Rohstoffen und Produktionsgütern, vgl. DDR-Wirtschaft 1977, S.359

7Heitzer, H., 1979, S.194ff.

Angesichts der reformkommunistischen Entwicklung in der CSSR 1968 erhielt die DDR die Funktion eines politisch-ideologischen Sperriegels für das östliche Bündnis.[1] Lehnten die tschechoslowakischen Reformer eine Übertragung des sowjetischen Sozialismusmodells auf die CSSR mit der Begründung ab, daß es lediglich auf industriell rückständige und nicht demokratisierte Gesellschaften anwendbar sei, konnte die SED nun in die Bresche springen. Die DDR sei, so behauptete die Partei, geradezu das Beispiel für den Übergang eines hochentwickelten kapitalistischen Industriestaates zum Sozialismus.[2]

Ob die SED diese Beispielhaftigkeit der DDR in einen "ideologischen Führungsanspruch"[3] im östlichen Bündnis gegenüber der UdSSR umzumünzen trachtete, wird abzuwägen bleiben.[4]

Man kann auch annehmen, daß die SED in erster Linie bestrebt war, aus der gewachsenen Bedeutung der DDR im RGW Kapital für die Anerkennungsfrage zu schlagen. Indem die eigenständige deutsche Leistung und die nationalen Besonderheiten der sozialistischen Entwicklung der DDR hervorgehoben wurden, konnte die SED hoffen, die DDR international, aber auch gegenüber der eigenen Bevölkerung, als den rechtmäßigen und zukunftsträchtigen deutschen Staat auszuweisen.

Die nationale Profilierung der DDR entsprang dann einem lange ertragenen Nichtanerkennungs-Komplex und korrespondierte mit einer Haltung, die die Anerkennung von einer "Position angestrebter innerer Stärke, Stabilität und Attraktivität" aus anstrebte.[5] Immerhin gelang der DDR bei einigen Staaten der "Dritten Welt" in den 60er Jahren der politische Durchbruch.[6]

Bütow gibt zu bekenken, daß die von der SED betonten nationalen Besonderheiten der DDR gerade nicht so verallgemeinerungsfähig seien, daß sie Vorbild- oder Modellcharakter für andere RGW-Staaten hätten annehmen können. Er vertritt die Auffassung, daß der DDR-Sozialismus im Hinblick auf den Prager Reform-

1 Schulz, E., 1968, S.13

2 Axen, Hermann, Proletarischer Internationalismus in unserer Zeit, in: E 10/1968, S.1203-1220, S.1213f.

3 Kregel, B., 1979, S.72

4 Auch Ludz vertritt die Ansicht, daß die DDR zum "potentiellen Rivalen für Moskaus ideologisch-politischen Führungsanspruch" zu werden drohte. vgl. Ludz, Peter C., Die DDR zwischen Ost und West. Politische Analysen von 1961-1977, München 1977, S.147

5 Reuter, Frank, Geschichtsbewußtsein in der DDR, Köln 1973, S.52

6 1963 wurden diplomatische Beziehungen zu Kuba aufgenommen, 1964/65 Generalkonsulate in Colombo, Daressalam errichtet und 1969 wurde die DDR von Syrien, Irak, Sudan, VAR, Kambodscha und Südjemen anerkannt. Vgl. hierzu End, H., 1972, S.157

sozialismus weniger eine Vorbild- als eine Beweisfunktion für die Übertragbarkeit des marxistisch-leninistischen Sozialismuskonzepts auf fortgeschrittene Industrieländer hatte.[1]

Die militärische Intervention der fünf Warschauer-Pakt-Staaten in die CSSR im August 1968 setzte den Schlußpunkt unter die Ostpolitik der Großen Koalition und gab der sowjetischen Führung neue Optionen für entspannungspolitische Vorstöße an die Hand. Die Intervention wurde ideologisch mit einer Erweiterung des Prinzips des sozialistischen Internationalismus um die Grundsätze der "brüderlichen Freundschaft, der engen Zusammenarbeit und der gegenseitigen Hilfe" gerechtfertigt.[2] Das Prinzip des sozialistischen Internationalismus wurde näher an den proletarischen Internationalismus herangerückt und das Axiom von der nationalen Diktatur des Proletariats wurde durch das der "internationalen Diktatur des Proletariats" ersetzt.[3] Damit war die Führungsrolle der UdSSR im Bündnis ideologisch hervorgekehrt und das politische Interesse der UdSSR hegemonistisch mit den Interessen der verbündeten Staaten identifiziert worden.[4]

Mit der Formel von der "internationalen Diktatur des Proletariats" zeichnete sich eine Neuakzentuierung in der nationalen Frage ab, die das Hauptaugenmerk von der separaten Entwicklung eigenständiger sozialistischer Nationen im Ostblock auf deren gegenseitigen Annäherungsprozeß unter Führung der UdSSR verschob. Den politisch-ökonomischen Hintergrund dieses Annäherungsprozesses bildete ein Konzept der erweiterten arbeitsteiligen Produktionsspezifizierung innerhalb des RGW, das zu einem verstärkten ökonomischen Integrationsprozeß des gesamten Bündnisses führen sollte.[5] Politisch abgestützt wurde dieses Integrationskonzept durch die sog. "Breshnew-Doktrin" von der "beschränkten Souveränität" der sozialistischen Staaten: die gemeinsamen Interessen des Bündnisses seien gegenüber staatlichen

1 Bütow, Hellmuth, Der Vorbildanspruch der DDR in der Spätphase Ulbricht, in: Leptin, Gert, Hrsg., Die Rolle der DDR in Osteuropa, Berlin 1974, S.78ff.

2 Meissner, B., Köln, 1969, S.36

3 Motschmann, K., 1979, S.247

4 Der proletarische Internationalismus "erwächst aus der prinzipiellen Übereinstimmung ihrer [der Arbeiterklasse, K.E] sozialen Interessen und aus der Tatsache, daß die Arbeiterklasse im internationalen Kapital einen gemeinsamen Klassenfeind hat, und bringt ihre gemeinsamen Grundinteressen und Ziele sowie die Notwendigkeit zum Ausdruck, der internationalen Vereinigung der Bourgeoisie im Kampf gegen die Arbeiterklasse die internationale Solidarität der Werktätigen entgegenzustellen." Wörterbuch 1978, S.727. "Eine Kernfrage des proletarischen Internationalismus ist nach wie vor die Einstellung zur KPdSU und zur UdSSR." Wörterbuch 1978, S.729

5 Diese Konzeption deutete sich in der Preßburger Erklärung v. 3.8.1968 an, vgl. Meissner, B., 1969, S. 54f

Einzelinteressen höherwertig.[1] Ein Postulat, das ideologisch wiederum dadurch gerechtfertigt werden konnte, daß sich die sozialistischen Nationen in einem Annäherungsprozeß befänden.

Die Ostpolitik der Großen Koalition, zu einer selektiven Kooperation mit dem sozialistischen Lager zu gelangen, war mit der CSSR-Intervention endgültig gescheitert. Wurde die westliche Entspannungspolitik im RGW ebenfalls als Versuch begriffen, die Kohärenz des östlichen Bündnisses zu lockern, so lag in dieser Diversionsstrategie, als deren Speerspitze die Bonner Ostpolitik galt, die vorgebliche Ursache der reformsozialistischen Entwicklung in der CSSR und eine nachträgliche Begründung der militärischen Intervention. "Die militärische Hilfsaktion der fünf sozialistischen Länder vom 21. August 1968... hat die imperialistische Globalstrategie und ihre Bonner Variante, die "neue Ostpolitik durchkreuzt."[2] Die "Breshnew-Doktrin" machte demgegenüber unmißverständlich klar, daß entspannungspolitische Fortschritte nur im Einvernehmen mit der und über die UdSSR zu erreichen waren.[3]

Mit der Zentrierung des sozialistischen Lagers um die UdSSR reduzierte sich auch die Bedeutung der DDR als Klammer für das Bündnis, und die nationale Profilierung der DDR schien für den RGW-Integrationsprozeß eher hinderlich zu werden. Die Fixierung des sozialistischen Lagers auf das Anerkennungsziel der DDR hatte weder die reformsozialistische Entwicklung in der CSSR ausgeschlossen, noch zeigte sie eine Perspektive für Fortschritte auf dem Weg zu einer gesamteuropäischen Friedenskonferenz auf. Als sich in der westdeutschen Sozialdemokratie 1968/69 eine ostpolitische Haltung abzeichnete, die die DDR als Ansprechpartner aus dem Entspannungsprozeß nicht ausklammerte, ging die sowjetische Führung vom antiwestdeutschen Kurs ab, um den europäischen Entspannungsprozeß insgesamt voranzubringen. Auf dem 50. Jahrestag der Komintern-Gründung im März 1969 traten die sowjetischen Vertreter für ein verbessertes Verhältnis zur Sozialdemokratie ein, während Ulbricht an der These von der Sozialdemokratie als Hauptfeind festhielt.[4] Im Budapester Appell der Warschauer-Pakt-Staaten vom gleichen Monat wurde die BRD erstmals in den Entspannungsdialog einbezogen, wenn sie auf den Alleinvertretungsanspruch verzichtete.[5]

1 Meissner, B., 1969, S.29

2 Axen, H., 1968, S.1210

3 Hillgruber, A., 1978, S.122

4 Croan Melvin, Entwicklung der politischen Beziehungen zur Sowjetunion seit 1955, in: 3 Jahrzehnte Außenpolitik der DDR, hrsg. von Jacobsen, H.A./Leptin, G./Scheuner, U./Schulz, H., München, Wien 1979, S.347-379, S.363

5 Kregel, B., 1979, S.68

Mit dem Regierungsantritt der sozialliberalen Koalition im Herbst 1969 wurde für die SED unübersehbar, daß die völkerrechtliche Anerkennung der DDR für die UdSSR nicht mehr den gleichen Stellenwert besaß wie für die DDR. Während für die SED die völkerrechtliche Anerkennung durch die Bundesrepublik eine Vorbedingung des Entspannungsprozesses darstellte, war für die UdSSR offenbar "damit ein Verhandlungsziel bezeichnet..., das erst im Verlauf einer Normalisierung des wechselseitigen Verhältnisses zu erreichen war."[1] Der Beginn westdeutsch-sowjetischer Vertragsverhandlungen im Januar 1970 und der Vier-Mächte-Verhandlungen über Berlin im März 1970 entzog der DDR den deutschlandpolitischen Rückhalt der UdSSR, der ihr den Weg zur internationalen Anerkennung zu ebnen schien.

Für die UdSSR war die Anerkennungsfrage ein, wenn auch wichtiger Ausschnitt aus dem Gesamtkomplex europäischer Entspannungs- und Sicherheitsverhandlungen. Für die DDR stellte sie ein grundlegendes Souveränitätsproblem dar.[2] Vor die Entscheidung gestellt, den Annäherungsprozeß sozialistischer Nationen im RGW und das Ziel einer europäischen Friedenskonferenz einer nationalen Sondermission der DDR zu opfern, drängte die sowjetische Führung die DDR zur Anpassung an die Blockintegration.[3]

6.3 Die Rolle der deutschen Nation in den innerdeutschen Verhandlungen

Die Grundposition, von der aus die sozialliberale Bundesregierung Verhandlungen mit der DDR aufzunehmen bereit war, vergrößerte die Verunsicherung der SED-Führung, die bereits durch die Verhandlungen der UdSSR mit der Bundesrepublik, über den Kopf der DDR hinweg, eingetreten war. Die Bundesregierung erkannte die Existenz zweier Staaten in Deutschland an, aber Bundeskanzler Brandt hatte im Bericht zur Lage der Nation am 14.1.1970 erklärt, daß "der Begriff der *Nation* das Band um das gespaltene Deutschland [bildet, K.E]. Im Bewußtsein der Nation sind geschichtliche Wirklichkeit und politischer Wille vereint. Nation umfaßt und bedeutet mehr als gemeinsame Sprache und Kultur, als Staat und Gesellschaftsordnung. Die Nation gründet sich auf das fortdauernde Zusammengehörigkeitsgefühl der Menschen eines Volkes."[4]

1 Wettig, G., 1976, S. 166
2 Kregel, B., 1979, S.68
3 Wettig, G., 1976, S. 166
4 Wortlaut in: Brandt, Peter; Ammon, Herbert, Hrsg., Die Linke und die nationale Frage. Dokumente zur deutschen Einheit seit 1945, Reinbeck bei Hamburg 1981, S.302f.

Wie eine demonstrative Bestätigung der Worte Brandts vom deutschen Zusammengehörigkeitsgefühl, und wie ein deutliches Warnsignal an die SED wirkte die enthusiastische Begrüßung des Bundeskanzlers in der DDR beim Erfurter Treffen mit Stoph. Bevor der westdeutsche Appell an das Nationalgefühl der Deutschen in West und Ost die von der SED angestrebte Verknüpfung von sozialistischer und nationaler Identität der DDR unterlaufen könnte, entschied sich die SED zur deutlicheren Abgrenzung. "Hatte doch der Brandt-Besuch vom März 1970 in Erfurt das in der DDR-Bevölkerung vorhandene Hoffnungs- und Erwartungspotential reaktiviert, in dem sich ein enthaltendes Bewußtsein gesamtdeutscher Solidarität zu manifestieren schien. Nach diesem "Erfurt-Schock" ließ sich nicht mehr übersehen, wie eng eine deutsch-deutsche Normalisierung zusammenhängt mit dem inneren Stabilitätsproblem der DDR".[1] Bereits fünf Tage nach Brandts Bericht zur Lage der Nation gab Ulbricht eine Presseerklärung, auf der er eine nationale Trennungslinie zwischen der DDR und der Bundesrepublik zog: "Die Deutsche Demokratische Republik ist ein sozialistischer deutscher Nationalstaat, die westdeutsche Bundesrepublik ist ein kapitalistischer NATO-Staat", meinte er.[2]

Die Frage der Einheit der deutschen Nation wurde zum Angelpunkt der innerdeutschen Auseinandersetzungen und traf die SED insofern unvorbereitet, als sie ursprünglich gehofft hatte, ohne langwierige innerdeutsche Verhandlungen über die "Internationalisierung der deutschen Frage" in einer europäischen Friedenskonferenz zur völkerrechtlichen Anerkennung zu gelangen.[3] Die aus der Vorstellung nationaler Einheit abgeleitete Formel der Bundesregierung von "besonderen Beziehungen" zwischen beiden deutschen Staaten unterlief die Abgrenzungsbemühungen der SED auf einer Ebene, die die SED zu lähmen und verhandlungsunfähig zu machen schien.[4] Schließlich war die SED bisher von der Einheit der deutschen Nation ausgegangen und hatte mit dieser Haltung zur nationalen Frage ihre Art "besondere Beziehungen", nämlich den Klassenstandpunkt, in die deutsche Frage hineingetragen, um der eigenen Bevölkerung ein sozialistisches, auf die DDR bezogenes Staatsbewußtsein zu vermitteln. Mit dem Postulat, die DDR sei "**der**

1 Kregel, B., 1979, S.59

2 Ulbricht, Walter, Erklärung auf einer internationalen Pressekonferenz am 19.1.1970, in: DA 2/1970, S.179-195, S.181

3 Kregel, B., 1979, S.63

4 Willy Brandt in seiner Regierungserklärung am 28.10.1969, vgl. hierzu: Bundesministerium für innerdeutsche Beziehungen, Hrsg., Die Entwicklung der Beziehungen zwischen der Bundesrepublik Deutschland und der Deutschen Demokratischen Republik 1969-1976. Bericht und Dokumentation, Bonn 1977, S.73

deutsche Nationalstaat"[5], beanspruchte die SED, daß die sozialistische DDR die Zukunftsperspektive ganz Deutschlands forme, nicht aber, daß es Gemeinsamkeiten zwischen beiden Staaten gebe, die den Systemantagonismus transzendieren.

In den Treffen zwischen Kohl und Brandt in Erfurt (März 1970) und Kassel (Mai 1970) verbarrikadierte sich die SED-Vertretung strikt hinter der Forderung nach völkerrechtlicher Anerkennung der DDR als Ausgangsbedingung innerdeutscher Vertragsverhandlungen. Wie sehr die SED zu einem Zeitpunkt, als die UdSSR bereits Vertragsverhandlungen mit der Bundesrepublik aufgenommen hatte, ihres bündnispolitischen Rückhalts beraubt war und destabilisierende Wirkungen entspannungspolitischer Verhandlungen fürchtete, ging aus den Äußerungen Stophs in Erfurt hervor. "In der Formel von "besonderen innerdeutschen Beziehungen" ist der alte Anspruch enthalten, die DDR einem Vormundschaftsverhältnis zu unterwerfen. Solche Konstruktionen, die im Widerspruch zu den Realitäten stehen, sollen nur dazu dienen, die alte Alleinvertretungsanmaßung in abgewandelter Form aufrecht zu erhalten."[1]

Stoph schrieb bereits am 11.2.1970 im Vorfeld der Treffen an Brandt: "Verhandlungen über die Aufnahme gleichberechtigter Beziehungen können nur auf der Grundlage gegenseitiger völkerrechtlicher Anerkennung zu positiven Ergebnissen führen."[2] Diese Haltung behielt Stoph auch auf dem Kasseler Treffen bei.[3]

Die auf Maximalforderungen beharrende Verhandlungsposition der SED führte zum vorläufigen Stillstand der innerdeutschen Gespräche. Die Partei versuchte nun auch, die Berlin-Verhandlungen zu blockieren und die sowjetische Führung wieder auf die DDR-Position festzulegen. Dies gelang ihr offensichtlich auf einer Konferenz der Warschauer-Pakt-Staaten im Dezember 1970, so daß die Berlin-Verhandlungen bis zum Frühjahr 1971 ebenfalls stagnierten.[4]

Die SED unter Ulbricht hatte aber mit ihrer Politik des Alles-oder-Nichts eine Situation herbeigeführt, in der die UdSSR nach der Verkündung der "Breshnew-Doktrin" mit einem neuen nationalen Sonderanspruch im eigenen Lager konfrontiert wurde. Das Insistieren der SED auf einem nationalen Alleinvertretungsanspruch in

5 Stoph auf dem Kasseler Treffen am 19.1.1970, vgl. Dokumentation 1977, S.105. (Hervorhebung vom Verfasser, K.E.)

1 Wortlaut in: Dokumentation 1977, S.81

2 Dokumentation 1977, S.76

3 Dokumentation 1977, S.93

4 Wettig, G., 1976, S.92f.

Deutschland erschwerte den von der UdSSR angestrebten Integrationsprozeß des RGW. Die sozialistische Integration war als Annäherung sozialistischer Nationen umschrieben worden, aus der die DDR letzten Endes als sozialistischer Staat deutscher Nation ausscheren wollte.[1] Durch die Ablösung Ulbrichts im Mai 1971 war deutlich geworden, daß die UdSSR die SED dazu drängte, "die nationalrevolutionäre Ambition einer deutschen Sondermission auszuklammern, um sich dem generellen Konzept, der friedlichen Koexistenz vollends unterzuordnen."[2]

6.4 Geschichte und Nation im innergesellschaftlichen Funktionszusammenhang der DDR

6.4.1 Politischer und sozialer Wandel in der DDR

Der Zeitpunkt des Mauerbaus markierte den Beginn einer innenpolitischen Konsolidierung der SED-Herrschaft. Die SED konnte nun wirtschafts- und gesellschaftspolitische Reformen einleiten, ohne daß damit auch eine gesamtdeutsche Perspektive reaktiviert wurde.[3] Die nun folgende Ära der Reformen "von oben" erzeugte einen gleichsam "institutionalisierten Revisionismus", der die herrschende Parteilehre den Erfordernissen einer modernen Industriegesellschaft anzupassen versuchte, ohne ihren ideologischen Kern infrage zu stellen.[4]

Die SED veränderte in dieser Zeit ihre Struktur und ihre Herrschaftspraxis. Jüngere Parteimitglieder wurden in das Zentralkomitee kooptiert und Fachleute aus gesellschaftlichen Entwicklungsbereichen in den politischen Entscheidungsprozeß einbezogen. Christian P. Ludz belegte diese "Modernisierung" der politischen Herrschaft mit dem Begriff des "konsultativen Autoritarismus".[5]

Die Reform- und Modernisierungsbestrebungen der SED wurden auf dem VI. Parteitag 1963 in das Konzept des "Neuen ökonomischen Systems der Planung und

1 vgl. in dieser Arbeit S. 161f.

2 Kregel, B., 1979, S.77

3 vgl. in dieser Arbeit S. 110ff.

4 Ludz, P.C., Parteielite im Wandel. Funktionsaufbau, Sozialstruktur und Ideologie der SED-Führung, eine empirisch-systematische Untersuchung, Köln, Opladen [2] 1968, S.52

5 Ludz, P.C., 1968, S.96ff. G. Mittag beispielsweise, Dipl.Wirtschaftswissenschaftler wurde 1962 in das Zentralkomitee aufgenommen und war 1962 bis 1973 - und seit 1976 wieder - Sekretär des Zentralkomitees für Wirtschaft. G. Kleiber, Dipl.Ingenieur der Elektrotechnik, seit 1967 im Zentralkomitee der SED, war für die Entwicklung der EDV in der DDR zuständig. Kleiber (Jahrgang 1931) und Mittag (Jahrgang 1926) waren eine Generation jünger als die alte Garde um Ulbricht, vgl. Buch, Günther, Namen und Daten wichtiger Personen der DDR, Berlin, Bonn 1979, S.154 u. S.212

Leitung der Volkswirtschaft" (NÖS) gegossen, das marktwirtschaftliche Prinzipien in die Wirtschaftslenkung einführte und die bisherige Mengenplanung ("Tonnen-ideologie") ablöste.[1] "Hauptziel des NÖS war die optimale Verbindung der zentralen staatlichen Planung mit einer indirekten Steuerung der Betriebe über monetäre Lenkungsmittel ("ökonomische Hebel"). Zu diesem Zweck wurde die Struktur des Leitungssystems verändert, und den mittleren Leitungsorganen sowie den Betrieben selbst wurden in begrenztem Umfang Entscheidungsbefugnisse übertragen. Über die Möglichkeit einer Gewinnverteilung und zum Teil eigenverantowrtlichen Gewinn-verwendung sollte ein vergrößerter Leistungsanreiz geschaffen werden. Davon er-hoffte man sich eine Erhöhung der volkswirtschaftlichen Effizienz aller Produktions-faktoren und eine Verbesserung der Wirtschaftsstruktur."[2]

Mit dem Modernisierungsbestreben hielt auch das systemtheoretische Den-ken seinen Einzug in die Parteitheorie. Der VIII. Parteitag der SED 1967 bezeichnete die DDR-Gesellschaft als ein "entwickeltes gesellschaftliches System des Sozialis-mus" (ESS).[3] Im Konzept des ESS hatte der Sozialismus seine inneren Widersprüch-lichkeiten und Klassengegensätze verloren und sich zu einer "sozialistischen Menschengemeinschaft" entwickelt.[4] Die DDR-Gesellschaft nahm in den zeitge-nössischen Entwürfen der Parteitheoretiker die Kontur eines in verschiedene Subsysteme gegliederten, steuerbaren Gesamtsystems an, dessen Koordination und Fortentwicklung von der Partei geleistet würde. An die Stelle des inneren Konflikts, des Klassengegensatzes, traten "die Partei und die Ideologie als die eigentlichen 'systemaktivierenden' und 'systemstabilisierenden' Momente", kyber-netisch gesprochen die Regler, die die Teile auf das Ganze hin orientieren."[5]

Unter dem Einfluß des wirtschaftlich Erreichten - der Industrie- und Landwirtschafs-sektor waren bis 1962 weitgehend verstaatlicht worden[6] - und auch aus der Logik der in zunehmendem Maße rezipierten kybernetischen Systemtheorie, schien der Sozia-lismus seinen Übergangscharakter zu verlieren und zu einem längerfristigen und eigengesetzlichen gesellschaftlichen "Integrationsmodell" zu werden.[7] Nicht nur mit der harmonisierenden Umschreibung der DDR-Gesellschaft als einer "Menschen-

1 DDR-Wirtschaft 1977, S.57f.
2 DDR-Wirtschaft 1977, S.58
3 Haufe, G. 1980, S. 225f.
4 Bütow, H., 1974, S. 52
5 Haufe, G., 1980, S. 229
6 Heitzer, H., 1979, S. 157. Nur noch 7,9% aller Betriebe waren in privater Hand.
7 Haufe, G., 1980, S. 229

gemeinschaft", auch durch die Anerkennung der Familie als "kleinste Zelle der Gesellschaft"[1] gewann der DDR-Sozialismus die Umrisse eines relativ klassenneutralen, leistungsorientierten Gesellschaftssystems.[2]

Die zunehmende Orientierung an "neutralen" systemtheoretisch rezipierten, wissenschaftlichen Planungsmodellen tendierte aber, über ihre innovative Bedeutung im Rahmen eines "institutionalisierten Revisionismus" dazu, das revolutionär-sozialistische Selbstverständnis der DDR und die aus den Gesetzmäßigkeiten des historischen Materialismus abgeleitete Herrschaftslegitimation der SED zu neutralisieren. Um dieser möglichen Entwicklung entgegenzuwirken, bemühte sich die Partei, die sozialistische Bewußtseinsbildung in der DDR zu verstärken. "Da die wachsende Komplexität der Gesellschaft und die intendierte Verwissenschaftlichung gesellschaftlicher Prozesse durch neue Wissenschaften und Technologien wie Kybernetik und elektronische Datenverarbeitung die Gefahr der Desintegration und Technokratisierung mit sich brachte, wurde nun gleichzeitig die wachsende Rolle des sozialistischen Bewußtseins beziehungsweise der sozialistischen Ideologie hervorgehoben, und zwar nicht nur als Integrationsfaktor der "sozialistischen Menschengemeinschaft", sondern auch um befürchtete systemneutrale Auswirkungen dieser Entwicklungen, wie sie im Westen unter dem Stichwort der Konvergenztheorie prognostiziert wurden, aufzufangen."[3]

Kybernetische Denkmodelle konnten gleichermaßen auf kapitalistische wie sozialistische Gesellschaften übertragen werden, wenn man das Basis-Überbau-Verhältnis in die kybernetische Relation von Regler und Regelstrecke transponierte.[4] Legte diese Übertragbarkeit theoretisch den Schluß nahe, daß beiden Gesellschaftsformen eine gleichartige Systemstruktur, nämlich die einer arbeitsteiligen Industriegesellschaft, eigen sei, so wurde damit der Konvergenzthese die Tür geöffnet. Ein klassenneutraler Vergleich westlicher und östlicher Gesellschaften hätte den Blick auf die höhere Effizienz der jeweiligen politischen Systeme aufgeworfen, die historische Notwendigkeit eines marxistisch-leninistischen Überbaus relativiert und die SED unter stärkeren Legitimationsdruck gestellt. Angesichts der westdeutschen Systemalternative und des sich seit 1969/70 abzeichnenden entspannungsfreund-

1 Familiengesetz vom April 1966, vgl. Ludz, P.C., 1977, S.59

2 Ludz spricht von der Entwicklung der DDR zu einer "Leistungs- und Laufbahngesellschaft", vgl. Ludz, P.C., 1977, S.56

3 Schmid, H., 1979, S.14

4 Klaus, Georg, Kybernetik und ideologischer Klassenkampf, in: E 9/1970, S.1181f.

lichen Kurses der Sowjetunion gegenüber der Bundesrepublik war diese Gefahr für die SED bedrohlicher als für andere osteuropäische Staaten. Der DDR-Theoretiker Klaus übte deutliche Kritik an "unüberlegten Äußerungen von Naturwissenschaftlern und Technikern aus sozialistischen Ländern", die "Begriffsbildungen...aus der Ökonomie oder Politik auf kybernetische zurückführen."[1] Es gebe "kein kybernetisches System, das so beschaffen ist, daß es in seiner Gesamtheit den Sozialismus und den Kapitalismus darstellen könnte. "[2]

Zusammenfassend lassen sich aus der innergesellschaftlichen Entwicklung der DDR zwei miteinander verbundene Problemkreise herauskristallisieren, die für die Haltung der SED zur nationalen Frage, d.h. zur sozialistischen Bewußtseinsbildung und für die Vermittlung des Geschichtsverständnisses relevant waren. Einmal waren die Normen einer Industriegesellschaft mit dem revolutionären Selbstverständnis der sozialistischen Ordnung der DDR in Einklang zu bringen, um eine wirkungsvolle Kombination von "reibungslosem gesellschaftlichen Funktionieren...und Politisierung der Gesellschaft" zu erzeugen. Eine revolutionäre Haltung des DDR-Bürgers hatte sich z.B. dadurch auszuweisen, daß er mit seiner beruflichen Leistung zum Aufbau der DDR beitrug.[3] Damit verbunden war das Ziel, eine mögliche ideologische Diversion aus der Bundesrepublik im Zuge der Ost-West-Entspannung abzuwehren und die DDR gegenüber der eigenen Bevölkerung als den rechtmäßigen und allen Deutschen die Zukunft weisenden, deutschen Staat auszuweisen.

6.4.2 Die historische Mission der DDR

Stellte der Bau der Berliner Mauer im April 1961 eine faktische, demonstrative Absage an die Wiederherstellung der deutschen Einheit dar, so versuchte die SED diese innerdeutsche Abgrenzungsmaßnahme durch die Propagierung einer nationalen Mission der DDR in Deutschland zu kompensieren. Nicht ganz ein Jahr nach dem Mauerbau und genau neun Jahre nach dem Arbeiteraufstand von 1953 veröffentlichte der Nationalrat der Nationalen Front das sog. "Nationale Dokument" mit dem Titel "Die geschichtliche Aufgabe der Deutschen Demokratischen Republik und die Zukunft Deutschlands."[4] Über den Rückgriff auf die Einheit der deutschen Nation und

1 Klaus, G., 1970, S. 1185
2 Klaus, G., 1970, S. 1181
3 Reuter, F., 1973, S.14
4 Neef, H., 1967, S. 200ff.

die gesetzmäßig bestimmte Zukunft der ganzen deutschen Nation sollte die Verfestigung der DDR-Eigenstaatlichkeit mit einer langfristigen, gesamtdeutschen Zielsetzung in Einklang gebracht werden.

Das Legitimationsmuster der DDR wurde im "Nationalen Dokument" insofern erweitert, als dem aus der Verwirklichung des Potsdamer Abkommens abgeleiteten Rechtmäßigkeitsanspruch eine historische Komponente beigefügt wurde. "Die Deutsche Demokratische Republik ist...nicht nur völkerrechtlich unter dem Gesichtspunkt des Potsdamer Abkommens und somit als einziger deutscher Friedensstaat der rechtmäßige deutsche Staat. Sie ist auch der einzige rechtmäßige deutsche Staat auf Grund der geschichtlichen Gesetzmäßigkeit und der Tatsache, daß in ihm jene Kräfte an der Macht sind, die von der Geschichte zur Führung des deutschen Volkes berufen worden sind und deren Politik mit den Interessen der Nation übereinstimmt."[1] Die DDR sei "das junge, vorwärtsstrebende Element der deutschen Geschichte", hier werde "die Zukunft ganz Deutschlands geformt."[2]

Der Geschichtsbetrachung erwuchs in dieser Phase die Aufgabenstellung, "die Legitimität der DDR aus der Vergangenheit her abzustützen, die gesamte deutsche Geschichte so darzustellen, als ob sie von ihren Anfängen an auf die DDR-Gründung und das 'entwickelte gesellschaftliche System des Sozialismus' zugelaufen wäre. Es sollte ein Geschichtsbild entworfen werden, in welchem die DDR als der einzig rechtmäßige, von der Geschichte legitimierte deutsche Staat erschien, als der Kernstaat einer zukünftigen wieder in einem staatlichen Gehäuse organisierten deutschen Nation. "[3]

Einen gewissen Höhepunkt fand die historische Legitimation und "deutschnationale" Selbstdarstellung der DDR in der Verfassungserneuerung vom April 1968. Diese, der gesellschaftspolitischen und wirtschaftlichen Realität des Landes insgesamt wohl angemessenere Verfassung, erhob in der Präambel die "Verantwortung, der ganzen deutschen Nation den Weg in eine Zukunft des Friedens und des Sozialismus zu weisen" zum verfassungspolitischen Grundmotiv.[4] Die nationale Einheit der Deutschen war, den Verfassungsformulierungen folgend, in die politischen Grundlagen des ostdeutschen Staates eingegangen. " Die DDR wurde als ein "sozialistischer Staat deutscher Nation"[5] qualifiziert, der getreu "den Interessen des

1 Neef, H., 1967, S.218
2 Neef, H., 1967, S.219
3 Reuter, F., 1973, S.53
4 Schuster, R., 1981, S.243
5 Art. 1 der Verfassung, vgl. Schuster, R. 1981, S.244

deutschen Volkes und der internationalen Verpflichtung aller Deutschen auf ihrem Gebiet den deutschen Militarismus und Nazismus ausgerottet habe.[1] Die Wiederherstellung der deutschen Einheit wurde als verfassungsrechtliches Gebot verankert. "Die Deutsche Demokratische Republik und ihre Bürger erstreben...die Überwindung der vom Imperialismus der deutschen Nation aufgezwungene Spaltung Deutschlands, die schrittweise Annäherung der beiden deutschen Staaten bis zu ihrer Vereinigung auf der Grundlage der Demokratie und des Sozialismus."[2]

6.4.3 Geschichtsbild und Geschichtsbewußtsein

Die nationale und historische Profilierung der DDR hatte eine besondere innenpolitische Bedeutung und war im Kontext gesellschaftspolitischer Überlegungen der SED zu sehen, die vor allem in der Folge des VII. Parteitages 1967 entwickelt worden waren. Der Herausbildung eines "sozialistischen Staatsbewußtseins" wurde - wie der vom Politbüro am 22.10.1968 gefaßte Beschluß über "Die weitere Entwicklung der marxistisch-leninistischen Gesellschaftswissenschaften in der DDR"[3] deutlich zeigte - ein funktioneller Stellenwert im gesamtgesellschaftlichen Planungs- und Lenkungsmechanismus der SED zugeordnet. "Jeder Schritt im weiteren Verlauf der sozialistischen Entwicklung hängt entscheidend vom Stand des sozialistischen Bewußtseins der Arbeiterklasse und der anderen Schichten ab."[4]

Die Herausbildung eines sozialistischen Bewußtseins wurde zum Hauptanliegen der Gesellschaftswissenschaften erklärt. Die Organisation gesellschaftswissenschaftlicher Forschung wurde gestrafft und sog. "Zentrale Leiteinrichtungen" wurden beim Zentralkomitee der SED gegründet.[5] Von einer systemtheoretisch geprägten Gesellschafts- und Sozialismuskonzeption ausgehend, erhielt die gesellschaftswissenschaftliche Forschung und Lehre die Aufgabe, "das gesellschaftliche System des Sozialismus als Ganzes und in seinen Teilsystemen wissenschaftlich zu durchdringen, die entsprechenden Modelle für die Planung und Leitung auszuarbei-

1 Art. 6 der Verfassung, vgl. Schuster, R. 1981, S.245

2 Art. 8 der Verfassung, vgl. Schuster, R. 1981, S.245

3 Politbüro der SED, Die weitere Entwicklung der marxistisch-leninistischen Gesellschaftswissenschaften in der DDR, in: H 12/1968, S.1445-1470, S.1460

4 Poltibüro, 1968, S.1458

5 Als "Zentrale Leiteinrichtungen" der Forschung waren das Institut für Gesellschaftswissenschaften, das IML, und das Zentralinstitut für die sozialistische Wirtschaftsführung vorgesehen, wobei das IML die Leitung der Geschichtsforschung übernahm, vgl. Politbüro, 1968, S.1462ff.

ten, alle Werktätigen ständig mit den neuen Zusammenhängen der gesellschaftlichen Entwicklung vertraut zu machen und sie zu befähigen, aktiv an der Gestaltung der sozialistischen Gesellschaft teilzunehmen."[1] Ein innenpolitisch integrierendes und aktivierendes sozialistisches Bewußtsein sollte gleichzeitig einen außenpolitischen Abschirmungseffekt gegen die "ideologische Diversion" aus dem Westen, vor allem der Bundesrepublik, erzeugen, die seit den Prager Reformbestrebungen als besonders gefährlich galt.[2] Damit hatte ein sozialistisches Bewußtsein in seiner Grundsubstanz die die Parteiherrschaft legitimierenden marxistisch-leninistischen Axiome zu reproduzieren und hierüber hinaus als "Regler" der von der Partei initiierten und intendierten gesellschaftlichen Steuerungsprozesse zu fungieren.

Im Rahmen des hier skizzierten gesellschaftswissenschaftlichen Planungs- und Leitungskonzepts der Partei wurde der Geschichtswissenschaft eine "produktive Funktion" zugewiesen.[3] In dem von der SED entfachten nationalen Konkurrenzkampf der DDR mit der Bundesrepublik um staatliche Rechtmäßigkeit und nationalen Führungsanspruch sollte ein im innergesellschaftlichen Bereich abgestreiftes Klassenkampfmotiv auf die innerdeutschen Beziehungen projiziert werden, um dessen mobilisierenden Effekt für den weiteren Aufbau der DDR nutzen zu können. "Die der Konzeption des ESS innewohnende Zielsetzung war die Vision einer an höchster Effektivität ausgerichteten sozialistischen Gesellschaft, deren Modell die DDR selbst darstellen sollte. Um dieses Ziel zu erreichen - ... - war es notwendig, die Interessen und Kräfte der Bevölkerung zu mobilisieren und deren aktive Mitarbeit zu erreichen. Die marxistisch-leninistische Geschichtswissenschaft sollte ein Geschichtsbild vermitteln, das die engagierte Kooperation des einzelnen aus dem historischen Bezug der Entstehung und Entwicklung der DDR als bisherigen Höhepunkt der deutschen Geschichte zeitigte."[4]

Die Forderung der SED an die Historiker, ein in sich geschlossenes, allgemeingültiges Geschichtsbild zu konzipieren, ließ sich bis in das Jahr 1955 zurückverfolgen.[5] Daß dabei bisher nur wenig praktische Ergebnisse erzielt wurden, schien daran gelegen zu haben, daß etliche Historiker die Geschichtsbild-Suche lediglich für eine "Modeerscheinung" hielten.[6] Ulbricht bemängelte im August 1962 das "falsche

1 Politbüro, 1968, S.1456

2 vgl. in dieser Arbeit S. 138

3 Reuter, F., 1973, S.12

4 Heydemann, G., 1980, S. 189

5 vgl. den Politbüro-Beschluß vom 5.7.1955, in dieser Arbeit S.104

6 Wolf, Hans Georg, Sozialistisches Geschichtsbewußtsein und Geschichtswissenschaft in der DDR. Wandlung und Differenzierung seit 1957, in: GWU 2/1977, S.66

Verhältnis von Genossen Historikern zu den Parteitagsbeschlüssen und forderte sie auf, die Beschlüsse der Partei nicht als "Sache der Tagespolitik", sondern als "wissenschaftliche Dokumente" zu begreifen.[1] Im übrigen mag wohl auch die mangelnde "Grundlagenforschung" im Bereich des historischen Materialimus sowie die dezentrale Leitung und mangelnde Koordination der historischen Forschung und Lehre eine retardierende Rolle gespielt haben.[2]
Anfang 1966 umriß Berthold[3] die Grundzüge des "nationalen Geschichtsbildes" der DDR, das im Prinzip die grundlegenden marxistisch-leninistischen Herrschaftsaxiome reproduzierte und mit dem Anspruch versah, nicht nur für die DDR, sondern für ganz Deutschland Gültigkeit zu besitzen.

Berthold führte folgende Elemente auf:

1. Allein die Arbeiterklasse ist zur Führung der deutschen Nation berufen.
2. Die Arbeiterklasse kann ihre Aufgaben nur lösen, wenn sie von einer marxistisch-leninistischen Partei geführt wird.
3. Die Arbeiterklasse ist unter Führung der marxistisch-leninistischen Partei in der Lage, alle Schichten des Volkes zusammenzufassen und zum Sozialismus zu führen.
4. Das Studium der Geschichte der Arbeiterklasse stärkt das sozialistische Bewußtsein und fördert den sozialistischen Patriotismus und sozialistischen Internationalismus.
5. Das Geschichtsbild vermittelt Kenntnisse über die allgemeinen Gesetze der gesellschaftlichen Entwicklung.
6. Das Geschichtsbild besitzt für die gesamte deutsche Arbeiterklasse Gültigkeit.
7. Die Ausarbeitung des Geschichtsbildes ist selbst Bestandteil des Klassenkampfes.[4]

In dem Bertholdschen Entwurf fanden sich Elemente der marxistisch-leninistischen Legitimation der Parteiherrschaft und der *Axiomatik des historischen Materialismus* wieder, die nunmehr explizit in einen nationalen Bezugsrahmen zu

1 Ulbricht, Walter, Referat zum "Grundriß der Geschichte der deutschen Arbeiterbewegung", in: E Sonderheft August 1962, S.8-57
2 Ulbricht, W., 1962,S.8
3 Berthold war Direktor des IML von 1965-1969, vgl. Buch, G., 1979, S.21
4 Berthold, Lothar, Unser nationales Geschichtsbild in: E 2/1966, S.225-331, S. 228

stellen waren und insgesamt als Bestandteil der sozialistischen Bewußtseinsbildung und des ideologischen Klassenkampfes gewertet wurden. Damit wurden bei dem Versuch, die Grundlagen eines sozialistischen Geschichtsbildes zu entwickeln, erstmals Nationsverständnis und marxistisch-leninistisches Geschichtsverständnis - wenn auch hölzern und rudimantär - verknüpft.

Das marxistisch-leninistische Geschichtsbild wurde von der SED als inhaltlicher Kern eines allgemein zu verbreitenden sozialistischen Geschichtsbewußtseins aufgefaßt. Die gesamte gesellschaftliche Reichweite der historischen Bewußtseinsbildung erhellte sich aus der Kontroverse um die Stellung des sozialistischen Geschichtsbewußtseins im sozialistischen Bewußtsein der DDR-Bürger. Die 1967 von der SED aufgerollte Problematik von "Geschichtsbild - Geschichtsbewußtsein - Geschichtswissenschaft"[1] im Zusammenhang mit der sozialistischen Bewußtseinsbildung führte zu zwei prinzipiell unterschiedlichen Positionen. Offensichtlich war eine Gruppe von Gesellschaftswissenschaftlern und Historikern der Ansicht, daß das Geschichtsbewußtsein nur eine separate Form gesellschaftlichen Bewußtseins neben anderen sei. Diese Auffassung hätte das Geschichtsbewußtsein gegen naturwissenschaftlich-technische Wissensformen abgegrenzt und seinen Wirkungsradius von vorne herein eingeschränkt.[2] Dadurch wäre der Marxismus-Leninismus abgedrängt und die von der SED intendierte Durchdringung aller Gesellschaftsbereiche mit sozialistischer Ideologie unterlaufen worden.

Demgegenüber vertraten andere maßgebliche Historiker, wie z.B. Streisand, die Auffassung, daß das Geschichtsbewußtsein als integrierender Bestandteil an den Formen gesellschaftlichen Wissens teilhabe. Das "sozialistische Geschichtsbewußtsein steht nicht neben dem sozialistischen Bewußtsein; im sozialistischen Geschichtsbewußtsein ist eine Seite des sozialistischen Bewußtseins zu sehen, eines seiner Elemente, eben das Element des Historischen."[3]

Im Anschluß an die Konferenz der Deutschen Historikergemeinschaft vom 20. /21. November 1969 zum Thema "Das sozialistische Geschichtsbewußtsein bei der Gestaltung der entwickelten sozialistischen Gesellschaft - theoretische und praktische Probleme der Geschichtspropaganda"[4] schien sich über diese Kontroverse

1 Titel einer Arbeitstagung des Instituts für deutsche Geschichte der Humboldt-Universität Berlin im April 1967. Vgl. hierzu: Streisand, Joachim, Geschichtsbild - Geschichtsbewußtsein - Geschichtswissenschaft. Ihre Wechselbeziehungen und ihre Bedeutung für die Entwicklung des sozialistischen Bewußtseins, in: ZfG 5/1967, S.822-827, S.822ff.

2 Wolf, H.G., 1977, S. 66ff.

3 Streisand, J., 1967, S. 823

4 Wolf, H.G., 1977, S. 69

hinweg ein "pragmatischer Ansatz"[1] durchzusetzen. Da gesellschaftliche Wissensvermittlung und Bewußtseinsbildung von der SED im Sinne der kybernetischen Systemtheorie als Hebel für insgesamt regelbare gesellschaftliche Steuerungsprozesse begriffen wurden, war die Partei auch an einer Rückkoppelung interessiert. Für die SED erschien es sinnvoll, das in der Bevölkerung erzeugte Geschichtsbewußtsein zu qualifizieren und zu quantifizieren, um hieraus neue Schlüsse für die notwendige weitere Dosierung des bewußtseinsbildenden Inputs zu gewinnen.[2]

Aus diesem instrumentalen Verständnis von Wissensvermittlung und Bewußtseinsbildung leitete sich das Ziel ab, ein Geschichtsbild als "eine Art Regelwerk auswechselbarer Vorstellungen"[3] zu konzipieren, das im jeweils maßgeblichen politischen Kontext aktualisiert werden konnte. Im April 1969 präzisierte Hager das sozialistische Geschichtsbild der DDR als Kernbestand des sozialistischen Geschichtsbewußtseins. Vier "Grundüberzeugungen" galten als konstitutiv:

1a) Der Sieg des Sozialismus über den Kapitalismus ist notwendig und unausbleiblich.
b) Die DDR-Gründung stellt eine entscheidende Wende der deutschen Geschichte dar.
c) Die DDR verkörpert den Höhepunkt der bisherigen deutschen Geschichte.
2) Nur die Arbeiterklasse und ihre Partei haben eine historische Mission.
3) Das Bündnis mit der Sowjetunion und den anderen sozialistischen Staaten ist historisch notwendig.
4) Der Imperialismus ist historisch überlebt.[4]

Dieses Geschichtsbild wies eine im Vergleich zu dem vom VIII. Parteitag der SED 1971 stark "nationale Akzentuierung" auf.[5] Es war wie der Entwurf Bertholds 1966 im historischen Materialismus fundiert, die nationale Entwicklung war stärker in die historische Auseinandersetzung zwischen Kapitalismus und Sozialismus eingebettet worden. Auf diese Weise sollte im Bewußtsein der DDR-Bürger eine "Identität von

1 Wolf, H.G., 1977, S. 66
2 Wolf, H.G., 1977, S. 69 und Reuter, F., 1973, S. 53ff.
3 Reuter, F., 1973, S. 55
4 Reuter, F., 1973, S. 56
5 Heydemann, G., 1980, S.167

kommunistischer und nationaler Politik" erzeugt werden.[1] Im Hinblick auf den weltgeschichtlich gesetzmäßigen Fortschritt des Sozialismus trug der Aufbau und die Stärkung der DDR zur sozialistischen Umgestaltung der ganzen deutschen Nation bei.

6.4.4 Die "Klassenlinien" in der deutschen Geschichte

Problematischer als die schematische Fixierung eines Kernbestandes an historischen Überzeugungen blieb der konkrete Nachweis der Gültigkeit der Dogmen anhand der deutschen Geschichte. Im "Nationalen Dokument" von 1962 wurde die DDR als Höhepunkt deutscher Geschichte glorifiziert und in ihren positiven historischen Traditionen gegen die extrem negativ dargestellte Vergangenheit und Gegenwart der Bundesrepublik abgehoben.

Für die DDR wurden alle "demokratischen, humanistischen, friedlichen und sozialistischen Traditionen des deutschen Volkes" reklamiert, während in der Bundesrepublik "alles konserviert und belebt [wurde, K.E], was es in der Geschichte an Rückständigem, Barbarischem und Unmenschlichem, an Dummheit und Borniertheit...gibt."[2]

Um diesen Antagonismus zwischen Bundesrepublik und DDR historisch zu verifizieren, wurde er als Klassengegensatz von Bourgeoisie (Bundesrepublik) und Arbeiterklasse (DDR) in die deutsche Vergangenheit projiziert: die Bourgeoisie habe die deutsche Fehlentwicklung von 1848 bis zum zweiten Weltkrieg zu verantworten und setze ihre unheilvolle Tradition unter dem Schutz der "imperialistischen Westmächte" bis zur Gegenwart in der Bundesrepublik fort.[3]

Gegen die reaktionäre Rolle der Bourgeoisie wurde die deutsche Arbeiterklasse als revolutionäre Kraft abgehoben, die stets für die Interessen des ganzen deutschen Volkes eintrat. Hierbei wurde die Führung der Sozialdemokratie aus dem Kreis der progressiven, mit der Arbeiterklasse verbundenen Kräfte des deutschen Volkes ausgegrenzt, weil sie - aus "Feigheit"[4] - sowohl 1918 als auch 1932/33 eine Einheitsfront mit den Kommunisten abgelehnt habe. Die SPD-Politik wurde als Ursache der Spaltung der deutschen Arbeiterklasse identifiziert, die erst nach 1945

1 Heydemann, G., 1980, S.198
2 Neef, H., 1967, S.203f.
3 Neef, H., 1967, S.210
4 Neef, H., 1967, S.216

in der DDR aufgehoben worden ist. Als die westdeutschen Imperialisten den historisch überfälligen Kapitalismus in den Westzonen restaurierten und einen "Separatstaat" errichteten, gründeten "die fortschrittlichen Kräfte unter Führung der Arbeiterklasse" die DDR.[1] Die vom deutschen Imperialismus erzwungene und verschuldete Teilung könne allein von der DDR aufgehoben werden.

Die im Nationalen Dokument entwickelten "Klassenlinien" deutscher Geschichte stellten die DDR in die Tradition der deutschen Arbeiterbewegung, wie sie von der SED rezipiert wurde. Seit Beginn der 50er Jahre bemühte sich die Partei um die Überwindung der "Misere-Theorie" und die Entwicklung eines "positiven", revolutionären Traditionszusammenhangs der DDR.[2] Die politische Geschichte des kommunistischen Teils der deutschen Arbeiterbewegung war selbst aber auch nicht erfolgreich verlaufen, und so sahen sich die DDR-Historiker vor die Aufgabe gestellt, die "überwiegend unglücklich verlaufene Geschichte einer politischen Bewegung und Partei als tragenden Kraftstrom der deutschen Geschichte" zu interpretieren.[3]

Die SED-Führung versuchte offenbar, aus der Not eine Tugend zu machen und den Erfolg der DDR-Gründung und Entwicklung angesichts der "historischen Besonderheiten" und "komplizierten Bedingungen des Klassenkampfes in Deutschland"[4] besonders hervorzuheben. Trotz der materiellen Notlage nach dem zweiten Weltkrieg und der Tatsache, daß Millionen von "der Naziideolgie verseucht" waren und trotz der alliierten Besatzung sei es der deutschen Arbeiterklasse in der DDR gelungen, "im harten Klassenkampf gegen die reaktionären Kräfte"[5] den Sozialismus aufzubauen. Als besondere Leistung sei der Aufbau wegen des hohen Ausmaßes an Kriegszerstörungen, fehlenden westdeutschen Grundstoffindustrien und für ganz Deutschland geleisteten Reparationsleistungen an die UdSSR anzusehen.[6]

1 Neef, H., 1967, S.210

2 vgl. in dieser Arbeit S.103

3 Reuter, F., 1973, S. 36

4 Ulbricht auf der 16. Tagung des Zentralkomitees im August 1962, als er den Entwurf einer auf acht Bände konzipierten "Geschichte der deutschen Arbeiterbewegung" präsentierte. Vgl. Ulbricht, Walter, Referat zum "Grundriß der Geschichte der deutschen Arbeiterbewegung", in: E, Sonderheft August 1962, S. 1-57, S.3f. Die Geschichtsbetrachtung nahm 1962 einen so hohen Rang ein, daß sich das Zentralkomitee der SED "auf drei Tagungen in ein Seminar für Geschichte verwandelt hat", stellt Hermann Weber fest, vgl. Deutsche Geschichte und politische Bildung. Öffentliche Anhörungen des Ausschusses für innerdeutsche Beziehungen des Deutschen Bundestages 1981, hrsg. vom Deutschen Bundestag, Bonn [2]1982, S.57

5 Ulbricht, Walter, Grundriß der Geschichte der deutschen Arbeiterbewegung, in: E, Sonderheft August 1962, S.58-186, S.145f.

6 Ulbricht, W., 1962b, S.156

Einige von den Historikern auszuarbeitende positive Bezugspunkte zählte Norden auf: "Das mutige "Nein! Liebknechts zu den Kriegskrediten; der Kampf der deutschen Linken zur Beendigung des ersten Weltkriegs und für den Sturz des Imperialismus; die heroischen Schlachten der ersten Jahreshälfte 1919 für die antiimperialistische Entwicklung der jungen Weimarer Republik; die gemeinsame das ganze Reich umspannende Aktion von Kommunisten, Sozialdemokraten und Gewerkschaften", anläßlich des Kapp-Putsches, das Programm der KPD zur "sozialen und nationalen Befreiung" Deutschlands und der deutsche Widerstand "unter Führung der KPD" seien "unvergängliche Ruhmes-blätter der deutschen Arbeiterklasse."[1]

Sollte die Existenz der DDR aus der deutschen Geschichte abgeleitet und legitimiert werden, so bestand ein weiteres Problem der Geschichtsdarstellung darin, einen "gesetzmäßigen" Zusammenhang zwischen den selektierten historischen Traditionsbezügen und der Existenz der DDR herzustellen. Was hatte der Generalstreik anläßlich des Kapp-Putsches mit der DDR zu tun? Ein Versuch, die deutsche Geschichte von einem *historisch-materialistischen Ansatz* zu interpretieren, in den die Entstehung der DDR einzuordnen wäre, wurde von der SED nicht vorgenommen. Es nahm sich eher *ideengeschichtlich* aus, wenn der SED-Historiker Diehl schrieb, daß in den "programmatischen Forderungen und Losungen" der Spartakus-Gruppe "das Bild eines neuen Deutschland..., eines Deutschland ohne Monopolkapital und Militarismus ..., eines Staates, wie er heute in Gestalt der sozialistischen DDR existiert", sichtbar wurde.[2]

6.4.5 Probleme des Nationsverständnisses

Der SED-Anspruch auf eine nationale Mission der DDR in ganz Deutschland war nur auf der Grundlage der Einheit der deutschen Nation zu formulieren. Demzufolge protestierte der SED-Theoretiker Kosing 1962 gegen eine Erklärung des westdeutschen Philosophen Karl Jaspers in einem Fernsehinterview vom 10.8.1960, in dem dieser dafür plädierte, die Vorstellung der Einheit der deutschen Nation zu

1 Norden, Albert, Arbeiterklasse und Nation, in: 4/1966, S.456

2 Diehl, Ernst, Die Bedeutung der Novemberrevolution 1918, in: E 11/1968, S.1298

revidieren.[1] Nach Kosings Auffassung könnten einmal historisch im Übergang vom Feudalismus zum Kapitalismus entstandene Nationen, wie die deutsche, nicht mehr geteilt werden, sondern nur noch in sozialistische Nationen umgewandelt werden. "In der modernen Epoche kann die gegenwärtige Spaltung der deutschen Nation in zwei Staaten nicht zur Bildung von zwei Nationen führen, sondern sie wird ausschließlich durch die Herausbildung einer einheitlichen sozialistischen Nation überwunden werden."[2]

Demgegenüber konzedierte Kosing aber, daß die deutsche Nation augenblicklich gespalten sei.[3] Polak hatte für diesen Zustand 1961 den Begriff der "dialektischen Einheit" der Nation vorgeschlagen, Kosing sprach nun vom "historischen Übergangsstadium zur sozialistischen Nation"[4], das seinen Abschluß dann gefunden habe, wenn sich eine "einheitliche sozialistische deutsche Nation" gebildet habe.[5]

Die begriffliche Unklarheit im Umgang mit dem Nationsbegriff - was war eine Nation im "Übergangsstadium"? - war auch im "Nationalen Dokument" vorzufinden. War einmal von der "ganzen deutschen Nation"[6] die Rede, so lautete es an anderer Stelle, daß Westdeutschland aus dem "Nationalverband" "herausgelöst"[7] worden sei. Und Stoph hatte auf dem Kasseler Treffen im Januar 1970 betont, daß die DDR "der deutsche Nationalstaat" sei.[8] Offenbar gehörte die Bundesrepublik einmal der deutschen Nation an, ein anderes Mal nicht.

1 Jaspers war der Ansicht, daß die Nationsvorstellung, die an das Deutsche Reich von 1871 anknüpft, obsolet geworden sei: "Der Bismarckstaat ist... unwiderruflich Vergangenheit, und ich habe das Bewußtsein, daß die Frage der Wiedervereinigung daher kommt, daß, wie ein Gespenst der Vergangenheit, etwas Unwirkliches an uns herantritt." Jaspers, Karl, Freiheit und Wiedervereinigung. Über Aufgaben deutscher Politik, München 1960, S.110. Er vertrat die Ansicht, daß die DDR ihren historischen Boden in der "Welt Brandenburgs und Sachsens, und übergreifend...Preußens und Berlins" habe Jaspers, K., 1960, S.47. Vgl. auch Seliger, Kurt, Die nationale Frage im Spiegel des SED-Marxismus, in: DA 7/1974, S.577f.

2 Kosing, Alfred, Illusion und Wirklichkeit in der nationalen Frage, in: E 5/1962, S.13-22, S.19f.

3 Kosing,A.,1962,S.18

4 Kosing, Alfred, Die DDR in der Geschichte der deutschen Nation, in: DZPh 10/1964, S.1165-1170, S.1168

5 Kosing, A.,1964, S.1168

6 Neef,H. 1967, S.219

7 Neef, H. ,1967, S.218

8 vgl. in dieser Arbeit S. 132

Kreusel, der sich eingehend mit dem Nationsverständnis der SED in dieser Phase beschäftigt hat, entwickelte ein dreistufiges Nationsmodell der SED. Dabei führte er das Nationsverständnis der Partei auf einen Volksbegriff zurück, der alle Deutschen als "Personalverband" umfasse.[1] Hiervon ausgehend räumte er folgende Differenzierungsmöglichkeiten für das SED-Nationsverständnis ein: es existiere erstens ein Verständnis der deutschen Nation, das alle Deutschen umfaßt und dabei ihr antagonistisches Klassenverhältnis berücksichtigt.[2] Zweitens bestehe eine "deutsche Nation kapitalistisch-sozialistischer Prägung", in zwei Staaten mit zwei Staatsvölkern und zwei sich darin ausbildenden Nationstypen (kapitalistisch/sozialistisch)[3], und drittens gebe es eine deutsche Klassen-Nation, die nur die Arbeiterklasse und die mit ihr verbündeten Kräfte umfasse.[4] Ganz besonders die dritte Variante, die Vorstellung einer auf alle fortschrittlichen Kräfte, auf die "Volksmassen unter Führung der Arbeiterklasse"[5] eingeengten Nation, scheint mir die Haltung der SED zur deutschen Nation treffend zu charakterisieren.

Hat die detaillierte und umfangreiches Material auswertende Studie Kreusels auch dazu beigetragen, die SED-spezifische Perzeption des Nationsproblems zu erhellen, so sind doch ihre Mängel nicht zu übersehen. Es bleibt hypothetisch, ob die SED die Nation tatsächlich auf einen als Personalverband gedeuteten Volksbegriff zurückführte. Dagegen spräche z.B., daß Nation im Marxismus-Leninismus explizit als Territorialverband bestimmt worden war.[6] Am wenigsten nachzuvollziehen scheint aber Kreusels Schlußfolgerung, daß das dreistufige Nationsmodell eine "*formal* eigenständige Variante der den allgemeinen Kategorien der materialistischen Dialektik entsprechenden, marxistisch-leninistischen Klassentheorie" sei, auf der "die Deutschlandpolitik der SED beruht".[7]

Es ist der Kritik Ends zuzustimmen, der bezweifelt, daß das "Deutschlandkonzept der SED im Sinne einer marxistischen Dialektik kohärent gewesen" sei.[8] Für eine geschlossene Nationstheorie, wie Kreusel sie unterstellt, fehlte der SED der adäquate marxistisch-leninistische Begriffsapparat.

1 Kreusel,D., 1971, S.95
2 Kreusel, D., 1971, S.139ff.
3 Kreusel, D., 1971, S.147ff.
4 Kreusel, D., 1971, S. 168ff.
5 Kosing, A., 1962, S.16
6 vgl. in dieser Arbeit S. 40
7 Kreusel,D., 1971, S.298
8 End, H., 1972, S.28

Selbst eine Übertragung Leninscher Kriterien zur nationalen Frage auf die deutsche Situation nach 1945 scheitert daran, daß Lenin nirgendwo einen Zustand antizipierte, in dem eine Nation zwei Gesellschaftsformationen gleichzeitig, nämlich Kapitalismus und Sozialismus, angehört. Übertragt man dennoch die für die kapitalistische Entwicklungsphase maßgebliche Unterscheidung Lenins in unterdrückte und unterdrückende Nation auf die deutsche Frage, so müßte man unterstellen, daß der westdeutsche Teil der Nation "sein" Selbstbestimmungsrecht wahrzunehmen hätte. Fragt man weiter, wovon sich dieser Nationsteil lostrennen solle, so wäre zu antworten, daß sich die westdeutschen "Volksmassen" von der eigenen bürgerlichen Regierung lösen müßten. In der Tat wäre es für Kosing die Lösung der nationalen Frage gewesen, wenn die "friedliebenden Kräfte in Westdeutschland...den Imperialismus...entmachten und eine demokratische Entwicklung einleiten."[1] Diese Selbstbefreiung der westdeutschen Werktätigen wäre allenfalls als eine "demokratische Revolution" zu klassifizieren, nicht aber als Wahrnehmung des Rechts auf nationale Selbstbestimmung, wie Lenin es verstand. Lenin gestand das Selbstbestimmungsrecht der ganzen Nation und nicht nur einem Teil der Nation zu.[2]

Betrachtet man den sozialistischen Teil der deutschen Nation, so wäre, aus Leninscher Warte gesehen, ein Annäherungsprozeß dieses Nationsteils an andere sozialistische Nationen, nicht aber an die Bundesrepublik anzunehmen. Tatsächlich hatte sich die SED mit dem Postulat der kapitalistisch-sozialistischen Einheit der Nation seit 1969 zunehmend in Widerspruch zu dem von der UdSSR angestrebten, sozialistischen Integrationsprozeß gesetzt. Dieser Konflikt wurde erst 1971 mit der grundlegenden Revision der Haltung der SED zur nationalen Frage beseitigt.[3]

Stalins Nationsdefinition von 1913, auf die sich die SED bisher berufen hatte, war zu starr festgelegt, um eine Nation im "Übergangsstadium" zu erfassen. Stalin hatte gerade die Stabilität der historischen Existenz einer Nation hervorgehoben. Dementsprechend unterzog Kosing die Stalinsche Definition einer heftigen Kritik. Sie reduzierte "die Nation auf eine Zusammenfassung von Merkmalen", sie erkläre aber nicht "die Entwicklungsgesetze der Nation...und die Wandlung der Nation unter Führung der Arbeiterklasse zur sozialistischen Nation.[4]

1 Kosing, A., 1964, S.1169
2 vgl. in dieser Arbeit S. 38
3 vgl. in dieser Arbeit S. 164ff.
4 Kosing, A., 1962, S.15

Die SED versuchte, den Vorgang der Nationsbildung und -entwicklung im historischen Kontext als Resultat eines sozialökonomisch determinierten Geschichtsprozesses zu begreifen. Nach Kosings Interpretation sei die Nation "in einem langwierigen Prozeß mit Notwendigkeit aus einem bestimmten Entwicklungsstand der Produktivkräfte und Produktionsverhältnisse" hervorgegangen und stellte eine "Struktur- und Entwicklungsform in einem langen Zeitraum, nämlich in Kapitalismus, im Sozialismus und im beginnenden Kommunismus dar.[1] Der Begriff "Struktur- und Entwicklungsform" befand sich allerdings auf einem Abstraktionsniveau, das den genaueren Zusammenhang zwischen sozialökonomischer und nationaler Entwicklung offenließ.[2]

Während Kosing den Zusammenhang zwischen sozialökonomischer und nationaler Entwicklung nicht weiterverfolgte, wurde in einer sowjetischen Diskussion in den Jahren 1966-1970 diese Problematik ausgebreitet.[3] Die drei zentralen Aspekte dieser über eine Kritik am Stalinschen Nationsbegriff geführten Debatte, waren das Verhältnis von ethnischen und sozialökonomischen Faktoren in der Nationsentwicklung, die Beziehung von Nation und Staat und die Einschätzung subjektiver Nationsmerkmale.[4]

Die Diskussion ist auf dem Hintergrund der im Vergleich zur DDR grundsätzlich andersartigen nationalitätenpolitischen Problematik des multinationalen sowjetischen Staates zu sehen.[5] Nachdem Chruschtschows Versuch, durch wirtschaftspolitische Maßnahmen quasi US-amerikanische "Schmelztiegel-Bedingungen"[6] in der UdSSR zu schaffen, gescheitert war, nahmen seine Nachfolger eine Bestandsaufnahme vor. Sie hatten abzuwägen, ob der zwischennationale Assimilationsprozeß wieder "von oben" in Gang gesetzt werden sollte, oder ob die KPdSU sich mit der "Entwicklung zu einem Staat und einer Gesellschaft multinationalen und föderativen Charakters begnügen sollte.[7] In der UdSSR ging es nicht, wie in der DDR, um die Teilung einer Nation, sondern um die Annäherung von fast 100 Nationen.

1 Kosing, A., 1962, S. 15

2 vgl. hierzu in dieser Arbeit S. 181ff.

3 Einige der in diesem Zusammenhang in der sowjetischen Zeitschrift "Woprosy istorii" erschienenen Aufsätze sind übersetzt und gekürzt abgedruckt in: Ost-Probleme 1/1967, S. 45-63

4 Mommsen, H., 1974, Sp. 685ff.

5 vgl. Martiny, Albrecht, Marxismus und nationale Frage, in: DA 8/1975, S.1176-1181, S.1181

6 Vardys, Stanley, Altes und Neues in der sowjetischen Nationalitätenpolitik seit Chruschtschows Sturz, in: OE 2/1968, S.91-95, S.82

7 Vardys, S., 1968, S.93

Das Verhältnis von ethnischen und sozialökonomischen Faktoren in der Nationsentwicklung erwies sich als das Hauptproblem der Diskussion. Unter diesem Aspekt war abzuwägen, inwieweit es gesellschaftliche Konstanten gab, die gegen den sozialökonomischen Wandel resistent schienen. Es wurde, um den Nationsbegriff in die Theorie des historischen Materialismus einzufügen, eine historische Reihe (Stamm-Völkerschaft-Nation) entworfen, die den verschiedenen historischen Gesellschafts-formationen (Sklavenhaltergesellschaft-Feudalismus-Kapitalismus-Sozialismus/Kommunismus) zuzuordnen sei.[1]

Eine eindeutige Zuordnung erwies sich jedoch als problematisch, weil auch unter den sozialistischen Gesellschaftsverhältnissen der UdSSR beispielsweise noch Völkerschaften existieren und sich weiterentwickeln.[2] Dieser Sachverhalt schien, worauf Dzunusov hinwies, auf die "relative Selbständigkeit" ethnischer Faktoren hinzuweisen und warf die Frage nach der ihnen eigenen Qualität auf.[3]

Die Frage, ob Staatlichkeit ein Merkmal der Nation darstelle, war umstritten.[4] Vor allem Vertreter der nichtrussischen Nationalitäten dürften daran interessiert sein, den föderativen Charakter des Sowjetstaats zu erhalten und deshalb für die Anerkennung der Eigenstaatlichkeit als Merkmal der Nation plädieren.[5]

Rogacev und Sverdlin, die die Diskussion eröffnet hatten, erkannten die Staatlichkeit im Gegensatz zu Stalins Auffassung zwar als Nationsmerkmal an, wollten sie jedoch nicht in eine Defintion aufnehmen. Beiden Autoren erschien jedenfalls gesichert, daß eine Nation nicht in zwei Staaten organisiert sein könne.

1 Mommsen, H., 1973, Sp.685

2 Dzunusov, M., Die Nation als sozialethnische Gemeinschaft der Menschen, (übersetzt und gekürzt) in: Ost-Probleme 1/1967, S.53-57, S.57

3 Dzunusov faßte den Stamm als eine durch Blutsverwandtschaft gekennzeichnete Abstammungsgemeinschaft auf; die Völkerschaft sei eine territoriale landsmannschaftliche Gemeinschaft, die auch als Nationalität bezeichnet werden könne. Erst bei der Entstehung von Nationen würden sozialökonomische Faktoren ausschlaggebend und führten zur Bildung kapitalistischer und sozialistischer Nationen. Die Nation sei "eine der kapitalistischen und der sozialistischen Gesellschaft eigene Form der gesellschaftlichen Entwicklung, die einen ganzheitlichen sozial-ethnischen Organismus darstellt." Vgl. Dzunusov, M., 1967, S.53ff. Vgl. hierzu auch Martiny, A.,1975, S.1180 und Mommsen, H., Sp.685f.

Die weitere Diskussion zum Problem des "Sozialen" und "Ethnischen" in der Nation wird in dieser Arbeit auf S. .186ff. dargestellt und erörtert.

4 Mommsen, H., 1973, Sp.686f.

5 Oberländer, Erwin, Der sowjetische Nationsbegriff heute, in: OE 4/1971, S. 273-279, S. 276

"Solange Gebiete durch Staatsgrenzen voneinander getrennt sind, kann es in der Regel selbst dann keine einheitliche nationale Gemeinschaft geben, wenn eine gemeinsame Sprache vorhanden ist."[1] Unter diesem Gesichtspunkt wäre die Auffassung der SED von der deutschen Nation als einer Nation im "Übergangsstadium" sicherlich korrekturbedürftig gewesen.

Die sowjetische Diskussion scheint sehr heterogen gewesen zu sein und führte zunächst zu keiner verbindlichen Neufassung des Nationsverständnisses. Vielmehr erschien nach Oberländers Angaben 1970 ein redaktioneller Schlußartikel in der Zeitschrift "Woprosy istorii", der die Auseinandersetzung wieder auf die Stalinsche Definition zurückführte.[2]

In dieser Phase wurde eine Hinwendung zur systematisierten Geschichtsbetrachtung deutlich, welche die DDR als *den* sozialistischen Staat deutscher Nation herausarbeiten sollte. Das Geschichtsbild war von den "Klassenlinien" der deutschen Geschichte geprägt und bewegte sich in einem nationalen Rahmen. Es zielte darauf ab, die DDR als den historisch rechtmäßigen deutschen Staat darzustellen. Die DDR verkörperte nach dem Verständnis der SED und ihrer Historiker alle fortschrittlichen Traditionen der deutschen Geschichte, während in der Bundesrepublik die negativen Traditionen Deutschlands weiterlebten. Im Gegensatz zu dieser von der SED postulierten "nationalen Mission" der DDR in Deutschland konnte das Nationsverständnis keineswegs klar gefaßt werden. Die SED hielt nach wie vor, um den ostdeutschen Wiedervereinigungsanspruch ideologisch zu bekräftigen, am Verständnis einer sozialistischen Nation "im Übergangsstadium" fest, ohne daß die DDR-Geschichtswissenschaftler dieser ein Fundament im Geschichtsverständnis des historischen Materialismus hätten geben können. In der Endphase der Ära Ulbricht schälte sich ein Widerspruch zwischen dem abgrenzenden Geschichtsbild und dem auf ganz Deutschland abzielenden Nationsverständnis deutlich heraus. Hierin reflektierte sich das für die DDR konstitutive Spannungsverhältnis zwischen Eigenstaatlichkeit und überstaatlichem Anspruch. Wie lange die DDR damit verbundene nationale Sonderrolle im östlichen Bündnis würde spielen können, hing sowohl von der weiteren Entwicklung des Ost-West-Gegensatzes als auch von der Haltung zur Bundesrepublik zur DDR ab. Die in der sowjetischen Historiographie geführte

1 Rogacev,P., Sverdlin, M., Über den Begriff der "Nation", (übersetzt und und gekürzt) in: Ost-Probleme 1/1967, S.45-50, S. 46

2 Oberländer, E.,1971, S.277

Debatte um den Nationsbegriff widmete sich bereits dem Verhältnis von Nations- und Geschichtsverständnis mit der Unterscheidung zwischen sozialen und ethnischen Faktoren, die in der nächsten Entwicklungsphase auch für die DDR von Bedeutung werden sollte.[1]

1 vgl. in dieser Arbeit S.186ff.

7. DIE NATIONALE ABGRENZUNG DER DDR (1971-1981)

7.1 Entspannung und Sicherheit in Europa

Die Bedeutung sicherheitspolitischer Motive beim Übergang der Ost-West-Beziehungen zur sogenannten Politik der Entspannung ist besonders hoch einzuschätzen. Im Zeitraum 1968/69 bis 1974/75 erreichte die Sowjetunion eine militärisch-strategische Parität im Bereich der Interkontinentalwaffen mit den USA. Beide Seiten waren also forthin in der Lage, sich mehrfach zu vernichten[1]. Ein quantitativer Ausbau der Rüstung mußte in dieser Situation sinnlos und vor allem teuer erscheinen.[2] Damit war die "Symmetrie in der Verteilung der Machtpotentiale zwischen Ost und West eine wichtige (wenn auch keine hinreichende) Voraussetzung für die Durchsetzung der Entspannungspolitik Ende der sechziger bzw. Anfang der siebziger Jahre..."[3]

Entspannungspolitik war im westlichen Verständnis nicht darauf angelegt, den Konflikt zwischen den Machtblöcken aufzulösen, sondern ihn durch eine Mischung konfrontativer und kooperativer Beziehungselemente[4] abzubauen und in einen Prozeß des "friedlichen Wandels"[5] umzuleiten. Sicherheit sollte, zugespitzt formuliert, "durch gegenseitige Abschreckung und durch gegenseitige Abhängigkeit" erzielt werden, daß heißt, neben die Rüstungskontrolle und -begrenzung trat die Komponente der, vor allem wirtschaftlichen, Zusammenarbeit.[6]

Eine Reihe von bilateralen sowjetisch-amerikanischen Verhandlungen und Abkommen konkretisierten das Bemühen um Rüstungskontrolle und "kooperatives Krisenmanagement", produzierten aber auch neue Problemfelder.[7] Zeigte sich doch, daß die im SALT I-Vertrag vereinbarte, quantitative Begrenzung der

1 Görtemaker, M., 1979, S.34

2 Die Regierung Nixon rang um einen Abbau des globalen Überengagements der USA, dessen größte Belastung der Vietnamkrieg geworden war. Seine finanziellen Kosten, die angesichts der sich verschlechternden Wirtschaftslage der USA - Zahlungsbilanzdefizite, Dollarverfall - immer problematischer wurden, wurden auf 100 Mrd. $ geschätzt. Görtemaker, M., 1979, S.42

3 Link, W., 1980, S.143

4 Link, W., 1980, S.168

5 Zellentin, Gerda,Hrg., Annäherung, Abgrenzung und friedlicher Wandel in Europa, Boppard am Rhein, 1976, S.12ff.

6 Link, W, 1980, S.185

7 Zu nennen wäre das "Abkommen über Maßnahmen zur Verhinderung der Gefahr des unbeabsichtigten Ausbruchs eines Atomkriegs" im September 1971, die sowjetisch-amerikanische Grundsatzerklärung über die gegenseitigen Beziehungen im Mai 1972, das Abkommen zur Verhütung von Atomkriegen vom 22.6.1973 sowie die SALT I - Vereinbarung vom 26.5.1972. Link, W., 1980, S.165ff.

Waffensysteme ein Ausweichen auf die technologische Verfeinerung bestehender Systeme und den Ausbau sog. "Grauzonenwaffen" zur Folge hatte,[1] die im SALT II-Interimsabkommen vom Juni 1979 unberücksichtigt geblieben waren.[2] Das Problem der zu den Grauzonenwaffen zählenden Mittelstreckenraketen in Europa, das durch den sog. "Doppelbeschluß" des Nato-Rats vom Dezember 1979 - Stationierung von Pershing II und Marschflugkörpern bei gleichzeitigem Angebot zur Rüstungsbeschränkung - in den Mittelpunkt der Ost-West-Rüstungsverhandlungen rückte, lenkte den Blick unversehens wieder auf Deutschland und die nationale Frage. Hatte der herkömmliche "territoriale" Sicherheitsbegriff - als Schutz einer Nation vor Angriffen von außen - im Zeichen nuklear-technologischer Entwicklung und Zerstörungskraft viel von seinem Sinngehalt verloren[3], so wuchsen in den beiden deutschen Staaten, an der Abschreckungsfront stehend, die Zweifel über den Sinnzusammenhang von militärischer Abschreckung und Sicherheit. Weitere (Nach-) Rüstungsschritte, auch wenn sie entspannungspolitisch induziert waren, büßten an Glaubwürdigkeit hinsichtlich ihrer friedenssichernden Wirkung ein. Die Steigerung der gegenseitigen Abschreckung auf deutschem Boden schien überdies keinen Raum für eine Annäherung der beiden deutschen Staaten zu lassen; sie brachte die Sorge vor einer totalen Vernichtung Deutschlands für den Fall des Versagens der Abschreckung deutlich zu Bewußtsein. Ob allerdings die Veränderung des Status Quo der Blockbeziehungen durch eine Bewegung in der nationalen Frage Deutschlands zu erreichen war, was in diesem Zusammenhang auch propagiert wurde, erschien aufgrund der historischen Entwicklung seit 1945 mehr als fraglich zu sein - von einer isolierten Lösung der nationalen Frage aus dem Kontext der Ost-West-Beziehungen ganz zu schweigen.[4]

Die vertragliche Regelung des Status quo in Europa war zur entspannungspolitischen Perspektive seit Ende der 60er Jahre geworden,[5] die zur Multilateralisierung des bisherigen sowjetisch-amerikanischen Bilateralismus führte. Eine von der UdSSR seit längerem vorgeschlagene Konferenz über Sicherheit und Zusammenarbeit in Europa (KSZE) war seit November 1972 vorbereitet worden. Nach dem erfolgrei-

1 Link, W., 1980, S. 172 u. S. 190f.

2 Görtemaker, M., 1979, S.43f., Link, W., 1980, S.170ff.

3 Görtemaker, M., 1979, S.21

4 Beispielhaft für einen "linken" Standpunkt, der die These vertrat, daß die "Deutschen ihre Angelegenheiten - ... - selbst in die Hände nehmen" sollten, um auch den Ost-West-Gegensatz aufzuheben, schien der von Brand/Ammon vertretene zu sein,
vgl. Brandt, P.; Ammon, H., 1981, S. 55f.

5 Niclauß, K., 1977, S.30

chen Abschluß der westdeutsch-sowjetischen, der interalliierten Berlin-Verhandlungen und der innerdeutschen Verhandlungen zu einem deutsch-deutschen Grundlagenvertrag konnte die KSZE am 1.8.1975 mit der Unterzeichnung der Konferenzschlußakte von 35 Staaten Europas und Nordamerikas in Helsinki beendet werden.[1]

In der DDR-Literatur wurde im Zusammenhang mit der KSZE die Kontinuität sowjetischer und osteuropäischer Außenpolitik hervorgehoben, weil die sowjetischen Vorschläge einer kollektiven Sicherheit in Europa auf der Berliner Außenministerkonferenz 1954 der eigentliche Ursprung der KSZE gewesen sei.[2] Demgegenüber betonte zum Beispiel Link, daß sich in der 70er Jahren die politischen Rahmenbedingungen und dementsprechend die Zielsetzungen der Beteiligten, auch der UdSSR, gewandelt hatten.[3] Der "Revanchismus" und ,,Militarismus" der Bundesrepublik, das heißt die Sicherheit vor der Bundesrepublik, bildete nicht mehr wie vor allem in den 60er Jahren den Begründungszusammenhang und die Abdrängung der USA aus Europa mit dem möglichen Ziel der ,,Finnlandisierung"[4] der Bundesrepublik nicht mehr die Stoßrichtung europäischer Sicherheit aus sowjetischer Perspektive. Die Bundesrepublik war durch die Ostverträge von 1970 als Verhandlungspartner anerkannt worden, die USA wurden als Bestandteil der europäischen Sicherheit akzeptiert und eine Schwächung der NATO oder der EG stand nicht mehr zur Disposition, wie auch der erfolgreiche Abschluß des Vier-Mächte-Abkommens über Berlin gezeigt hatte.[5]

Gleichwohl blieb die praktische Bedeutung der KSZE-Ergebnisse für einen "friedlichen Wandel" in Europa mit einem Fragezeichen versehen, wenn man sich die unterschiedlichen Interpretationen der Konferenzschlußakte in Ost und West vergegenwärtigte. Für die Ostblockregierungen besaßen die 10 leitenden Prinzipien (der sog. Dekalog) insofern Vorrangigkeit gegenüber den drei Körben der Akte, als ihre Erfüllung zur Voraussetzung für die Wahrnehmung der übrigen Konferenzergebnisse gemacht wurden. Der Dekalog wurde von den östlichen Konferenzteilnehmern als völkerrechtlich verbindliche Kodifizierung der Prinzipien der friedlichen Koexistenz bewertet, wodurch er in den Dienst einer Ost-West-Abgrenzung genommen werden sollte.[6]

1 Link, W., 1980, S.186. Außerdem wurden im Oktober 1973 die wenig erfolgreichen MBFR-Verhandlungen in Wien aufgenommen, Link, W., 1980, S.189

2 Heitzer, H., 1979, S.114

3 Link, W., 1980, S.184

4 Link, W. 1980, S.185

5 Link, W., 1980, S.185

6 Ludz, P.C., 1977, S.299ff. und Fritsch-Bournazel, R., 1979, S.135ff.

Die westlichen Konferenzteilnehmer erkannten einen völkerrechtlichen Charakter des Dekalogs wie auch des gesamten Schlußdokuments nicht an. Dieser Auffassung entsprach es, daß die Akte nicht gemäß Art. 102 der UN-Charta bei den Vereinten Nationen registriert wurde.[1] Diese Tatsache ist deutschlandpolitisch relevant, weil die Bundesregierung die Konferenz von Helsinki auf keinen Fall als "Ersatz-Friedensvertragskonferenz"[2] der Siegermächte mit Deutschland interpretiert wissen wollte, die nachträglich zu Festlegungen über das deutsch-deutsche Verhältnis führen könnte (völkerrechtliche Anerkennung der DDR, Verzicht auf friedliche Wiedervereinigung), die im Grundlagenvertrag zwischen beiden Staaten nicht erreicht wurden.[3]

Fragt man sich demzufolge, welche Bedeutung die Vereinbarungen von Helsinki überhaupt haben, so ist Link zuzustimmen, daß sie einen Maßstab für entspannungs- und kooperationsfreundliches Verhalten in den Beziehungen der Blöcke festlegten.[4]

Von westlicher Seite wurde großer Wert auf die im dritten Korb festgelegte "Zusammenarbeit in humanitären und anderen Bereichen" gelegt. Der Auftrieb, den Bürger und Menschenrechtsbewegungen in Osteuropa hierdurch und durch die forcierte Menschenrechtskampagne Carters erhielten, erzeugte aber bereits auf der Belgrader Folgekonferenz im Oktober 1977 - März 1978 einen ost-westlichen Dissens, der die "Stagnation der Entspannungspolitik" dokumentierte.[5]

Die im Korb 2 festgelegte "Zusammenarbeit in den Bereichen der Wirtschaft, der Wissenschaft und der Technik sowie der Umwelt" hatte sich - von den RGW-Staaten bewußt gefördert[6] - sprunghaft entwickelt, wenngleich hier infolge der weltweiten Rezession 1974/75, die der Ölkrise von 1973 folgte, ein Umkehrtrend zu beobachten war.

Die sowjetischen Importe aus den USA stiegen 1972 um 225%, 1973 um 120%, während der US-Import aus der UdSSR 1969-1973 um 131% höher lag als in der Zeit von 1964-1968.[7]

Die Anteile der westlichen Industrieländer am gesamten RGW-Import erhöhten sich von 1960 bis 1975 von 23,2% auf 35,1%; der Der Anteil westlicher Industrieländer

1 Sicherheit und Zusammenarbeit in Europa. KSZE-Dokumentation, hrsg. vom Presse- und Informationsamt der Bundesregierung, Köln 1975, S.7. Mitteilung der finnischen Republik an den UN-Generalsekretär.

2 KSZE, 1975, S. 8

3 vgl. in dieser Arbeit S.165ff.

4 Link, W., 1980, S.186

5 Link, W., 1980, S.188

6 vgl. in dieser Arbeit auch S. 160ff.

7 Link, W., 1980, S.175

am RGW-Export wurde demgegenüber geringfügig erhöht von 21,6% auf 24,6%.[1] Die Folgen der Handeslbilanzdefizite und der damit steigenden Verschuldung von RGW-Ländern im Westen[2] wurden noch verschärft, seit die UdSSR im Januar 1975 die Rohstoffpreise im Intrablockhandel erhöhte.[3]

Nun mußte der defizitäre Außenhandel der osteuropäischen Staaten noch mehr Ausfuhren als bisher aufwenden, um die Energieversorgung zu finanzieren. Nach Angaben der ECE stiegen die Schulden der RGW-Staaten bei den westlichen Industrienationen 1979-1980 von 64 auf 73 Mrd.[4] Der DDR-Anteil an den Westschulden soll im gleichen Zeitraum von 8,4 Mrd. auf 10 Mrd. $ gestiegen sein.[5]

Die Rückwirkungen auf die innere Versorgungslage schlugen in Polen in eine langwierige politische Krise um, die nur gewaltsam durch die Verhängung des Kriegsrechts im Dezember 1981 niedergedrückt werden konnte. Der polnische Schuldenanteil soll 1980 15,1 Mrd. $ betragen haben.[6]

Die Polenkrise und die militärische Intervention der UdSSR in Afghanistan 1979 trugen zum Abbau der Ost-West-Kooperation bei. Während Fritsch-Bournazel der Ansicht ist, daß die Energiekrise von 1973 im Ostblock integrierend und im Westen desintegrierend gewirkt habe[7], schien die Polenkrise die Verflechtung östlicher und westlicher Volkswirtschaften demonstriert zu haben. Damit offenbarten sich aber auch die entspannungspolitischen Risiken der wirtschaftlichen Zusammenarbeit zwischen Ost und West, zumal in einer Zeit anhaltender ökonomischer Rezession der westlichen Volkswirtschaften[8], die skeptisch gegenüber der Annahme machte, daß "friedlicher Wandel mit ökonomischen Mitteln...induzierbar ist."[9]

Die Bundesregierung hatte versucht, auch die Beziehungen im ökonomischen Bereich zu stabilisieren. Nach dem erfolgreich abgeschlossenen Erdgas-Röhren-Geschäft vom März 1970 mit der UdSSR setzte sie sich auch in der Phase wachsender sowjetisch-amerikanischer Konfrontation für die Fortführung derartiger Abkommen ein.[10]

1 DDR-Wirtschaft 1977, S.372
2 1978 betrugen sie 60 Mrd. Link, W., 1980, S.198
3 Fritsch-Bournazel, R., 1979, S.145
4 „Über 80 Milliarden Dollar Schulden", in: FAZ vom 3.12.1981
5 "Ost-Berlin macht mehr Schulden im Westen", in: SZ vom 22.7.1981
6 SZ vom 22.7.1981
7 Fritsch-Bournazel, R., 1979, S.145
8 Link, W., 1980, S.197ff.
9 Link, W. 1980, S.196
10 Fritsch-Bournazel, R., 1979, S.109

7.2 Das Projekt der sozialistischen ökonomischen Integration (SÖI) im RGW

Die CSSR-Intervention und die Breshnew-Doktrin stellten ein Regulativ zur Verklammerung der sozialistischen Staaten im RGW bzw. Warschauer Pakt unter sowjetischer Führung dar.[1] Die besondere Bedeutung einer engeren ökonomischen Zusammenarbeit in einem als langfristig konzipierten Integrationsprozeß ging bereits aus der „Preßburger Erklärung" vom 3.4.1968 hervor.[2] Die im Zeichen der Entspannungspolitik erwartete wirtschaftliche Zusammenarbeit mit westlichen Industriestaaten sollte den ökonomischen Integrationsprozeß durch den Import von westlicher Technologie und Anlagen ergänzen und fördern. "Infolge der internationalen und politischen Bedingungen und der Existenz des kapitalistischen Weltsystems können und dürfen die sozialistischen Länder in dieser Etappe ihre Wirtschaftsbeziehungen nicht nur auf die anderen sozialistischen Länder beschränken und sich der Möglichkeit berauben, günstige Bedingungen auszunutzen, die außerhalb der sozialistischen Weltwirtschaft und ihrem Markt entstehen."[3] Seit Mitte 1973 bemühte sich der RGW um offizielle Kontakte zur EG. Die EG hatte die Gesamtkompetenz für den Handel ihrer Mitgliedsländer übernommen. Dadurch war ein vertragloser Zustand zu den RGW-Staaten entstanden.[4] Im Februar 1976 legte der RGW einen Vertragsentwurf über die gemeinsamen Beziehungen vor.[5]

Die jeweils unterschiedlichen ökonomischen Rahmenbedingungen und die daraus resultierenden spezifisch verschiedenen Interessen der einzelnen Mitgliedsländer des RGW stellten das größte Problem im sozialistischen Integrationsprozeß dar.[6] Auf der 25. Ratstagung des RGW im Juli 1971 wurde ein "Komplexprogramm" zur "sozialistischen ökonomischen Integration" verabschiedet, das sich zum Ziel setzte, "das im nationalen Rahmen Geplante nicht einfach im nachhinein entsprechend den jeweiligen Disparitäten bilateral auszutauschen, sondern auf der Grundlage einer bewußten, möglichst multilateralen Arbeitsteilung national effektiver wirtschaften zu können."[7]

1 Meissner, B., 1969, S.38

2 Meissner, B., 1969, S.54

3 Butenko, A.P., Sozialistische Integration - Wesen und Perspektiven, Berlin-Ost 1972, S.35

4 Fritsch-Bournazel, R., 1979, S.141

5 DDR-Wirtschaft 1977, S.273

6 Machowski, Heinrich, Die Entstehung der DDR im Rahmen der Weiterentwicklung des RGW, in: Leptin, G., Hrsg., Die Rolle der DDR in Osteuropa, Berlin 1974, S.91 und DDR-Wirtschaft 1977, S.290f.

7 Damus, R., 1979, S.79

Durch Produktionsspezialisierung und intensivere Kooperation einzelner Mitgliedsländer sollten zum Beispiel kostengünstige Großserienproduktionen ermöglicht werden, bei denen die Arbeitsproduktivität gesteigert werden konnte.[1] Die DDR konzentrierte sich auf Industrieausrüstungen, Elektronik und Feinmechanik (Optik). Seit der 29. Ratstagung 1975, wurden auch multilaterale Investitionsprojekte in Angriff genommen wie die gemeinsame Herstellung einer elektronischen Rechenanlage (ESER) die Spezialisierung beim Bau von Autokränen (DDR, Ungar, CSSR) oder die Errichtung eines deutsch-polnischen Gemeinschaftsunternehmens bei Kattowitz.[2] Der unterschiedliche Entwicklungszustand der sozialistischen Volkswirtschaften sollte in einer gegenseitig abgestimmten Wirtschaftsplanung der RGW-Staaten schrittweise angenähert und angeglichen werden,[3] um in jedem dieser Staaten die sog. "entwickelte sozialistische Gesellschaft" aufzubauen.[4]

Die Integrationsproblematik wurde unter der Thematik der "Dialektik von Internationalem und Nationalem" im Sozialismus diskutiert.[5] Auf der Grundlage sozialistischer Produktionsverhältnisse, so lautete der Kerngedanke, entwickeln sich sozialistische Nationen, deren wachsende innere soziale Homogenität zu einen gesetzmäßig verlaufenden Prozeß des jeweiligen Aufblühens und der gegenseitigen Annäherung aller sozialistischen Nationen führe.[6] Allerdings erfolge dieser Annäherungsprozeß nicht im Selbstlauf, sondern auf der Basis des proletarischen Internationalismus, der in diesem Zusammenhang nun zentralen Stellenwert erhielt.[7] "Der proletarische Internationalismus...bildet im Sozialismus die Grundlage der Annäherung und des Aufblühens sämtlicher Nationen und Völkerschaften."[8] Die Zielperspektive des in die Terminologie Leninscher Nationalitätenpolitik gekleideten Annäherungsprozesses der sozialistischen Nationen im RGW war ihre "Verschmelzung", nach dem Vorbild der UdSSR, zu einem, wie Butenko sich ausdrückte, "einheitlichen sozialökonomischen Organismus."[9]

1 DDR-Wirtschaft 1977, S.289
2 DDR-Wirtschaft 1977, S.291ff.
3 Autorenkollektiv unter der Leitung von P. N. Fedossejew, , M. J. Kulitschenko, Der Leninismus und die nationale Frage in der Gegenwart, Moskau 1974, 300ff.
4 Vogt, Walter, Integration - Politik und Ökonomie. Zu einigen Aspekten der sozialistischen ökonomischen Integration des RGW, Berlin-Ost 1978, S.55
5 Vogt, W., 1978, S.39ff.
6 Fedossejew, P.N., 1974, S.257ff.
7 Vogt, W., 1978, S.68ff.
8 Fedossejew, P.N., 1974, S.274f.
9 Butenko, A.P., 1972, S.29. Vgl. auch Ludz, P.C., 1977, S.252 und
Fedossejew, P.N., 1974, S. 93

Mag der Zusammenhang von Aufblühen und Annäherung der Nationen wie auch das Tempo der Annäherung generell fragwürdig sein[1], so war die politische Bedeutung dieses Konzeptes evident. Die Hervorhebung des sowjetischen Vielvölkerstaates als Modellfall der Annäherung und die zentrale Bedeutung des proletarischen Internationalismus in diesem Integrationskonzept dienten der UdSSR, beziehungsweise der KPdSU zur ideologischen Untermauerung und Ausweitung ihres Hegemonialanspruches im östlichen Bündnis.[2]

Wenn der proletarische Internationalismus im DDR-Verständnis als "Zusammenschluß...um die UdSSR"[3] gedeutet wurde, so wurde an dieser Stelle der Zusammenhang von Bündnisintegration und Nationsverständnis wieder deutlich. Im Prozeß von nationaler Blüte und Annäherung mußte der Sonderstatus der DDR als Teil einer gespaltenen deutschen Nation 1971 obsolet werden.

Die Eigenart eines nationalen Vorbildanspruches gegenüber der Bundesrepublik und die Selbstdarstellung als deutsches Modell gegenüber dem Westen und der "Dritten Welt" kollidierten nunmehr mit RGW-Integrationsvorstellungen, die in der grundsätzlich nationalen (das heißt sozialen) Gleichartigkeit ihren Ausgangspunkt nahmen. In diesem Integrationszusammenhang ist auch der "Vertrag über Freundschaft, Zusammenarbeit und gegenseitigen Beistand" vom 7.10. 1975 zwischen der UdSSR und der DDR zu rücken, der in der Präambel die "Annäherung der sozialistischen Nationen" prognostizierte und "Beziehungen der ewigen und unverbrüchlichen Freundschaft" auf der Grundlage des sozialistischen Internationalismus festlegte.[4]

Da zugleich ein Zusammenhang zwischen RGW-Integration und der Ausweitung der wirtschaftlichen Ost-West-Beziehungen im Rahmen einer Politik der Entspannung, beziehungsweise in östlicher Terminologie, der friedlichen Koexistenz bestand, ließ sich das Abrücken der SED von der Einheit der deutschen Nation und die These von der sozialistischen Nation in der DDR als Tribut an eine Ost-West-Koexistenz nach sowjetischer Vorstellung interpretieren. Die Eindeutigkeit dieser Lösung - hier sozialistische Nationen, dort kapitalistische Nationen - blieb indes gerade im Hinblick auf die DDR fraglich.

Ob die SED auf Elemente einer national akzentuierten Bewußtseinsbildung zur innenpolitischen Integration zugunsten einer Orientierung am proletarischen

1 vgl. auch S.186 in dieser Arbeit

2 Ludz, P.C., 1977, S.253

3 Müller, Hans Georg, Der Bruderbund der sozialistischen Staaten und das Dilemma des bürgerlichen Nationalismus, in: IPW-Berichte 4/1975, S. 2-10, S. 5

4 Bundesministerium für innerdeutsche Beziehungen, Hrsg., Texte zur Deutschlandpolitik, Reihe 11, Band 3: 30. Januar 1975 - 19. Dezember 1975, S.440f.

Internationalismus, das heißt an der Annäherung an die UdSSR, verzichten konnte, bleibt zu erörtern.[1] "Damit ist das eigentliche Problem, das für die SED-Führung durch die deutsche Frage aufgeworfen wird, klar umrissen: In der durch 'Integration' und 'Koexistenz' determinierten Politik mußte die deutsche, bzw. nationale Frage als selbständiger Faktor ausgeklammert bleiben. Weder Integration noch Koexistenz/ Kooperation erlaubten und erlauben der DDR eine zu starke Betonung der nationalen Komponente. Die SED-Führung konnte deshalb an Entwicklungen, die sich aus einer betont nationalen Politik ergeben, nicht interessiert sein. Andererseits benötigt sie ein eigenes spezifisches DDR-Nationalbewußtsein als Legitimationshilfe. Vor allem unter diesem innenpolitischem Aspekt besaß und besitzt die nationale Dimension deshalb für die SED-Führung Bedeutung."[2]

Wie weit die Integrationspläne des RGW faktisch realisiert wurden, soll im Rahmen dieser Themenstellung nicht empirisch überprüft werden.[3] Im Hinblick auf die DDR sprachen einige Indizien dafür, daß die gewünschte Entwicklung nicht stattgefunden hatte. 1975 war die Blockverflechtung des DDR-Außenhandels (Anteil der übrigen RGW-Staaten am DDR-Außenhandel) im Import mit 63,5% niedriger als 1960 mit 66,4% und im Export war sie von 68,7% (1960) auf 69,3% (1975) nur um 0,6% gestiegen.[4] Im Vergleich dazu stieg der Anteil westlicher Industriestaaten an der DDR-Einfuhr im Fünfjahresdurchschnitt 1971 - 1975 auf 30,9% gegenüber 23,9% 1966-1970, während der Anstieg des DDR-Exports in den Westen in denselben Vergleichszeiträumen geringfügiger von 19,6% auf 23,2% zugenommen hatte.[5]

Wie es scheint, konnte die UdSSR in der Folge der Energiepreiskrise von 1973 ihre ökonomische Dominanz im RGW ausbauen. Die DDR, die von der UdSSR in hohem Ausmaß ihren Energiebedarf deckt (Erdgas zu 100%, Erdöl zu 80%)[6], wurde wie alle RGW-Staaten durch die Erhöhung der sowjetischen Rohstoffpreise 1975 in stärkere Abhängigkeit von der UdSSR gebracht. Außerdem stellte die DDR im Zeitraum von 1976-1980 ca. 8 Mrd. Mark an Investitionsbeteiligung für multilaterale RGW-Entwicklungsvorhaben zur Verfügung, bei denen die Energieförderung in der UdSSR einen wichtigen Platz einnahm.

1 vgl. in dieser Arbeit S. 192ff.

2 Ludz, P.C., 1977

3 vgl. hierzu DDR-Wirtschaft 1977, S.279ff. u. Damus, R., 1979, S. 153f.

4 DDR-Wirtschaft 1977, S.372

5 DDR-Wirtschaft 1977, S.354

6 Fritsch-Bournazel, R., 1979, S.154

7.3 Der Positionswechsel in der nationalen Frage

7.3.1 Die Zwei-Nationen-These

Seit dem VIII. Parteitag der SED im Juni 1971, der von der DDR-Historiographie als "herausragendes Ereignis in der Geschichte der SED und der DDR" gepriesen wurde, gedachte die Partei, einen Schlußstrich unter die Frage nach der deutschen Nation zu ziehen.[1] "Was die nationale Frage betrifft, so hat hierüber bereits die Geschichte entschieden", erklärte Honecker auf dem Parteitag.[2] "Im Gegensatz zur BRD, wo die bürgerliche Nation fortbesteht und wo die nationale Frage durch den unversöhnlichen Klassenwiderspruch zwischen der Bourgeoisie und den werktätigen Massen bestimmt wird,..., entwickelt sich bei uns in der Deutschen Demokratischen Republik,..., die sozialistische Nation."[3]

Mit der These von der sozialistischen Nation in der DDR paßte sich die SED in das Entspannungskonzept der sowjetischen Führung ein, welche die Ost-West-Kooperation aus einem festgefügten Block sozialistischer Nationen unter Führung der UdSSR betreiben wollte. Zugleich stellte das neue Nationskonzept die Grundlage der ideologischen Grenzziehung gegenüber der Bundesrepublik dar. Hieß es doch nunmehr, daß sich zwischen der "sozialistischen DDR und der imperialistischen BRD ein objektiver Prozeß der Abgrenzung" vollziehe.[4]

Demgegenüber schien die bundesrepublikanische These von der Einheit der deutschen Nation, als Basis deutsch-deutscher Besonderheiten, den sozialistischen Integrationsprozeß der DDR potentiell zu gefährden und die sozialistische Bewußtseinsbildung der DDR-Bevölkerung zu unterlaufen.[5] Der herausfordernde Charakter des Neuansatzes der sozialliberalen Deutschlandpolitik für die Abgrenzungsbemühungen der SED trat in der Einschätzung Honeckers deutlich zutage. Die These nationaler Einheit - die die SED immerhin fast 25 Jahre selbst vertreten hat - sei nunmehr "nichts anderes als ein modifizierter Ausdruck von Revanchismus, denn sie zielt letztlich auf die früher mit allen Mitteln nicht erreichte Unterordnung der DDR unter die imperialistische BRD" ab.[6]

1 Heitzer, H., 1979, S.215

2 Honecker, Erich, Rechenschaftsbericht des ZK der SED auf dem VIII. Parteitag der SED 1971, in: DA 7/71, S. 759-771, S.770

3 Honecker, E., 1971, S.771

4 Honecker auf der 14. Tagung im Dezember 1970, Wortlaut in: Brandt, P.; Ammon, H., 1981, S.315

5 Kregel, B., 1979, S.81ff.

6 Honecker auf der 14. Tagung des Zentralkomitees im Dezember 1970, Wortlaut in: Brandt, P.; Ammon, H., 1981, S.315

Betrieb die Bundesregierung in den Augen der SED die Fortsetzung der "alten" Ostpolitik lediglich mit neuen, subtileren Mitteln, nämlich einem gesamtdeutschen Nationalismus, so war umgekehrt eine positionelle Bewegung in der ostdeutschen Deutschlandpolitik nach Ulbricht nicht zu übersehen. Unter Ulbricht war die Deutschlandpolitik zuletzt aus einer recht selbstbewußten Haltung betrieben worden, welche die völkerrechtliche Anerkennung der DDR aus dem Bewußtsein heraus anstrebte, den alleinigen deutschen Nationalstaat, das heißt, das rechtmäßige Deutschland zu vertreten. Die SED hielt zwar auch unter Honecker am Ziel der völkerrechtlichen Anerkennung fest, löste sich aber aus der illusionären Fixierung an einen nationalen Alleinvertretungsanspruch. Damit wurde Anerkennungspolitik von der SED in den weiteren Horizont einer Koexistenz- und Integrationspolitik gestellt, welcher der SED auch wieder größere Flexibilität und mehr Verhandlungsfähigkeit gegenüber der Bundesrepublik verschaffte. "War Entspannung für Ulbricht nur denkbar als eine Folge der DDR-Anerkennung, sieht Honecker in der Entspannung eine Voraussetzung für eine umfassendere Interessenwahrnehmung."[1]

Die SED obstruierte unter Honecker nicht mehr die Berliner Vier-Mächte-Verhandlungen, sondern beteiligte sich an den Detail-Verhandlungen zur Regelung des Berlin-Verkehrs mit dem West-Berliner Senat. Nachdem im Dezember 1971 ein Transitabkommen, eine Vereinbarung zum Berliner Reiseverkehr, und im Mai 1972 der Verkehrsvertrag zwischen beiden deutschen Staaten erfolgreich abgeschlossen wurde, war die Wiederaufnahme von Verhandlungen zu einem deutsch-deutschen Grundlagenvertrag möglich.[2]

7.3.2. Grundlagenvertrag, deutsch-deutsche "Normalisierung" und IdH

Im Vorfeld der Verhandlungen zum Grundlagenvertrag hatte sich die SED allerdings im Sommer 1972 um eine vorgezogene völkerrechtliche Anerkennung durch einen Aufnahme-Antrag an die UNO bemüht.[3] Wäre ein solches Vorhaben geglückt, hätte die SED von einer ungleich günstigeren Ausgangsposition aus in die deutsch-deutschen Verhandlungen gehen können. Die Architektur des in einen gesamteuropäischen Rahmen eingespannten innerdeutschen Ausgleichs war deswegen von Bedeutung, weil die Verhandlungsreihenfolge unterschiedliche Positionen für die

1 Kregel, B., 1979, S.79
2 Hillgruber, A., 1978, S.124ff.
3 Wettig, G., 1976, S.122

jeweils folgenden Verhandlungsschritte festlegen konnte. Das Fünf-Punkte-Programm der SED vom VIII. Parteitag 1971 sah folgenden Fahrplan vor: Einberufung einer europäischen Sicherheitskonferenz, Eintritt der DDR in die UNO, Aufnahme internationaler diplomatischer Beziehungen, Grundlagenvertrag mit völkerrechtlicher Geltung, Regelung der Berlin-Frage.[1] Demgegenüber bestand die Bundesregierung auf der Reihenfolge Berlin-Abkommen, Grundlagenvertrag, UNO-Beitritt, europäische Sicherheitskonferenz.

Von politisch-praktischer Bedeutung waren in der sozialliberalen Verhandlungskonzeption der Gedanke der Einheit der deutschen Nation und die Bestätigung der Vier-Mächte-Kompetenzen für Deutschland. Die Bestätigung der alliierten Deutschland-Kompetenzen war besonders für die Fixierung des Rechtsstatus West-Berlins und zur Absicherung des Berlin-Verkehrs wesentlich. Eine völkerrechtliche Anerkennung der DDR als erster Verhandlungsschritt, wie sie die SED forderte, hätte der Bundesregierung den besonderen Bonus für die Berlin-Verhandlungen genommen und der DDR-Führung die Möglichkeit gegeben, ihre Berlin-Zuständigkeit positionell auszuweiten.[2]

Die Bundesregierung konnte ihre Rangfolge letztlich durchsetzen. Nach dem Abschluß des Verkehrsvertrages begannen im August 1972 die Verhandlungen zum Grundlagenvertrag zwischen Egon Bahr und Michael Kohl, der am 12.12.1972 unterzeichnet wurde.[3] Die Vier-Mächte-Kompetenzen waren im Grundlagenvertrag nicht fixiert worden, sie wurden aber bereits im November 1972 anläßlich des zukünftigen UNO-Beitritts der beiden deutschen Staaten von den Alliierten bekräftigt.[4]

Im Hinblick auf die Einheit der deutschen Nation einigten sich die beiden deutschen Vertragspartner auf eine Dissens-Formel: "Unbeschadet der unterschiedlichen Auffassungen der Bundesrepublik Deutschland und der Deutschen Demokratischen Republik zu grundsätzlichen Fragen, darunter zur nationalen Frage" wurde der Grundlagenvertrag abgeschlossen.[5] Im "Brief zur deutschen Einheit", der dem Vertrag beigefügt wurde, hielt die Bundesregierung das Wiedervereinigungsziel fest.[6]

1 Honecker, E. 1971, S.770f., vgl. auch Heitzer, H., 1979, S.214

2 Wettig, G., 1976, S.124ff.

3 Hillgruber, A., 1978, S.143

4 Wettig, G., 1976, S.130

5 Aus der Präambel des Vertrages, Wortlaut in: Dokumentation 1977, S. 159

6 Wortlaut in: Dokumentation 1977, S. 160

Auf welche Grundlage hatte der so benannte Vertrag die deutsch-deutschen Beziehungen nun gestellt? Der Vertreter der DDR, Staatssekretär Kohl, interpretierte das Vertragswerk als "allgemein dem Völkerrecht entsprechende Grundlage für normale gutnachbarliche Beziehungen zwischen beiden Staaten."[1] Mit dem völkerrechtlichen Charakter des Vertrages versuchte die SED die zukünftige, auch friedliche Unveränderbarkeit der deutsch-deutschen Grenze und die Geltungskraft zweier deutscher Staatsbürgerschaften, die sich auf das jeweilige Territorium der Bundesrepublik und der DDR beschränkten, zu begründen. Dement sprechend heftig fiel die SED-Reaktion auf das Urteil des Bundesverfassungsgerichtes zum Grundlagenvertrag aus, das die deutsch-deutsche Grenze als staatsrechtliche Grenze "ähnlich denen, die zwischen den Ländern der Bundesrepublik Deutschland verlaufen", qualifizierte.[2] Indirekt wurde dadurch der Behauptung der DDR-Führung gegenüber der ostdeutschen Bevölkerung Nahrung gegeben, die neue Ostpolitik der Bundesrepublik stelle die Fortführung der Revanche-Politik mit subtileren Mitteln dar. "An das Märchen, die DDR als Bundesland einverleiben zu können, glauben doch selbst nicht mehr die Schüler der Zwergschulen in der Bundesrepublik Deutschland", konnte das Neue Deutschland damals kommentieren[3], ohne zu ahnen, welch prophetischen Beiklang die Ironie am Ende der 80er Jahre entfalten sollte.

Die Beziehungen der DDR zur Bundesrepublik wurden in einen allgemeinen Ost-West-Abgrenzungszusammenhang gestellt, auch die Bundesrepublik sei "imperialistisches Ausland".[4] Dies bedeutete Kooperation und friedlichen Wettbewerb im ökonomischen Bereich und Abgrenzung auf dem ideologischen Sektor auch zwischen beiden deutschen Staaten.

Nach dem Abschluß des Grundlagenvertrags gelang der DDR der "internationale Durchbruch".[5] Im September 1973 wurde sie in die UNO aufgenommen und bis 1976 unterhielt sie zu 121 Staaten diplomatische Beziehungen. Dadurch erweiterte sich ihr außenpolitisches Aktionsfeld, in das die Beziehungen zur Bundesrepublik eingeordnet wurden.[6]

Die SED selbst umriß ihre deutschlandpolitische Perspektive mit dem Stichwort von der "Normalisierung"[7] der gegenseitigen Beziehungen, zu der sie unter

1 Wortlaut in: Dokumentation 1977, S.166

2 Wortlaut in: Dokumentation 1977, S.193

3 Wortlaut in: Dokumentation 1977, S.197

4 Wettig, G., 1976, S.121

5 Ludz, P.C., 1977, S.43

6 Ludz, P.C., 1977, S.39

7 Honecker im Dezember 1974, Wortlaut in: Texte, 1974, S.450

anderem die Anerkennung der "souveränen Gleichheit und territorialen Integrität" und die "Nichteinmischung in die inneren Angelegenheiten"[1] zählte. Damit stand für die SED auch weiterhin das Abgrenzungsbemühen auf völkerrechtlicher Basis im Vordergrund der deutsch-deutschen Beziehungen.

Auf dieser Grundlage schien die SED bereit, eine gemeinsame deutsch-deutsche Rolle und Verantwortung im Prozeß der europäischen Friedenssicherung zu erkennen und wahrnehmen zu wollen. So betrachtet, sah die SED die Deutschlandpolitik auch für die 80er Jahre im Zusammenhang einer notwendigen Friedenssicherung, die nicht, wie unter Ulbricht, gegen eine als revanchistisch verketzerte Bundesrepublik, sondern mit ihr zusammen zu wahren war.[2] Beide deutsche Staaten, so ließ Honecker anläßlich des Besuches Helmut Schmidts im Dezember 1981 mit Blick auf den NATO-Doppelbeschluß vom Dezember 1979 verlauten, "brauchen Frieden und Entspannung in besonderem Maße" und "haben alle Veranlassung, mit ganzer Kraft dafür zu wirken, daß die weltpolitische Lage gesundet und die Abrüstung, die Fortführung der Entspannung zur bestimmenden Tendenz der 80er Jahre wird."[3]

Die Möglichkeiten der SED, ihrerseits auf den sowjetischen Verbündeten Einfluß zu nehmen, waren allerdings skeptisch zu beurteilen. Die verfassungsrechtlich (1974) und vertraglich (1975) fixierte enge Bindung der DDR an die UdSSR[4], aber auch die scharf ablehnende Haltung der Partei gegenüber pazifistischen Strömungen in der eigenem Gesellschaft verwiesen auf den restriktiven Handlungsrahmen. Eine öffentlich geführte Abrüstungsdiskussion im eigenen Staat schien für die SED aus gesellschaftlichen Gründen kaum vertretbar, denn innenpolitisch war "stabilisieren letztlich wichtigen als normalisieren."[5]

Der einzige Bereich, in dem die SED tatsächlich besondere Beziehungen auch nach dem Grundlagenvertrag unterhielt, war der innerdeutsche Handel (IdH). In einem Zusatzprotokoll zu Art. 7 des Grundlagenvertrages hieß es, daß der Handel zwischen beiden deutschen Staaten "auf der Grundlage bestehender Abkommen entwickelt" werde sollte.[6]

1 Honecker im Februar 1970, Wortlaut in: Texte, 1979, S.57

2 Honecker, Wortlaut in: Texte, 1978, S.57; vgl. auch S. 218ff. in dieser Arbeit.

3 Honecker, Erich, Tischrede anläßlich des Besuches Helmut Schmidts in der DDR vom 11.12.1981, in: DA 2/1982, S.208-211, S. 208

4 vgl. in dieser Arbeit S. 170 und S. 162

5 Kregel, H., 1979, S.87.

6 Dokumentation 1977, S.161. Die rechtliche Grundlage des IdH stellt das sog. Berliner Abkommen in der Fassung von 1960 dar, das den gesamten Waren- und Dienstleistungverkehr zwischen der DDR und der BRD (auch West-Berlin) umfaßt. Bruns, W., 1982, S.69

Die Besonderheit des IdH lag darin, daß er sich weder als reiner Binnenhandel klassifizieren ließ, denn er fand zwischen in sich abgeschlossenen Volkswirtschaften statt, noch einen typischen Außenhandel darstellte, weil er gegenüber der EG als Binnenhandel der Bundesrepublik behandelt wurde.[1] Die DDR erhielt dadurch einen "Quasi-Mitgliedstatus"[2] in der EG, einen direkten Zugang zum EG-Markt und Zollfreiheit im Handel mit der Bundesrepublik.[3] Außerdem wirkte sich die im Rahmen des innerdeutschen Zahlungsverkehrs eingerichtete Überziehungsmöglichkeit (swing) wie ein zinsloser Handelskredit für die DDR aus, weil die Bundesrepublik den swing nicht in Anspruch nimmt und auf einen jährlichen Saldenausgleich verzichtet.[4]

Während der IdH für die DDR in erster Linie von ökonomischer Bedeutung war - er machte ca. 10% des DDR-Außenhandels, aber nur 2% des bundesrepublikanischen Außenhandels aus -, verband die Bundesrepublik hiermit vorwiegend politische Interessen.[5] Manifestierte sich doch in diesem Bereich tatsächlich eine "besondere Beziehung" zwischen beiden deutschen Staaten, die die sozialliberale Regierungskoalition auch zu fördern gedachte. Aufgrund seiner Kontinuität und seines beständigen Zuwachses - in den Jahren 1970 - 1980 stieg er wertmäßig um 172%[6] - ist ihm durchaus eine gewisse Klammerfunktion zwischen beiden deutschen Staaten zuzusprechen.

7.3.3 Die SED und das "Deutsche"

So klar und einfach die SED ihr innerdeutsches Abgrenzungsbemühen auch auf die Formel "sozialistische Nation - kapitalistische Nation" brachte, die Praxis stellte sich letztlich schwieriger dar. Denn gerade mit dem Inkrafttreten des Verkehrs- und des Grundlagenvertrages erhöhte sich die Zahl westdeutscher Besucher in der DDR (inclusive West-Berlin) sprunghaft in den Jahren 1971 bis 1973 von ca. 2,6 Mio. auf über 6 Mio.[7] Zieht man die ca. 2 Mio. Tagesaufenthalte in Ost-Berlin hiervon ab, so

1 Bruns, W., 1982, S.70

2 Bruns, W., 1982, S.71

3 DDR-Wirtschaft 1977, S.267

4 DDR-Wirtschaft 1977, S.265f.

5 Bruns, W., 1982, S.70f. und DDR-Wirtschaft 1977, S.268

6 errechnet nach Bruns, W. 1982, S.72 und DDR-Wirtschaft 1977, S. 365.

7 Dokumentation 1977, S.36. 1974 nahm der Besucherstrom auf 4,4 Mio. ab, im folgenden Jahr stieg er jedoch wieder auf 6,3 Mio.

verbleibt eine Anzahl längerverweilender westdeutscher Besucher, die annähernd 25% der Gesamtbevölkerung der DDR ausmachte.[1]

Eilig bemühte sich die SED denn auch, die Vokabel "deutsch" aus dem offiziellen Sprachgebrauch zu tilgen. Der Deutschlandsender wurde 1971 in "Stimme der DDR" umgetauft, die Deutsche Akademie der Wissenschaften hieß seit 1972 Akademie der Wissenschaften der DDR[2] und die Nationalhymne - mit deutlichem Bezug zu einem Deutschland - wurde nur noch instrumental aufgeführt.[3] Das Wort "Deutschland" verschwand in Meyers Neuem Lexikon (DDR-Ausgabe); es wurde unter dem Buchstaben "D" nicht mehr geführt.[4] In der DDR lebten seither keine Deutschen schlechthin, sondern Bürger der DDR.[5] Das sprachliche Abgrenzungsbemühen rief übrigens in der Bundesrepublik eine Gegentendenz, nämlich die Tabuisierung des Kürzels "BRD" im offiziellen Sprachgebrauch hervor.[6]

Ihren prägnantesten Ausdruck fand die Sprachregelung der SED in der Verfassungsänderung vom Oktober 1974. Die Präambel von 1968 wurde so umgeändert, daß "die Verantwortung der ganzen deutschen Nation den Weg...zu weisen" durch die Formulierung ersetzt wurde, "das Volk der Deutschen Demokratischen Republik [hat, K.E] ...sein Recht auf sozialökonomische, staatliche und nationale Selbstbestimmung verwirklicht."[7] "Die Nationale Front des demokratischen Deutschland" (Art. 3, 1968) wurde in die "Nationale Front der Deutschen Demokratischen Republik" umbenannt (Art. 3, 1974)[8] und ein Vergleich der Artikel 1 ergibt:

1 Mit diesen Zahlen war allerdings noch nichts über die, für die Zukunft deutsch-deutscher Gemeinsamkeiten wichtige Altersstruktur des westdeutsche Reiseverkehrs ausgesagt. Immerhin ließ sich aus den Daten entnehmen, daß die Bundesbürger die DDR fast ebenso häufig wie Österreich und fast dreimal mehr als Spanien bereisten. Von den 14,3 Mio. Auslandsreisen der Bundesbürger gingen 1970/71 31% nach Österreich, 20% nach Italien, 12% nach Spanien und 6% in die Schweiz und Jugoslawien. Vgl. Gesellschaftliche Daten 1977, hrsg. v. Presse- und Informationsamt der Bundesregierung, Wolfsbüttel 1978, S.198.

2 Berschin, Helmut, Deutschland - ein Name im Wandel. Die deutsche Frage im Spiegel der Sprache, München, Wien 1979, S.28

3 Berschin, H., 1979, S. 68

4 Berschin H., 1979, S. 28

5 Berschin H., 1979, S. 27

6 Das Kürzel (BRD) paßte zwar in die Abgrenzungsbemühungen der SED, weil es die im vollen Staatsnamen formulierte Einheit der Nation verschluckte, war aber in der BRD selbst entstanden. Immerhin hatte die Bayerische Staatsregierung in der Klagebegründung gegen den Grundlagenvertrag die Bundesrepublik Deutschland durchweg als "BRD" bezeichnet, vgl. Berschin, H., 1979, S.74ff.

7 Schuster, R., 1981, S.217

8 Schuster, R., 1981, S.218

"Die Deutsche Demokratische Republik ist ein sozialistischer Staat deutscher Nation" (1968)[1]

"Die Deutsche Demokratische Republik ist ein sozialistischer Staat der Arbeiter und Bauern" (1974)[2]

Weiterreichend als die Substitution des Wortes "deutsch" schien die verfassungsrechtliche Fixierung der Anbindung der DDR an die UdSSR im Art. 6 der Verfassung. "Die Deutsche Demokratische Republik ist für immer und unwiderruflich mit der Union der Sozialistischen Sowjetrepubliken verbündet."[3] Demgegenüber war 1968 lediglich von der Pflege der "allseitigen Zusammenarbeit und Freundschaft" mit der UdSSR und den anderen Bündnispartnern die Rede (Art. 6).[4]

Der Wiedervereinigungspassus wurde aus Art. 8 gestrichen und durch den Verzicht auf einen Eroberungskrieg, beziehungsweise den Einsatz der Streitkräfte gegen "die Freiheit eines anderen Volkes" ersetzt.[5]

Der Erfolg der völligen Abstraktion vom "Deutschen" zugunsten einer ideologischen Abgrenzung der sozialistischen DDR von der imperialistischen Bundesrepublik schien indessen auf innenpolitische Schranken zu stoßen. Im Dezember 1974 führte Honecker den Bezug zum "Deutschen" offiziell wieder ein.

"Wir sind im Vergleich zur Bundesrepublik Deutschland schon eine historische Epoche weitergegangen, wir repräsentieren, um es kurz auszudrücken, im Gegensatz zur Bundesrepublik Deutschland das sozialistische Deutschland.

Dieser Unterschied ist der entscheidende. Unser sozialistischer Staat heißt Deutsche Demokratische Republik, weil ihre Staatsbürger der Nationalität nach in der übergrossen Mehrheit Deutsche sind. Es gibt also keinen Platz für irgendwelche Unklarheiten beim Ausfüllen von Fragebögen, die hier und dort benötigt werden. Die Antwort auf diesbezügliche Fragen lautet schlicht und klar und ohne jede Zweideutigkeiten: Staatsbürgerschaft - DDR, Nationalität - deutsch. So liegen die Dinge."[6] War auch nicht klar, wer die Schwierigkeiten beim Ausfüllen von Fragebögen hatte - immerhin sprach Honecker im Dezember 1974 die Mitglieder des Zentral-

1 Schuster, R., 1981, S.243
2 Schuster, R., 1981, S.218
3 Schuster, R., 1981, S.219
4 Schuster, R., 1981, S.244
5 Schuster, R. 1981, S.220
6 Honecker auf der 13. Tagung des Zentralkomitees der SED am 12.12.1974. Texte, 1974, S.448

komitees, das heißt SED-Mitglieder, an - so schien offenbar eine von der deutschen Geschichte losgelöste, breite sozialistische Bewußtseinsbildung bei der DDR-Bevölkerung gar nicht möglich.[1] Die Unterscheidung zwischen "Nation" und "Nationalität" führte ein "deutsches" Element unterhalb der Differenzierung in zwei Nationen wieder ein. Die Nationalität eines DDR-Bürgers sollte mit der eines Bundesbürgers oder eines deutschsprachigen Schweizers identisch sein. In allen drei Staaten lebten Bürger deutscher Nationalität, ohne daß sie deswegen die gleiche Staatsbürgerschaft besäßen. "Menschen gleicher Nationalität können...in verschiedene Staatsvölker integriert sein und damit verschiedene Staatsbürgerschaften besitzen."[2]

Die Unterscheidung zwischen Nationalität und Staatsbürgerschaft erscheint indessen dann sinnvoll, wenn mehrere Nationen in einem - meist föderativen - Staat zusammengeschlossen sind, wie beispielsweise in der UdSSR. Dort wird als Nationalität aber die "nationale Zugehörigkeit" von Personen[3], daß heißt die Zugehörigkeit zu einer Nation bezeichnet, die die SED gerade in eine sozialistische und eine kapitalistische deutsche Nation differenzieren will. Um diesem Dilemma zu entgehen, legt die SED "Nationalität" nicht als "nationale Zugehörigkeit", sondern als "ethnische Identität" fest.[4]

Mit der Rehabilitation des "Deutschen" war nicht die Rückkehr zu einem nationalen Alleinvertretungsanspruch der DDR, wie er zu Ulbrichts Zeiten erhoben wurde, verbunden. Dem ostdeutschen Staat wurde aber eine "Repräsentationsfunktion" zugewiesen, wenn Honecker sagte, die DDR "repräsentiert...das neue, das sozialistische Deutschland."[5] In der Feststellung des Ersten Sekretärs klang zumindest ein durchaus im gesamtdeutschen Rahmen befangenes Fortschrittsbewußtsein an. So konnte Honecker auch aufgrund der "Entwicklungsgesetze der menschlichen Gesellschaft...sagen, daß der Sozialismus allein schon aus Gründen dieser Gesetzmäßigkeit auch um die Bundesrepublik keinen Bogen machen wird. Das sind jedoch Fragen, die die Geschichte beantworten wird."[6]

1 vgl. in dieser Arbeit S. 192ff.

2 Riege, Gerhard; Kulke, Hans-Jürgen, Nationalität: deutsch - Staatsbürgerschaft: DDR, Berlin-Ost[2] 1980, S.40

3 vgl. in dieser Arbeit S. 188ff.

4 Zu den damit verbundenen Problemen vgl. in dieser Arbeit S. 190ff.

5 Wortlaut in: Texte, 1978, S.56

6 Wortlaut in: Texte, 1978, S.56

7.4 Blockintegration und Koexistenzpolitik der DDR im Spiegel der Geschichtskonzeption

Die Umorientierung der SED in der nationalen Frage hatte die innenpolitische Funktionszuweisung[1] der Geschichtswissenschaft und des Geschichtsbildes in der DDR nicht verändert, wohl aber deren inhaltliche Ausgestaltung nachhaltig beeinflußt. Die dem "ESS zugrundeliegende DDR-zentrische, in manchen Zügen "DDR-nationale" Geschichtsbetrachtung wurde durch den Führungswechsel in der SED von Ulbricht auf Honecker im Jahr 1971 wieder aufgegeben und zugunsten einer neuen, vom internationalistischen, weltrevolutionären Prozeß ausgehenden Geschichtsperspektive revidiert, in der die Einheit der sozialistischen Staaten auf der Grundlage ihrer gleichmäßigen Entwicklung unter der Führung der Sowjetunion propagiert wurde.[2]

Die Revision der Geschichtsbetrachtung begann mit dem im Januar 1972 vom Politbüro bestätigten "zentralen Forschungsplan der marxistisch-leninistischen Gesellschaftswissenschaften der DDR bis 1975."[3] Die Geschichtswissenschaft sollte sich aus der nationalen Enge der Betrachtung lösen und die Entstehung und Entwicklung der DDR im Zusammenhang mit dem "weltrevolutionären Prozeß" darstellen. "In ihrer gesamten Arbeit geht die Geschichtswissenschaft davon aus, daß das um die Sowjetunion zusammengeschlossene sozialistische Weltsystem sich als gesetzmäßiges Ergebnis des gesamten Verlaufs der Weltgeschichte herausgebildet hat und die DDR der rechtmäßige Erbe aller revolutionären, fortschrittlichen und humanistischen Traditionen der deutschen Geschichte und vor allem der deutschen Arbeiterbewegung ist."[4]

Der V. Historikerkongreß im Dezember 1972, der unter dem Thema "Die Geschichte des deutschen Volkes im welthistorischen Prozeß. Die Einheit von proletarischem Internationalismus und sozialistischem Patriotismus in historischer und aktueller Sicht" tagte, präzisierte die neue Aufgabenstellung. Aus den beiden ersten thematischen Schwerpunkten der Konferenz "Rolle der UdSSR im historischen Prozeß und Geschichte des deutschen Volkes", ergaben sich die weitreichendsten Modifikationen der Geschichtsbetrachtung.[5]

1 vgl. in dieser Arbeit Abschnitt 6.4, insb. S. 139ff.

2 Heydemann, G., 1980, S.189

3 "Zentraler Forschungsplan der marxistisch-leninistischen Gesellschaftswissenschaften der DDR bis 1975", in: E 2/1972, S.169-184

4 Forschungsplan, 1972, S.180

5 vgl. hierzu auch Neuhäuser-Wespy, Ulrich, Die SED und die Historie. Probleme und Aspekte der gegenwärtigen Umorientierung in der Geschichtswissenschaft der DDR, in: apuz 41/1976, S.31-41

7.4.1 Die Rolle der Sowjetunion nach 1945

Der Parteihistoriker Diehl machte in seinem Referat auf dem Kongreß deutlich, daß mit einer "internationalistischeren" Betrachtungsweise eine Berücksichtigung des Verlaufs der sowjetischen Geschichte und ihres Einflusses auf die deutsche Entwicklung intendiert wurde.[1] Vor allem die früher betonten Besonderheiten der DDR-Entwicklung nach 1945 - höherer Industrialisierungsgrad, Teilstaatlichkeit, nationalsozialistische Vergangenheit - wurden zugunsten der ausschlaggebenden Rolle der SMAD in der Nachkriegszeit zurückgestellt.[2]

Die DDR-Gründung und -Entwicklung sollte nicht mehr als "genuin deutsches Ereignis"[3] fortgelten, sondern mit der Entwicklungsgeschichte der osteuropäischen Bündnisstaaten synchronisiert werden. Auf diese Weise erhielt die gesamte osteuropäische Geschichte - inklusive DDR - nach dem Zweiten Weltkrieg einen "allgemeingültigeren" Charakter: Sie wurde als "volksdemokratische Revolution" in den "revolutionären Weltprozeß" eingegliedert.[4] Die "volksdemokratische Revolution" verlief vorgeblich in zwei Phasen, einer "antifaschistisch-demokratischen Umwälzung" von 1945 - 1949 und einer "sozialistischen Revolution" von 1949 - 1961. Mit dieser Übertragung des sog. volksdemokratischen Revolutionstypus auf die Entstehungsgeschichte der DDR näherte sich die SED-Historiographie insofern einer realitätsgerechteren Betrachtungsweise, als die faktische Bedeutung der SMAD nun offiziell anerkannt und der Vollzug der ersten, antifaschistischen Transformationsphase der SBZ bis zum Jahre 1949 damit offiziell bestätigt wurde.[5] Mithin konnte die SED nicht mehr behaupten, daß sie die sozialökonomische Umwandlung der SBZ/DDR bis zur 2. Parteikonferenz 1952 aufgeschoben hatte, um die Möglichkeit einer deutschen Wiedervereinigung offen zu halten.[6]

Die "Internationalisierung" der DDR-Geschichte besaß einen politisch-praktischen Bezug zur RGW-Integration. Eröffnete doch die Parallelisierung der Geschichte der Staaten Osteuropas, der DDR inbegriffen, eine Möglichkeit, die Genese sozialistischer Nationen im gesamten Ostblock auf das Ende des Zweiten Weltkriegs zu datieren und ihren seither fortlaufenden Annäherungsprozeß zu propagieren.

1 Neuhäußer-Wespy, U., 1976, S. 31
2 Neuhäußer-Wespy, U., 1976, S.32f. und Reuter, F., 1973, S.67
3 Neuhäußer-Wespy, U., 1976, S.34
4 Neuhäußer-Wespy, U., 1976, S. 37ff.
5 Neuhäußer-Wespy, U., 1976, S. 36
6 vgl. in dieser Arbeit S. 94

Außerdem aber wurde durch dieses Deutungsmuster der Führungsanspruch der UdSSR institutionalisiert, weil der Sowjetmacht im Prozeß der volksdemokratischen Revolution die Initialrolle zugewiesen war und sie auch die weitere Entwicklung entscheidend beeinflußt hatte.

Der Versuch, den sowjetischen Hegemonialanspruch im RGW geschichtswissenschaftlich zu verankern, wurde noch deutlicher, wenn man die Stellung, die der Oktoberrevolution von 1917 sowie der weiteren sowjetischen Entwicklung zugewiesen worden war, hinzuzog. Die Oktoberrevolution, so lautete es, stellt den "entscheidenden Wendepunkt in der Weltgeschichte" und "tiefsten Einschnitt in der bisherigen Geschichte der Menschheit" dar[1] und der Aufbau des Sozialismus in der Sowjetunion habe Gesetzmäßigkeiten hervorgebracht, die "für alle Länder und Völker gültig sind."[2] Damit wurde die Entstehung der UdSSR zum Dreh- und Angelpunkt der Menschheitsgeschichte und die Entwicklung des Sowjetstaates zu ihrem Maßstab erhoben.[3]

7.4.2 Deutsche Geschichte im weltrevolutionären Prozeß

Auch die deutsche Geschichte selbst wurde im Anschluß an den "Zentralen Forschungsplan" und den V. Historikerkongreß 1972 in einen auf die UdSSR zentrierten weltgeschichtlichen Zusammenhang eingebettet und auf ihn abgestimmt, so daß sich eine Kette revolutionärer Bindeglieder ausbreitete, die in das "sozialistische Weltsystem" der Gegenwart einmündete. Durch die retrospektive Erweiterung der Geschichtsbetrachtung wurden "der deutsche Bauernkrieg und die lutherische Reformation ...als Anfänge einer gesamtgesellschaftichen Entwicklung gesehen, die über die englische Geschichte des 17. Jahrhunderts dann mit der Französischen Revolution ihren Abschluß fand; und die Gedanken der Französischen Revolution wiederum führten über mehrere Entwicklungsstufen in Europa und Deutschland konsequent auf die "Große Sozialistische Oktober-Revolution" in Rußland zu, mit der sich die Sowjetunion zum Schrittmacher und Maßstab der welthistorischen Entwicklung erheben konnte".[4]

1 Akademie der Wissenschaften der DDR, Zentralinstitut für Geschichte (unter der Leitung von Ernst Diehl), Grundriß der deutschen Geschichte. Von den Anfängen des deutschen Volkes bis zur Gestaltung der entwickelten sozialistischen Gesellschaft in der Deutschen Demokratischen Republik, Klassenkampf - Tradition - Sozialismus, Berlin-Ost [2]1979, S.357

2 Grundriß 1979, S.359

3 Neuhäußer-Wespy, U., 1976, S.33

4 Reuter, F., 1973, S.66

Das historische Traditionsfeld wurde dadurch weit über die Anfänge der deutschen Arbeiterbewegung ausgeweitet, wenngleich die in den 60er Jahren ausgearbeitete Grundkonzeption der Geschichte der deutschen Arbeiterbewegung[1] dabei nicht verloren ging, sondern zum "Kernstück des Traditionsbildes" der DDR[2] ausgebaut wurde. Indem "der geschichtliche Bogen vom Bund der Kommunisten zur SED als einer Partei von Kommunisten geschlagen"[3] wurde, rückte die Geschichte der deutschen Arbeiterbewegung in eine engere parteigeschichtliche Kontinuitätslinie. Diese im Kern verfestigte und ausgebaute "Grundsubstanz" des Traditionsbildes war auch in das neue Programm der SED vom Mai 1976 als historisches Selbstverständnis der Partei aufgenommen worden. "Die Sozialistische Deutsche Einheitspartei ging aus dem mehr als hundertjährigen Kampf der revolutionären deutschen Arbeiterklasse...hervor. Sie verkörpert die revolutionären Traditionen des Bundes der Kommunisten und der revolutionären deutschen Sozialdemokratie. Sie setzt das Werk der kommunistischen Partei Deutschlands fort und erfüllt das Vermächtnis der antifaschistischen Widerstandskämpfer."[4]

Darüber hinaus sollte eine Geschichte des deutschen Volkes erstellt werden, wie sie bereits der Politbüro-Beschluß vom Oktober 1968 angeregt hatte.[5] Eine Geschichte der Volksmassen, des revolutionären Elements und Hauptakteurs im historischen Prozeß, sollte den Kontext revolutionärer Traditionen der DDR ausweiten. Dabei war auch die Entstehung der Arbeiterklasse im Volk selbst und ihr unaufhaltsamer Aufstieg unter Führung der marxistisch-leninistischen Partei aufzuzeigen, aus dem heraus sich "immer sichtbarer eine neue Linie der deutschen Politik entwickelt, die den wahren Interessen des deutschen Volkes" entspricht.[6]

Einen Grundriß der auf zwölf Bände angelegten Geschichte des deutschen Volkes legte das IML 1974 unter dem Titel "Klassenkampf - Tradition - Sozialismus. Von den Anfängen der Geschichte des deutschen Volkes bis zur entwickelten

1 vgl. in dieser Arbeit S. 144ff.

2 Bartel, Horst, Erbe und Tradition in Geschichtsbild und Geschichtsforschung der DDR, in: ZfG 5/1981, S.385-394, S.390

3 Diehl, Ernst, Aufgaben der Geschichtswissenschaft nach dem IX. Parteitag, in: ZfG 3/1977, S.262-279, S.266

4 Programm und Statut der SED, o.Hrsg., mit einem einleitenden Kommentar von Karl Wilhelm Fricke, Köln 1976, S. 45: Einleitung zum Programm der SED.

5 vgl. in dieser Arbeit S. 139

6 Reuter, F., 1973, S.59

sozialistischen Gesellschaft. Grundriß" vor.[1] Dieser "Grundriß" wurde im Unterschied zur "Geschichte der deutschen Arbeiterbewegung" nicht mehr entlang nationalgeschichtlicher Wendemarken gegliedert, sondern war in Analogie zur Stadien-Konzeption des historischen Materialismus eben von der Urgesellschaft bis zum Sozialismus konzipiert.

Epoche der Urgesellschaft und Sklavenhaltergesellschaft	bis 500n. Chr.
Epoche des Übergangs zum Feudalismus	500 - 1050
Epoche des entfalteten Feudalismus	1050 - 1470
Epoche des Verfalls des Feudalismus	1470 - 1789
Epoche des Sieges und der Festigung des Kapitalismus	1789 - 1871
Epoche der vollen Entfaltung des Kapitalismus	1871 - 1900
Epoche des Imperialismus, Vorabend der proletarischen Revolution	1900 - 1917
Epoche des Übergangs vom Kapitalismus zum Sozialismus	ab 1917

Während die Stadien der Ur- und Sklavenhaltergesellschaft zu jeweils einer "Epoche" mit zwei "Hauptperioden" zusammengefaßt wurden, teilte man das Stadium des Feudalismus und Kapitalismus in jeweils drei "Epochen" ein, die dem "Aufstieg-Blüte-Verfall"-Schema entsprechen. Innerhalb der einzelnen Epochen wurden unterschiedlich viele Hauptperioden differenziert.

7.4.3 Marxistisch-leninistische Fortschrittsidee und ideologische Abgrenzung: der Formationsbegriff

In stärkerem Ausmaß als bisher hatten Geschichtskategorien des historischen Materialismus Eingang in die historische Darstellung gefunden. Von grundsätzlicher Relevanz war hierbei die Verwendung des Begriffs der "sozialökonomischen Formation"[2] oder, wie es bei anderen Autoren lautete, der "ökonomischen Gesellschaftsformation."[3]

Mit dem Gebrauch des Begriffs "sozialökonomische Formation" sollten aus dem historischen Prozeß bestimmte Entwicklungsstufen als voneinander unterscheid-

1 Grundriß 1979 (Vollständige Literaturangabe siehe S. 175, Anm. 1)

2 Diehl, E., 1977, S.270

3 Brender, Gerhard; Küttler, Wolfgang, Volksmassen, Fortschritt und Klassenkampf im Feudalismus, in: ZfG 26/1978, S.803-817, S.803 ; vgl. hierzu auch Heydemann, G., 1980, S.214 u. S.217ff.

bare und relativ geschlossene sozialökonomische, politische und kulturelle Einheiten abgegrenzt werden.[1] Über die periodisierende Funktion hinaus kam dem Begriff eine analytische Bedeutung zu. Innerhalb einer Gesellschaftsformation waren verschiedene Strukturaspekte differenzierbar, die eine unterschiedliche Gewichtung und Bewertung im historischen Prozeß zu erhalten hatten. Der grundlegende Strukturaspekt war die ökonomische Beschaffenheit einer Formation (Produktionsverhältnisse, Stand der Produktivkräfte), die über ihren jeweiligen Typ entschied.[2]

Aus dem historischen Gesamtkomplex einer Gesellschaftsformation ließen sich verschiedene "Struktur- und Entwicklungselemente"[3] ableiten, die in unterschiedlichen Anordnungen miteinander verknüpft sein konnten, so daß der Formationsbegriff genügend Flexibilität erhielt, um auf verschiedene historische Etappen, Ungleichmäßigkeiten des Geschichtsverlaufs und Übergangsphasen anwendbar zu sein.[4] Denn der "in seiner Gesetzmäßigkeit *einheitliche Geschichtsprozeß* verläuft nicht gleichzeitig und gleichmäßig im Rahmen der ganzen Menscheit, sondern weist große *Mannigfaltigkeit* in Form, Inhalt und Entwicklungstempo auf, die sowohl durch die natürlichen als auch die konkret-historischen Bedingungen bestimmt ist, unter denen die Gesellschaftsentwicklung in verschiedenen Territorien und Bevölkerungen der Erde vonstatten geht."[5]

Aus dem zentralen Strukturaspekt einer Gesellschaftsformation, ihrer ökonomischen Beschaffenheit, leitete sich direkt der marxistisch-leninistische Klassenbegriff als "Stellung großer Menschengruppen zu den Produktionsmitteln" ab.[6] "Der Klassenbegriff und die Lehre vom Klassenkampf sind zusammen mit der Kategorie der "Gesellschaftsformation" die primären theoretischen Mittel zur Gruppierung, Differenzierung und Gliederung der Gesellschaft... Ihnen kommt daher theoretische und methodologische Priorität zu."[7]

Die Existenz und Entwicklung der Klassen unterlagen gleichermaßen dem historischen Wandel wie die Formationen selbst, und die grundsätzliche Klassenzuordnung bestimmter Personengruppen konnte von anderen gesellschaftlichen Strukturmerkmalen - wie Berufszugehörigkeit, Stellung im Rechtssystem oder

1 Die einzelnen Gesellschaftsformationen entsprechen den historischen Stadien des historischen Materialismus, vgl. in dieser Arbeit S. 31

2 Schmidt, Alfred, Geschichte und Struktur. Fragen einer marxistischen Historik, Frankfurt, Berlin, Wien 1978, S.24

3 Heydemann, G., 1980, S.214

4 Heydemann, G., 1980, S.229ff.

5 Kosing, A., 1976, S.127

6 Brendler, G., 1978, S.811

7 Brendler, G., 1978, S.811

Zugehörigkeit zur Stadt- oder Landbevölkerung - überlagert werden. Auf diese Weise war auch die differenziertere Betrachtung der Struktur einzelner Klassen möglich.[1]

Die theoretisch-methodologische Konzentration auf die teleologische Abfolge sozialökonomischer Formationen prägte den Fortschrittsbegriff des Marxismus-Leninismus und die Bewertung einzelner Klassen im historischen Prozeß. "Der Marxismus versteht unter Fortschritt die Höherentwicklung der Menschheit in der Abfolge ökonomischer Gesellschaftsformationen."[2] Zwar wurden hierbei geistig-kulturelle Prozesse nicht ausgeklammert, von ausschlaggebender Bedeutung für den Fortschritt war aber die Entwicklung der "Produktivität der Arbeit."[3] Dadurch waren diejenigen Klassen als eigentliche Träger des historischen Fortschritts zu identifizieren, die als entscheidende Produktivkräfte die Arbeitsproduktivität einer Gesellschaft entwickelten (Bauern im Feudalismus, Proletariat im Kapitalismus). Sie stellten die "Triebkräfte" der historischen Entwicklung dar.[4]

Der Fortschritt in der Geschichte wurde jedoch nicht von einer Klasse allein getragen und setzte sich insofern auch nicht ungebrochen und gradlinig, sondern vermittelt über die Kämpfe verschiedener Klassen, von einer Formation zur nächsten durch. In der Feudalherrschaft z.B. traten das Städtebürgertum und das Königtum, sofern es sich mit dem Bürgertum gegen den mittleren Adel verbündet hatte, im antifeudalen Kampf an die Seite der Bauern, und speziell das Bürgertum übernahm die Rolle eines "Hegemons" im politischen Kampf.[5] Im Kontext des antifeudalen Kampfes war also auch die später ausbeutende Klasse der Bourgeoisie als Fortschrittskraft zu qualifizieren, und insofern stellte sie einen Bestandteil der historischen, antifeudalen "Volksmassen"[6] dar. Das Bürgertum bildete aber keine in sich homogene Klasse, sondern war in unterschiedliche und gegensätzliche Fraktionen zerfallen. Einzelne Fraktionen schlossen sich, nachdem die politische Ordnung der Feudalherrschaft einmal zerschlagen war, wieder mit der alten Adelsmacht zu einem neuen Herrschaftsbündnis zusammen, so daß der "Fortschritt selbst wieder" in einen neuen Antagonismus mündete."[7] Der Fortschrittsgedanke war als ein dialektischer Prozeß konzipiert, die antifeudale Einheit trug bereits den Keim der eigenen Negation in sich.

1 Brendler, G., 1978, S. 812
2 Brendler, G., 1978, S. 805
3 Brendler, G., 1978, S. 805
4 Brendler, G., 1978, S. 815
5 Brendler, G., 1978, S. 815
6 Brendler, G., 1978, S. 815
7 Brendler, G., 1978, S. 808

Die Überlegungen zum marxistisch-leninistischen Fortschrittsbegriff und seiner theoretischen Herleitung waren keineswegs reine ideologische Schattenkämpfe, sondern wurden, wie weiter oben ausgeführt wird, von der SED-Historiographie für die Traditionsbildung der DDR praktisch verwertet. Je mehr die Totalität verschiedener Gesellschaftsformationen und die Dialektik des Fortschritts in der Geschichte zum Forschungsinteresse wurden, desto stärker konnte die begrenzt progessive Rolle von Ausbeuterklassen im historischen Prozeß expliziert und in den fortschrittlichen Traditionszusammenhang der DDR integriert werden. Die Behandlung Friedrichs II. bietet hierfür ein Beispiel.[1]

Gleichwohl wäre es verfehlt, die stärkere konzeptionelle Orientierung der Historiker an der Kategorie einer "sozialökonomischen Formation" allein aus der Entwicklung und Verfeinerung des theoretisch-methodologischen Instrumentariums abzuleiten. Der Begriff der "Gesellschaftsformation" besaß politisch-praktische Relevanz als "Antikategorie" zur Theorie der einheitlichen Industriegesellschaft.[2] Er wurde nach dem VII. Parteitag der SED 1967 v.a. zur Abwehr konvergenztheoretischer Einflüsse aus dem Westen entwickelt und stand insofern im Kontext der Abgrenzung der DDR von der Bundesrepublik. "Die Systemauseinandersetzung zwischen Sozialismus und Kapitalismus fördert immer mehr das Verständnis und das Interesse für die gesetzmäßige Aufeinanderfolge sozialökonomischer Formationen, für die Entwicklung der Menschheit und unseres Volkes von der Urgesellschaft über verschiedene Typen von Ausbeuterordnungen zur ausbeutungsfreien Welt des Sozialismus/Kommunismus."[3]

Als sozialökonomische Formationen konnten die beiden deutschen Gesellschaftssysteme zwar einen gemeinsamen spezifischen Strukturaspekt aufweisen (z.B. industriell-technische Produktionsweise) dennoch waren sie wegen ihrer Divergenz im grundlegenden Strukturaspekt (Charakter der Produktionsverhältnisse, ökonomische Beschaffenheit des Systems) verschiedenen historischen Entwicklungsstufen zuzuordnen: nämlich Imperialismus (Bundesrepublik) und Sozialismus (DDR). In diesen Abgrenzungszusammenhang wurde auch die nationale Frage politisch-praktisch und theoretisch eingeordnet. "Es gibt nicht zwei Staaten einer Nation, sondern zwei Nationen in zwei Staaten verschiedener Gesellschaftsordnung", stellte Politbüromitglied Albert Norden 1972 fest.[1]

1 vgl. in dieser Arbeit S.199
2 Heydemann, G., 1980, S.227
3 Diehl, E., 1977, S.270

7.5 Nationstheorie und Herrschaftslegitimation

Um einige grundsätzliche theoretische und methodologische Fragen des SED-Nationsverständnisses zu verdeutlichen, gehen wir zunächst vom formationstheoretischen Aspekt der Geschichtskonzeption in der DDR aus. Hier ergab sich folgende Problemstellung: waren "Gesellschaftsformationen" gewissermaßen synchrone Ausschnitte eines, im gesamteuropäischen bzw. globalen Rahmen einheitlich und gesetzmäßig verlaufenden Geschichtesprozesses, wie waren dann lokale und zeitliche Modifikationen zu erfassen und zu bewerten?

7.5.1 Nation, Klasse und Formation

Kosing, der 1976 die zum Nationsproblem grundlegende Studie aus der DDR-Sicht veröffentlichte, versuchte, den Nationsbegriff in das marxistisch-leninistische Geschichtsverständnis einzuordnen. Der theoretische Grundansatz wurde durch die Überlegung gebildet, daß der " in seiner Gesetzmäßigkeit einheitliche Geschichtsprozeß" "natürlichen" und "konkret-historischen" Bedingungen unterworfen sei, in denen er sich manifestiere und die ihn modifizieren.[2] In jeder sozialökonomischen Formation bilden sich spezifische "territorial, zeitlich und ethnographisch" voneinander abgegrenzte "soziale Einheiten" bzw. "Gesellschaftsorganismen", die eine Erscheinungsweise oder "Strukturform" derselben darstellen.[3]

Kosing griff, wenngleich einschränkend, bei der Zuordnung bestimmter charakteristischer Strukturformen zu einzelnen Gesellschaftsformationen auf die typologische Reihe Stamm - Völkerschaft - Nation zurück[4], fügte allerdings die "Nationalität" in eine Mittelstellung zwischen Völkerschaft und Nation ein.[5]

Die Nation wurde in diesem Zusammenhang als "gesetzmäßige Entwicklungs- und Strukturform der Gesellschaft in den beiden ökonomischen Gesellschaftsformationen des Kapitalismus und des Kommunismus" aufgefaßt, deren Entstehung

1 Norden, Albert, Fragen des Kampfes gegen den Imperialismus, Vortrag an der Parteihochschule "Karl Marx" vom 3.7.1972 (gekürzt abgedruckt) in: DA 11/1972, S.1223-1225, S.1223

2 Kosing, A., 1976, S.127

3 Kosing, A., 1976, S.127

4 vgl. hierzu in dieser Arbeit S. 150

5 Kosing, A. 1976, S.128

notwendig mit der Herausbildung des Kapitalismus verbunden sei.[1] Die Geschichte der "kapitalistischen Gesellschaftsformation ist so in ihrem gesetzmäßigen Verlauf zwar ein einheitlicher Prozeß, aber er verläuft konkret in Gestalt der Herausbildung, Entwicklung, des Verkehrs, des Handels, des Konkurrenzkampfes kapitalistischer Nationen, deren jede eine durch natürliche und geschichtliche Bedingungen modifizierte Erscheinungsweise" dieser Formation sei.[2]

Sowohl Klassen als auch Nationen waren als objektiv existierende Strukturformen der kapitalistischen und sozialistischen Gesellschaftsformation gedacht[3], die sich aufgrund unterschiedlicher Merkmalsrelationen in denen bestimmte Personen zu sozialen Gruppen oder Einheiten zusammengefaßt werden, voneinander unterscheiden. Während die Klassenzugehörigkeit von Personen direkt aus ihrer spezifischen Stellung im Produktionsprozeß ableitetet wurde[4], ergab sich die Nationszugehörigkeit aus der Einbindung von Individuen in ein Wirtschaftssystem (Kapitalismus oder Sozialismus), in eine territoriale Umgebung, eine Sprachlandschaft und ein kulturelles Umfeld unter anderem.[5]

Die Nation stellte, weil sie sich nicht unmittelbar aus den Produktionsverhältnissen ableitete, sondern "vermittelnder natürlicher und gesellschaftlicher Faktoren" zu ihrer Existenz bedurfte, ein "*sekundäres* Strukturelement der ökonomischen Gesellschaftsformation" dar.[6] "Die Nation umfaßt alle Klassen der betreffenden Gesellschaft"[7], und sie wurde ganz entscheidend durch die Beziehungen ihrer jeweiligen Klassen zueinander geprägt. Insofern besaß die Nation einen "Klassencharakter"[8] und war durch das Verhältnis ihrer Klassen zueinander entscheidend geformt. Die führende Klasse einer Nation zeichnet sich dadurch aus, daß sie "Träger der Produktionsweise", Hauptkraft im politischen Kampf mit den vormals herrschenden Klassen und Träger der Innen- und Außenpolitik einer Nation war.[9]

Auf der Grundlage des Klassencharakters einer Nation wurden zwei Nationstypen unterschieden: die kapitalistische und die sozialistische Nation. Die kapitalistische

1 Kosing, Alfred, Theoretische Probleme der Entwicklung der sozialistischer Nation in der DDR, in: DZPh 2/1975, S.237-261, S.242

2 Kosing, A., 1976, S.128

3 Glesermann, G.J., Klassen und Nation, Berlin-Ost 1975, S.14

4 Kosing, A. 1976, S.182f. und Glesermann, G.J. 1975, S.12f.

5 Kosing, A., 1976, S.71

6 Kosing, A., 1976, S.184

7 Glesermann, G.J., 1975, S.20

8 Kosing, A., 1976, S.184

9 Glesermann, G.J., 1975, S.20 und Kosing, A., 1976, S.187ff

Nation war wegen der gegensätzlichen Beziehung von Bourgeoisie und Proletariat zu den Produktionsmitteln (Eigentum) durch einen Klassenantagonismus gekennzeichnet, in der sozialistischen Nation war dieser Antagonismus durch die grundsätzlich gleiche Stellung aller Individuen zu den Produktionsmitteln aufgehoben. Es existierten zwar auch hier noch unterschiedliche Klassen, auch die sozialistischen Produktionsverhältnisse waren differenziert, aber nicht antagonistisch.[1] Nun war die Frage, von welcher Qualität die nicht unmittelbar aus den Produktionsverhältnissen abgeleiteten Kohäsionskräfte waren, die die Nation sowohl als Klassenantagonismus im Kapitalismus als auch im Sozialismus als klassenhomogener Einheit zusammenhiellten, von grundlegender Bedeutung, um die Beibehaltung des Terminus "Nation" auch im Sozialismus zu rechtfertigen.

7.5.2. Nationale Prozesse im Kapitalismus und im Sozialismus

In der Übergangsphase vom Feudalismus zum Kapitalismus entstand die Nation nach Kosing als ein Produkt der "Klassenkämpfe zwischen den von der Bourgeoisie geführten Volksmassen und dem Feudaladel".[2] Als grundlegende sozialökonomische Faktoren der Nationsbildung und -konsolidierung erachtete Kosing die gesetzmäßige Herausbildung kapitalistischer Produktionsverhältnisse, das heißt die Entstehung der Warenproduktion und die mit dem Warenaustausch verbundene Bildung eines nationalen Marktes "in relativ zusammenhängenden Territorien mit einer meist ethnisch und sprachlich einheitlichen, verwandten oder ähnlichen Bevölkerung."[3] Stellenweise die Terminologie K.W. Deutschs verwendend, erachtete Kosing die durch den ökonomischen Wandel erhöhte "soziale Mobilität", die "zunehmende Kommunikation" als Voraussetzungen für den "nationalen Integrationsprozeß"[4], der politisch seinen Abschluß in der Bildung eines zentralisierten Nationalstaats fand.[5]

Der nationale Integrationsprozeß war dabei an bestimmte demographische, territoriale und sprachliche Voraussetzungen gebunden, die den Verlauf und den Umfang einzelner Nationsbildungen prägten und ihm als "natürliche" und "konkret-historische" Bedingungen seine Besonderheit gaben.[6]

1 Kosing, A., 1976, S.133 u. S.185ff.
2 Kosing, A., 1976, S.116
3 Kosing, A., 1975a, S.241
4 Kosing, A., 1976, S. 58ff. u. 116
5 Kosing, A., 1976, S. 70
6 Kosing, A., 1976, S. 61ff.

Kosing legte besonderen Wert auf den Nachweis, daß diese letztgenannten Faktoren zwar eine prägende, konstitutive Rolle im Prozeß der Nationsbildung spielten, aber sozialökonomischen und politischen Faktoren untergeordnet seien. Er führte hierfür die zahlreichen sprachlich-kulturellen Assimilationsvorgänge bei der Nationenentstehung ins Feld.[1] Sie seien ein Beleg dafür, daß die "ökonomischen Beziehungen und Interessen...die wichtigste Triebkraft der nationalen Integration und aller auf die Konstituierung der Nation gerichteten politischen Aktivitäten" seien. Die Nation stelle "keine Fortsetzung stammesgeschichtlicher, verwandtschaftlicher ethnischer Bindungen" dar. Diese im weiteren Sinn ethnischen Qualitäten - wie Sprache und Kultur - seien zwar integrationsfördernde Faktoren gewesen, die "soziale Qualität" der Nation könne aber "ausschließlich aus den kapitalistischen Produktionsverhältnissen erklärt werden."[2]

Kosing lieferte allerdings keine Begründung dafür, warum die bei der Entstehung und Entwicklung aller Nationen gleichermaßen dominante Durchsetzung des kapitalistischen Wirtschaftssystems nicht dazu führte, daß diese Nationen mehr oder weniger gleichzeitig in den Sozialismus übergingen. Vielmehr schien ihm bei der Hervorhebung der sozialökonomischen Gleichartigkeit nationaler Prozesse der *Aspekt der Ungleichzeitigkeit der Nationsentwicklung* verloren zu gehen; ein Aspekt, dem Lenin durchaus Aufmerksamkeit widmete und der auch später fruchtbar gemacht worden ist.[3] Fast zeitlgleich zu Kosing entwarf der Brite Tom Nairn beispielsweise ein marxistisches Erklärungsmuster des Nationalismus, das auf der "ungleichen Entwicklung" zwischen industriell-kapitalistischen Zentren und ökonomisch rückständigen Peripherien basierte. Dabei interpretierte er die Formierung des Nationalismus in den rückständigen Gebieten als nationale Abgrenzung oder Gegennationalismus der Peripherien, um sich von der heteronomen "Akkulturation" der Zentren zu lösen.[4]

1 So wurden beispielsweisen Provencalen, Flamen, Bretonen und italienische Korsen in die französische Nation integriert, und Randteile des deutschen, italienischen und französischen Volkes sowie Rätoromanen schlossen sich zu einer mehrsprachigen Schweizer Nation zusammen. Die niederländische und österreichische Nation spalteten sich im 16., beziehungsweise im 19. Jahrhundert vom deutschen Volk ab. Vgl. Kosing, A., 1976, S. 62ff.

2 Kosing, A., 1976, S. 59

3 Lenin unterschied zum Beipsiel in Europa zwei verschobene Phasen nationaler Entwicklung, die westeuropäische von 1789-1871 und die erst nachfolgende osteuropäische seit 1905, Lenin, W.I., 1980 a S.62. Vgl. auch in dieser Arbeit S. 38

4 Nairn, Tom, Der moderne Janus, in: Nairn, Tom/Hobsbawn, Eric/Debray, Régis/Löwy, Michael, o. Hrsg., Nationalismus und Marxismus. Anstoß zu einer notwendigen Debatte, Berlin 1978, S. 7-44, S. 17

Kosing lieferte auch keine Erklärung für die lokale Beschränkung der "Umgestaltung" kapitalistischer Nationen in sozialistische.[1] Er limitierte den Bestand sozialistischer Nationen apodiktisch auf die Sowjetunion und Osteuropa und klammerte beispielsweise Kuba, China, Vietnam sowie die zum Teil auch unter sozialistischem Selbstverständnis sich vollziehenden nationalen Entwicklungsprozesse in der "Dritten Welt" (v.a. im arabischen Raum) aus.[2] Dies ist offensichtlich daraus zu erklären, daß er als sozialistische Nationen nur solche gelten läßt, die sich nach dem sowjetischen oder volksdemokratischen Umwälzungsmodell entwickelt hatten. Damit wird der sozialökonomische Erklärungshorizont aber verlassen, und es werden politische Faktoren für den nationalen Prozeß im Sozialismus ausschlaggebend gemacht.[3]

Mit der Ansicht, daß der sozialistische Staat bei der Entstehung und in der weiteren Entwicklung der sozialistischen Nation eine ganz wesentliche Rolle spiele, befand sich Kosing im Übrigen auch im Gegensatz zu Lenin, der das Absterben des sozialistischen Staates als Charakteristikum der nationalen Entwicklung im Sozialismus begriff.[4] Das Verhältnis von Staat und Nation im Sozialismus war auch bei sowjetischen Autoren, auf die Kosing hinwies, aufgrund der Multinationalität und des föderativen Staatsaufbaus der UdSSR umstritten. Die enge Korrelation von Staat und Nation lag weniger im Interesse der KPdSU als auf seiten der kleineren nichtrussischen Nationen, um die Föderativstruktur des Sowjetstaates und damit eine gewisse Autonomie zu erhalten.[5] Für die DDR-Führung war die Betonung der Eigenstaatlichkeit von Nationen ein Muß im Abgrenzungsprozeß von der BRD.

Fedossejew stellte die Frage der Staatlichkeit weitgehend zurück und verwies darauf, daß dieser Aspekt für Lenin keine nennenswerte Bedeutung gehabt hätte.[6] Gleserman schien im Hinblick auf die im Sozialismus notwendige Planungstätigkeit den Staat als notwendiges Merkmal der sozialistischen Nation anzusehen.[7]

1 Kosing, A., 1976, S.73

2 vgl. zu diesem Themenkomplex: Winkler, Heinrich August, Der Nationalismus und seine Funktionen. Einleitung zu: Nationalismus, hrsg. v. H.A. Winkler, Königstein 1978, S.20ff.

3 Kosing, A., 1976, S.73ff

4 Kosing, A. 1976, S.216ff. und vgl. in dieser Arbeit S. 45

5 vgl. die Diskussion von 1966-70, in dieser Arbeit S. 150ff.

6 Fedossejew, P.N., 1974, S.24f.

7 Glesermann, G.J., 1975, S.75ff.

Die zur Kennzeichnung der weiteren Entwicklung der sozialistischen Nation geläufige und auch von Kosing verwendete Formel vom "Aufblühen" und von der "Annäherung" sozialistischer Nationen war in ihrer Selbstverstandlichkeit mehr als zweifelhaft.[1] Die These der "dialektischen Einheit"[2] von "Blüte" und "Annäherung" wurde mit der sozialökonomischen Angleichung der Nationen im Sozialismus begründet und besaß auch einen praktisch relevanten Aspekt im SÖI-Projekt der RGW seit 1971.[3]

Der Zweifel an der Realität des Annäherungsprozesses ließ sich auf der kommunikationstheoretischen Argumentationebene K.W. Deutschs bekräftigen. Deutsch nimmt an, daß die nationalstaatliche Selbstisolierung im Ostblock unter sozialistischen Regierungen gestiegen ist.[4] Als Hauptgrund hierfür nennt er die extreme Auslastung und Überforderung innerstaatlicher, administrativer Kommunikationskanäle aufgrund der zentralisierten, staatlichen Planungs- und Lenkungsstruktur. Der Raum für eine Ausdehnung der - wiederum über den Staat geführten - Außenbeziehungen aller sozialistischen Länder untereinander, so daß eine dauerhafte Integration stattfinden könnte, erschien demgegenüber gering.

Die Formel von der "Blüte" und "Annäherung" war im übrigen *so* auch nicht auf die Klassiker zurückzuführen. Lenin dachte an eine "Annäherung" ohne "Blüte"; Stalin schrieb von einer "Blüte", lehnte aber den Gedanken der "Annäherung" ab.[5]

7.5.3 Soziale und ethnische Faktoren, Nationalität

Einerseits galten sozialökonomische Faktoren als die maßgeblichen Kriterien der Erscheinungsform "Nation" und ihrer Entwicklung, andererseits erschien die Nation in zwei antagonistischen sozialökonomischen Gesellschaftsformationen gleichermaßen als Strukturform. Derselbe Begriff bezeichnete offensichtlich nicht identische Sachverhalte, weshalb auch die typologische Unterscheidung zwischen kapitalistischen und sozialistischen Nationen vorgenommen wurde. "Die grundsätzliche

1 Kosing, A., 1976, S.73 und Fedossejew, P.N., 1974, S.95 und Glesermann, G.J., 1975, S.90

2 Fedossejew, P.N., 1974, S.95

3 vgl. hierzu in dieser Arbeit S.160ff.

4 Deutsch, Karl W., Der Nationalismus und seine Alternativen, München 1972, S.65f.

5 vgl. hierzu in dieser Arbeit S. 42

Gegensätzlichkeit der sozialen Natur ein und derselben Nation im Kapitalismus und im Sozialismus erschwert es außerordentlich, in der Definition der Nation das Neue zu berücksichtigen, was in dieser Form der gesellschaftlichen Entwicklung unter den Bedingungen der Beseitigung der Klassenantagonismen sich herausbildet", schrieb Fesossejew.[1] Die typologische Unterscheidung zwischen "sozialistischen" und "kapitalistischen" Nationen führte insofern zu keinen weiteren Erkenntnissen und war tautologisch, als das "Sozialistische" oder das "Kapitalistische" ja selbst der entscheidende Bestandteil der Nation, nämlich der sozialökonomische Faktor, sein sollten.[2]

Um zu einer historisch ableitbaren Differenzierung der konstanten Merkmale gegenüber den varianten sozialökonomischen Faktoren zu gelangen, wurde die Unterscheidung in "ethnische" und "soziale" Merkmale der Nation eingeführt.[3] Damit wurden die Definitionsprobleme allerdings nun auf eine andere Ebene verlagert. Kosing selbst lieferte auch keine stringente Bestimmung des "Ethnischen" und des "Sozialen" in der Nation, sondern hebt die untrennbare Einheit beider hervor.[4] In einer verallgemeinernden Weise könnte man Sprache, Kultur, Sitten, Bräuche u.a. als Bestandteile des "Ethnischen", Wirtschaftsweise und Sozialstruktur als Merkmale des "Sozialen" anführen. Die Nation stelle eine "dialektische Einheit" dieser beiden Seiten, des Ethnischen und des Sozialen der Nation dar.[5]

Es erschien fraglich, ob unter diesen Prämissen die sich anschließende Trennung des Sozialen vom Ethnischen, um die ethnischen Merkmale als die Konstanten der Nationsentwicklung beim Übergang vom Kapitalismus zum Sozialismus herauszuarbeiten, überhaupt sinnvoll und moglich war. Denn einerseits verleihe die *"Gesamtheit" der sozialen und ethnischen* Faktoren den beiden Formationen des Kapitalismus und des Sozialismus "*mannigfaltige nationale Züge, Besonderheiten und Formen,*... ein nationales Kolorit."[6] Andererseits solle die einzelne Nation

1 Fedossejew, P.N., 1974. S.30

2 Sprachlogisch wäre der Terminus "Nation" als tertium comparitiones und die Begriffe "kapitalistisch" beziehungsweise "sozialistisch" als differentia spezifica anzusehen, vergleichbar den Begriffszusammenstellungen "weißes Pferd" (für Schimmel) und "schwarzes Pferd" (für Rappen). Entscheidend hierbei istaber, daß die Merkmalseigenschaften für "Pferd" grundsätzlich von der jeweiligen Farbe unabhängig sind, was aber entsprechend für die beiden Nationstypen nicht gelten sollte.

3 Kosing, A. 1976, S.134ff.

4 Kosing, A., 1976, S.135 u. S.136ff.

5 Kosing, A., 1976, S.137 und Fedossejew, P.N., 1974, S.17

6 Kosing, A., 1976, S.136

durch ihre *ethnischen Merkmale allein* "das charakteristische nationale Kolorit", ihre "*spezifisch-nationalen Züge*" erhalten.[1]

Diese Festlegungen waren insofern widersprüchlich, als sie die Eigenschaft "nationale Besonderheit" in einem doppelten Sinn verwendeten: einmal als Eigenschaft der Gesellschaftsformation (besondere Ausprägung durch die Verbindung von Ethnischem und Sozialem), daneben als Eigenschaft einer einzelnen Nation (besondere Ausprägung durch ethnische Merkmale). Dadurch fielen aber die sozialökonomischen Faktoren, die in ihrer historisch-konkreten Ausprägung die entscheidenden nationsbildenden Elemente darstellten, bei der Betrachtung der Eigenart einer einzelnen Nation als differenzierende Gestaltungselemente fort. Bei der Betrachtung der einzelnen Nation wandelten sich die sozialökonomischen Eigenschaften von historisch-konkreten wieder in das "Allgemeine, Gesetzmäßige" um, das vom "territorial, zeitlich und anthropologisch-ethnographisch Besondere(n) und Zufällige(n) in der gesellschaftlichen Entwicklung"[2] losgelöst, vom Kapitalismus zum Sozialismus fortschreitet. Nun hat aber die geschichtliche Erfahrung gezeigt, daß die sozialökonomische Entwicklung gerade nicht gesetzmäßig vom Kapitalismus zum Sozialismus fortgeschritten ist, sondern durch zeitliche und territoriale Besonderheiten "modifziert" wurde. Im Prinzip werden wir auch hier wieder auf das Problem der "ungleichen Entwicklung" gestoßen, das Kosing allerdings - wie wir schon sahen - ausklammerte.

Für die Interpretation ungleicher nationaler Entwicklungsprozesse war die Frage aufschlußreich, ob und inwieweit konkret-historische Verzögerungen in der Durchsetzung der industriell-kapitalistischen Produktionsweise im Zusammenhang mit politischen und ethnisch-kulturellen Besonderheiten standen. Bei Deutsch findet sich in diesem Zusammenhang das interessante Beispiel sozial-ethnischer Konflikte in Osteuropa in der ersten Hälfte des 20. Jahrhunderts. Hier wurde, so nimmt Deutsch an, die Chance eines sozialen Aufstiegs (vertikale Mobilität) während der kapitalistischen Mobilisierungsphase für ethnische Minderheiten eingeschränkt. Die dadurch provozierte Bildung einer nationalen "Gegenelite" wurde von Hroch in mehreren Phasen verfolgt und nachgewiesen.[3]

1 Kosing, A., 1976, S.137

2 Kosing, A., 1976, S.138

3 Deutsch, K.W., 1972, S.46ff. u. S.55 und Hroch, Miroslav, Das Erwachen kleiner Nationen als Problem der komparativen sozialgeschichtlichen Forschung, in: Winkler, H.A., Hrsg., Nationalismus, Königstein 1978, S.155-172, S.155f

Durch die prozedurale Trennung des "Ethnischen" vom "Sozialen" als dem "naturwüchsigen Ursprung"[1] der Nation, konnte Kosing die Nation in konstante und variante Elemente zerlegen. Der Komplex ethnischer Eigenschaften sei im vorfeudalen Stadium während der Entstehung von "Völkerschaften" aus Stämmen entstanden. Diese Entwicklung habe vom 5. - 10. Jahrhundert n. Chr. stattgefunden. In ihrem Verlauf seien Sprachzonen (deutsch - romanisch - slawisch - skandinavisch) und politisch-staatliche Einheiten (z.B. west- und ostfränkisches Reich) abgegrenzt worden, es seien Völkerschaftem wie die russische, polnische und deutsche entstanden.[2]

Kosing bezeichnete nun diejenige "Völkerschaft", die sich später in eine Nation weiterentwickelt habe, in ihrer sozial-ethnischen Gesamtheit als "Nationalität".[3] Außerdem bezeichnete er aber auch den Komplex ethnischer Eigenschaften dieser Völkerschaft als "Nationalität". In diesem zweiten Sinn habe sich die Nationalität während der historischen Entwicklung von der Völkerschaft abgelöst, "ging...auf die kapitalistische Nation über und verband sich mit ihr."[4] Auch hier wurde die vorgeblich sozial-ethnische Einheit der Völkerschaft aufgelöst und das "Ethnische" als Reisegepäck auf dem Weg des historischen Fortschritts vom Feudalismus zum Kapitalismus mitgenommen.

Ohne einen Gedanken an die Frage zu verschwenden, wie es mit der *Allgemeingültigkeit* der Durchsetzung sozialökonomischer Faktoren im Geschichtsprozeß zu vereinbaren war, machte Kosing hemmungslos Anleihe bei Engels Doktrin der "geschichtslosen Völker", wenn er annahm, daß einige, nicht "lebensfähige"[5] Völkerschaften aus dem Entwicklungsprozeß ausgeschlossen werden, und im "naturwüchsigen" Zustand verharrten, um einen Komplex "ethnischer Merkmale" aus den "lebensfähigen" Völkerschaften destillieren zu können.[6] Es sei "ein wichtiges Verdienst von Engels, durch den Begriff der Nationalität den Unterschied zwischen der Völkerschaft und der Sklavenhaltergesellschaft, die keine Möglichkeit zur Entwicklung nationaler Beziehungen hatte, und der Völkerschaft, die

1 Kosing, A., 1976, S.137

2 Kosing, A., 1976, S.159f.

3 Kosing, A., 1976, S.155 u S.163

4 Kosing, A., 1976, S.175

5 Kosing, A., 1976, S.159

6 Zur Doktrin der "geschichtslosen Völker", die sich pikanterweise gegen die slawischen Nationen Osteuropas richtete, vgl. in dieser Arbeit S. 36f.

durch die Möglichkeit der Nationsentwicklung charakterisiert ist, deutlich gemacht zu haben."[1]

Die Kosingsche Interpretation der "Nationalität" war denn auch in der marxistisch-leninistischen Literatur sehr umstritten. Die unter der Leitung Fedossejews entstandene sowjetische Veröffentlichung, an der eine Reihe namhafter sowjetischer Theoretiker mitgewirkt hatte, faßte "Nationalität" zwar auch differenziert, vor allem aber als Merkmal "nationaler Zugehörigkeit" auf, das von den Individuen selbst und "durchaus subjektiv" festgelegt wird.[2] Der Begriff der Nationalität diene "*größtenteils als Charakteristikum der nationalen Bindungen dieses oder jenes Menschen, ..., nach denen die Menschen ihre eigene Zugehörigkeit bzw. die anderer Personen zu einer Nation, Völkerschaft, nationalen oder ethnischen Gruppe ermitteln.*"[3]

Die Vehemenz, mit der Kosing für die Interpretation eintrat, daß die Nationalität ein objektives, die ethnische Seite der Nation charakterisierendes Merkmal darstelle, wurde nur aus der Haltung der SED zur nationalen Frage in Deutschland verständlich. Der SED kam es darauf an, innerhalb einer Nationalität zwei "nationale Zugehörigkeiten" zu differenzieren. Würde die "nationale Zugehörigkeit" mit dem Begriff "Nationalität" belegt und als subjektive Einschätzung eines Menschen seiner eigenen Zugehörigkeit zu einer *Nation* verstanden, wäre die von der SED vollzogene Trennung von Nation und Nationalität hinfällig geworden und die Differenzierung in zwei deutsche Nationen zumindest fragwürdig. Ein DDR-Bürger hätte dann berechtigterweise seine Nationszugehörigkeit als "deutsch" qualifizieren können. Da es der SED aber darauf ankam, eine sozialistische und kapitalistische Nation deutscher Nationalität zu unterscheiden[4], lehnte Kosing die unbefragte Verwendung von "Nationalität" als "nationale Zugehörigkeit" ab. Er legte "Nationalität" als "*ethnische Identität*"[5] einer Nation fest und unterschied davon die "*nationale Identität* im Sinne der Zugehörigkeit zu einer Nation als komplexem sozialen Organismus"[6], die von ihrer "sozialen Bestimmtheit" (sozialistisch - kapitalistisch) geformt werde.[7]

Im Ganzen erschien die Trennung ethnischer und sozialer Merkmale der Nation in der marxistisch-leninistischen Theorie ausgesprochen künstlich. Dabei trat ein

1 Kosing, A. 1976, S.163

2 Fedossejew, P.N., 1974, S.60

3 Fedossejew, P.N., 1974, S.60

4 vgl. auch Kosing, Alfred/Schmidt, Walter, Nation und Nationalität in der DDR, in: DA 8/1975, S.1221-1228

5 Kosing, A., 1976, S.168

6 Kosing, A., 1976, S.168

7 Kosing, A. 1976, S.167

Bruch zwischen der durchaus vertretbaren historisch-materialistischen Gesamtsicht von Nationen als "individuelle", sozial-ethnische *Einheiten* einer Gesellschaftsformation und der Absonderung ethnischer Merkmale beim Übergang derselben Nation vom Kapitalismus zum Sozialismus auf. Diese Trennung erwies sich insoweit als politisch motiviert, als am Beispiel der Nationsentwicklung die Allgemeingültigkeit und Gesetzmäßigkeit des Übergangs vom Kapitalismus zum Sozialismus nachgewiesen werden sollte. Auf diese Weise sollte die historische Legitimität der Führungsrolle der marxistisch-leninistischen Partei auch im nationalen Rahmen ihren theoretischen Nachweis erfahren.

Dabei wurden nationale Entwicklungsunterschiede und nationalgeschichtliche Besonderheiten in einer Gesellschaftsformation der dogmatischen Unterscheidung zwischen kapitalistischen und sozialistischen Nationen geopfert. Dies versperrte aber den Blick für nationale Besonderheiten auch in der politischen und sozialökonomischen Entwicklung der sogenannten kapitalistischen Nationen, die unter anderem zu zwei Weltkriegen beigetragen haben. Wurden kapitalistische Nationen einmal durch ihren antagonistischen Klassencharakter bestimmt, so waren intra- und zwischennationale Gegensätze vorgeblich immer auf Klassengegensätze zwischen den "Ausbeuterklassen" zurückzuführen.[1]

So wurde eben auch behauptet, daß innerhalb der EG die "größten imperialistischen Mächte" die "kleinen Völker" zu versklaven suchten;[2] eine Auffassung, die Belgien auf eine Betrachtungsebene mit Zaire stellt. Daß diese Auffassung auch historisch mehr als fragwürdig war, hat Hroch nachgewiesen. Anhand der Entwicklung verschiedener kleinerer Nationen belegt er, daß der Gegensatz zwischen Provinz und Zentrum mehr Relevanz als der Klassengegensatz für nationale Konflikte besaß. Der "Widerspruch zwischen der industriellen Großproduktion und der alten Kleinproduktion für den Lokalmarkt" gewann an politischer Brisanz, da "ein Teil der Lokalmärkte ethnisch zu den kleinen Nationen gehörte", während die industrielle Großproduktion von der "herrschenden Nation" eines Landes betrieben wurde.[3]

1 Glesermann, G.J., 1975, S.23

2 Fedossejew, P.N., 1974, S.86

3 Hroch, M., 1978, S.167

Die vulgär-marxistische Dogmatisierung der Leninschen Unterscheidung zwischen unterdrückten und unterdrückenden Nationen im Kapitalismus deutet darauf hin, daß marxistisch-leninistische Autoren bisher keine in sich kohärentes Nationsverständnis entwickeln konnten. "In der dogmatischen Überdehnung von analytischen Prinzipien des historischen Materialismus, der Determinierung der Nation durch sozialökonomisch-klassenmäßige Faktoren und der Reduktion von Wesensmerkmalen der Nation auf die sekundäre ethnische Komponente der Nationalität muß jedoch die Kategorie der Nation zur bloßen Leerformel ohne eigenständigen Aussagewert und damit letztlich sinnlos und überflüssig werden."[1]

7. 6 Die Wende zur Nationalgeschichte

7.6.1 Die sozialistische Nation als neue Form der "sozialistischen Menschengemeinschaft"?

Im Oktober 1971 hatte Politbüromitglied Kurt Hager als Vorsitzender des Ausschusses für Volksbildung die Gesellschaftswissenschaftler der DDR dazu aufgefordert, "das Staatsbewußtsein unserer Jugend so zu festigen, daß sie den Sozialismus in der DDR mit Zähnen und Klauen verteidigt."[2] Wohlweislich sprach Hager nicht von einem National- sondern von einem Staatsbewußtsein der DDR-Bürger, sollte doch die noch frische Erinnerung an eine jahrzehntelang propagierte nationale Einheit und nationale Mission der DDR in Deutschland schnell fortgedrängt werden. Die Furcht vor destabilisierenden Rückwirkungen der Ost-West-Entspannung, die die SED-Führung zu hegen schien, mußte noch verstärkt werden, als die Bundesregierung die nationale Verbundenheit und gemeinsame Geschichte der Deutschen in der DDR und der Bundesrepublik zur Grundlage der gegenseitigen Beziehungen machen wollte.

Um die Wende von der deutsch-deutschen Konfrontation zur Politik der zwischen-staatlichen Verhandlungen nicht zu einer Annäherung der beiden Gesellschaften werden zu lassen, forcierte die SED die ideologische Abgrenzung von der Bundesrepublik. Aus den gesellschaftlichen Abgrenzungsbemühungen heraus war die Anweisung Hagers zu verstehen, "nicht einen progressiven Dichter und Denker, nicht einen Humanisten dem Gegner" zu überlassen.[3]

1 Wuthe, Gerhard, Nation und Gesellschaft. Anmerkungen zum Problem der sozioökonomischen Bedingtheit, in: DA 2/1903, S.136. Wuthe bezieht seine Kritik auf Kosing.

2 Hager, Kurt, Schlußwort auf der Beratung der Gesellschaftswissenschaften am 14.10.1971 (Auszug), in: E 2/1972, S.188-191, S.189

3 Hager, Kurt, 1972, S.190

Als ob sämtliche Gemeinschafts- und Gemeinsamkeitsvorstellungen für die SED-Führung nun suspekt geworden wären, rückte der Klassenaspekt gesellschaftlicher Erscheinungen im Sprachgebrauch wieder in den Vordergrund. Nicht nur das Nationsverständnis der Partei war vom Klassengegensatz affiziert worden. Auch die Ulbrichtsche Formel von der "sozialistischen Menschengemeinschaft" in der DDR war als zu harmonisierend kritisiert und durch die These von der "Klassengesellschaft neuen Typs" ersetzt worden.[1]

Die ideologische Neuorientierung am Klassenschema reflektierte freilich keine Rückkehr zum stalinistischen Klassenkampf nach innen, sondern korrespondierte mit einer nüchternen Konzentration der Innenpolitik auf eine wachstumsorientierte Wirtschafts- und Sozialpolitik.[2] Ein umfangreiches sozialpolitisches Programm, das unter anderem durch die vorrangige Förderung des privaten Verbrauchs innergesellschaftliche Zufriedenheit gewährleisten sollte, stellte die Grundlage der von der Partei beschworenen "Hauptaufgabe" der "Einheit von Wirtschafts- und Sozialpolitik" dar.[3]

Damit bildete sich insgesamt im Verlauf der 70er Jahre eine eher konservative gesellschaftspolitische Grundorientierung der DDR-Führung heraus, deren Zielgrößen Honecker im Mai 1971 mit "Wachstum", "Wohlstand" und "Stabilität" umriß.[4] Die Stabilitätsorientierung der SED hatte nach dem X. Parteitag 1981 aufgrund der weltweiten ökonomischen Rezession und durch die Verunsicherung, die die gesellschaftspolitische Krise im Nachbarland Polen hervorgerufen hatte, noch an Bedeutung gewonnen. "In einer Lage, die von kaum berechenbaren Veränderungen geprägt ist, behauptet die SED für sich und das von ihr geleitete System Kontinuität. Normalität und Stabilität werden als Programmpunkte bewußt einer instabilen und aus ihrer Normalität geratenen Umwelt entgegengesetzt."[5]

Die Krise im Nachbarland Polen ließ bewußt werden, daß die DDR den Herausforderungen der neuen Ostpolitik der BRD durchaus erfolgreich begegnet war. Sicherlich war die Kontinuität des westdeutschen Feindbildes auch weiterhin

1 Damit war eine Gesellschaft mit nicht antagonistischen Klassen gemeint, vgl. Weber, H., 1976, S.112 und Zimmermann, Hartmut, Zu einigen politischen Aspekten des X. Parteitages der SED, in: Der X. Parteitag der SED. 35 Jahre SED-Politik, Versuch einer Bilanz, vierzehnte Tagung zum Stand der DDR-Forschung in der Bundesrepublik Deutschland 9. bis 12. Juni 1981 hrsg. v. Edition Deutschland Archiv, Köln 1981, S.21-33, S.29

2 Heitzer, H., 1979, S.217 und Weber, H., 1976, S.115ff.

3 Heitzer, H. 1979, S. 216 und Zimmermann, H., 1981, S. 23

4 Honecker auf der 8. Tagung des Zentralkomitees am 24.5.1978, vgl. hierzu Texte, 1978, S.355

5 Zimmermann, H., 1981, S.23

eine unabdingbare ideologische Rahmenbedingung für die Abgrenzung der DDR-Gesellschaft von innerdeutschen Gemeinsamkeiten und für die Selbstbehauptung der DDR-Führung. Doch schien es auch möglich geworden zu sein - wie der Präsident der Historikergesellschaft, Horst Bartel, 1981 schrieb -, die Fragen der Tradition und des Geschichtsbildes "gelassener und differenzierter" zu beurteilen.[1] Die größere "Gelassenheit" der DDR-Führung auf dem Feld der Geschichtsbetrachtung, das als der traditionelle Legitimationsbereich der SED anzusehen ist, indizierte ein gewisses Maß an innergesellschaftlichem Konsens zwischen der DDR-Bevölkerung und ihrer Staatsführung. War der Abgrenzungsprozeß der DDR als einer sozialistischen Nation von der BRD für die SED zufriedenstellend verlaufen, so wies die Polen-Krise aber auch auf die Stagnation des Gesamtprozesses der RGW-Integration hin. Die Erschütterung des marxistisch-leninistischen Herrschaftssystems in Polen schränkte die Möglichkeiten einer ideologisch-kulturellen Annäherung an die sozialistische Nation des Nachbarlandes für die DDR ganz erheblich ein.

Zusammengenommen können die drei Aspekte - sozialökonomische Stabilisierung, erfolgreiche Abgrenzung von der Bundesrepublik und stagnierende RGW-Integration - als Erklärungsmuster für den seit 1981 zu vernehmenden Ruf der SED nach einer "Nationalgeschichte" der DDR betrachtet werden.[2] Die SED tendierte dabei nicht, wie in der Ära Ulbricht, in einen nationalen Konkurrenzkampf mit der Bundesrepublik einzutreten. Vielmehr sollte eine "von den Positionen des siegreichen Sozialismus auf deutschem Boden geschriebene Nationalgeschichte der DDR"[3] ihren Beitrag leisten zur inneren Festigung des in seinem direkten außenpolitischen Umfeld isolierten ostdeutschen Staates. "Die Auffassung, daß sich in der. DDR eine sozialistische deutsche Nation entwickelt, das heißt eine Nation, die ihrem Charakter nach sozialistisch und ihrer Herkunft nach deutsch ist, hat die Konsequenz, daß diese Nation in ihrem Bewußtsein (als historische Komponente des Nationalbewußtseins) die ganze deutsche Geschichte von der Warte des Sozialismus verarbeiten muß."[4]

In einer wirtschaftlich und politisch immer weniger prognostizierbaren und steuerbaren Zukunft sollte die konsensuale Wertschätzung des gemeinsam Erreichten in der DDR auch eine historische Sinngebung und Unterstützung erfahren. In der

1 Bartel, H., 1981, S.388

2 Schmidt, Walter, Nationalgeschichte der DDR und das territorialstaatliche historische Erbe, in: ZfG 5/1981, S.399-404, S.399

3 Schmidt, W, 1981. S. 399

4 Schmidt, W., 1981, S. 400

neuerlichen Betonung der nationalen Gemeinschaftlichkeit scheint sich in der Tat eine Parallele zu Ulbrichtschem Gedankengut und eine Relativierung der 1971 vorgenommenen Akzentuierung des Klassenschemas anzubahnen. "Geschichtsbild und Geschichtsbewußtsein scheiden sich heute nicht mehr an einer inneren Klassenfront, sondern sind Bestandteil der sich entwickelnden sozialistischen Nation insgesamt", stellte Bartel fest. Westliche Beobachter zogen aus dem X. Parteitag der SED 1981 das Fazit, daß "Anklänge an die 60er Jahre" in der Politik der SED erkennbar seien.[1] Die SED tendiere zu einem ostdeutschen "Korporatismus", d.h. zu einer stärkeren Einbindung aller gesellschaftlich relevanten Kräfte in das zentral gelenkte politische Handlungssystem, um die sozialistische "Partizipation" zu erhöhen und die Krisenanfälligkeit des Gesamtsystems zu mindern.[2]

7.6.2 Erbe und Tradition

Die geschichtswissenschaftlichen Voraussetzungen für die Hinwendung zu einer Nationalgeschichte der DDR schienen bis in das Jahr 1976 zurückzureichen. Hierbei hatte die methodologische Forschungsausrichtung auf die Betrachtung komplexer "Gesellschaftsformationen" auch die inhaltliche Konzeption beeinflußt. Insoweit die jeweilige, widersprüchliche Ganzheit einer einzelnen Formation in das Blickfeld gerückt wurde, erschien eine Geschichtsdarstellung wünschenswert, die "eine möglichst adäquate Widerspiegelung der Totalität geschichtlicher Vorgänge" erzielte.[3] Dabei konnte über die Darstellung der historisch-dynamischen Funktion des Klassengegensatzes hinaus die Bedeutung von Ausbeuterklassen für den historischen Fortschritt in den Blickpunkt des Interesses gerückt werden.[4]

Auf der gemeinsamen Konferenz des Rats für Geschichtswissenschaften, der Historikergesellschaft und des Zentralinstituts für Geschichte im Mai 1979 wurde die nationalgeschichtliche Forschungsperspektive weiter umgesetzt.[5] Von vier Einzelaspekten, die der erste von insgesamt sieben Arbeitskreisen unter dem Gesamtthema "Die progressiven Traditionen des deutschen Volkes und ihr Fortwirken

1 Zimmermann, H., 1981, S. 28

2 Zimmermann, H., 1981, S. 30. Die Begriffsverwendung "Korporatismus für östliche Gesellschaftssysteme geht nach Zimmernmann auf R. Thomas zurück.

3 Diehl auf einer Tagung des Präsidiums der Historikergesellschaft der DDR mit dem Rat für Geschichtswissenschaft im Dezember 1976, vgl. Diehl, E., 1977, S.262-279, S.271

4 vgl. zum Fortschritts- und Formationsbegriff auch S. 177ff. in dieser Arbeit.

5 Gerlach, Karlheinz u.a., Die Arbeitsweise auf der Zentralen Konferenz der Historiker anläßlich des 30. Jahrestags der Gründung der DDR, in: ZfG 10/1979, S. 966-973

in der DDR" abhandelte, waren zwei den revolutionären Traditionen der Arbeiterbewegung bzw. der werktätigen Klassen, einer dem humanistischen Streben des Bürgertums und ein vierter dem "Anteil der herrschenden Klassen am gesellschaftlichen Fortschritt" gewidmet.[1] Im Hinblick auf diesen letztgenannten Aspekt wurde über die Erarbeitung des Luther-Bildes und über den preußischen Absolutismus referiert.[2]

Seinen programmatischen Niederschlag fand das Bemühen um eine Nationalgeschichte in der Differenzierung von Erbe und Tradition.[3] Unter dem Begriff des historischen Erbes wurde die "ganze deutsche Geschichte" als in sich widersprüchlicher Bestandteil der weltgeschichtlich gesetzmäßigen Abfolge von Gesellschaftsformen "auf dem deutschen Territorium und im ethnischen Rahmen des deutschen Volkes" begriffen.[4] Der Traditionsbegriff wurde demgegenüber enger gefaßt, er bezog sich nur auf "diejenigen historischen Entwicklungslinien, Erscheinungen und Tatsachen, auf denen die DDR beruht, deren Verkörperung sie darstellt, die sie bewahrt und fortführt."[5] Hierzu zählten eben auch die "positiven Resultate des Wirkens...von herrschenden Ausbeuterklassen."[6]

Mit der Ausweitung des historischen Traditionsfeldes sollten reichhaltigere Bezüge der DDR zur Vergangenheit hergestellt werden. So wenig die deutsche Arbeiterbewegung in der Geschichte je einen eigenen Staat oder eine eigene Armee besessen hatte, auf die die SED als Vorläufer der DDR beziehungsweise der Nationalen Volksarmee (NVA) hätte zurückgreifen können, so wenig konnte hierfür das sowjetische Vorbild alleine herangezogen werden. Besondere Aufmerksamkeit wurde dem "territorialstaatlichen historischen Erbe"[7], der Heimat- und Lokalgeschichte, wegen ihrer unmittelbaren Konkretion auf dem DDR-Staatsgebiet gewidmet.[8]

Wie wurde das deutsche Erbe rezipiert, auf welche Weise fanden die positiven Resultate des Wirkens der Ausbeuterklassen ihren Eingang in die Tradition der

1 Gerlach, K., 1979, S. 966
2 Gerlach, K., 1979, S. 966
3 Bartel, H., 1981, S.387ff.
4 Bartel, H., 1981, S.389
5 Bartel, H., 1981, S.389
6 Bartel, H., 1981, S.390
7 Schmidt, W., 1981, S.402
8 Geschichte Sachsens, Preußens, Friedrich II., August der Starke, Karl Friedrich Schinkel, historische Denkmäler und Burgen sollten z.B. in die Tradition der DDR integriert werden. Bartel, H., 1980, S.391

DDR? Um einen Orientierungspunkt zu markieren, auf den die Aneignung deutscher Geschichte auch in der DDR in gewisser Weise bezogen war, erscheint es zweckmäßig, auf die nationalgeschichtlich konzipierte These vom "Deutschen Sonderweg" zurückzugreifen.[1]

Sie war in der deutschen Geschichte selbst, aber auch in der DDR auf vielfältige Weise einflußreich und fand im Begriff von der "verspäteten Nation"[2] ihren prägnantesten Ausdruck. Konstitutiv für die "Sonderwegvorstellung", wie sie als Sinnbild deutscher Fehlentwicklung nach dem Zweiten Weltkrieg in der Bundesrepublik aber auch in der DDR[3] wirksam wurde, ist ein negatives Traditionsverständnis, das, vereinfachend ausgedrückt, eine Kontinuitätslinie von Friedrich II. über Bismarck zu Hitler zieht und Luther und Hegel als Exponenten einer im Nationalsozialismus kulminierenden deutschen Staatsideologie begreift.[4]

Um aus diesem, in beiden deutschen Staaten zunächst gleichermaßen negativ perzipierten Traditionszusammenhang zu einer teilweise positiveren Neubewertung der eigenen Herkunft zu gelangen, mußte er zunächst einmal aufgebrochen werden. In der Bundesrepublik war das frühzeitig durch die "Totalitarismusthese" geschehen, die den Nationalsozialismus aus dem nationalgeschichtlichen Rahmen herausholte und ihn als "deutsche Form der europäischen Erscheinung des Einparteienstaates"[5] deutete, ohne indessen eine Verarbeitung des Nationalsozialismus in der Bundesrepublik geleistet und damit ein gewisses historisches Vakuum für die Jahre 1933 - 1945 aufgefüllt zu haben. Ihren konkreten Bezugspunkt und praktischen Zweck hatte die Totalitarismus-These bundesrepublikanischer Prägung in ihrer Projektion auf die DDR. Damit wurde die alleinige demokratische Legitimität der Bundesrepublik als deutscher Staat auch wissenschaftlich untermauert. Die Totalitarismus-These versperrte damit lange Zeit einen differenzierteren Zugang zur Erforschung der DDR.[6]

In den 60er Jahren wurde die Vorstellung einer Besonderheit des deutschen Weges in der Bundesrepublik zunehmend einer Kritik unterzogen, welche die

1 Faulenbach, Bernd, Deutscher Sonderweg. Zur Geschichte und Problematik ei ner zentralen Kategorie des deutschen geschichtlichen Bewußtseins, in: PuZ 15.8.1981 B33/81, S.3-21

2 Plessner, Helmuth, Die verspätete Nation. Über die politische Verführbarkeit bürgerlichen Geistes, Frankfurt/M. 1974

3 Abusch, A., 1947, vgl. in dieser Arbeit S. 78

4 Faulenbach, B., 1981, S.13

5 Faulenbach, B., 1981, S.14

6 Ludz, P.C., 1977, S.31

Normativität der westeuropäischen Entwicklung insgesamt angesichts der Modernisierungsprozesse in der Dritten Welt infrage stellte.[1]

In der DDR lagen die Dinge insofern anders, als die SED kategorisch jegliche Kontinuität mit Preußen, dem Deutsche Reich oder der Weimarer Republik ablehnte und die negative "Sonderwegsvorstellung" insgesamt als fortwährend lebendige Kontinuitätslinie auf die Bundesrepublik projizierte. Statt dessen verstand sich die DDR als völlige Wende in der deutschen Geschichte, die unter eine 100jährige Fehlentwicklung einen Schlußstrich zog. Sie berief sich mehr oder weniger eklektisch und punktuell vor allem auf das humanistische Bürgertum, auf die 1848er Revolutionäre, Marx und Engels, die Sozialdemokratie vor 1914, den Spartakusbund, die KPD, Lenin, Stalin, den antifaschistischen Widerstand, um oftmals von den jeweiligen Bezugspunkten aus direkte Verbindungslinien zur DDR zu ziehen, oftmals unter Vernachlässigung des jeweiligen besonderen historischen Kontextes.[2]

Einen gewissen Höhepunkt und Abschluß hatte diese Art der Traditionsbildung in einem Geschichtsbild von zwei deutschen Klassenlinien gefunden, die durch die beiden Staaten verkörpert wurden, wodurch die deutsche Teilung in die Vergangenheit projiziert und die Bundesrepublik zum nationalen Klassenfeind stilisiert wurde.

Mit der Aneignung von positiven Resultaten der Ausbeuterklassen betrat die DDR-Historiographie also ein relativ ungesichertes Neuland, das durch die methodologische Entwicklung seit 1967, vor allem aber in den 70er Jahren etwas abgesteckt war. Zudem existierten seit der auf dem VIII. Parteitag 1971 vollzogenen Revision der Geschichtsbetrachtung einige Vorgaben, die bei der Konzipierung einer Nationalgeschichte zu berücksichtigen waren.[3]

Im Hinblick auf die Aneignung positiver Leistungen von Ausbeuterklassen war als besonderer Aspekt zu bedenken, daß diese in der Bundesrepublik unter Umständen schon eine positivere Würdigung erfahren hatten. Insofern war auf diesem Feld eine explizite Abgrenzung von der westdeutschen Historiographie erforderlich.

Insgesamt ergaben sich hieraus drei wesentliche Aspekte für die Aneignung des deutschen Erbes in der DDR: Erstens war der historische Forschungsgegenstand aus einem nationalgeschichtlichen in einen revolutionären europäischen bzw. welthistorischen Rahmen zu stellen; zweitens waren die Kontinuitätslinien tradierter Geschichtsbilder ("Deutscher Sonderweg") aufzulösen, um einen neuen, eigenen

1 Faulenbach, B. 1981, S.15ff.

2 vgl. in dieser Arbeit S. 78

3 vgl. in dieser Arbeit S. 164 u. 173ff.

Zugang zu entwickeln, aber auch, um das Prinzip der Klassenauseinandersetzung als eigentliches Kontinuum und Movens der Geschichte erkennbar zu machen; drittens sollten die Forschungsgegenstände so interpretiert werden, daß an ihrer objektiven historischen Ambivalenz (Dialektik) ihre Vereinnahmung für reaktionäres Geschichtsbewußtsein in der Bundesrepublik sichtbar wurde.

Ein wesentliches Novum dieser insgesamt differenzierteren und komplexeren Form der Historiographie war die Tatsache, daß eine historische Distanz zum Forschungsgegenstand mitreflektiert werden konnte. "Wir sind nicht die direkten Fortsetzer aller revolutionären und humanistischen Traditionen. Wir vollenden nicht auf direkte Weise, was Müntzer oder die Revolutionäre der 48er Revolution, was Goethe und Heine wollten."[1] Dies soll am Beispiel der Rezeption Friedrich II. dargelegt werden.

7.6.3 Die neue Rezeption Friedrich II.

Als Beispiel für eine differenziertere Geschichtsbetrachtung, die den Versuch unternahm, die positiven Resultate der Ausbeuterklasse zu würdigen, sei die Biographie Friedrich II. durch Ingrid Mittenzwei herangezogen, die auch in der Bundesrepublik anerkennend rezipiert wurde.[2] Mittenzwei schrieb die Biographie Friedrichs II., nicht ohne den weltgeschichtlichen Zusammenhang, die "Epoche des Verfalls des Feudalismus, der Entstehung und Entwicklung des Manufakturkapitalimus und der ersten bürgerlichen Revolutionen" in die Darstellung einzubeziehen.[3] Als umfassender Orientierungsrahmen fließt er in resümierenden Kapitelabschlüssen ein, ruft das Zusammenspiel historischer Klassenkräfte in Erinnerung, bringt die Zeit der "Gärung, der Klassenauseinandersetzungen und Meinungskämpfe" auf einen Nenner.[4]

Greifbar wurde die "Dialektik der Geschichte" aber letztlich durch die Figur Friedrichs II, eines absoluten Herrschers, dessen Offenheit für das Gedankengut der frühen Aufklärung mit seiner ausschließlich machtpolitisch geprägten Interessenlage kontrastiert wird. Bürgerlich-nationale Zielsetzungen waren dem Herrscher nach Mittenzweis Darstellung fremd, nichts lag ihm so sehr am Herzen, wie die miltärpolitische "Abrundung" seines Reiches.[5] Doch eben die Unterordnung der preußischen Innen-

1 Mittenzwei, Ingrid, Die zwei Gesichter Preußens, in: DA 2/1983, S.214-218, S. 214

2 Mittenzwei, Ingrid, Friedrich II. von Preußen. Biographie, Köln [2]1980; vgl. auch Förtsch, Eckart, Zweimal Preußen in der DDR. Urteil und Vorurteil, in: DA 5/1980, S.531-535

3 Grundriß, 1979, S.13

4 Mittenzwei, I., 1980, S.133

5 Mittenzwei, I., 1980 ,S.91f., 176f., 209

und Außenpolitik in den Dienst militärpolitischer Absichten, erzeugte jene Reformen, welche die fortschrittlichen Züge im Bild des Preußenkönigs bestimmten.[1]

Die Reformen im niedergehenden Feudalabsolutismus waren, so Mittenzwei, keineswegs Nebensächliches: sie lockerten die absolutistische Herrschaftsgewalt, gaben dem aufstrebenden Bürgertum mehr gesellschaftlichen Verfügungsraum und steckten die Grenzen des Herrschers ab.[2]

So erhalten Friedrichs wirtschaftspolitische und administrative Reformmaßnahmen, die umfangreiche Binnenkolonisation, die Einwanderungspolitik und die damit verbundene geistig-religiöse Toleranz zum Teil eine "positive Bewertung"[3], wenngleich nicht übersehen werden dürfe, das sie in erster Linie militärpolitischen Ambitionen dienten.

Vor die Frage gestellt, welche Elemente in das Traditionsbild der DDR zu stellen seien, gab Mittenzwei eher eine ausweichende Antwort. Die Kämpfe der Unterdrückten und Ausgebeuteten, schrieb sie, "bildeten den machmal nicht auf den ersten Blick erkennbaren Hintergrund für Reaktion auf der einen und Reformbereitschaft auf der anderen Seite. Wenn man von Preußen in der zweiten Hälfte des 18. Jh. [sic!] und seinem Herrscher spricht, dann ist an all dies mitzundenken. Nur so nämlich wird verständlich, warum sich hier trotz aller Bemühungen des Königs, die alten Verhältnisse zu konservieren, nach den Erschütterungen der Französischen Revolution bürgerliche Revolutionen relativ rasch vollzogen."[4]

Reformen konnten letztlich revolutionäre Kämpfe als Motor der Geschichte im Geschichtsverständnis der DDR nicht ersetzen. Dieser Sachverhalt scheint auch dem Unternehmen, fortschrittliche Errungenschaften früherer Herrscher in ein angestrebtes DDR-Nationalbewußtsein zu integrieren, seine Schranken zu setzen. Um der weiteren Entwicklung einer breiten "nationalen Identität" willen, um den sozialpolitischen Stabilitätskurs ideologisch zu untermauern, mag es sinnvoll erscheinen, "Denkmäler" des Feudalabsolutismus in die Tradition zu integrieren - im August 1980 wurde die Reiterstatue Friedrichs II. an ihren alten Platz "Unter den Linden" zurückgeführt -, Reformismus aber konnte und sollte das revolutionäre Selbstverständnis der SED und der DDR nicht ersetzen.

1 Mittenzwei, Ingrid, Preußens neue Legenden. Gedanken beim Lesen einiger neuer Bücher über Preußen, in: Journal für Geschichte 4/1981, S. 4-9, S. 6f.

2 Mittenzwei, I., 1980, S.160, 183f.

3 Mittenzwei, I., 1981, S.6

4 Mittenzwei, I., 1980, S.212

Dementsprechend glaubte sich die SED auch gegen eine nicht intendierte Identifikation mit Preußen wappnen zu müssen. Rückblickend auf die bereits 1962 von Jaspers geaußerte Feststellung, die DDR habe in Preußen ihren historischen Grund[1] hieß es: "Da nicht mehr darum herumzukommen ist, die staatliche Selbständigkeit der DDR anzuerkennen, soll der sozialistische deutsche Staat als eine Fortsetzung Preußens, genauer gesagt, als Nachfolger des reaktionären Preußens hingestellt werden."[2] Die Etikettierung als "rotes Preußen"[3] war, wie die Nähe des Totalitarismus-Vorwurfs ein Übel, dem die Partei bei dieser Traditionsaneignung zu wahren hat. Sie gibt ihn bereitwillig an die Bundesrepublik zurück. Den gesellschaftlichen Kräften, die das reaktionäre Preußen verkörpern, wurde "auf dem Boden der DDR für immer das soziale Fundament entzogen. Sie sind indes nicht tot. Man kann ihre Nachfahren jenseits der Grenze wiederfinden."[4] Auf der anderen Seite galt es, bei der Erschließung fortschrittlicher Taten reaktionärer Klassen, ein Abgleiten der Historiker in bürgerlich-nationale Geschichts-auffassungen zu verhindern. "Die Bestimmung des Erbes in der DDR hat die ge-sicherte Klassenposition des marxistischen Geschichtsbildes zu Voraussetzung. Nur von hier aus sind weitere Schritte möglich und notwendig."[5] Auch hier war die Nähe zur Bundesrepublik, die das gleiche historische Erbe beansprucht und verwaltet, ausschlaggebend.

Die sozialistische Traditionsaneignung war gegen die Traditionspflege der Bundesrepublik abzugrenzen, um nicht, wider alle Absichten, ein neues deutsches Gemeinschaftsgefühl aufkommen zu lassen. Wurde doch in der Bundesrepublik, wie Lozek behauptete, "die Tatsache, daß auch in der DDR nichtsozialistische Traditionen positiv gewertet werden, im nationalistischen Sinne als Beleg für eine angeblich weiterexistierende "deutsch-deutsche Gemeinsamkeit"[6] ausgegeben. Diehl hatte sich bereits im Dezember 1976 gegen westdeutsche Versuche einer "Kryptoannäherung"[7] der deutschen Historiker gewandt. Seither zählte die Traditionsbildung in der DDR offiziell "zu den Hauptfeldern der Auseinandersetzung zwischen marxistisch-leninistischer Geschichtsauffassung und bürgerlicher Geschichtsideologie."[8]

1 vgl. in dieser Arbeit S. 150/51

2 Schmidt, W. 1981, S.399

3 Ash, Timothy G., "Und willst du nicht mein Bruder sein...". Die DDR heute, Hamburg 1981

4 Mittenzwei, I., 1983,S.215

5 Lozek, Gerhard, Die Traditionsproblematik in der geschichtsideologischen Auseinandersetzung, in: ZfG 5/1981, S.395-398, S.391

6 Lozek, G., 1981, S.395

7 Diehl, E., 1977, S.277. Der Ausdruck "Kryptoannäherung"geht offenbar auf den westdeutschen Historiker W.Conze zurück.

8 Lozek, G., 1981, S.325

7.7 Der Paradigmenwechsel im Verhältnis von Geschichtsbild und Nationsverständnis

Das erste Jahrzehnt der Ära Honecker war auf den ersten Blick eine innenpolitische Erfolgsgeschichte. Dieser Erfolg beruhte zum einen auf dem realpolitischen Arrangement zwischen Staat und Gesellschaft, das im Prinzip von Leistung und Gegenleistung begründet war, denn nichts anderes wurde mit der Formel der "Einheit von Wirtschafts- und Sozialpolitik ausgesagt. Ideologischer Klassenkampf und nationalrevolutionärer Habitus waren mit dieser pragmatischeren Herangehensweise obsolet geworden. Dies war ein Grund für den mit Honeckers Machtübernahme vollzogenen Paradigmenwechsel im Verhältnis von Nations- und Geschichtsverständnis. Die DDR sollte kein unvollendeter Nationalstaat mehr sein, das hieß, daß der nationale Anspruch der DDR-Führung sich nunmehr auf die DDR selbst beschränkte, in der sich eine sozialistische Nation herausgebildet habe.

In diesem Nationsverständnis kam nicht nur die neue Abgrenzungpolitik gegenüber der Bundesrepublik, sondern auch das Bestreben nach einer engeren Integration in den RGW zum Ausdruck. Doch gerade hier, in der Ebene der Außenpolitik und der Allianzbeziehungen der DDR zeichnete sich ein Wendepunkt der DDR-Erfolgsgeschichte ab, dessen destabilisierende Wirkung im nachfolgenden Jahrzehnt spürbar werden sollte. Dier Abschluß der KSZE hatte nicht nur zur Verfestigung des Status quo in Europa beigetragen, sondern auch den Grundstein für Menschenrechtsstandards gesetzt, auf die sich Bürgerrechtsbewegungen in den osteuropäischen Staaten berufen konnten. Dies war für die DDR-Führung spätestens mit dem Ausbruch der polnischen Krise und dem Auftritt der unabhängigen Gewerkschaftsbewegung "Solidarität" offenbar geworden. Die RGW-Integration stagnierte bereits am Ende der 70er Jahre und drohte die DDR zwischen Ost und West zu isolieren. Das Postulat einer sozialistischen Nation, die sich im Annäherungsprozeß mit anderen sozialistischen Nationen befand, konnte ein historisch verankertes Nationalbewußtsein für die DDR nicht ersetzen. Aus diesem Grund vollzog sich gegen Ende der ersten Dekade Honeckers im Geschichtsbild eine "Wende zur Nationalgeschichte", an welcher der Ausbau des geschichtswissenschaftlichen Methodenpotentials erheblichen Anteil hatte. Die Abgrenzung gegenüber der Bundesrepublik im Nationsverständnis wurde nunmehr von einer "gesamtdeutschen" Geschichtsbetrachtung begleitet.

8. DIE DDR ALS DEUTSCHER NATIONALSTAAT (1981-1987)

8.1 Von der Politik der Entspannung zur Ost-West-Konfrontation

Die mit der Entspannungspolitik verbundene Hoffnung auf einen Wandel der Ost-West-Beziehungen hatte sich räumlich und auch von der Sache her nur sehr begrenzt realisieren lassen. Mit der KSZE war 1975 der status quo in Europa eingefroren worden, ohne daß sich die Perspektiven einer neuen europäischen Friedensordnung abgezeichnet hätten. Die Auseinandersetzung der beiden Hegemonialmächte verlagerte sich seither auf andere Konfliktregionen der Welt. Die Verschiebung des Engagements der Supermächte auf außereuropäische Regionen führte zu einem Bedeutungsverlust Europas. Hatte der Ost-West-Konflikt bisher hier seinen zentralen Standort gehabt, so reduzierte sich dieser Stellenwert Europas nunmehr. Im Zuge der Globalisierung der Ost-West-Auseinandersetzungen[1] wurde die Frage, ob der Entspannungsprozeß "teilbar" oder "unteilbar" sei, vor allem für die europäischen Staaten zu einer zentralen Herausforderung der 80er Jahre, weil sie im Interesse einer Stabilisierung der KSZE-Politik in Europa an einer Beteiligung an außereuropäischen Konflikten nicht interessiert sein konnten. Andererseits war zweifelhaft, ob eine lediglich auf Europa bezogene Entspannungspolitik angesichts des sich zu Beginn der 80er Jahre verschlechternden weltpolitischen Klimas durchzuhalten war, bzw. ob von Europa gar ein Impuls zu Entschärfung der zunehmenden Konfrontation zwischen den USA und der UdSSR ausgehen könnte.

Die Grenzen der Entspannungspolitik waren insbesondere in der Rüstungsentwicklung greifbar geworden. Durch technologische und militärstrategische Neuentwicklungen wurde der Glaube an die wechselseitig stützende Wirkung von Abschreckung und Friedenssicherung im Rahmen der Entspannungspolitik erschüttert. Die "Regionalisierung" Europas hatte zur Folge, daß im westlichen Verteidigungsbündnis die amerikanische Führung von der Bereitschaft abrückte, die eigene nukleare Vernichtung wegen einer Auseinandersetzung in Europa zu riskieren, bzw. hinzunehmen. Damit schien aber die Glaubwürdigkeit der Abschreckungspolitik, die auf der engen Koppelung der westeuropäischen Militärmacht mit dem nuklearstrategischen Vernichtungspotential der USA basierte, in einem zentralen Punkt erschüttert. Die Europäer machte besonders betroffen, daß sie womöglich zu einem potentiellen Kampfplatz in der Auseinandersetzung zwischen den USA und der UdSSR werden könnten.

1 Link, W., 1988, S. 210

Die Wende von der Kooperation zur Konfrontation in den Ost-West-Beziehungen wurde dadurch eingeleitet, daß die UdSSR, die bereits Mitte der70er Jahre nuklearstrategische Parität erreicht hatte bestrebt war, weltpolitischen Nutzen aus ihrer militärischen Macht zu ziehen.[1] So engagierte sie sich offensiv für marxistische und sozialistische Befreiungsbewegungen in Mocambique, Äthopien, Angola[2] und anderen Regionen der "Dritten Welt" entlang der "Zone der nationalen Befreiung"[3], die sich von Nordafrika über den Nahen Osten bis Südostasien erstreckte. In diesem Zusammenhang wurden beispielsweise Verträge über Freundschaft und Zusammenarbeit zwischen der UdSSR und Indien bzw. Ägypten geschlossen.[4]

Die USA hatten unter der Regierung Carter die strategische Gleichrangigkeit im Rahmen des vom SALT II-Vertrages beschriebenen Plateaus zwar akzeptiert, ohne allerdings bereit zu sein, das sowjetische Streben nach weltpolitischer Parität hinzunehmen. Um die politischen Defizite des sowjetischen Systems herauszustellen, war die Menschenrechts-Frage zur außenpolitischen Leitlinie neben Rüstung und Rüstungskontrolle avanciert. Die kompromißlose Haltung der UdSSR in diesem zentralen Bereich der KSZE, der in Korb III geregelt worden war, verfestigte den Eindruck, daß die sowjetische Führung Entspannung und Rüstungskontrolle lediglich zur Bemäntelung des eigenen geopolitischen Expansionismus propagandistisch betreibe.[5]

Bereits 1978 hatte sich die Wende in der entspannungsfreundlichen Haltung unter Präsident Carter abgezeichnet, als er die UdSSR herausfordernd vor die Alternative "Kooperation" oder "Konfrontation"[6] stellte. Das Jahr 1979 konnte als der eigentliche globalpolitische Wendepunkt angesehen werden: auf den Sturz des iranischen Schahs am 16.1.79, die Geiselnahme in der Teheraner US-Botschaft am 4.11.79 und die zwei Wochen später erfolgte sowjetische Invasion in Afghanistan reagierten die USA unter anderem mit der Aufnahme diplomatischer Beziehungen mit der Volksrepublik China, der Nichtratifikation des SALT II-Vertrages und den -

1 Czempiel, Ernst-Otto, Die Machtprobe. Die USA und die Sowjetunion in den 80erJahren, München 1989, S. 16ff. Czempiel geht allerdings davonaus, daß die strategiche Parität erst 1981 erreicht wurde, vgl. Czempiel, E.-O., 1989, S. 21

2 Görtemaker, Manfred/Hrdlicka, Manuela, Das Ende des Ost-West-Konflikts? Die amerikanisch-sowjetischen Beziehungen von den Anfängen bis zur Gegenwart, Berlin1990, S. 107

3 Czempiel, E.-O., 1989, S. 27

4 Rühl, Lothar, Zeitenwende in Europa. Der Wandel der Staatenwelt und der Bündnisse, Stuttgart1990, S. 133.

5 Czempiel, E.-O., 1989, S. 53

6 Czempiel, E.-O., 1989, S. 48

letztlich nicht realisierten - Plänen zur Aufstellung einer neuartigen Neutronenwaffe.[1] Inwieweit die UdSSR tatsächlich nach militärisch-politischer "Superorität"[2] strebte, ist allerdings umstritten. Zieht man die Schätzungen des CIA über die Entwicklung der sowjetischen Rüstungsausgaben heran[3], so ist ein faktisches Ausgabenwachstum zu konstatieren. Andererseits hat die CIA selbst seit 1983 eingeräumt, daß ihre Annahmen von den ökonomischen Rahmenbedingungen der UdSSR her gesehen, zu hoch gegriffen sein mußten.[4]

Mit der Amtsübernahme Ronald Reagans am 20.1.81 wurde die konfrontative Umstellung der amerikanischen Außenpolitik kompromißlos ausgebaut. Die die Reagan-Regierung tragende "Neue Rechte", als "Koalition von Big Business, Mittelklasse, Neo-Konservativen und religiösen Fundamentalisten"[5] war überzeugt, daß eine Eindämmung der UdSSR nur durch amerikanische Rüstungsüberlegenheit erreichbar wäre.[6] Anstelle der Auffassung von der "Multipolarität" der Welt, die von der aggressionshemmenden Wirkung gegenseitiger Vernetzungen überzeugt und eine tragende Prämisse der Entspannungspolitik gewesen war, propagierte die neue amerikanische Regierung ein "dichotomisches Weltbild"[7], das die UdSSR als "Reich des Bösen"[8] titulierte, dem ein innerer Wandel durch rüstungspolitisch induzierten Mißerfolg im Ökonomischen auferlegt werden sollte, so daß dem System die Lebensfähigkeit geraubt würde, wenn es nicht reformbereit zeigen würde.[9]

Die offensive Haltung der US-Außenpolitik drückte sich militärstrategisch im "FOFA-Konzept" (Follow-on-forward-attack) aus, das zum Ziel hatte, den Gegner auf einem erweiterten Gefechtsfeld hinter der eigentlichen Kampflinie anzugreifen und so den Kampf tief in das gegnerische Gebiet hineinzutragen.[10] Die Ernsthaftigkeit der amerikanischen Planung war an den Wachstumsraten der Militärausgaben abzulesen. In den Jahren 1981-85 steigerte sich das amerikanische Aufrüstungsprogramm kontinuierlich, was in dieser Dimension ein "in der Geschichte der USA einmaliger

1 Zimmer, Matthias, Nationales Interesse und Staatsräson. Zur Deutschlandpolitik der Regierung Kohl 1982-1989, Paderborn, München, Wien, Zürich 1992, S. 43.
2 Czempiel, E.-O., 1989, S. 48f., Görtemaker, M., 1989, S. 111f.
3 Czempiel, E.-O., 1989, S. 44
4 Görtemaker, M.,1990, S. 109 u. Rühl, L., 1990, S. 155
5 Czempiel, E.-O., 1989, S. 218ff.
6 Czempiel, E.-O., 1989, S. 133ff.
7 Czempiel, E.-O., 1989, S. 139
8 Link, W., 1988, S. 212
9 Link, W., 1988, S. 212
10 Haftendorn, Helga, Eine schwierige Partnerschaft. Bundesrepublik Deutschland und USA im atlantischen Bündnis, Berlin 1988, S. 50

Vorgang"[1] war, der in Verbindung mit Steuersenkungen 1984 zu einem Haushaltsdefizit von 130 Mrd. $ führte.[2]

Einen Höhepunkt des amerikanischen Kräftemessens im Rüstungsbereich stellte die Verkündung der strategischen Verteidigungsinitiative (Strategic Defense Initiative, SDI) durch Reagan 1983 dar. SDI stellte die "bisherigen, beiderseits anerkannten Verhaltensweisen im Abschreckungssystem auf den Kopf...Die Absicht des harten Kerns der Reagan-Administration, der Sowjetunion einen für sie ungewinnbaren Rüstungswettlauf aufzuzwingen, schien im SDI-Programm Gestalt angenommen zu haben."[3] SDI war als Baustein bei der Umstellung der amerikanischen Militärstrategie auf die Führbarkeit und Gewinnbarkeit von Atomkriegen zu verstehen, der zu einer "nuklearen Enthauptung" (decapitation) der UdSSR ohne das Risiko eines vernichtenden Vergeltungsschlages einzugehen, führen sollte.[4]

Gleichwohl hatte aber die Reagan-Administration nicht jegliche Bemühung auf dem Gebiet der Rüstungskontrolle aufgeben wollen. Jetzt wurde allerdings eine "echte" Abrüstung anstelle von Rüstungsbegrenzung in der offiziellen Lesart angestrebt. Man kehrte von Gesprächen über Rüstungsbegrenzung (Strategic Arms Limitation Talks, SALT) ab und forderte einen Dialog über Abrüstung (Strategic Arms Reduction Talks, START).[5] Die START-Verhandlungen begannen tatsächlich im Juni 1982. Hierbei, ebenso wie bei den Verhandlungen über die in Europa stationierten Nuklearraketen mittlerer Reichweite (Intermediate Range Nuclear Forces, INF), war aber seit 1983 der neue strategische Faktor SDI als "Prüfstein" neu in die Rechnungen für die zukünftigen Ost-West-Verhandlungen einzustellen.[6] Die UdSSR verknüpfte seither weitere Fortschritte in Abrüstungsverhandlungen über strategische Waffen mit der gleichzeitigen Verhandlung über die amerikanischen Weltraumwaffen.

Die offensive Umstellung der amerikanischen Militärstrategie auf Kriegsführungsfähigkeit warf für die Europäer im atlantischen Bündnis gravierende Probleme auf. Wurde hierdurch nicht die stabilisierende Wirkung des Abschreckungssystems

1 Czempiel, E.-O., 1989, S. 152

2 Czempiel, E.-O., 1989, S. 156

3 Czempiel, E.-O., 1989, S. 161

4 Wassmund, Hans, Die Supermächte und die Weltpolitik. USA und UdSSR seit 1945, München 1989, S. 65

5 Link. W., 1988, S. 208

6 Zimmer, M., 1992, S. 187

aufgehoben, um einen nuklearen Erstschlag unter dem Schutz von SDI vorzubereiten?[1] Welche Rolle würde Europa in einem derartigen Szenario spielen?

Die Frage nach der zukünftigen Rolle Europas im Ost-West-Konflikt fokussierte sich in der Auseinandersetzung um die Stationierung nuklearer Mittelstreckenwaffen, die nunmehr eine veränderte Qualität erhielten. Von westeuropäischer Seite war die Forderung nach einer Beseitigung der sowjetischen Mittelstreckenwaffen beziehungsweise nach einer entsprechenden Nachrüstung Westeuropas im sog. "Doppelbeschluß" der NATO vom 12.12.1979 geregelt worden, um eine möglichst enge Anbindung Westeuropas an die amerikanische Nukleargarantie sicherzustellen.[2] Im Lichte der militärstrategischen Veränderungen barg die von den NATO-Staaten im Dezember 1983 beschlossene Stationierung von 572 Mittelstreckenwaffen[3] die Gefahr der nuklearen Abkoppelung Westeuropas von den USA. "Die Mittelstreckensysteme...waren aus amerikanischer Sicht primär Instrumente der Eskalationskontrolle; sie gaben dem Westen die Möglichkeit durch die direkte Bedrohung sowjetischen Territoriums Moskau vor einem Angriff auf Westeuropa abzuhalten, ohne die eigene [amerikanische, K.E.] Vernichtung zu riskieren."[4] Die Stationierungskomponente des NATO-Doppelbeschlusses hatte in der Vorstellbarkeit eines auf Europa begrenzten Atomkrieges eine andere Bedeutung erhalten.[5]

Die Westeuropäer wurden über diese veränderte strategische Situation insbesondere durch den sog. "Iklé-Bericht" wachgerüttelt.[6] In diesem Bericht an die amerikanische Regierung wurde der Versuch unternommen, Abschreckung und Kriegsführungsfähigkeit kompatibel zu gestalten. Das Abschreckungssystem sollte unter den Bedingungen gegenseitiger Vernichtungsfähigkeit dadurch stabil gehalten werden, daß in einer "Strategie des Gegengewichtes" (Counter-vailing-strategy) die

1 Zimmer, M., 1992, S. 187
2 Czempiel, E.-O., 1989, S. 163ff.
3 Görtemaker, M., 1990, S. 185
4 Haftendorn, H., 1988, S. 48
5 Zimmer, M., 1992, S. 105
6 Es handelte sich dabei um einen Expertenbericht über die "Selektive Abschreckung", den eine von US-Verteidigungsminister Caspar Weinberger und John Poindexter eingerichtete "Kommission für eine integrierte langfristige Strategie" unter dem Vorsitz des Staatssekretärs im Verteidigungsministerium, Fred C. Iklé und Albert Wohlstetter mit dem Titel "Discriminate Deterrence" am 11.1.1988 veröffentlichte, vgl. Haftendorn, H., 1988, S. 41

militärischen und politischen Handlungsmöglichkeiten erweitert und differenziert werden.[1] Die Abschreckung sollte mit einer Vielzahl von militärischen Optionen mit konventionellen, taktisch-nuklearen und nuklearstrategischen Waffen glaubhafter gemacht werden. Allerdings, und dies war gleichsam die Kehrseite der Medaille, wurde auf diese Wiese die Kriegsführung mit Atomwaffen und die regionale Begrenzbarkeit derartiger Auseinandersetzungen ins Kalkül gezogen. Spätestens an diesem Punkt mußte es zu einer Interessendivergenz zwischen den USA und den Europäern im atlantischen Bündnis kommen. "Der gravierende Unterschied zwischen dem stratgeischen Denken in den USA und demjenigen in Westeuropa ist jedoch zweifellos, daß Kernwaffen für die USA mehr und mehr zu *Instrumenten der Kriegsführung* werden, während sie aus europäischer Sicht vor allem *politische Waffen* sind."[2] Die amerikanischen Vorstellungen waren auf die globalen Eingriffmöglichkeiten einer Weltmacht orientiert. In diesem Zusammenhang war den euopäischen Partnern, die ohnehin über ihre europäische Identität und eine "neue europäische Friedensordnung" zu reflektieren begannen, anstelle einer engen strategischen Ankoppelung mehr sicherheitspolitische Eigenverantwortlichlkeit zuzuweisen. Den europäischen NATO-Partnern entglitt mit der Umstellung der amerikanischen Strategie zunehmend der Einfluß auf die im Anschluß an den Doppelbeschluß begonnenen Gespräche über die Abrüstung im Mittelstreckenbereich (intermediate range nuclear forces, INF-Verhandlungen). War eine erfolgreiche Realisierung der Abrüstungskomponente des Beschlusses unter den veränderten Bedingungen kaum noch zu erwarten, so wurden die INF-Verhandlungen nach dem Stationierungsbeschluß vom Dezember 1983 von der UdSSR abgebrochen.

Die Kluft zwischen den sicherheitspolitischen Vorstellungen im atlantischen Verteidigungsbündnis eröffnete den Europäern die Chance zur Selbstreflektion und dadurch auch die Chance, über eine Neugestaltung der Beziehungen zum Osten des Kontinents nachzudenken. Aus dem Osten Europas mehrten sich in den 80er Jahren die Krisensignale, da er sich, und hier schien die amerikanische Rechnung zumindest teilweise aufzugehen, an seiner Militärpolitik wirtschaftlich überhoben hatte.

1 Wassmund, H., 1989, S. 65

2 Haftendorn, H., 1988, S. 41

8.2 Die Krise des Ostblocks

Ein zentraler Ausgangspunkt für den Erosionsprozeß des Ostblocks war die Krise des sowjetischen Systems, dessen militärische Machtentfaltung das Land an den Rand des wirtschaftlichen Ruins geführt hatte. War diese Problematik der sowjetischen Führungselite auch nicht verborgen geblieben, so waren doch alle Rezepturen, die eine Reformierung anstrebten, solange wirkungslos, wie sie nicht antraten, das Wirtschaftssystem selbst grundlegend umzugestalten. In den 70er Jahren kam die angestrebte Intensivierung der Arbeitsteilung im RGW zur Stagnation, und auch die Verbesserung der Ost-West-Wirtschaftsbeziehungen im Rahmen der Entspannungspolitik, die den osteuropäischen Ökonomien zum Aufschwung verhelfen sollte, scheiterte.

Eine grundlegende Reform des sowjetischen Wirtschaftssystems hatte ihre Hürde in der engen Verflochtenheit von Partei, Staat und Wirtschaft, so daß bei jedem ökonomische Umbau auch die Rolle von Partei und Staat im kommunistischen System neu bestimmt werden mußte. Diese Erfahrung machte Gorbatschow spätestens 1988. Bis dahin hatte er geglaubt, primär ökonomische Refomen (perestroika) in politischer Hinsicht systemimmanent, also neutral, durchführen zu können. Dies war aber am Trägheitswiderstand der alten politischen Elite des Sowjetsystems, die um ihre Privilegien bangte, gescheitert. Seit 1988, als sich die schwerste Wirtschaftskrise der UdSSR seit Ende des Zweiten Weltkrieges abzeichnete, ging Gorbatschow von seinem "Marsch durch die Institutionen" ab und versuchte seine Politik der Umgestaltung durch Einbeziehung der Parteibasis und der Masse der Bevölkerung, also durch Demokratisierung des Systems (glasnost) voranzutreiben. Gorbatschow war bestrebt, seine Machtbasis außerhalb der Partei- und Staatsbürokratie zu etablieren, leitete einen Prozeß der Trennung von Partei und Staat ein und sah sich am Ende gezwungen, die Legitimationsbasis des Sowjetsystems, nämlich die führende Rolle der KPdSU, preiszugeben.

Die UdSSR hatte zu Beginn der Ära Gorbatschow ihre Militärmacht am stärksten entfaltet, der Rüstungsetat hatte den höchsten Stand zu Friedenszeiten in der Geschichte der UdSSR erreicht. Er wurde für 1985 auf rund 19 Mrd. $, beziffert, wobei die exakten Zahlen kaum eruierbar sind, da die Produktionskosten für Waffensysteme in den sowjetischen Angaben über militärische Ausgaben nicht enthalten sind. Unter der Annahme, daß der größte Teil der sowjetischen Aufwendungen für Streitkräfte außerhalb des Militäretats geführt wurde, wird geschätzt, daß der gesamte sowjetische Rüstungsaufwand zumindest den der USA erreicht hatte[1]. In diesem Zusammenhang gewinnt die Formel von der "vernünftigen Hinlänglichkeit" militärischer Verteidigung ihre innenpolitische Kontur als Ermahnung an den sowjetischen militärisch-industriellen Komplex, sich in den Militäraufwendungen zu beschränken[2]. Durch forcierte Rüstung auf dem Höhepunkt ihres militärischen Weltmachtstrebens angelangt, verlor die UdSSR gleichzeitig ökonomisch-technisch gegenüber den kapitalistischen Industriestaaten an Boden.

Das zentrale Problem der sowjetischen Wirtschaft - und hierin war sie paradigmatisch für die übrigen Ökonomien Osteuropas - bestand in der sinkenden Produktivität, die wegen der mangelnden Kapitalbildung und der rüstungsorientierten Investionssteuerung nicht gesteigert werden konnte. "Sämtliche Volkswirtschaften Osteuropas befinden sich in einem **desolaten Zustand**. Das Wirtschaftswachstum ist praktisch zum Stillstand gekommen, zum Teil schrumpft das Sozialprodukt," konstatiert ein Bericht der volkswirtschaftlichen Abteilung der Deutschen Bank im Jahre 1990[3]. Die entscheidenden Schwächen, die zum Wachstumsrückgang im gesamten RGW geführt haben, werden auch von osteuropäischen Fachleuten in ungenügender "Arbeitseffektivität, hohem Material- und Energieverbrauch in der Produktion" gesehen[4]. Gorbatschow selbst rief in seinem Bericht an den XXVII. Parteitag der KPdSU im Februar 1986 zu einer "radikalen Reform" des sowjetischen Wirtschaftssystems auf. "Die Lösung neuer Aufgaben in der Wirtschaft ist ohne tiefgreifende Umgestaltung des Wirtschaftsmechanismus unmöglich."[5]

Beim Amtsantritt Gorbatschows hatte die UdSSR das ungünstigste Verhältnis in der Aufteilung der Investitionen zwischen Konsum- und Produktionsgüterindustrie ihrer Geschichte erreicht - mit Ausnahme der Jahre der Kriegswirtschaft von 1941 bis

1 Rühl, L., 1990, S. 154/55, Allein die Personalkosten für 4,5 Mio. Soldaten und ca. 1 Mio. weitere paramilitärische Einheiten verschlangen einen immensen Anteil am sowjetischen Nationaleinkommen. Der neun Jahre währende Krieg in Afghanistan schlug mit rund 45 Mrd. Rubel zu Buche.

2 Rühl, L., 1990, S. 156f.

So gab Gorbatschow 1988 bekannt, daß 500.000 Soldaten bis 1990 demobilisiert und im Rahmen der spürbar werdenden Verknappung der Arbeitskräfte in der Industrie und im Transportwesen eingesetzt werden sollten.

3 DDR und Osteuropa. Währung und Wirtschaft, hrsg. v. Volkswirtschaftliche Abteilung der Deutschen Bank AG in Zusammenarbeit mit dem Bundesministerium für innerdeutsche Beziehungen, Rheinbreitbach 1990, S. 8

4 Dobroczynski, Michal/Lawinczak, Ryszard, RGW-Integration und internationale Wirtschaftsorganisationen, in: Jacobsen, Hanns-Dieter / Machowski, Heinrich / Sager, Dirk, Hrsg., Perspektiven für Sicherheit und Zusammenarbeit in Europa, Bonn 1988, S. 354-365, S. 362/63

5 Politischer Bericht des Zentralkomitees der KPdSU an den XXVII. Parteitag der KPdSU. Bericht des Generalsekretärs des ZK der KPdSU, Michail Gorbatschow v. 25. 2.86, Moskau 1986, S. 49

1945: "weniger als 25 Prozent der Produktion wurden auf Konsumgüter, mehr als 76 Prozent auf Investitionsgüter verwendet."[1] Gorbatschow stellte in seinem Bericht an den XXVII. Parteitag fest, daß in"letzter Zeit ... die Einwirkung der Finanzen und Kredite auf die Wirtschaft nachgelassen" hat. Die wirtschaftliche Rechnungsführung sei untergraben und "parasitäre Stimmungen" seien entstanden.[2]

Industrieanlagen wurden durchschnittlich 20 Jahre genutzt, so daß ein krasses Mißverhältnis zwischen dem Ertrag und dem Reparaturaufwand an den überalterten Industrieanlagen entstand[3], ein Tatbestand, der ohne Abstriche auf die DDR übertragbar war. Das Versagen der zentralen Investitionslenkung hatte sich bei Amtsantritt Gorbatschows zur "Systemkrise des Sowjetsozialismus als Wirtschafts- und Gesellschaftsordnung ausgeweitet"[4]. Die weit auseinanderklaffende Schere zwischen militärischer Macht und ökonomischer Ohnmacht wurde vom sowjetischen Wirtschaftswissenschaftler Wassilij Seljumin 1989 in Anlehnung an ein Diktum des früheren Bundeskanzlers Helmut Schmidt gekleidet: die UdSSR sei nichts anderes als ein großes "Obervolta mit Raketen"[5]. Der miserable Zustand der sowjetischen Wirtschaft offenbarte sich beim ersten großen Streik seit 1920, als die Bergarbeiter im Ural im Mai 1989 die Arbeit niederlegten, mehr Lohn einklagten und die "Forderung nach Seife zum Waschen das ganze Ausmaß der Verwahrlosung bloßlegte."[6]

Der eklatante Magel an Investitionskapital war von der UdSSR aus eigener Kraft nicht mehr zu beheben. In diesem inneren Reformdruck hatte der innere und äußere Wandel des Ostblocks seine Wurzel. Über stabile, kooperativ angelegte Ost-West-Beziehungen sollte die Rüstungslast der UdSSR verringert werden, um Mittel für den Umbau der Wirtschaft freizusetzen. "Ein zentrales Ziel der Außenpolitik in den osteuropäischen RGW-Ländern ist die verstärkte **Öffnung ihrer Volkswirtschaften zum Weltmarkt**."[7]

Dies bedeutete für die UdSSR und den gesamten RGW eine grundlegende Änderung der bislang betriebenen, vom Stalinismus geprägten Autarkiepolitik, die

1 Rühl, L., 1990, S. 145: "1928, vor dem Beginn der forcierten Industrialisierung unter Stalins Diktatur, war das Verhältnis noch umgekehrt gewesen: 60,5 Prozent der Industrieproduktion stellten Konsumgüter und 39,5 Prozent Investitionsgüter."

2 Gorbatschow, M., 1986, S. 52

3 Rund 70% der Maschinen und Anlagen im Maschinenbau waren 1985 veraltet, wenn man westliche Maßstäbe, d.h. eine zehnjährige Laufzeit, zugrundelegt, vgl. Rühl, L., 1990, S. 136

4 Rühl, L., 1990, S. 137

5 Rühl, L., 1990, S. 153/54

6 Rühl, L., 1990, S. 146

7 Deutsche Bank, 1990, S. 86

die kommunistischen Staaten vom Weltmarkt abgekoppelt hatte. Die volkswirtschaftliche "Politik der Selbstisolierung" des RGW[1], läßt sich an der Entwicklung der Ost-West-Wirtschaftsbeziehungen ablesen. Der Anteil der RGW-Staaten am Außenhandel der OECD-Länder sank im Zeitraum von 1975 bis 1988 um fast 50%[2]. Zu Beginn der Ära Gorbatschow hatten sich die sowjetischen terms of trade (Außenhandelspreise) bei den Energierohstoffen, die rund 74% des sowjetischen Exports in die OECD ausmachten, drastisch verschlechtert. Dies sollte durch Ausweitung des sowjetischen Exports (+15,5%) und Importrestriktionen (-14,5%) kompensiert werden, was aber zu einer Verschlechterung der internen Versorgungslage führte[3].

Die Westöffnung des RGW war allerdings kein geeigneter Ausgangspunkt für innere Reform, wie sich schon bald zeigen sollte. Anders als der optimistische Beschluß des RGW-Gipfeltreffens vom 12.-14.6.1984 in Moskau, sich "intensiv an der weltwirtschaftlichen Arbeitsteilung [zu, K. E.] beteiligen"[4], es vorsah, machten sich interne politische und ökonomische Restriktionen der kommunistischen Systeme selbst geltend.

Lange Zeit war es dem RGW überhaupt nicht gelungen, in internationalen Wirtschaftsorganisationen Fuß zu fassen, weil sein Integrationsprozeß nicht weit genug fortgeschritten war. So existierte seit dem Auslaufen der bilateralen Handelsabkommen der EG-Mitgliedstaaten mit den RGW-Ländern am 31.12.1974 ein vertragsloser Zustand zwischen beiden Wirtschaftsblöcken, weil die EG sich weigerte, einem von östlicher Seite 1974 vorgeschlagenen Rahmenabkommen zwischen RGW und EG zuzustimmen[5]. Der RGW wurde nicht als gleichwertiger Vertragspartner akzeptiert, denn er verfügte über keine supranationale Struktur[6] wie die EG. Der RGW war eine zwischenstaatliche Einrichtung, in der die nationalen Interessen über die gemeinschaftlichen dominierten[7]. Demzufolge war die EG mehr

1 Schneider, Klaus, Einige Aspekte der künftigen Beziehungen der Europäischen Gemeinschaft zu Osteuropa, in: Gesamteuropa. Analysen, Probleme und Entwicklungsperspektiven, hrsg.v. Jacobeit, Cord / Yenal, Alparslan, Gesamteuropa. Analysen, Probleme und Entwicklungsperspektiven, Bonn 1993, S. 391-405, S. 293

2 Deutsche Bank, 1990, S. 86

3 Jacobsen, Hanns-Dieter / Machowski, Heinrich, Perspektiven der Ost-West-Wirtschaftsbeziehungen, in: Jacobsen, H.-D., Hrsg., Perspektiven für Sicherheit und Zusammenarbeit in Europa, Bonn 1988, S. 321-323, S. 322

4 Dobroczynski, M., 1988, S. 363

5 Schneider, K., 1993, 396

6 Dobrczynski, M., 1988, S. 356

7 Dobrczynski, M., 1988, S. 355

an autonomen Handelsregelungen mit einzelnen RGW-Staaten als mit dem RGW als Ganzem interessiert. Der Wunsch des RGW nach einem Abkommen mit der EG legte die wirtschaftlichen Nöte des Ostblocks offen, war doch die EG, "durchaus feindselig" als "kriegswirtschaftliche Grundlage der NATO"[1] diffamiert worden. Seit der Verabschiedung der Einheitlichen Europäischen Akte durch die EG-Mitgliedstaaten, die die Perpektive eines EG-Binnenmarktes bis zum 31.12.1992 eröffnete und der westeuropäischen Integration einen erheblichen Impuls verlieh, war allerdings in Osteuropa die Sorge vor einem weiteren Zurückbleiben gegenüber dem Westen gewachsen. Am 25.6.1988 kam es schließlich zu einer "Gemeinsamen Erklärung über die Aufnahme offizieller Beziehungen" zwischen RGW und EG[2].

Das Problemfeld der Beziehungen zwischen RGW und EG beleuchtete mehr als nur einen formalen Aspekt der Ost-West-Wirtschaftsbeziehungen. Es ging letztlich um die Kompatibilität der Zusammenarbeit zweier grundlegend unterschiedlicher Wirtschaftssysteme, die Möglichkeiten und Grenzen einer Politik, die für den Osten "friedliche Koexistenz" und für den Westen "Wandel durch Annäherung" hieß. Abgesehen davon, daß es fraglich war, ob die RGW-Staaten tatsächlich in der Lage sein würden, die notwendigen Vorbedingungen für eine in ihrem Sinne erfolgreiche Ost-West-Wirtschaftskooperation zu erfüllen[3], befanden sich die westlichen Wirtschaften selbst in einer gravierenden Strukturkrise und wären kaum offen für eine Exportausweitung des RGW gewesen. Damit hatte sich eine Prämisse der Entspannungspolitik, durch engere ökonomische Kooperation zu einer Annäherung der antagonistischen Systeme zu gelangen, als inpraktikabel erwiesen. Seit Gorbatschows Amtsantritt bestätigte sich eine eher gegenläufige Tendenz im Verhältnis zwischen Politik und Ökonomie: es hatte den Anschein, als würde "eine klare Antwort auf die Frage nach der politischen Funktion der Ost-West-Wirtschaftsbeziehungen" nicht existieren[4] und die politische Annäherung der Systeme sich gerade trotz wirtschaftlicher Entflechtung vollziehen[5].

In der Konsequenz bedeutete dies für die UdSSR, daß eine grundlegende interne Reform der Wirtschaft nicht durch die wirtschaftliche Zusammenarbeit mit dem

1 Schneider, K., 1993, S. 394

2 Dobrczynski, M., 1988, S.357

3 Eine engere Anbindung an den Weltmarkt hätte die Schaffung konvertibler Währungen und die Revision des zentralstaatlichen Preissystems durch die Einführung von Weltmarktpreisen erforderlich gemacht, um einen Zusammenhang zwischen Binnenwirtschaft und Weltmärkten herzustellen, der eine an der Nutzung komparativer Kostenvorteile in Osteuropa erst möglich gemacht hätte, vgl. Deutsche Bank, 1990, S. 87

4 Jacobsen, H.-D., 1988, S. 321

5 Jacobsen, H.-D., 1988, S. 321ff.

Westen ersetzt werden konnte. Die Bedingungen hatten sich grundlegend gegenüber den 70er Jahren gewandelt: die Kooperation mit dem Westen führte nicht zum Wandel und Wachstum des Ostens, sondern umgekehrt war die Reform des Ostens die notwendige Voraussetzung für eine gewinnbringende Zusammenarbeit mit dem Westen geworden.

Die Notwendigkeit innerer Reformen war bereits von Gorbatschows Vorgängern Jurij Andropow[1] und Konstantin Tschernenko[2] gesehen worden. Gorbatschow stand mit der Formulierung seiner Politik der perestroika zunächst in deutlicher Kontinuität zu seinen beiden Vorgängern. Vier Kernbereiche sollten von der Umgestaltung betroffen sein: Verbesserung der Personalpolitik der KPdSU, Öffnung der Kultur- und Gesellschaftspolitik zur politischen Unterstützung der Umgestaltung durch die Medien, Neuorientierung der Wirtschaftspolitik zur Leistungssteigerung und eine neue Außenpolitik, die "entspannte" Rahmenbedingungen für die Umgestaltung sichern sollte[3], wobei die Priorität auf die Wirtschaftsreform gelegt wurde. Gorbatschow stand vor dem fast unlösbaren Problem, daß Reformen mit dem alten Funktionärsapparat bewerkstelligt werden mußten. Die unter Stalin heran-gewachsene sowjetische Führungselite war außerstande zu erkennen, "daß eine innovative Informationsgesellschaft mit einer Zentralverwaltungswirtschaft und dem autoritär-bürokratischen Regierungssystem des Sowjetkommunismus nicht vereinbar" war[4]. In seiner Rede vor kommunistischen Parteimitgliedern in Krasnojarsk hatte Gorbatschow dies im September 1988 schonungslos angesprochen, als er "alte Verhaltensweisen und initiativlose Arbeit" anprangerte: "Dies bezieht sich sowohl auf die Methoden der Wirtschaftsführung als auch auf die Frage des wissenschaftlich-technischen Fortschritts. Eben dort verhält es sich schlecht mit den Plänen und Kennzahlen der Effizienz. Die Betriebe sind bis über die Ohren verschuldet. Und was machen die Ministerien? Sie arbeiten im alten Stil. Sie erweisen aus dem Einkommen der Betriebe Hilfe den Rückständigen."[5] Jeder Reformversuch war "am

1 Andropow war 1978, als Gorbatschow nach Moskau kam, Chef des KGB und leitete eine personalpolitische Säuberung des Parteiapparates von korrupten Funktionären ein.

2 Tschernenko war seit 1965, dem ersten Amtsjahr Breshnews als Generalsekretär der KPdSU, Leiter des Allgemeinen Abteilung des ZK, der den Geschäftsgang im ZK lenkte und die Beschlüsse des Politbüros vorbereitete 1976 war er zum ZK-Sekretär und 1978 zum Vollmitglied des Politbüros geworden. Tschernenko prägte bereits Begriffe wie "gleiche Sicherheit für alle", "Erhaltung der Menschheit und Bewahrung des Lebens auf der Erde" und "Zivilisation des Friedens" als Ziele internationaler Politik, vgl. Rühl, L., 1990, S.176f.

3 Rühl, L., 1990, S. 178

4 Rühl, L., 1990, S. 135/36

5 Gorbatschow, Michail, Zeit des Handelns, Zeit der praktischen Arbeit. Ansprache des Generalsekretärs des Zentralkomitees der KPdSU in Krasnojarsk, 16.9.1988, Moskau 1988, S. 13

Trägheitswiderstand des zentralistisch-dirigistischen Regierungsapparates und an der großen Koalition der privilegierten Elite-Hierarchien von Rüstungs- und Schwerindustrie im Bunde mit dem dominierenden Militärmachtdenken"[1] gescheitert. Nicht nur der militärisch-industrielle Komplex, sondern auch die "große Koalition" zwischen der Militärführung, der Schwer- und Rüstungsindustrie mit Ministerium für den Allgemeinen Maschinenbau (als Leitorgan für die Raketenrüstung), dem Staatssicherheitsdienst und der Leitung des Außenministeriums, deren Ziel der Ausbau der Weltmachtstellung der UdSSR war, mußten aufgebrochen werden. "Gorbatschow mußte diesen Sperrblock beseitigen, um Spielraum für die Veränderung der Prioritäten der Produktion im Innern und für Verhandlungen mit dem Westen zu gewinnen, dazu aber auch, um die Kontrolle der politischen Führung über die verbündeten Bürokratien wiederherzustellen."[2] Die systemimmanente Starrheit wurde unübersehbar als nach einem kurzzeitigen Aufschwung der sowjetischen Wirtschaft im Jahre 1986 ein alarmierender Produktionsrückgang seit 1987 einsetzte, der den 12. Fünfjahrplan der UdSSR zur Makulatur werden ließ[3]. "Die angekündigte technologische Erneuerung blieb unter den Planzielen zurück, und die ganze Volkswirtschaft fiel in ihrer Entwicklung weiter ab. Die Sowjetunion trieb 1988 bis 1990 in ihre schwerste Wirtschaftskrise seit dem Zweiten Weltkrieg."[4]

Die von Gorbatschow angestrebte Demilitarisierung der Ost-West-Beziehungen implizierte auch die Desintegration des östlichen Bündnisses. Indem die sowjetische Führung sich auf die inneren Reformen des eigenen Staates konzentrierte, mußte sie die Eigenständigkeit und Selbstverantwortlichkeit der Verbündeten stärken. Nationale Eigenheiten konnten dabei wieder mehr in Erscheinung treten. Für die DDR war diese Entwicklung ambivalent. Sie konnte sich während der Ost-West-Konfrontationsphase als europäischer Friedensgarant auch gegenüber der UdSSR abheben; eine Selbstprofilierung, die durchaus mit der Erarbeitung einer eigenen Nationalgeschichte und dem Ziel nationaler Identitätsbildung korrespondieren konnte. Andererseits war die feste Bindung an die UdSSR nach wie vor die entscheidende Voraussetzung für diese nationale Selbstdarstellung geblieben. Wenn die sowjetische Führung nunmehr mit ihrer neuen Außenpolitik Ernst machte und ihre Verbündeten in eine größere nationale Eigenständigkeit entließ, konnte dies für die DDR nur zu einer Nagelprobe ihrer nationalen Rhethorik werden.

1 Rühl, L., 1990, S. 140

2 Rühl, L., 1990, S. 188

3 Bis 1990 war eine jährliche Wachstumsrate von 4,2% und eine Erneuerung des Produktivkapitalstocks um 30% in Aussicht genommen worden, vgl. Rühl, L., 1990, S. 147

4 Rühl, L., 1990, S. 160

8.3 Deutsch-deutsche Beziehungen im Zeichen einer "Koalition der Vernunft"

Seit der Unterzeichnung des Grundlagenvertrages im Jahre 1972 hatten sich die deutschlandpolitischen Rahmenbedingungen für die DDR-Führung grundlegend geändert. Der Grundlagenvertrag konnte mit Wilhelm Bleek und Rainer Bovermann als "zweite Geburt" der DDR bezeichnet werden.[1] Sie hatte damit ihr "wichtigstes Ziel in den Jahren ihrer staatlichen Existenz erreicht: Anerkennung durch die internationale Völkergemeinschaft als Voraussetzung ihrer Stabilität nach innen und Handlungsfähigkeit nach außen."[2] Mit der staatlichen Anerkennung konnte die DDR die Zusammenarbeit mit der Bundesrepublik auf verschiedenen Sachfeldern der Deutschlandpolitik ausbauen. Grundsätzlich war die DDR-Führung bemüht, über Zugeständnisse in den innerdeutschen Beziehungen ihren Status gegenüber der Bundesrepublik aufzuwerten, mit dem Endziel einer vollständigen völkerrechtlichen Anerkennung. Dies konnte über das Angebot gemeinsamer sicherheitspolitischer Inititaven auf internationaler Ebene oder durch die wiederholte Reklamation der Geraer Forderungen von 1980, wie z.B. die Anerkennung der DDR-Staatsbürgerschaft, erfolgen.

Waren die deutsch-deutschen Beziehungen seit jeher als "Zwischenglied zwischen Außen- und Innenpolitik"[3] angelegt, so hatten sie sich für die DDR-Führung seit Abschluß des Grundlagenvertrages als "Gratwanderung zwischen außenpolitischer und ökonomischer Öffnung auf der einen Seite und innenpolitischer und ideologischer Abgrenzung auf der anderen Seite"[4] dargestellt. In den 80er Jahren fügte sich die Deutschlandpolitik der DDR in deren europäische Friedens- und Sicherheitspolitik ein, mit der staatliches Eigeninteresse (nationale Identität), Bündnistreue (Integration) und nationale Frage (Öffnung und Abgrenzung gegenüber der Bundesrepublik) in Einklang gebracht werden sollten. Die Risiken dieser Politik waren in der Tragfähigkeit ihrer Prämissen begründet. Die globale Konfrontation seit Ende der 70er Jahre hatte es der DDR-Führung ermöglicht, gegenüber der UdSSR eigenständiger aufzutreten, von der Abgrenzung zur Bundesrepublik partiell abzugehen und die Zusammenarbeit

1 Bleek, Wilhelm/Bovermann, Rainer, Die Deutschlandpolitik der SPD/FDP-Koalition 1969-1982, Expertise für die Enquete-Kommission des Deutschen Bundestages "Aufarbeitung der Geschichte und Folgen der SED-Diktatur in Deutschland", Bochum 1993, S. 29

2 Bleek, W./Bovermann, R., 1993, S. 19

3 Bleek, W./Bovermann, R., 1993

4 Bleek, W./Bovermann, R., 1993

mit der sozialliberalen Koalition zu intensivieren. Die deutsch-deutsche Kooperation "wuchs ... zunehmend aus den Entspannungsstrukturen des Ost-West-Verhältnisses"[1] heraus, und es entwickelte sich eine "deutsch-deutsche Sonderentspannung"[2], an der die DDR-Führung auch zu Beginn der 80er Jahre festhielt. Solange die globale Konfrontationshaltung zwischen den USA und der UdSSR fortdauerte, garantierte die Blockstruktur die notwendige Abgrenzung von der Bundesrepublik auf der Grundlage des territorialen statsu quo. In dieser Situation schien es sich die DDR-Führung sogar leisten zu können, mit dem Appell an nationale Gemeinsamkeiten die Kooperation mit der Bundesrepublik zu forcieren. Der außenpolitische Wandel unter Gorbatschow sollte allerdings auch die Position der DDR-Führung infragestellen, weil der Automatismus der Abgrenzung bei der von ihm eingeleiteten Entspannungspolitik entfiel und damit die Ambivalenz der von der SED betriebenen Deutschlandpolitik zwischen Abgrenzung nach innen und Öffnung nach außen ihre unbeabsichtigten Wirkungen entfalten konnte.

Die Verhandlungspolitik der DDR-Führung mit der Bundesregierung barg das Risiko, daß mit der Intensivierung der innerdeutschen Beziehungen die staaliche Konsolidierung der DDR unterlaufen würde. Das galt vor allem dann, wenn die bundesdeutschen Regierungen am Gedanken der nationalen Einheit festhielten und damit das Ziel der SED, ein DDR-Nationalbewußtsein aufzubauen, konterkarierten. Denn solange die Grenzen geschlossen blieben, mußten sich die DDR-Bürger nach dem Wert der außen- und deutschlandpolitischen Öffnung fragen. "Besonders mochten die Deutschen in der DDR nicht einzusehen, daß ihre Partei- und Staatsführer fernsehwirksam auf große Reise in ferne Länder gehen konnten, von denen sie selbst höchstens im Rentenalter zu träumen wagten."[3] Ob es gelang, eine DDR-Identität aufzubauen, war davon abhängig, inwieweit die DDR-Führung den Spagat zwischen nationaler Abrenzung bei gleichzeitiger staatlicher Zusammenarbeit mit der Bundesrepublik durchstehen würde.

War der Regierungswechsel in Bonn 1982 zunächst ein "Schock"[4] für die DDR-Führung, so zeigte sich doch bald, daß die Bundesregierung unter Helmut Kohl die von der sozialliberalen Koaltion betriebene Deutschlandpolitik kontinuierlich fortsetzte. Schon im November 1982 war Honecker bei der Beerdigung Breshnews zu einem

1 Zimmer, M., 1992, S. 138

2 Zimmer, M., 1992, S. 138

3 Bleek, W./Bovermann, R. 1993, S. 33

4 Zimmer, M., 1992, S. 141

offiziellen Besuch nach Bonn eingeladen worden. Wegen der skeptischen Haltung der Bündnispartner, aber auch aufgrund koalitionsinterner bundesdeutscher Streitigkeiten im Vorfeld des Besuches erfolgte am 28.4.1983 eine Absage durch die DDR[1]: das Jahr 1983 war das Jahr der Stationierungsentscheidung.

In der Zusammenarbeit mit der Regierung Kohl hielt die SED am Junktim zwischen Deutschland- und Sicherheitspolitik fest. Sie berief sich dabei auf Art. 5 des Grundlagenvertrages, der die Herstellung "friedlicher Beziehungen zwischen den europäischen Staaten" und das "Bemühen um Rüstungsbegrenzung und Abrüstung" festschrieb. Im Gegenzug wurden von der DDR-Führung Erleichterungen im humanitären Bereich in Aussicht gestellt, wie die Rücknahme des Zwangsumtausches, die Ausweitung von Besuchsreisen für DDR-Bürger in die Bundesrepublik sowie von Familienzusammenführungen und Erleichterungen im Transitverkehr'[2]. Ziel war es zunächst, die Stationierungsentscheidung auszuhebeln. Sicherlich ging die SED davon aus, die "gesamtdeutsche Friedenssehnsucht" hierbei nutzen zu können, was allerdings auch Risiken für die DDR selbst bergen konnte. "Schwappte die nationale Friedenssehnsucht auf die DDR über, konnte sie dort ebenfalls eine Eigendynamik entwickeln, die nur schwer zu kontrollieren sein würde."[3]

Die Haltung zur Friedenspolitik der DDR war in der Bundesrepublik umstritten. Während die konervativ-liberale Bundesregierung eine restriktive Haltung an den Tag legte, vertieften sich die Beziehungen zwischen SPD und SED. Der von Honecker aufgegriffene Vorschlag der Palme-Kommission zur Bildung einer atomwaffenfreien Zone in Mitteleuropa wurde von Bundeskanzler Kohl mit der Begründung abgelehnt, daß die Gefahr einer militärischen Konfrontation wegen der konventionellen Überlegenheit des Warschauer Paktes steigen würde. Im übrigen verwies er auf die Notwendigkeit der Respektierung der Menschenrechte zur Sicherung des Friedens. Damit wurden die diametral verschiedenen Ansätze zwischen den beiden deutschen Staatsführungen in der Sicherheitspolitik offenbar. Zur Friedenswahrung setzte die DDR die Priorität auf sicherheitspolitische Aspekte, für die Bundesregierung hingegen hatte die Wahrung der Menschenrechte - und hierin stimmte sie mit den Forderungen der osteuropäischen Bürgerrechtler überein - Vorrang. Das von der SED verfolgteJunktim zwischen Deutschland- und Sicherheitspolitik ließ sich im Hinblick auf die Stationierungsfrage nicht verwirklichen; die deutschen-deutschen Beziehungen gingen in einem "kooperative Wartestellung"[4].

1 Zimmer, M., 1992, S. 148
2 Zimmer, M., 1992, S. 150
3 Zimmer, M., 1992, S. 150
4 Zimmer, M., 1992, S. 156

Völlig überraschend und offenbar, um die Beziehungen beider deutscher Staaten im Vorfeld der Mittelstrecken-Nachrüstung zu "entkrampfen"[1], übernahm die Bundesregierung die Bürgschaft für einen vom bayerischen Ministerpräsidenten Strauß vermittelten Milliardenkredit westdeutscher Banken an die DDR[2]. Als Gegenleistung sagte die SED-Führung weitere Zugeständnisse beim Gefangenenfreikauf, der Ernerung der Transitwege, der kulturellen Beziehungen und einer zuvorkommenden Abfertigung der Transitreisenden von den DDR-Grenzbehörden zu[3].

Die Wirtschaftslage hatte sich in der DDR, ähnlich wie in der UdSSR, zunehmend verschlechtert, das Nationaleinkommenlangsamer war langsamer als geplant gewachsen, die Investitionen schrumpften und Neuinvestitionen mußten mit Exportsteigerungen und Krediten finanziert werden[4]. Mit der wachsenden Verschuldung war das Vertrauen in die Zahlungsfähigkeit der DDR bei den westlichen Banken erheblich gesunken, so daß der westdeutsche Kredit helfen sollte.

In der Folge des Milliardenkredites wurden Reisemöglichkeiten in "dringenden Familienangelegenheiten" seit 1987 auch dann gewährt, wenn keine verwandtschaftlichen Beziehungen vorlagen. Der Reiseverkehr von der DDR in die Bundesrepublik hatte 1987 entsprechend von 1,5 Mio. (1984) auf 3,8 Mio. bei Rentnern und von 61.000 (1984) auf 1,2 Mio. in dringenden Familienangelegenheiten zugenommen[5].

Die engere Verknüpfung der beiden deutschen Staaten und die damit verbundene Herausbildung eines über normale zwischenstaatliche Beziehungen hinausgehenden Bewußtseins der Zusammengehörigkeit wurde durch das 1986 unterzeichnete Kulturabkommen verstärkt und kam im sprunghaften Anwachsen der deutsch-deutschen Städtepartnerschaften zum Ausdruck. Nachdem die erste Partnerschaftsvereinbarung anläßlich eines Besuches des saarländischen Ministerpräsidenten Oskar Lafontaine in der DDR am 24.6.86 unterzeichnet worden war, folgten bis Ende 1987 19 weitere Partnerschaften. Anfang 1990 waren insgesamt 62 Partnerschaften vereinbart[6]. Auch hier zeigten sich wieder die verschiedenen deutschlandpolitischen

1 Zimmer, M., 1992, S. 156

2 Zimmer, M., 1992, S. 157

3 Zimmer, M., 1992, S. 160

4 Süß, Walter, Die Gesellschaftspolitik der SED vor den Herausforderungen der sowjetischen Reformdiskussion, in: Veränderungen in Gesellschaft und im politischen System der DDR. Ursachen, Inhalte, Grenzen. 21. Tagung zum Stand der DDR-Forschung in der Bundesrepubli9k Deutschland. 24. bis 27. Mai 1988, hrsg. v. Edition Deutschland-Archiv, S. 25-37, S.29. Insbesondere die Verteuerung des sowjetischen Erdöls von 50 Rubel je Tonne (1976) auf 136 Rubel je Tonne (1982) schlug zu Buche, vgl. Zimmer, M., 1993, S. 157

5 Zimmer, M., 1992, S. 211

6 Pawlow, Nicole-Annette, Innerdeutsche Städtepartnerschaften. Entwicklung, Praxis, Möglichkeiten, Berlin 1990, S. 150/151

Ansätze von DDR-Führung und Bundesregierung. Während die SED die Partnerschaften als Beitrag zur Friedenssicherung begriffen wissen wollte, sah die westdeutsche Seite hierin eine praktische Begegenungsmöglichkeit der Bürger beider deutschen Staaten, was der gradualistischen Strategie eines "Wandels durch Annäherung" entsprach[1].

Die DDR-Führung konnte sich 1987 auf dem Höhepunkt ihrer friedenspolitischen Rolle fühlen. Der Eindruck, daß die DDR zu einem von der Bundesregierung als gleichwertig akzeptierten "Partner der Friedenserhaltung und Friedenssicherung in Europa"[2] avanciert war, mußte sich durch den Besuch Honeckers in Bonn vom 7. bis 11.9.1987 verstärken. Es war Honecker, der mit allen protokollarischen Ehren eines Staatsoberhauptes empfangen worden war, gelungen, Festlegungen zur gemeinsamen Sicherheitspolitik im Besuchs-Kommuniqué zu verankern. Über die gemeinsame Verantwortung für den Frieden hinausgehend, war aus der gemeinsamen deutschen Geschichte eine gemeinsame Verpflichtung zum Handeln mit Vorbildcharakter für Europa gefolgert worden[3]. Nach dem Honecker-Besuch war die völkerrechtliche Anerkennung der DDR "nur noch ein fehlender Akt, der symbolisch längst vollzogen war."[4] An konkreten Ergebnissen waren Vereinbarungen über Umweltschutz, Strahlenschutz und Wissenschaft und Technik verabredet worden[5].

Im Ergebnis war die Wirkung der innerdeutschen Verhandlungspolitik ambivalent. Sie trug auf der einen Seite zur Konsolidierung und äußeren Anerkennung des DDR-Systems und seiner Repräsentanten bei. Andererseits wurden die innere Folgen und Widersprüchlichkeiten der Dialogpolitik deutlich an der zunehmenden Zahl der Besuchskontakte auch ohne verwandtschaftliche Bindung, aber auch der wachsenden Zahl der Ausreiseanträge. Auch durch die aus dem Boden sprießenden Städtepartnerschaften wurde ein Bewußtsein deutsch-deutscher Verbundenheit gefördert, in dem die gemeinsame deutsche Geschichte, die von den DDR-Historikern in aller Breite rezipiert und aufbereitet wurde, eine unbeabsichtigte Verstärkerwirkung entfalten konnte. Ob nämlich der Anspruch des in der DDR propagierten Geschichtsbildes, die DDR sei die höchste Vervollkommnung staatlicher Existenz auf deutschem Boden angesichts der realen deutsch-deutschen Kontakte aufrechtzuerhalten war,

1 Pawlow. N.-A., 1990, S. 95ff. und Zimmer, M., 1992, S. 213
2 Zimmer, M., 1992, S. 219
3 Zimmer, M., 1992, S. 215
4 Zimmer, M., 1992, S. 217
5 Zimmer, M., 1992, S. 224/25

muß sehr fraglich erscheinen. In größtem Kontrast dazu standen vor allem die Wirtschaftslage der DDR und die repressive innenpolitische Praxis ihrer Führung.

Der Spagat zwischen außenpolitischer Öffnung und innenpolitischer Abgrenzung wurde auch zum Gestaltungsprinzip der intensivierten Parteikontakte zwischen SED und SPD. Der rege sicherheitspolitischern Austausch mit der SPD, der es der bundesdeutschen Sozialdemokratie ermöglichte, ihren Beitrag zur "zweiten Phase der Entspannungspolitik" zu leisten, hatte sicherlicheinen Höhepunkt im SPD-SED-Papier "Der Streit der Ideologien und die gemeinsame Sicherheit" vom 27.8.1987.[1] Die hier von der SED demonstrierte Aufgeschlossenheit gegenüber Zukunftsfragen und Gestaltung der Systembeziehungen forderte auch die innenpolitische Dialogfähigkeit der DDR-Führung heraus.

In sicherheitspolitischer Hinsicht war in dem gemeinsamen Papier der Wandel des Begriffs von "friedlicher Koexistenz" von zentraler Bedeutung, insofern er sich an die sozialdemokratischen Vorstellungen von "gemeinsamer Sicherheit" annäherte. Dies bedeutete den Verzicht auf die militärische Errüstbarkeit von Sicherheit zugunsten politischer Zusammenarbeit. Eine entscheidende Botschaft des Papiers lautete, daß "Fragen des menschlichen Überlebens absoluten Vorrang vor allen anderen Interessen"[2] haben. Damit wurde der Klassenkampf in seiner geschichtlichen Bedeutung herabgestuft, und der Wettbewerb der Systeme wurde von der gegenseitigen Überlegenheit auf das gemeinsame Überleben gerichtet. "Der Wettbewerb der sozialen und politischen Systeme sollte darum geführt werden, welches der beiden Systeme den wirksamsten Beitrag zur Lösung der übergreifenden Menschheitsfragen leistet."[3] Mit dieser Zielsetzung wären die beiden antagonistischen Systeme auf gemeinsames Lernen im Sinne des neuen Denkens, wie es von Gorbatschow propagiert worden war, eingerichtet.

Schon die unmittelbaren Reaktion auf das SPD-SED-Papier in der DDR eröffnete, daß die Auffassung über den Wettbewerb der Systeme innerhalb der SED keineswegs einheitlich war und daß die innenpolitische Umsetzung auf Widerstände stieß. Das Papier blieb nicht ohne Auswirkungen auf die SED selbst. "Die Aufnahme des Papiers in der SED übertraf alle Erwartungen. Es rief eine Diskussion und geistige Auseinandersetzung in der SED hervor wie sie seit Jahren, vielleicht seit

1 abgedruckt in: Brinkel, Wolfgang/Rodejohan, Jo, Das SPD:SED-Papier. Der Streit der Ideologien und die gemeinsame Sicherheit, Freiburg, 1988, S. 11-21

2 Erler, Gernot, Friedensfähigkeit durch Umdenken. Zum sicherheitspolitischen Kontext, des SPD:SED-Papiers, in: Brinkel, W./Rodejohann, J., 1988, S. 113-120, S. 114

3 Der Streit der Ideologien, 1988, S. 13

1968, nicht mehr stattgefunden hatte."[1] Befürworter und Ablehner des Gorbatschow-Kurses in der SED stritten um den Begriff der "Friedensfähigkeit". Hieß es im gemeinsamen Papier, "beide Systeme müssen sich gegenseitig für friedensfähig halten"[2], so antwortete Kurt Hager am 28.10.1987 im Neuen Deutschland darauf: "Unser Feindbild ist klar: Wir hören nicht auf, die aggressiven Kräfte des Imperialismus als Feinde, als Gegner des friedlichen Lebens der Menschheit zu bekämpfen."[3] Für Hager war der Imperialismus nicht friedensfähig, sondern er mußte erst dazu gemacht werden. Anders die differenzierte Replik Otto Reinholds, der als entscheidendes Kriterium für Friedensfähigkeit die Frage ansah: "Kann im internationalen Leben eine Situation geschaffen werden, in der ein Krieg in beiden Systemen, der für beide tödlich wäre, unmöglich wird. Diese Frage beantworten wir einem uneingeschränkten Ja."[4] Hatte bereits das "neue Denken" Gorbatschows Anklang bei SED-Intellektuellen gefunden, die über globale Probleme, Fragen der "gemeinsamen Sicherheit" und des innergesellschaftlichen Dialogs diskutierten, so führte das gemeinsame Papier zu einer "tiefen Zäsur" innerhalb der Einheitspartei.[5]

Die Bedeutung des gemeinsamen Papiers lag weniger in der sicherheitspolitischen Konzeption, als in der Verknüpfung von Innen- und Außenpolitik. Denn es gab eine Argumentationsgrundlage auch für reformorientierte und oppositionelle Gruppen ab, wenn es hieß, die "offene Diskussion über den Wettbewerb der Systeme, ihre Erfolge und Mißerfolge, Vorzüge und Nachteile, muß innerhalb jedes Systems möglich sein. Wirklicher Wettbewerb setzt sogar voraus, daß diese Diskussion gefördert wird und praktische Ergebnisse hat."[6] Hierzu sei die "umfassende Informiertheit der Bürger in Ost und West", was die gegenseitige Verbreitung der entsprechenden Zeitungen aus beiden Systemen, aber auch den "Dialog zwischen allen gesellschaftlichen Organisationen, Institutionen, Kräften und Personen auf beiden Seiten" notwendig macht.[7] Mit dem gemeinsamen Papier war es gelungen, der SED die Anerkennung der Komplentarität von Innen- und Außenpolitik abzuringen.

1 Reißig, Rolf, Der Umbruch in der DDR und das Scheitern des "realen Sozialismus", in: ders./ Glaeßner, Gert-Joachim, Hrsg., Das Ende eines Experimentes. Umbruch in der DDR und deutsche Einheit, Berlin 1991, S. 12-60, S. 31

2 Der Streit der Ideologien, 1988, S. 17

3 Hager, Kurt, Friedenssicherung und ideologischer Streit, in: Brinkel, W./Rodejohann, J., 1988, S. 71-73, S. 71

4 Reinhold, Otto, Antworten auf Fragen zum Streit der Ideologien und zur gemeinsamen Sicherheit, in: Brinkel, W./Rodejohann, J., 1988, S. 74-77, S. 76

5 Reißig, R., 1991, S. 29ff.

6 Der Streit der Ideologien, 1988, S. 20/21

7 Der Streit der Ideologien, 1988, S. 20/21

8.4 Außenpolitischer Konsens und innenpolitischer Dissens: die DDR als Friedensstaat

Mit dem Abschluß des Grundlagenvertrages hatte die DDR bei allem deutsch-deutschen Dissens in der nationalen Frage das Anerkennungsziel staatsrechtlich erreicht und war auf der internationalen Ebene als gleichberechtigter Partner neben die Bundesrepublik gerückt. Die Führung der DDR konnte auch die Abhängigkeit von der UdSSR partiell lockern und versuchen, "geborgte Stabilität zunehmend durch eigene zu ersetzen"[1]. In der Herausarbeitung eines eigenen außenpolitischen Profils, das auch die Anerkennung des SED-Herrschaft durch die eigene Bevölkerung födern sollte, hatte die DDR-Führung eine "Gratwanderung"[2] zwischen Bündnissolidarität mit der UdSSR, der Definition eigener Interessen und der Ausgestaltung der Beziehungen zur Bundesrepublik Deutschland zu durchlaufen. Sie versuchte, einen gemeinsamen Nenner in dieser Dreiecksbeziehung durch die Fixierung auf die Sicherheitspoltik zu finden. Die DDR sollte ihr Profil an der Nahtstelle der Blöcke als europäischer Friedensgarant ersten Ranges finden.

Diese Eigenprofilierung war der DDR-Führung besonders während der sich verschlechternden Ost-West-Beziehungen zu Beginn der 80er Jahre gelungen. Die SED war an einer unbefragten Übertragung der globalen Konfrontationspolitik auf das deutsch-deutsche Verhältnis nicht interessiert, weil sie sich damit ihrer außenpolitischen Gestaltungsmöglichkeiten begeben hätte und eine weitere Aufrüstungsrunde auf ihrem eigenen Territorium hätte hinnehmen müssen. Die Frage der Stationierung von Mittelstreckenraketen in der Folge des NATO-Doppelbeschlusses wurde zum neuralgischen Punkt der Beziehungen der DDR zur UdSSR. Bei einer westeuropäischen Stationierung würde angesichts der militärstrategischen Neuorientierung der USA mit sowjetischen Gegenmaßnahmen zu rechnen sein und das Kriegsrisiko in Europa erheblich steigen. In einem auf Europa konzentrierten Rüstungswettlauf hatte die DDR mehr zu verlieren, als zu gewinnen[3]. Die Erhaltung des Friedens erhielt deutliche Priorität vor der ideologischen Systemabgrenzung, auch gegenüber der Bundesrepublik. "Friedliche Koexistenz" wurde nunmehr von einer Formel für den internationalen Klassenkampf mit friedlichen Mitteln uminterpretiert

1 Zimmer, M., 1992, S. 137

2 Bleek, W./Bovermann, R. 1993, S. 19 u. Zimmer, M., 1992, S. 138

3 Zimmer, M., 1992, S. 139

zu einem dauerhaften friedlichen friedlichen Wettbewerb zur Lösung der Zukunftsfragen der Menschheit.

Die DDR betrieb die partielle Distanzierung von der UdSSR, indem sie die jeweiligen nationalen Besonderheiten der sozialistischen Staaten betonte, die auch differenzierte Entwicklungsprobleme mit sich bringen können. Grundsätzlich wurde der Vorbildcharakter der UdSSR nicht angetastet, weil das nationale Profil der DDR nur durch die sowjetische Existenzgarantie möglich war. Doch einen Anspruch auf "begrenzte Eigenständigkeit" und "politische Freiräume"[1] meldete die DDR-Führung durchaus an; ein Anspruch, der durch die politische Unsicherheit in der Phase der Führungswechsel der UdSSR von Breshnew zu Andropow (November 1982) und von Andropow zu Tschernenkow (Februar 1984) mitgebründet war.

Als die sowjetische Führung die NATO-Nachrüstung mit dem Beschluß zur Stationierung weiterer sowjetischer Mittelstreckenraketen antwortete, blieb die DDR auf Entspannungskurs in der Deutschland- und Sicherheitspolitik. "Honecker distanzierte sich praktisch von der herrschenden sowjetischen Führungsgruppe, als er im November 1983 auf dem 7. Plenum des ZK der SED erklärte, die Vorbereitung der Stationierung sowjetischer 'operativ-taktischer Raketen größerer Reichweite' löse in der DDR 'keinen Jubel' aus."[2] Der ostdeutsch-sowjetische Dissens verstärkte sich in der Frage der weiteren Ausgestaltung des Verhältnisses zur Bundesrepublik Deutschland. Auf die offizielle Besuchseinladung der Bundesregierung an Honecker folgten in der sowjetischen Presse Warnungen vor einem westdeutschen "Revanchismus", die Honecker letztlich zur Absage des geplanten Besuches veranlaßten[3].

Honeckers deutschlandpolitische Linie war, wie er selbst auf der 7. Tagung des ZK der SED am 25.11.1983 formulierte, seit der Stationierung neuer Mittelstreckenraketen auf eine "Schadensbegrenzung" der Ost-West-Konfrontation angelegt.[4] In kontinuierlicher Fortsetzung seiner sicherheitspolitischen Vorstellungen plädierte er bei verschiedenen Gelegenheiten für eine "Koalition der Vernunft"[5] , für die die Antihitlerkoalition des Zweiten Weltkrieges beispielgebend gewesen sei. Auch

1 Weber, Hermann, Geschichte der DDR, München, 2. Aufl. 1986, S. 497

2 Weber, H., 1986, S. 498

3 Weber, H., 1986, S. 502

4 Honecker, Erich, Reden und Aufsätze, Band 10, Ost-Berlin 1986, S. 8-38, S. 17

5 So auf der 9. Tagung des ZK der SED vom 22.11.1984, anläßlich seines Staatsbesuches in Italien am 24.4.85, in einem Prawda-Artikel vom 7.5.85 und vor dem XII. Parlament der FDJ. Vgl. Honecker, Erich, 1986, S. 366, S. 590f., S. 625 u. S. 649

damals hätten sich Staaten unterschiedlicher Gesellschaftsordnung zusammengefunden, um ein "übergreifendes Grundinteresse zu verwirklichen"[1]. Dieses Grundinteresse sei eben nun die Sicherung des Friedens, denn der Frieden sei das "kostbarste Gut der Völker."[2] Um die friedenspolitisch motivierte deutsch-deutschen Zusammenarbeit fortzuführen war Honecker auch bereit, die nationale Karte zu spielen: "Von deutschem Boden darf nie wieder Krieg ausgehen. Es ist zu hoffen, daß diese eindeutige Erklärung, die den Sicherheitsinteressen sowohl der DDR als auch der BRD dient, sich in Zukunft positiv auf die Entwicklung einer friedlichen Zusammenarbeit in Europa auswirken wird."[3].

Unter Gorbatschow schien sich zunächst ein sicherheitspolitischer Konsens zwischen der DDR und der UdSSR herzustellen. Gorbatschow hatte bereits im März 1985 ein Moratorium der sowjetischen Nachrüstung im Mittelstreckenbereich verkündet, und Honecker hatte sich in einem persönlichen Treffen am 5.5.1985 in Moskau Übereinstimmung in politischen und wirtschaftlichen Fragen mit dem sowjetischen Parteichef attestieren können[4]. Allerdings wurde der "Schulterschluß" zwischen der UdSSR und der DDR bereits im Herbst 1985 brüchig, als Gorbatschow während eines Frankreich-Besuches von einem "europäischen Haus" sprach und seinen Wunsch nach vollständigem Abbau der Blockkonfrontation zum Ausdruck brachte[5], was weit über Honeckers Vorstellungen einer "Koaliton der Vernunft" hinausging, die Rückversicherung der DDR-Friedenspolitik und letztlich auch die Existenz der DDR aufs Spiel setzte.

Das Friedensthema blieb allerdings nicht ohne innenpolitische Auswirkungen in der DDR, war doch die SED-Führung selbst immer davon ausgegangen, daß mit der außenpolitischen auch die innenpolitische Anerkennung verbunden sei. "Durch die Verwirklichung dieser außenpolitischen Absicht [völkerrechtliche Anerkennung, K.E.] wollte man nicht nur die Eintrittskarte in die internationale Staatenwelt lösen, sondern auch innenpolitisch von der eigenen Bevölkerung als normale Staatsmacht angesehen werden."[6] Das doppelte Anerkennungsziel zog sich wie ein roter Faden durch die Geschichte der DDR, doch jetzt traten die Inkonsistenzen von außenpolitischer Öffnung bei innenpolitischer Abgrenzung und Bewegungslosigkeit hervor. "Seit Mitte

1 Honecker, E., 1985, S. 398

2 Honecker, E., 1985, S. 397

3 Honecker, E., 1985, S. 399

4 Küchenmeister, Daniel, Wann begann das Zerwürfnis zwischen Honecker und Gorbatschow? Erste Bemerkungen zu den Protokollen ihrer Vier-Augen-Gespräche, in: DA 1/93, S. 30-40, S. 32ff.

5 Küchenmeister, D., 1993, S. 36

6 Bleek, W./Bovermann, R., 1993, S. 17

der 80er Jahre bot die DDR das Erscheinungsbild wachsender politischer Widersprüche."[1] Auf der einen Seite wurde nach wie vor das Bündnis mit der UdSSR beschworen, auf der anderen Seite war die SED bemüht, sich gegen das neue Denken abzugrenzen; die DDR besaß zwar einen höheren Lebensstandard und größere ökonomische Leistungsfähigkeit als andere RGW-Staaten, trotzdem nahmen Resignation und Unzufriedenheit in der Bevölkerung zu; die SED verstand sich mit ihren rund 2,3 Mio. Mitgliedern als ideologisch geschlossene Machtpartei, trotzdem wurde, gerade für die Jüngeren an der Parteibasis Gorbatschow zum neuen Hoffnungsträger.[2]

Indem die Parteiführung an der These von der "Einheit von Volk und Staat" in der DDR festhielt, gewann die staatliche Friedenspolitik innenpolitisch eine unterdrükkende, eigenständige pazifistische Regungen verhindernde Qualität.[3] Dies wurde in den Ausführungen Honeckers vor dem Friedensrat der DDR, dem Leitungsgremium der staatsoffiziellen Friedensbewegung, besonders augenfällig. Die Tätigkeit des Friedensrates zeige, "wie sehr der feste Wille zur Erhaltung des Friedens alle Klassen und Schichten unseres Volkes beseelt. Dieser Wille vereint Menschen durchaus unterschiedlicher Auffassungen zu gemeinsamem Handeln im Interesse eines friedlichen Lebens für alle. ...Mit ihrem [dem des Friedensrates, K.E.] Appell wird zugleich die Bereitschaft der Werktätigen unserer Republik unterstrichen, tagtäglich durch gute Leistungen am Arbeitsplatz das sozialistische Vaterland zu stärken, damit es auch künftig seine Verpflichtung als Friedensstaat im Herzen Europas ehrenvoll erfüllen kann." In der DDR sei vom "ersten Tage an... Friedenspolitik zur Staatspolitik erhoben" worden, und "so hat die Friedensbewegung in der DDR den Vorzug, in einem Staat wirken zu können, der mit ihren Vorstellungen und Zielen identisch ist", denn "unter sozialistischen Verhältnissen [stellen, K.E.] Friedenswille des Volkes und Friedensdoktrin des Staates keinen Widerspruch, sondern eine Einheit" dar.[4] Wesentlich deutlicher hörte sich dies an, wenn es an das Volk direkt gerichtet war. Karl Wilhelm Fricke berichtet, daß der Ost-Berliner Fernsehkommentator Karl Eduard von Schnitzler in seinem "schwarzen Kanal" geäußert hat, Opposition gegen "unsere staatliche Friedenspolitik" bedeute, ein "Verbrechen zu begehen. Und mit solcher Opposition setzen wir uns nicht an die Wahlurne und nicht im

1 Fricke, Karl Wilhelm, Die Geschichte der DDR: Ein Staat ohne Legitimität, in: Jesse, Eckhard/Mitter, Arnim, Hrsg., Die Gestaltung der deutschen Einheit. Geschichte - Politik - Gesellschaft, Bonn 1992, S. 41-72, S. 60.

2 vgl. Fricke, K. W., 1992, S. 60f.

3 vgl. Fricke, Karl Wilhelm, Opposition und Widerstand in der DDR, Köln 1984, S. 12.

4 Honecker, Erich, 1986, S. 253ff.

Parlament auseinander, sondern vor den Gerichten unserer sozialistischen Justiz."[1]

Dementsprechend wurde eine eigenständige Friedensbewegung in der DDR, die zudem noch pazifistisch ausgerichtet war, nicht geduldet. Die örtlichen Parteileitungen der SED untersagten autonomen Friedensgruppen, an FDJ-Demonstrationen mit eigenen Plakaten und Spruchbändern teilzunehmen. Im Frühjahr 1982 wurde schließlich der Aufnäher der kirchlichen Friedensgruppen "Macht Schwerter zu Pflugscharen" von der SED verboten.[2] Doch trotz staatlicher Behinderungen und Verbote erhielten die unter dem kirchlichen Dach organisierten Friedensgruppen weiteren Zulauf, so daß an der zweiten "Friedenswerkstatt", die 1983 in Ost-Berlin unter dem Motto "Sprich mal frei" stattfand, bereits rund 3000 Menschen teilnahmen.[3] Dort wurde "frei gesprochen" und Kritik an der mangelnden Glaubwürdigkeit der SED-Friedenspolitik geübt. "Es geht nicht an", so der Magdeburger Pfarrer Hans Tschiche, "daß man außenpolitisch nach Frieden ruft und innenpolitisch ein Klima der Angst und der Disziplinierung schafft."[4]

Auf die Chance, im Zusammenhang mit der Debatte um den NATO-Doppelbeschluß in einen Dialog mit engagierten Bürgern zu treten, reagierten Staat und Partei in der DDR ambivalent, meist aber mit Abwehr. Wolfgang Büscher und Peter Wensierski erwähnen beispielhaft die Einführung des neue Wehrgesetzes am 1.5.1982, das auch die Dienstpflicht für Frauen vorsah. Bereits kurze Zeit später hatte sich eine Initiative "Frauen für den Frieden" gebildet, die sich gegen ein männerzentriertes Verständnis von Gleichberechtigung wandte und eine Volksbefragung über das neue Gesetz forderte. Der Staat reagierte repressiv. "Die Staatsorgane verlegen sich erst einmal auf psychologische Kriegsführung. Überall in der Republik wurden Friedensfrauen zu Verhören oder Gesprächen gebeten. Parallel dazu bearbeiteten die Herren von der Stasi die Ehegatten von Mann zu Mann - Originalton: 'Können Sie nicht ein bißchen besser auf Ihre Frau aufpassen?' "[5]

Für die Staats- und Parteiführung der DDR lag es außerhalb ihrer Reichweite, autonome oder christliche Wertorientierungen und ethische Motive innerhalb der DDR zu akzeptieren. Gleichzeitig konnte sie aber mit den ständig aktivierenden Parolen des Marxismus-Leninismus keine überzeugende Alternative bieten. So waren die Folgen einer unter "Vorwärts"-Parolen betriebenen Wirtschaftspolitik, die

1 Fricke, K.W., 1984, S. 15.

2 Bücher, Wolfgang/Wensierski, Peter, Null Bock auf DDR. Aussteigerjugend im anderen Deutschland, Hamburg 1984, S. 134ff.

3 Bücher, W./Wensierski, P., 1984, S. 139f.

4 zit.n.Bücher, W./Wensierski, P., 1984, S. 140.

5 Bücher, W./Wensierski, P., 1984, S.145/46.

mit einer extensiven Verschwendung von Ressourcen verbunden war, am Raubbau der natürlichen Lebensgrundlagen überdeutlich geworden. In der Auseinandersetzung mit den inneren Widersprüchen der sozialistischen Industriegesellschaft hatte sich eine Umwelt- und Zivilisationskritik unter dem Dach der evangelischen Kirche etabliert, die sich mit der Situation in der DDR befaßte. Hubertus Knabe führt die "Anfänge der ökologischen Debatte in den evangelischen Kirchen ... bis in die frühen siebziger Jahre"[1] zurück. Dabei beförderten vor allem die Theologische Studienabteilung in Ost-Berlin, der Ausschuß "Kirche und Gesellschaft" sowie das Kirchliche Forschungsheim in Wittenberg die Diskussion des Verhältnisses Mensch-Natur.[2] Ein Papier des Ost-Berliner Ausschusses "Kirche und Gesellschaft" konstatierte mahndend, daß "die Ambivalenzerfahrung des ökonomisch-industriellen Fortschritts ...eine Sinnkrise" aufreiße, der begegnet werden müsse, denn nur "hinter positiven Bestimmungen von Lebensqualität stehen Sinnentwürfe menschlichen Lebens.. ..Sinnfindung geschieht im Bereich 'biographischer Erfahrung' und entzieht sich struktureller Organisierbarkeit und Machbarkeit."[3]

Christlich fundierte Zivilisationskritik war für die SED ein Angriff auf die eigene Legitimation, wenn sie eine autonome ethische Begründung von Lebenssinn außerhalb sozialistischer Dogmen im Individuum verankerte. In diesem ideologischen Exklusivitätsanspruch lag das eigentlich totalitär-stalinistische Element: die Aberkennung des Eigenwertes individuellen Seins und die Verweigerung des kritischen Dialogs. Indem sich diese Kritik als Kritik an einer industriellen Produktionsweise verstand, die gleichermaßen systemtypisch für Kapitalismus und Sozialismus war, drohte sie die Systemunterschiede zu nivellieren. "Unabhängig vom gesellschaftlichen Charakter der Produktion hat sich durch die Industrialisierung der Charakter der menschlichen Arbeit verändert," schrieb der Ost-Berliner Pfarrer Götz Planer-Friedrich.[4] Aus dem Wittenberger Kirchenarbeitskreis lautete es: "Im Sozialismus wird auf der gleichen stofflichen Basis wie im Kapitalismus produziert."[5] Von der aus der

1 Knabe, Hubertus, Gesellschaftlicher Dissens im Wandel. Ökologische Diskussionen und Umweltengagemant in der DDR, in: Umweltprobleme und Umweltbewußtsein in der DDR, hrsg. v. der Redaktion Deutschland-Archiv, Köln 1985, S.169-199, S. 170ff.

2 Knabe, H., 1985, S. 172

3 Ausschuß "Kirche und Gesellschaft", Plädoyer für einen neuen Lebensstil. Alternativen zur Herrschaft des ökonomischen Kalküls, in: Büscher, Wolfgang/Wensierski, Peter, Beton ist Beton. Zivilisationskritik aus der DDR, Hattingen 1981, S. 103-118, S. 112.

4 Planer-Friedrich, Götz, Schranken instrumenteller Vernunft. Überlegungen zur Lebensweise und Bedürfnisentwicklung, in: Büscher, W./Wensierski, P., 1981, S. 119-128, S. 121.

5 Arbeitskreis Wittenberg, Kein Sonnenschein ohn' Unterlaß. Naturzerstörung und ein Handlungskatalog, in: Büscher, W./Wensierski, P., 1981, S. 51-84, S. 71.

Analyse der Gefährung der menschlichen Lebensgrundlagen abgeleiteten Vorstellung einer "Ethik der Askese" und eines selbstverantwortlichen Individuums war der Weg nicht mehr weit zu den Überlegungen osteuropäischer Bürgerrechtler.[1] Macht- und Statusdenken habe die Menschheit und auch die Bürger der DDR von sich selbst, der inneren Natur, aber auch von der äußeren Natur und damit auch von eigenverantwortlichem Handeln entfremdet.

Die Gründe für die wachsende Umweltzerstörung in der DDR waren im desolaten Zustand ihrer Ökonomie zu finden. Angesichts einer eklatanten Kapitalknappheit und der Verteuerung des Erdöls wurde beispielsweise die mit großem Aufwand begonnene Erdölverarbeitung gestoppt und statt dessen auf den traditionellen Energieträger Braunkohle zurückgegriffen, so daß es zu einer "Renaissance der Braunkohle in den achtziger Jahren"[2] kam. Die DDR wurde zum größten Braunkohleproduzenten der Welt, der Ausbeutungsgrad der Kohle wurde allerdings immer geringer, während der Anteil an Schwefeldioxid ständig zunahm. Die Tagebauhalden um Espenhain bei Leipzig und in der Lausitz um Cottbus, zerstörten landwirtschaftlich wertvolle Flächen und dicht besiedelte Landschaften, vernichteten Ortschaften und nahmen ebenso gigantische Ausmaße an wie die Luftverschmutzung der DDR, die auch die höchste der Welt war.[3] Die angestrebte "Intensivierung" der Produktion, der die Energiepolitik dienen sollte, blieb aber aus Kostengründen stecken. Es wurden einige prestigeträchtige Objekte wie die Entwicklung von hochsubventionierten Mikroprozessoren vorangetrieben, ansonsten wurde die Produktion mit überalterten Anlagen, die einen ständige steigenden Reparaturaufwand verlangten, weitergefahren. So wurden die aus den 30er Jahren stammenden Kohleverdelungsanlagen entgegen der ursprünglichen Planung nicht stillgelegt, sondern nur überholt.[4] Die DDR war bei der Prioritätensetzung auf industrielles Wachstum auf einen hohen Energiebedarf ausgelegt und nicht in der Lage, an den ökologischen Folgen ihrer Energiepolitik etwas zu ändern.[5]

Die hochgelobte Einheit von Wirtschafts- und Sozialpolitik kam in den 80er Jahren an ihre Grenzen. Den Funktionären auf der mittleren und unteren Ebene von Staat und Partei konnte die ökonomische Stagnation nicht verborgen bleiben, die

1 vgl. Abschnitt 8.7 in dieser Arbeit.

2 Schwartau, Cord, Die Entwicklung der Umwelt in der DDR. Neue Probleme durch Renaissance der Braunkohle, in: Redaktion Deutschland-Archiv 1985, S. 9-40, S.15

3 Schwartau, C., 1985, S. 9, 15 u. 20ff.

4 Schwartau, C., 1985, S. 26

5 Schwartau, C., 1985, S. 35

auch die Sozialpolitik der SED infrage stellen mußte. So nahm der Anteil der Rentner, die ihre gesamte Berufszeit in der DDR gearbeitet hatten und denen überdies eine Erhöhung der niedrigen Renten in Aussicht gestellt worden war, zu, so daß höhere Rentenansprüche auf die Staatskasse zukamen.

Für die Bürger, vor allem für die jüngere Generation, bot sich ein depremierendes und perspektivloses Bild von Verfall und Stagnation. Vor allem die Naturzerstörung war, entgegen aller staatlichen Fortschrittspropaganda, sinnlich erfahrbar. Der Wittenberger Kirchenarbeitskreis stellte angesichts der Luftverschmutzung fest, und dies hatte fast symbolhaften Charakter, daß die Zahl der Nebeltage in Halle/Saale von 13 (1900) auf 64 (1968) gestiegen war. "Aus gleichem Grund scheint die Sonne in Leuna-Merseburg jährlich 360 Stunden (20%) weniger als in Kap Arkona."[1] Der Waldbestand durch Schwefeldioxid-Emissionen im Erz- und Elbsandsteingebirge war erheblich geschädigt; im Bezirk Dresden waren 63% der Oberflächengewässer über die gesetzlich festgelegten Maximalwerte hinaus verschmutzt; 98% der Flüsse im Bezirk Halle führten "hochgradig vergiftetes Wasser"; der Nitratgehalt des Wassers lag in den meisten Regionen der DDR statt bei 4 bei 40 Miligramm, "so daß in Mütterberatungsstellen von der Zubereitung der Säuglingsnahrung mit Trinkwasser abgeraten" wurde.[2]

Die alarmierende Umweltsituation war den Bürgern der DDR nicht verborgen geblieben. Die engagierten unter ihnen erhielten unter dem Dach der Kirche einen "Schutzraum und organisatorische Unterstützung". In der kirchlichen Öffentlichkeitsarbeit - Seminare, Kirchentagskongresse, Jugendarbeit und Vorträge - konnte das Umweltbewußtsein als ein gesellschaftskritisches Bewußtsein sich entwickeln. Seit 1981 fanden auch Umweltaktionen, wie "Mobil ohne Auto", Fahrradfahrten ins Grüne und Baumpflanzungen statt, die von "Öko-Gruppen" veranstaltet wurden.[3] Hier existierte ein gesellschaftliches Dissens-Potential, das sich zunächst in keiner politischen Opposition ausdrückte, sondern eher um eine Selbstartikulation außerhalb der staatlich vorgebenen Organisationsformen bestrebt war.[4]

1 Arbeitskreis Wittenberg, 1981, S. 151.

2 Büscher, W./Wensierski, P., 1984, S. 49

3 Knabe, H., 1985, S. 190ff.

4 Knabe, H., 1985, S. 196

8.5 Der Ausbau der Nationalgeschichte

In die bis 1987 scheinbar konsolidierte Lage der DDR fügte sich das Bild einer beständig ausgebauten, verfeinerten und abgerundeten Nationalgeschichte der DDR. Sowohl in den politischen Beziehungen als auch geschichtsideologisch stellte sich die DDR als Nationalstaat dar, dem nur noch die offizielle völkerrechtliche Anerkennung fehlte.

Seitdem die DDR-Historiographie ab 1971 in die Phase der "Verwissenschaftlichung"[1] eingetreten war, hatte sie durch den Ausbau des methodischen Potentials den historische Materialismus für eine differenziertere Betrachtung von nationalen Prozessen und Klassenverhältnissen einrichten können.[2] Die These von der in der DDR entstandenen sozialistischen Nation als abgegrenzter gesellschaftlicher Entwicklungsform auf der Formationsstufe des Sozialismus sollte nun historiographisch untermauert werden. Durch die nationale Abgrenzung war einer breiteren Geschichtsbetrachtung der Weg geebnet worden, die die Würdigung von "Ausbeuterklassen" im Hinblick auf den historischen Fortschritt erlaubte.

8.5.1 Deutsche Geschichte und Nationalgeschichte der DDR

In der seit 1979 entwickelten nationalgeschichtlichen Perspektive[3] hatte sich die deutsche Geschichte in ihrer Gänze dem potentiellen Zugriff der DDR-Historiker eröffnet. Damit bestand einerseits die Möglichkeit, die Eigenständigkeit und Abgrenzung der "DDR-Nation" durch eine umfassenden historischen Bezugnahme, die über die "revolutionären Kräfte" als direkte Vorläufer der DDR hinausging, auszubauen. Damit war allerdings das Risiko verbunden, daß über die Brücke einer gemeinsamen deutschen Geschichte die angestrebte nationalstaatliche Abgrenzung der DDR zu unterlaufen werden drohte. So stellte Walter Schmidt 1983 besorgt fest, daß die "Beschwörung gemeinsamer deutscher Geschichte zu einer Hauptargumentationslinie [wurde, K.E.], um die eigenständige staatliche, gesellschaftliche und nationale Entwicklung der DDR...anzuzweifeln und in Frage zu stellen."[4] Die entscheidende Frage war, und dies stellte sich spätestens mit der Revision des Luther- und Preußenbildes

1 vgl. Fischer, A./Heydemann, G., 1988, S. 7ff

2 vgl. in dieser Arbeit S. 181ff.

3 vgl. in dieser Arbeit S. 192ff.

4 Schmidt, Walter, Deutsche Geschichte als Nationalgeschichte der DDR, in: Meier, Helmut/ Schmidt, Walter, Hrsg., Erbe und Tradition. Die Diskussion der Historiker, Köln 1989, S. 240-252, S. 240/41.

in der DDR heraus, wie eine spezifische Nationalgeschichte der DDR so aus der deutschen Geschichte herausgeschnitten werden konnte, daß sie den Zweck nationaler Abgrenzung am gemeinsamen historischen Material erfüllen konnte.

Walter Schmidt hob fünf konstitutive Grundelemente der DDR-Nationalgeschichte heraus, die von den Historikern zu beachten seien[1]:

1. DDR-Geschichte als Zeitgeschichte
2. deutsche Geschichte als zeitliches, räumliches und soziales Erbe
3. ein spezifisches Traditionsverständnis
4. Territorial- und Heimatgeschichte
5. der welthistorische Rahmen

DDR-Geschichte sei als *Zeitgeschichte* erlebte Geschichte für mittlerweile mehr als eine Generation, die im Zustand der staatlichen Trennung Deutschlands aufgewachsen sei. Bei diesen Menschen habe sich auch ein eigenständiges, sozialistisches Bewußtsein herausgebildet, das sich nun zu einem sozialistischen Nationalbewußtsein verdichte.[2]

Die Nationalgeschichte wurde aber weit über den Gründungszeitpunkt der DDR hinaus in die deutsche Geschichte zurückgeführt. In diesem Zusammenhang wurde nun die nationalgeschichtlichen Reichweite der DDR differenziert. "Die Nationalgeschichte der DDR beginnt nicht erst mit der unmittelbaren Genesis der DDR, sondern umschließt *zeitlich* die deutsche Geschichte seit dem Formierungsprozeß des deutschen Volkes."[3] *Territorial* umfasse das in der DDR geprägte Bild von deutscher Geschichte "alle deutschen Gebiete, soweit sie im Deutschen Reich und vorher im Deutschen Bund bzw. im Heiligen Römischen Reich Deutscher Nation von 1806 zusammengeschlossen waren."[4] Unter *sozialen Aspekten* sei das Geschichtsbild keineswegs auf die Arbeiterklasse beschränkt, sondern das "historische Wirken aller Klassen und Schichten des deutschen Volkes"[5], werde daraufhin geprüft, ob es zum Traditionsbestand der DDR gehöre.

Bemerkenswert ist in diesem Zusammenhang, daß die zeitliche und territoriale Fundierung der Nationalgeschichte der DDR durchaus an *ethnische Faktoren*

1 Schmidt, W., 1989, S. 244ff.
2 Schmidt, W., 1989, S. 244.
3 Schmidt, W., 1989, S. 245.
4 Schmidt, W., 1989, S. 245.
5 Schmidt, W., 1989, S. 245.

anknüpft. Wenn als räumliche Begrenzung "alle deutschen Gebiete" auch des Heiligen Römischen Reiches benannt werden, dann kann es sich nur um die *deutschsprachigen* Gebiete handeln, da eine deutsche Nationalstaatsbildung noch nicht stattgefunden hatte. Dies folgte durchaus der Lehre Alfred Kosings, der der Nationsentstehung der Herausbildung von Ethnien folgen läßt, die dann als "Nationalität", bzw. ethnische Konstanten in die Nationsbildung eingehen sollen, wobei aber die sozialen Faktoren dann das Primat erlangten.[1] Mit diesem Ansatz ging auch die Ausweitung des Betrachtungszeitraumes auf die Entstehungsgeschichte des deutschen *Volkes* konform.

Die Einbindung der Territorialgeschichte verfolgte den Zweck, die lokale und regionale Verbundenheit der Bevölkerung so zu stärken, so daß auch unter diesen Aspekten ein auf die DDR bezogenes Nationalbewußtsein gefördert wird. "Sozialistisches Nationalbewußtsein wird in beträchtlichem Maße aus den Quellen von Lokal- und Heimatgeschichte gespeist."[2]

Allerdings wurden Unschärfen in der Begriffbestimmung und -abgrenzung der "Territorialgeschichte" von DDR-Historikern kritisch wahrgenommen. Gegenüber den Termini "Territorialgeschichte" oder "Landesgeschichte" wurde von einigen Historikern vorgeschlagen, von "Regionalgeschichte" zu sprechen, da dies nicht an die bereits 1952 in der DDR aufgelösten "Länder" erinnerte, die selbst zum Teil historisch gewachsene territorialstaatliche Einheiten waren, wie Sachsen beispielsweise.[3] Überdies konnten die Länder oder historischen Territorialstaaten durchaus verschiedene "Regionen" umfassen, wenn man unter "Region" einen historisch gewachsenen, soziokulturellen Raum verstand, der sich durch eine eigenständige Entwicklung auswies.[4] Neben der Trias "Territorial-, Landes- oder Regionalgeschichte" existierte als vierte Variante der Begriff der "Heimatgeschichte", worunter der "Geburts- bzw. Wohnort und die umgebende Landschaft"[5] gemeint war.

Die Intensivierung der Regionalgeschichte durfte allerdings nicht zu ihrer Verselbständigung führen, da sie nicht als Selbstzweck betrieben werden sollte. Einerseits wurde sie in einem direkten Sachzusammenhang mit der national-geschichtlichen Perspektive gerückt, denn die eigenständige Entwicklung von Regio-

1 Vgl in dieser Arbeit S. 186ff.

2 Schmidt, W., 1989, S. 250.

3 vgl. Schultz, Helga, Zu Inhalt und Begriff marxistischer Regionalgeschichtsschreibung, in: ZfG H. 10/85, S. 875-887, S. 886f.

4 Schultz, H., 1985, S. 886. Hier wäre nach Schultz z.B. an Brandenburg-Preußen zu denken.

5 Schultz, H., 1985, S. 885f.

nen hatte ihre Wurzeln in der Frühgeschichte des deutschen Volkes, die sich wiederum im territorialstaatlichen Rahmen vollzog. Damit konnte Regionalgeschichtsschreibung auf den gesamten deutschsprachigen ausgedehnt werden, wenngleich dem Territorium der DDR Vorrang eingeräumt wurde.[1] Die DDR-Historiographie sollte sich also keineswegs, wie es in westdeutschen Betrachtungen zuweilen dargestellt wird, primär oder gar ausschließlich mit der preußischen Geschichte befassen. "Wir beschränken und dabei nicht einseitig auf Preußen, das als stärkster Staat gewiß eine Sonderstellung in der deutschen Geschichte einnimmt, sondern arbeiten auch die Geschichte Sachsens, Thüringens und Mecklenburgs auf."[2]

Zum anderen hatte die Regionalgeschichtsschreibung ihren Wirkungszusammenhang auch in der nationalgeschichtlichen Perspektive zu finden. Regionalgeschichtliche Verbundenheit sollte nicht losgelöst von einem Bezug zur sozialistischen DDR bestehen. "Gleichzeitig [neben dem Heimatbewußtsein, K.E.] haben Heimat- und Regionalgeschichte wesentliche Bedeutung für die Entwicklung der wissenschaftlichen Grundlage des marxistischen Geschichtsbildes. Dies bezieht sich einerseits auf ihren unmittelbaren Beitrag zur Nationalgeschichte. Dabei werden die zahlreichen, oft versteckten Arbeiten von Regional- und Heimatforschern stärker auszuweiten und in das Bild der Nationalgeschichte der DDR einzubeziehen sein."[3]

Die Einbindung der Nationalgeschichte in den "welthistorischen Prozeß" folgte nunmehr erst an letzter Stelle. Dabei kam es zu der eigenwilligen Feststellung Schmidts, daß einer "marxistisch-leninistischen Nationalgeschichte jede nur eng auf Nationale bezogene Betrachtungsweise fremd" sei.[4]

Mit diesen Elementen, dem chronologischen (das deutsche Volk als ethnische Einheit umfassend), dem territorialen (einerseits der gesamte deutschsprachige Raum, andererseits die Regional- und Heimatgeschichte), dem sozialen (auch Adel und Bürgertum umfassend) und neuen inhaltlich-methodichen Fragestellungen (Erberezeption), war der "integrale" Ansatz der DDR-Geschichtswissenschaft umrissen. "Mit der Berufung auf die gesamte deutsche Geschichte geht die DDR endgültig

1 Schultz, H., 1985, S. 879.

2 Schmidt, 1989, S. 251.

3 Schultz, H., 1985, S. 878.

4 Schmidt, W., 1989, S. 251.

von einem bis dahin 'selektiven' zu einem 'integralen' marxistisch-leninistischen Geschichtsbild" über.[1]

Ob der "integrale" Ansatz allerdings das Kernrpoblem der DDR-Nationalgeschichte zu lösen imstande war, blieb fraglich. Sollte nun die Abgrenzung gegenüber der Bundesrepublik in die deutsche Geschichte projiziert werden, blieb offen, welche Darstellungsform deutsche Geschichte erhalten sollte. Sie mußte auf eine nationale Spaltung hin angelegt werden, obwohl das gesamte geschichtliche Material, also das "historische Erbe" identisch war. "Alle rabulistischen Feinheiten eines ausgeklügelten, marxistisch-leninistischen Verständnisses von Erbe und Tradition vermögen nicht darüber hinwegzutäuschen, daß der jetzt gehandhabte Zugriff auf die gesamte deutsche Geschichte das derzeit zentrale Problem, die Frage nach der deutschen Einheit, zwangsläufig neu aufwirft."[2] Dies Problem versuchte die DDR-Geschichtswissenschaft mit einem differenzierteren Zugriff auf das historische Erbe zu lösen.

8.5.2 Historische Distanz und Erbebegriff

Der Versuch, den erforderlichen neuen Zuschnitt der DDR-Nationalgeschichte zu entwickeln, wurde mit der Diskussion um Erbe und Tradition geführt. In dieser Diskussion reflektierte sich das Bemühen der Historiker um die wissenschaftliche Umsetzung des von Staats- und Parteiführung der DDR angestrebten Verhältnisses der DDR zur deutschen Geschichte. Sie war von durchaus unterschiedlichen Ausgangspunkten und Betrachtungsweisen geprägt, ob es sich dabei allerdings um einen "Diskurs" zwischen den Historikern der DDR und der SED handelte, in der eine Willensbildung von unten nach oben erfolgte[3], ist zu bezweifeln, wie die vorliegende Untersuchung zeigen soll.

Für die DDR-Historiographie war es zunächst notwendig, den Standort der DDR in Bezug auf die deutsche Geschichte, so zu bestimmen, daß die Auswahl des historischen Materials methodisch geregelt werden konnte. Dies hatte die Anerkennung einer "historischen Distanz" zur Voraussetzung, die die DDR nicht zwangsläufig

1 Fischer, A./Heydemann, G., 1988, S. 23.

2 Fischer,A./Heydemann,G., 1988, S. 28.

3 vgl. in dieser Arbeit S. 11f.

in die unbefragte Nachfolge jedweder geschichtlichen Entwicklung setzte. Bereits bei der Revision des Friedrich II.-Bildes durch die wegweisende Biographie Ingrid Mittenzweis war augenfällig geworden, daß die Betrachtung des "gesamtdeutschen" Geschichtserbes eben auch eine historischen Distanz zum Geschichtlichen voraussetzte.[1] Bei der Erschließung mittelalterlicher Quellen sollte dies noch deutlicher werden.

Im Anschluß an eine gemeinsame Tagung des Rates für Geschichtswissenschaft und des Zentralinstituts für Geschichte der Akademie der Wissenschaften der DDR am 18.11.1980 über "Probleme des historischen Erbes und der Traditionen der deutschen Geschichte"[2] entfaltete sich in der ersten Hälfte der 80er Jahre eine Methodendiskussion unter den DDR-Historikern, die in dem Sammelband "Erbe und Tradition. Die Diskussion der Historiker" 1989 auch in Westdeutschland veröffentlicht wurde.[3]

Solange die Geschichtswissenschaft der DDR einen "selektiven" Ansatz verfolgt hatte, waren geschichtliches Erbe und Tradition in eins gesetzt worden. Die DDR erschien als unmittelbare Fortsetzung der herauspräparierten, revolutionären Traditionen der deutschen Geschichte. Mit dem Übergang zur "integralen" Geschichtsbetrachtung wurden in den 80er Jahren auch die Rezeptionsbedingungen von Geschichte auch Gegenstand der Reflexion. Höfische Dichtung des Mittelalters oder Hölderlins Lyrik waren nicht von unmittelbarem Gegenwartsbezug, noch konnten sie aus ihrem Wortlaut allein erschlossen werden. Ihr Sinn entfaltete sich erst im historischen Kontext, und sie waren mit ihrer jahrhundertealten Wirkungsgeschichte beschichtet. Das Historische präsentierte sich nicht von selbst, sondern es mußte ausgewählt und nach gesicherten Methoden erschlossen werden. Insofern lag für Joachim Herrmann, dem Direktor des Zentralinstituts für Alte Geschichte und Archäologie, der "Dreh- und Angelpunkt für die Aneignung, Verwertung und Fortbildung des historisch Überkommenen im... Wechselverhältnis zwischen zeitgenössischer Bedeutung und überkommenem Substrat."[4]

1 Vgl in dieser Arbeit S. 199ff.

2 Harstick, H.-P., 1988, S. 45.

3 Meier, H./Schmidt,W., 1989.

4 Herrmann, Joachim, Historisch-kulturelles Erbe vorkapitalistischer Gesellschaftsformationen in unserer Zeit. Erforschung-Darstellung-Wirkung, in: Meier, H./Schmidt, W., 1989, S. 141-159, S. 142.

Wie war nun das "historisch-kulturelle Erbe" zu fassen? Herrmann unterscheidet drei Erscheinungsformen des "historisch-kulturellen Erbes":

1. das "geistig-kulturelle Erbe"[1], worunter das "allgemeine Welt- und Menschheitsverständnis" zu verstehen sei, wie es sich in Wissenschaft und Kunst verschiedener Epochen niedergeschlagen hat.
2. das "gegenständlich-kulturelle Erbe"[2], das sich in "materialisierten Zeugnissen menschlicher Schöpferkraft" ausdrückt: von Arbeitsgeräten und Gebrauchsgegenständen bis zur bildenden Kunst.
3. "ideologische Traditionen historischer Zustände"[3], womit die Dauerhaftigkeit und Resistenz von Volkstraditionen gegenüber externen Einflüssen gemeint war.

Der Zugang zu diesem so bestimmten Erbe hatte dessen "Doppelaspekt"[4] Rechnung zu tragen. Als "Erbe" war es bereits etwas Selektiertes und wurde zum Ausgangspunkt weiterer Aneignung und Verwertung gemacht. "Was wir uns aus der Geschichte zu eigen machen, also "erben" -...- das alles ist nicht ein für allemal gegeben, sondern unterliegt Wandlungen."[5] Als "Historisches" konnte es nur erschlossen werden durch die "Darstellung des originären Zusammenhangs"[6], der allerdings den Filter des jeweils aktuellen Geschichtsverständnisses durchläuft. Von diesem Standpunkt war es nicht weit zur Anerkenntnis der historischen Eigenständigkeit von Epochen. So rückte bei Herrmann ausdrücklich Johann Gottfried v. Herder, der den geschichtlichen Eigenwert kultureller Traditionen erkannt hatte, in eine "erste überragende Position."[7]

Insgesamt wurde in den 80er Jahren für eine "methodische Mehrschichtigkeit"[8] plädiert, die an den Eigenarten vergangener Gesellschaftsepochen, um ihrer selbst willen interessiert war. So könne die Eigendynamik der "Ausdrucksformen menschlicher Schöpferkraft"[9] zur Geltung kommen und damit auch der in die Gegenwart wirkende Beitrag herausgearbeitet werden.

1 Herrmann, J., 1989, S. 144.

2 Herrmann, J., 1989, S. 144.

3 Herrmann, J., 1989, S. 144.

4 Herrmann, J., 1989, S. 152.

5 Schmidt, Walter, Das Erbe- und Traditionsverständnis in der Geschichte der DDR, in: Meier, H./ Schmidt, W., 1989, S. 388-414, S. 390.

6 Herrmann, J., 1989, S. 152.

7 Herrmann, J., 1989, S. 153.

8 Herrmann, J., 1989, S. 154.

9 Herrmann, J., 1989, S. 154.

Allerdings fielen die Differenzierungen des historischen Erbes bei den DDR-Historikern selbst differenziert aus, wenn man die Äußerungen des Mittelalter-Forschers Herrmann mit denen des Zeitgeschichtlers Heinz Heitzer vergleicht. Heitzer gewichtete das Erbe nach eher orthodox-inhaltlichen Aspekten im Hinblick auf ihren "Klassencharakter": neben dem "sozialistischen Erbe", das die Traditionen der Arbeiterbewegung und die Geschichte der DDR selbst umfaßte, kannte er ein "revolutionär-demokratisches Erbe" (z.B. der Bauernkrieg), ein "humanistisches und progressives Erbe" (z.B. die deutsche Klassik) und das "Erbe der Ausbeuterklassen."[1]

Heitzers Empfänglichkeit für methodische Fragen der Rezeption unterschied sich diametral von derjenigen Herrmanns, da er von der "objektiven" Gegebenheit des Erbes ausging. "Unter Erbe wird die Gesamtheit des in der Geschichte Existierenden,...,verstanden. Das Erbe ist objektiv gegeben, wir haben auf seine Beschaffenheit keinen Einfluß."[2] Damit wurde gerade die historische Distanz aufgehoben und ein unmittelbarer Zugang zum Geschichtlichen postuliert, der letztlich durch die Parteidirektiven eröffnet werden sollte.

Ähnlich wie Heitzer argumentierte Ernst Diehl, der das Erbe auf die gleiche Weise wie Heitzer aufteilte und diese Elemente zu einer "sozialistischen deutschen Nationalkultur" verdichtet wissen wollte. Er weitete aber den Blick der Historiker zeitlich auf die Entstehung des "deutschen Feudalstaates"[3] und methodisch auf eine größere Distanz aus, insbesondere bei der Betrachtung des Erbes der "Ausbeuterklassen". "Das bedeutet an jeden gesellschaftlichen Entwicklungsabschnitt mit den Maßstäben seiner Zeit heranzugehen: Bleibendes herauszuarbeiten, Widersprüche erklären und dabei die notwendige prinzipielle Auseinandersetzung mit allem Reaktionären, Fortschrittsfeindlichen im Handeln deutscher Ausbeuterklassen zu führen."[4]

Eine Zwischenstellung hinsichtlich der divergierenden Auffassungen Herrmanns auf der einen und Heitzers und Diehls auf der anderen Seite nahmen Horst Bartel und Walter Schmidt in ihrer ersten Bilanz der Diskussion ein. Das Erbe sei einerseits die

1 Heitzer, Heinz, Die Geschichte der DDR - wichtigster Zeitabschnitt in der deutschen Geschichte, in: Meier, Hans/Schmidt, Walter, Hrsg., Erbe und Tradition. Die Diskussion der Historiker, Köln 1989, S. 288-301, S. 294.

2 Heitzer, H., 1989, S. 293.

3 Diehl, Ernst, Der geschichtliche Boden unseres Vaterlandes, in: Meier, Hans/Schmidt, Walter, Erbe und Tradition. Die Diskussion der Historiker, Köln 1989, S. 352-363, S. 354f.

4 Diehl, E., 1989, S. 356.

"Gesamtheit dessen, was die Geschichte hinterlassen hat."[1] Das Erbe enthalte aber auch "sehr viel Unbekanntes, Vergessenes, Verschüttetes, Verdrängtes, ... was indes gleichwohl von der Gesellschaft mitgeerbt wurde, in deren Entwicklung eingegangen ist."[2]

Der entscheidende Unterschied zu Heitzer und Diehl ist darin zu sehen, daß Bartel/Schmidt den Begriff der historischen Distanz, ohne ihn beim Namne zu nennen, in ihre Überlegungen einfließen lassen und damit erst einen methodisch differenzierten Zugang zum Geschichtlichen ermöglichen. "Die Gesellschaft [!] entscheidet, ob und vor allem wie Historisches angeeignet wird, welche Teile aus dem ganzen Erbe rezipiert, verarbeitet, ins gesellschaftliche Bewußtsein aufgenommen werden. Das Verhältnis zur Geschichte ist also immer sozial determiniert."[3]

Genau dieser Entscheidungsprozeß, auch wenn er de facto nicht in den Händen der Gesellschaft der DDR lag, sondern von der SED bestimmt wurde, ist bei Heitzer und Diehl unterschlagen worden. Erbe wird als historische Totalität nicht nur vorausgesetzt, sondern als "objektiv" erkennbar ausgegeben, um es dann in den Kategorien des Parteikatechismus nach sozialen Klassen zu deklinieren. Die Unterscheidung zwischen Erbe, dem man sich zu stellen hat und Traditionen, die man aufnimmt, wird damit gegenstandslos, da bereits das Erbe nach dem "Klassenraster", das der Traditionsbildung zugrunde liegt, erfolgte. Die von Heitzer und Diehl propagierte Sichtweise unterschied sich kaum von der Vorgehensweise der 60er Jahre, mit der Ausnahme, daß bei Diehl auch historische Beiträge der Ausbeuterklassen ins Traditions-Repertoire aufgenommen werden sollten. Die eigentlichen Erkenntnismöglichkeiten, die die Geschichte bereithält, hätten vom Ausgangspunkt des historischen Materialismus darin gelegen, was auch Historiker wie Ingrid Mittenzwei betont hatten, den Weg des historischen Fortschritts im einzelnen zu untersuchen und zu befragen, was aus heutiger Sicht davon tatsächlich als Fortschritt zu bewerten wäre. Es ist aber davon auszugehen, daß die mit Heitzer und Diehl sich offenbarende othodox-restriktive Position letztlich tonangebend war, wenn man bedenkt, daß Ernst Diehl stellvertretender Leiter des Instituts für Marxismus-Leninismus bei ZK der SED und Direktor des Rates für Geschichtswissenschaft der DDR war und somit eine Schnittstelle von SED und Geschichtswissenschaft innehatte.

1 Bartel, Horst/Schmidt, Walter, Historisches Erbe und Traditionen. Bilanz,Probleme, Konsequenzen, in: Meier, H./Schmidt, W., 1989, S. 196ff., S. 203.

2 Bartel, H./Schmidt, W., 1989, S. 203/04.

3 Bartel., H./Schmidt, W., 1989, S. 204.

8.5.3 Der Traditionsbegriff in der Diskussion

Die Unstimmigkeiten in der Erbe-Diskussion schlugen sich auch in der Debatte um den Traditionsbegriff nieder. Für Bartel/Schmidt waren die "Klasseninteressen" Grundlagen der Traditionsbildung. "Was aus der Geschichte tradiert, verarbeitet und so zur historischen Tradition verfestigt, 'gemacht' wird, darüber bestimmen letztlich die Klasseninteressen."[1] Die "Klasseninteressen" waren bei Heitzer und Diehl bereits unausgesprochenes Selektionskriterium der Erbebestimmung gewesen, so daß der Unterschied zwischen Erbe und Tradition letztlich verwischt wurde. Klasseninteressen, und hier hebt sich alle Differenzierung in der Historikerdebatte der DDR auf, wurden von der SED festgelegt. Damit hatte die Geschichtsbildproduktion via Traditionserarbeitung ihre politische Anbindung und Funktion auch unter den neuen, verwissenschaftlichen Rahmenbedingungen beibehalten.

Der Traditionsfestlegung kam die eigentliche "abgrenzende" Bedeutung im Rahmen der neuen, sich der gesamten deutschen Vergangenheit öffnenden Geschichtsbetrachtung zu. In der Bestimmung dessen, was aus dem historischen Erbe als Wertgebendes und Erhaltenswertes ausgelesen wird, liegt der politische Aspekt der Traditionsbildung. "Der Traditionsbegriff hat eine eminent praktische Seite. Er muß für die politische Praxis anwendbar sein,"[2] schreiben Bartel/Schmidt. "Angesichts der bürgerlichen Bestrebungen, das prinzipelle Neue und Eigene der Sicht auf die deutsche Geschichte von den Positionen des realen Sozialismus aus durch eine allgemein verbindliche "gesamtdeutsche" Betrachtungsweise zu unterlaufen, gewinnt die Herausarbeitung der unverwechselbaren Traditionen der sozialistischen Gesellschaft als Kernstück des marxistischen Geschichtsbildes einen besonders hohen Stellenwert."[3]

Dementsprechend setzten sich Bartel/Schmidt intensiv mit dem Traditionsbegriff der Ethnographie und Volkskunde kritisch auseinander, der eher Sitten, Bräuche und Lebensgewohnheiten bezeichnete. Dieser Vorgang der Traditionsbildung war aber eben nicht politisch gesteuert und klassenspezifisch, sondern das Resultat eines langzeitlichen Entwicklungsprozesses, der ein Volk als Ethnie herausgebildet hatte.

1 Bartel, H./Schmidt, W.,1989, S. 204.

2 Bartel, H./Schmidt, W., 1989, S. 211.

3 Bartel, H./Schmidt, W., 1989, S. 211.

Dieser lebensweltlichen Traditionsbildung wurde die "historische Traditionsbildung" entgegengesetzt, für die das "sozial-klassenmäßige Prisma"[1] von entscheidender Bedeutung sei.

8.5.4 Das neue Luther-Bild

Die Luther-Aneignung wies den Weg zwischen Geschichtsöffnung und Abgrenzung nach Ingrid Mittenzweis Biographie über Friedrich II. Die "Thesen über Martin Luther. Zum 500. Geburtstag" versuchten, Luther freizulegen von einer tradierten bürgerlicher Luther-Rezeption. Sie vollzogen eine Trennung zwischen Luther und der späteren Existenz eines Luthertums, um soziale und politische Wirkungsaspekte der Reformation gegenüber ihren konfessionellen hervorzuheben.[2] Dabei erschien Luther als "Vertreter einer zumeist dem Bürgertum nahestehenden, zum Teil frühkapitalistische Interessen ausdrückenden, vom Territorialfürstentum materiell abhängigen Intelligenz."[3] Der wesentliche Verdienst der durch seine Kritik am Papsttum ausgelösten Re-formationsbewegung sei die Freisetzung einer antifeudalen, revolutionären Volksbe-wegung gewesen. Die Ziele dieser Volksbewegung seien allerdings über die von Luther mitverfolgten sozialen und ökonomischen Veränderungen hinaus gegangen. "Die Tragik Luthers bestand darin, daß er in den Widerspruch geriet zwischen seiner Rolle als Initiator einer breiten, alle oppositionellen Klassen und Schichten einbeziehenden revolutionären Bewegung und seiner eigenen begrenzten Zielstellung, die letzlich seiner bürgerlich-gemäßigten, auf das Landesfürstentum orientierten Klassenposition begründet war."[4] Es wurde gewissermaßen ein revolutionärer "früher" Luther gegen einen reaktionären "späten" Luther herausgearbeitet, der dann für eine Revolution "von oben" mit Hilfe des Fürstentums eintrat.[5]

Ob die Anlehnung Luthers an die fürstliche Autorität eine entwicklungsgeschichtliche Bedeutung für Deutschlands "verspäteten" Weg zum Nationalstaat hatte, wurde nicht gefragt. Dies hatte offensichtlich zwei Gründe: erstens wurde den theologischen Aspekten der Reformation ein nur geringes Eigengewicht und damit

1 Bartel, H./Schmidt, W.,1989, S. 206/07.

2 Akademie der Wissenschaften der DDR, Zentralinstitut für Geschichte, Hrsg. (unter der Leitung von Horst Bartel), Thesen über Martin Luther. Zum 500. Geburtstag, in: DA 2/1983, S.198-211, S.207

3 Luther-Thesen, 1983, S.200

4 Luther-Thesen, 1983, S.204

5 Luther-Thesen, 1983, S. 204f.

kaum eine unmittelbar politische Bedeutung zugesprochen; es habe sich vielmehr um "die religiöse Begründung der revolutionären Forderungen gehandelt."[1] Im Zusammenhang damit führte zweitens der gesamteuropäische Rahmen, in dem die Reformation gesehen wurde dazu, daß unterschiedliche Konfessionen wie Calvinismus und Luthertum, ungeachtet ihrer unterschiedlichen politischen Wirkungsgeschichte, als historischer Wegbereiter der amerikanischen Unabhängigkeit, aber auch der französischer Revolution galten.[2]

Es blieb schließlich auch die Frage unbeantwortet, warum sich eine Revolution von "unten" nicht auch in Deutschland, dem Geburtsland des Reformators, durchsetzen konnte. Dazu hieß es, der "spezifische Charakter der bürgerlichen Umwälzung in Deutschland, ihr von Reformen und Revolutionen von oben bestimmtes Ergebnis, verhinderten im Unterschied zur Französischen Revolution die Trennung von Staat und Kirche."[3] Auch hier reflektierte sich die Eigenart des ostdeutschen Nationsverständnisses. Politisch differenziert wirksame geistig-kulturelle Faktoren wurden dahingehend nivelliert, daß sie alle zur Durchsetzung der kapitalistischen Produktionsverhältnisse und damit zu bürgerlichen Revolutionen beitrugen. Nationale Besonderheiten der Entwicklung, die sich aus der spezifischen Konstellation sozialökonomischer und anderer Faktoren ergaben, wurden der allgemeingültigen Gesetzmäßigkeit des Übergangs vom Feudalismus zum Kapitalismus geopfert. Aus diesen Gründen ist der theoretische Erklärungswert der Luther-Interpretation auch geringer zu veranschlagen als ihre praktisch-politische Bedeutung in der DDR.[4]

8.5.5 Leopold v. Ranke

Im Wissenschaftsverständnis der Historiker schien die methodische Notwendigkeit der historischen Distanz nicht nur im Hinblick auf die Geschchte, sondern auch auf die Geschchtswissenschaft Anerkennung zu finden. Walter Schmidt, Direktor des Zentralinstituts für Geschichte der Akademie der Wissenschaften der DDR, faßte

1 Luther-Thesen, 1983, S. 199

2 LutherThesen, 1983, S. 205f.

3 Luther-Thesen, 1983, S.209

4 vgl. hierzu auch Abschnitt 8.6 in dieser Arbeit.

dies so zusammen:"Historisiert werden muß auch das Geschichtsverständnis."[1] Als Kronzeuge für einen selbstreflexiven Umgang der Geschichtsbetrachtung wird Leopold v. Ranke zitiert. Bereits dieser habe die Forderung aufgestellt, daß "eine Gesellschaft in jeder ihrer Entwicklungsphasen sich ihren historischen Voraussetzungen neu zu stellen, die Geschichte auf neue, jeweils andere Weise zu befragen" habe.[2] Das Diktum Rankes, jede Epoche sei "unmittelbar zu Gott", wurde im Sinne der Erbe-Konzeption so ausgelegt, daß jede Epoche für sich selbst zu betrachten sei, ohne daß notwendigerweise eine ungebrochene Verbindung bis zur Gegenwart hergestellt werden müsse.[3]

In einem Vortrag auf einer Tagung der Kommission "Geschichte der Geschichtsschreibung" des Comité International des Sciences Historiques anläßlich des 100. Todestages Leopold v. Rankes im Juli 1986 hob Werner Berthold Ranke geradezu in den Rang eines Stammvaters des historischen Materialismus. Im wissenschaftsgeschichtlichen Kontext der Historiographie "müssen sowohl Hegel als auch Ranke als markierende Gestalten, als Höhepunkte des Geschichtsdenkens der klassischen deutschen Philosophie einerseits und des "deutschen Historismus" andererseits im Zusammenhang mit der Entstehungs- und Entwicklungsgeschichte der marxistischen Geschichtswissenschaften eine zentrale Stellung einnehmen."[4]

Bezeichnend für den methodischen Wandel in der Geschichtsbetrachtung ist Bertholds Beitrag insofern, als er sich beim Vergleich zwischen Hegel und Ranke der biographischen Methode bedient und dabei von der mystischen Kategorie des "Grunderlebnisses" ausgeht, um die Geschichtskonzeptionen beider zu vergleichen. Bei Hegel ist es das "Grunderlebnis der Französischen Revolution"[5], bei Ranke ist es die Restaurationsphase seit 1815[6].

8.5.6 Max Weber

Etwa zeitgleich mit der Historismus-Rezeption erfolgte auch ein neuer Zugang zu Person und Werk Max Webers, dessen Leistungen als fortschrittlich herausgearbeitet wurden, ohne indessen die klassen- und interessenbedingten Grenzen Webers zu

1 Schmidt, W., 1989, S. 390.
2 Schmidt, W., 1989, S. 392.
3 Berthold, 1988, S. 395.
4 Berthold, Werner, Zu den Weltgeschichtskonzeptionen Hegels und Rankes, in: ZfG 5/88, S. 387-396, S. 389.
5 Berthold, W., 1988, S. 392.
6 Berthold, W., 1988, S. 392.

vernachlässigen. Wolfgang Küttler und Friedhelm Hauer nahmen anläßlich eines Weber-Symposiums im Rahmen des XVI. Internationalen Kongresses der Historischen Wissenschaften in Stuttgart 1985 eine Revision des Weberschen Werkes und seiner für die DDR-Historiographie würdigenswerten Elemente vor. Weber erschien hier als "Modernisierungstheoretiker", dessen Werk um den "neuzeitlichen Rationalisierungsprozeß" kreist.[1]

Neben seiner gesellschaftskritischen Haltung zum wilhelminischen Reich, seiner Bejahung von parlamentarischer Demokratie und Nationalstaat wurde vor allem die forschungspraktische Orientierung seiner Methodologie hervorgehoben. "Gesellschaftliche Strukturen sollten nach dem Zusammenwirken der jeweils geltenden Wertsysteme und Normen mit der jeweils praktisch-produktiven Lebensführung und Wirtschaftsgesinnung analysiert und verglichen werden."[2] In Webers Idealtypen wurden "Ideensysteme, nach denen Menschen ihre praktische Lebensführung einrichteten, durch die gesellschaftliche Ordnungen entstehen und stabil gehalten werden", abgebildet.[3] Der Zusammenhang zwischen Wertsystemen und Gesellschaftsordnungen war auch für die Historiographie der DDR von Interesse, war es doch ihr Auftrag, durch Wertvermittlung aus der Geschichte zur Stabilisierung der Gesellschaftsordnung der DDR beizutragen. Und gerade in diesem zentralen Punkt, der Vermittlung von Perspektiven und Sinnstiftung drohte der Staat zu versagen[4].

8.5.7 Otto v. Bismarck

In die Bismarck-Biographie Ernst Engelbergs flossen zahlreiche Elemente der neuen Geschichtsbetrachtung der DDR-Historiographie ein. Dem Postulat historizistischer Forschung folgend, hatte Engelberg umfangreiche Archivstudien betrieben, die er seiner Bismarck-Darstellung zugrunde legte.[5] Im ersten Kapitel der Biographie, "Herkunft und Herkommen", wurde eine breit angelegte Epochen- und Milieubeschreibung vorangestellt, die den sozialökonomischen und politischen Rahmen für das Wollen und Wirken, zugleich aber auch für die "Beschränktheit" des

1 Hauer, Friedrich/Küttler, Wolfgang, Max Weber - Wirkung, Werk, Methode. Zu einigen Grundzügen seiner Forschungsansätze und ihrer gegenwärtigen Rezeption, in: ZfG 8/87, S. 675-697, S. 681.

2 Hauer, F./Küttler, W., 1987, S. 693.

3 Hauer, F./Küttler, W., 1987, S. 692.

4 vgl. Abschnitt 8.6 in dieser Arbeit.

5 Engelberg, Ernst, Bismarck. Urpreuße und Reichsgründer, Berlin 1985; vgl. die Rezension Walter Schmidts in der Zeitschrift für Geschichtswissenschaft: Schmidt, Walter, Bismarck. Zum Erscheinen von Ernst Engelbergs Bismarck-Biographie, in: ZfG H. 3/87, S. 231-240, S. 231.

Einzelschicksals abgibt. Auffallend dabei war, das Engelberg dieses Wollen Bismarcks durchaus in Weberschen Kategorien des sozialen Handelns aus den inneren Antrieben des preußischen Junkers heraus verstehbar machen wollte. "Wie viele Umwege Bismarck auch noch machen wird, um zu einem ihm gemäßen Platz und Ziel in der Gesellschaft zu gelangen,...die militärische Laufbahn schließt er von vorne herein und mit aller Entschiedenheit aus."[1] Engelberg schilderte ausführlich Bismarcks Amouren, seine prekäre finanzielle Lage und seine Spielleidenschaft im Kapitel "Ausbrechen aus der Enge"[2], die schließlich in dessen persönliche Krise um 1842 mündete und durch den Einfluß der Pommerschen Pietisten um Adolf v. Thadden mit ihrer "Erweckungslehre"[3] teilweise aufgefangen werden konnte.

Erst auf dem geschichtlichen Hintergrund und dem diffenziert konturierten Persönlichkeitsbild, wird das politische Wirken Bismarcks betrachtet. Wenn Engelberg die reaktionäre Haltung des ostelbischen Grundbesitzes darstellt, so differenziert er diesen gegenüber anderen, fortschrittlicher denkenden konservativen Kreisen, um den politischen Entwicklungsprozeß Bismarcks im Rahmen des deutschen Konservatismus sichtbar zu machen.[4] Durch den Druck der demokratischen Nationalbewegung, der in der Revolution von 1848/49 kulminierte, wurden politische Konzessionen vom Konservatismus erzwungen, die Bismarck in seiner Denkschrift an den Prinzen von Preußen aus dem Jahre 1853 als erster erkannte und sich damit zu einem "realitätsorientierten, im Kampf um die Bewahrung der Macht nüchtern kalkulierenden Pragmatiker mauserte..."[5] Hierin wurde die eigentlich fortschrittliche Rolle Bismarcks gesehen, der erkannte, daß die "politische Herrschaft von Adel und Krone ...auf Dauer nicht zu halten [ist, K.E.], wenn nicht Konzessionen an die kapitalistische Entwicklung gemacht, ja Wesenselemente der neuen Gesellschaft in das bestehende sozialpolitische System integriert werden."[6] Bismarcks Revolution von oben verhalf der historisch notwendigen Entwicklung zum Kapitalismus, der über einen gemeinsamen Markt ohne territorialstaatliche Zersplitterung verfügen mußte, zum Durchbruch, indem er den Stellenwert des "Nationalen" zu seiner Zeit richtig erkannte. "Es war, wie Engelberg zeigt, Bismarcks Leistung, daß er dieses nationale

1 Engelberg, E., 1985, S. 130.
2 Engelberg, E., 1985, S. 132ff.
3 Engelberg, E., 1985, S. 184
4 Engelberg, E., 1985, S. 399ff.
5 Schmidt, W., 1987, S. 235.
6 Schmidt, W., 1987, S. 235.

Bedürfnis präzis erfaßte und es gleichsam als roten Faden in sein Konzept einfügtem, also die großpreußisch-hegemonialen Machtambitionen mit den nationalen Aspirationen zu verbinden wußte, die nicht nur die Bourgeoisie hegte."[1] Im Kontext der positiven Bewertung der Reichsgründung von 1871 werden auch die vorbereitenden, militärischen Auseinandersetzungen als progessiv eingestuft. "Dies belegt nicht allein der progressive Gehalt der machtpolitisch-militärischen Auseinandersetzungen; dafür spricht vor allem die Anwendung revolutionärer Mittel, der Gewalt und des beabsichtigten Rechtsbruchs...was bürgerliche Umwälzungen voran und zum Abschluß brachte."[2]

Was konnte nun im Hinblick auf die Traditionsbildung der DDR aus Bismarcks Wirken gewonnen werden? Im Titel Engelbergs Biographie kam die dichotome Sichtweise Bismarcks programmatisch zum Ausdruck. Als "Urpreuße" besaß er einen reaktionären Zug, als "Reichsgründer" verhalf er dem historischen Fortschritt zum Durchbruch und wurde Teil der DDR-Tradition. Es war "ein bedeutender historischer Fortschritt, daß sich die kapitalistische Gesellschaft jetzt ungehemmt von Kleinstaaterei, gefördert durch einen starken Nationalstaat entwickeln konnte,"[3] schrieb Engelberg. Ohne die Bismarcksche Revolution von oben und die Reichsgründung hätte sich die deutsche Nation nicht in einem eigenen Nationalstaat formiert, und ohne den deutschen Nationalstaat gäbe es keine historische Wurzel der DDR-Nation. Mit der positiven Bewertung der Reichgründung war die DDR aber zugleich an ihren gemeinsamen staatlichen Ursprung mit der Bundesrepublik Deutschland gebunden worden. So richtig diese Betrachtungsweise auch war, so fragwürdig mußte sie im Hinblick auf die von der DDR-Führung angestrebte politische Zielsetzung erscheinen. Denn gerade mit dem Verweis auf den gemeinsamen nationalstaatlichen Ursprung wurde schließlich das Wiedervereinigungsziel in der Bundesrepublik begründet. Den Nachweis einer auf die Reichsgründung folgenden, in der deutschen Geschichte seit 1871 angelegten Teilung nicht nur des deutschen Staates, sondern auch der deutschen Nation blieb die Geschichtsschreibung der DDR schuldig.

1 Schmidt, W., 1987, S. 237.
2 Schmidt, W., 1987, S. 239.
3 Engelberg, E., 1985, S. 761.

Es stellt sich hiermit die Frage, wie weit diese Art der Erberezeption und Traditionsbildung überhaupt vorangetrieben werden konnte. Mutete es nicht schon eigenartig und überraschend genug an, daß die DDR den Bismarck, der nicht nur Reichsgründer, sondern auch Begründer des Sozialistengesetzes und der Sozialistenverfolgung im deutschen Reich war, nun voller Nationalstolz zu würdigen begann? Welche progressiven Aspekte sollten dann erst dem Wirken der Ausbeuterklassen in der Weimarer Republik abgewonnen werden? Konsequenterweise hätte sich die DDR-Historiographie nun auch mit der Entstehung der nationalsozialistischen Herrschaft befassen und damit von ihrer antifaschistischen Intrasingenz abgehen müssen.

8.5.8 Neubewertung des antifaschistischen Widerstandes

Der Antifaschismus war ein besonderer Bereich der historischen Abgrenzung, hier war das Staatsverständnis der DDR schlechthin verwurzelt. Dies kam in der Bezeichnung der Vorphase der Staatsgründung als "antifaschistisch-demokratischer Ordnung" zum Ausdruck und hatte als Legitimation für den sozialistischen Umbau von Gesellschaft und Staat gedient. In den antifaschistischen Gedenkstätten wurden Jugendweihen und Vereidigungen von Soldaten abgehalten. Dementsprechend hatte die SED lange Zeit den gesamten antifaschistischen Widerstand für die deutschen Kommunisten reklamiert. Bis 1983 war der bürgerliche Widerstand gegen die nationalsozialistische Diktatur von der DDR-Historiographie als ein "mißlungener Putschversuch führender Kreise der deutschen Monopolbourgeoisie und der reaktionären Militärs mit der Zielstellung, Adolf Hitler zu beseitigen und durch ein antisowjetisches Übereinkommen mit den imperialistischen Westmächten die ökonomischen und politischen Machtpositionen des deutschen Imperialismus zu retten" bewertet worden.[1]

Die außenpolitische Zielsetzung dieses Widerstandes habe sich nicht von der der Nationalsozialisten unterschieden. Durch einen Friedensschluß mit den Westmächten sollte der Krieg gegen die UdSSR mit vereinten Kräften fortgesetzt werden. Insofern habe dieser Widerstand auch nicht im nationalen Interesse des

1 Wörterbuch der Geschichte, hrsg. v. Horst Bartelt u.a., Berlin-Ost, 198, S. 1115f.

deutschen Volkes gestanden. Erst mit dem 40. Jahrestag des Attentats auf Hitler vom 20. Juli 1944 wurde diese Lesart geändert. Nunmehr wurde der bürgerliche Widerstand als eine "antifaschistiche Aktion" gewertet und weniger die gesellschaftspolitischen Leitvorstellungen der Attentäter, als das Ziel, das sie mit allen anderen Widerständlern verband, nämlich die Beseitigung Hitlers und der des Nationalsozialismus, in den Vordergrund gerückt.[1] Zwar wurde auch noch weiterhin zwischen progressiven (Beck, Stauffenberg und v. Tresckow) und reaktionären Goerdeler, Hassel und Popitz) Verschwörern unterschieden. Diese Unterscheidung rückte aber zunehmend in den Hintergrund gegenüber einer sich im gesamten Widerstand verfestigtenden Überzeugung, daß ein gemeinsames Bündnis gegen Hitler und für die Beendigung des Krieges notwendig sei.[2]

Damit wurde zum einen mit der Betrachtung des Widerstandes gegen den Nationalsozialismus der von der SED propagierte Gedanke einer "Koalition der Vernunft" gegen Rüstung und Kriegsgefahr historisch belegt. Zum anderen war man in der DDR bemüht, auch den bürgerlichen Widerstand in die Nationalgeschichte zu integrieren. In zahlreichen Gedenkveranstaltungen und Medienbeiträgen wurden die Ereignisse vom 20. Juli 1944 und die damit verbundenen Personen gewürdigt.[3]

8.5.9 Die Bedeutung der Zeitgeschichte

Die Zeitgeschichte nahm einen besonderen Stellenwert im Rahmen der Nationalgeschichte ein. Dies wurde an der Tatsache deutlich, daß "ein gutes Drittel"[4] der Geschichtsarbeit in die Zeitgeschichtsforschung investiert wurde. Die Zeitgeschichte, als Geschichte der real existierenden DDR, hatte eine "besonders ausgeprägte Legitimationsfunktion"[5], hier sollte die DDR "aus ihrer eigenen Vorgeschichte und Geschichte, d.h. aus sich selbst heraus"[6] legitimiert werden.

1 Groehler, Olaf/Drobisch, Klaus, Der 20. Juli 1944, in: Einheit 7/84, S. 633ff.

2 vgl. Ammer, Thomas, Kontinuität und Wandel. Zur Bewertung der Verschwörung vom 20. Juli 1944 in der DDR, in: DA 9/89, S. 964-967, S. 965.

3 Thomas Ammer berichtet von einem DDR-Dokumentarfilm über Stauffenberg mit dem Titel "13 Bilder über einen Täter", Zeitungsberichte und Veranstaltungen der Blockparteien, vgl. Ammer T., 1989, S. 966.

4 Fischer, A./Heydemann, G., 1988, S. 26

5 Fischer, A./Heydemann, G., 1988, S. 26

6 Fischer, A./Heydemann, G., 1988, S. 27

In den hymnischen Worten des DDR-Zeitgeschichtlers Heitzer wurde dies auf besondere Weise greifbar. Die DDR-Geschichte wurde zum "Höhepunkt unserer Nationalgeschichte"[1] erkoren, weil in den "wenigen Jahren der Existenz unseres Staates mehr für das deutsche Volk getan [wurde, K.E.] als in den Jahrhunderten zuvor."[2] Ähnliche Bewertungen fanden sich auch bei Diehl, der die DDR als "höchste Stufe des auf deutschem Boden bisher erreichten... Fortschritts" und als "Krönung aller vorwärtsweisenden Bestrebungen und Kämpfe"[3] preiste.

Rolf Badstübner benannte die drei Schwerpunkte, anhand derer der Nachweis für die besondere Stellung der DDR in der deutschen Geschichte zu erfolgen hat und die auch für die Identifikation der Bevölkerung von herausgehobener Bedeutung sind: "Faschismusbewältigung", "Friedenssicherung" und "demokratische Erneuerung."[4] "Je weiter wir uns von den Jahren der antifaschistisch.demokratischen Umwälzung und der Entstehung der DDR entfernen, desto deutlicher wird ihre grundlegende Bedeutung für das historische Selbstverständnis des Volkes der DDR, für seine nationale Identität."[5]

Ebenso dient bei Diehl als auch bei Heitzer die Zeitgeschichte der DDR dazu, "das Verhältnis unseres Volkes zu seiner sozialistischen Gegenwart zu vertiefen."[6] Die angestrebte Identifikation mit dem "Nationalstaat" DDR sollte während der Phase als es um die Stationierung von Mittelstreckenwaffen in Europa und das SDI-Programm des amerikanischen Präsidenten ging, über die Profilierung der DDR als Friedensstaat erfolgen. "Gerade angesichts der thermonuklearen Bedrohung der Menschheit durch die Hochrüstungs- und Konfrontationspolitik der militanten Gruppen des internationalen Monopolkapitals wird dies die Bereitschaft des Volkes der DDR stärken, das Geschaffene zu verteidigen."[7]

Die Friedensfrage sollte in der zeitgeschichtlichen Betrachtung zur Aktivierung der DDR-Bevölkerung instrumentalisiert werden. An ihr konnten sozialistische Tra-

1 Heitzer, H., 1989, S. 295/96

2 Heitzer, H., 1989, S. 296.

3 Diehl, E., 1989, S. 352

4 Badstübner, Rolf, Zur Nationalgeschichte der DDR 1945-49, in: ZfG, 8/89, S. 675-684, S. 683.

5 Badstübner, R., 1989, S. 684.

6 Diehl, E. 1989, S. 358.

7 Heitzer, H., 1989, S. 256.

ditionen mit der aktuellen Politik der Partei- und Staatsführung zur Formel verknüpft werden, "für den Sozialismus in der DDR kämpfen, heißt für den Frieden der Menschheit kämpfen". "Wenn unser sozialistischer Staat heute nach dem Grundsatz handelt, daß von deutschem Boden nie wieder ein Krieg ausgehen darf, dann verwirklicht er als fester Bestandteil der sozialistischen Gemeinschaft das Vermächtnis einer großen, von der revolutionären deutschen Arbeiterbewegung geschaffenen Tradition opferreichen und zielbewußten Kampfes für den Frieden."[1] Dies hieß unausgesprochen aber auch, daß eine friedenspolitische Verantwortung nur dadurch übernommen werden konnte, indem man sich auch zugleich für den Sozialismus einsetzte. Insofern sollte damit auch allen nichtstaatlichen Friedensgruppen das Wasser abgegraben werden.

8.6 Nationalgeschichte im innergesellschaftlichen Funktionszusammenhang

Von der politischen Intention her war die Nationalgeschichte der DDR Teil der innenpolitischen Abgrenzungsstrategie der SED im Rahmen ihrer Deutschlandpolitik. Diese Abgrenzungsstrategie ging mit einer defensiven und einer offensiven Komponente in das Geschichtsbild ein. Der defensive, abgrenzende Faktor war das DDR-spezifische Verständnis von einer sozialistischen deutschen Nation, die in der DDR entstanden sei. Der offensive, sozusagen gesamtdeutsche Faktor bestand in der Geschichtsöffnung gegenüber dem Mittelalter, Luther, Friedrich II. und Bismarck. Gerade der Vergleich zwischen den möglichen politischen Intentionen der Preußen-Rezeption und der Luther-Ehrung einerseits und ihren Folgen andererseits, zeigen die Grenzen der Verbindung von Geschichtsöffnung und nationaler Angrenzung auf. Ebenso wie die Friedensthematik bot auch die Aufwertung der Kirchen in der DDR eine neue Plattform für gesellschaftlichen Dissens und autonome Entwicklungsversuche. So ergab sich recht bald aus der erweiterten Geschichtsbetrachtung eine innergesellschaftlich zwiespältige Situation: die von Staat und Partei durch die Luther-Ehrung intendierte Aufwertung und Einbindung der Kirchen, verschaffte diesen als nicht-sozialistischen gesellschaftlichen Institutionen Raum, um als Dach für

1 Diehl, E., 1989, S. 362.

autonome gesellschaftliche Bestrebungen zu fungieren. Nationale Abgrenzung und parallel betriebene Geschichtsöffnung konnten zur kollektiven Identitätsbildung in der DDR nur dann beitragen, wenn gleichzeitig ein innergesellschaftlicher Dialog über Geschichte und Gegenwart zugelassen würde. Dazu war die SED allerdings nicht oder nur in sehr engen Grenzen bereit. Für die Staatspartei stand die einseitige Instrumentalisierung des historischen Erbes im Vordergrund. Gewiß besaß die Vorstellung, daß die SED ein "rotes Preußen"[1] zu organisieren wünsche, in erster Linie polemischen Aussagewert. Doch ein Interesse der Partei an der "Großmacht ohne Staatsidee"[2], die den "Sinn für das Formale wie Disziplin, Unterordnung, Gehorsam"[3] beim Bürger herausbilden sollte, ein Anknüpfen an solche Tugenden erschien nicht unbillig, "denn große Leistungen sind nur bei bewußter Disziplin möglich."[4] Auch die Luther-Thesen wußten die protestantische Arbeitsgesinnung zu schätzen. Luther entwickelte "ein Ethos der Arbeit, das dem bürgerlichen Erwerbsstreben entsprach, aber auch die Lebensinteressen der arbeitenden Menschen in Stadt und Land ausdrückte und feudalen Müßiggang sowie klerikalen Parasitismus als unmoralisch verurteilte", hieß es dort.[5]

Implizierte aber nicht diese Aufbereitung eines Arbeitsethos letzten Endes eine gesellschaftliche Realisierungsform des Luthertums, eine spezifisch indifferente Haltung zum Politischen, zum Staat? Plessner nannte es die "Kraft der Berufsidee", mit der später das protestantische Bürgertum die säkulare Unterordnung im preußischen Staat kompensierte und dadurch "zum Träger einer auf Leistung gestellten...Kultur"[6] wurde. Wenn ein revolutionäres staatliches Pathos in der hochindustrialisierten und leistungsorientierten DDR-Gesellschaft nur sehr schwer noch glaubwürdig und effektiv zur Mobilisierung der Bürger eingesetzt werden konnte, so schien der SED an der Verankerung einer gewissen Leistungsethik beim politisch indifferenten Teil der Bevölkerung durchaus gelegen zu sein. Ein "weltfrömmiges" Arrangement zwischen Partei und Bevölkerung, das heißt die Säkularisierung der revolutionären Ideologie in einer sozialistischen Industriegesellschaft, würde das

1 Ash, T., 1981
2 Plessner, H., 1974, S.49
3 Plessner, H., 1974, S.46
4 Mittenzwei, I., 1983, S.216
5 Luther-Thesen, 1983, S.200
6 Plessner, H., 1974, S.56

Prinzip von Leistung und Gegenleistung zum Maßstab der Zufriedenheit machen. Der persönliche Beitrag zum weiteren Ausbau der DDR wurde mit einem verbesserten Konsumangebot und sozialpolitischen Leistungen von der Staatsführung honoriert. Umgekehrt implizierte dieses Arrangement eine partielle Bereitschaft der Partei, die Resistenz ideologiefreier, privater Räume - von "Nischen""wie Gaus sich ausdrückte - in der Gesellschaft zu akzeptieren. "Was die Nischen-Gesellschaft angeht", schrieb Gaus, "so werden die Pragmatiker in der Staatspartei der DDR wohl den Stabilisierungsfaktor zu schätzen wissen, der in der relativen Staatsferne der Nischen liegt."[1]

Im Hinblick auf die vorbereitende Tätigkeit des "Luther-Komitees" betonte Honecker die "vertrauensvolle Zusammenarbeit"[2] von Staats-, Partei- und Kirchenvertretern. Die Worte der Ersten Sekretärs ließen eine neue Gemeinschaftsideologie der SED für die 80er Jahre durchklingen. Die Partei dachte daran, die Christen aktiv in die DDR zu integrieren. "Die gemeinsame Würdigung der Persönlichkeit und des Werkes Martin Luthers in unserem Staat widerspiegelt das Zusammenwirken der Bürger ungeachtet ihrer Weltanschauung und Religion. An der weiteren Gestaltung der entwickelten sozialistischen Gesellschaft arbeiten alle mit, sie liegt im Interesse aller, und ihre Ergebnisse kommen allen zugute. Eine Politik zum Wohle des Volkes, wie sie in der DDR verwirklicht wird, entspricht zugleich einem christlichen Grundanliegen. Daher findet sie auch die tatkräftige Unterstützung der christlichen Mitbürger."[3]

Daß Partei und Kirche einen "labilen Kompromiß" geschlossen hatten, lag nach Auffassung Wensierskis, des DDR-Reisekorrespondenten für den evangelischen Pressedienst, an einer partiell gemeinsamen Interessenlage. "Die Säkularisierung in der DDR ist gleichermaßen ein Problem der SED *und* der Kirchen."[4] Die in den 70er Jahren erfolgte sozialpolitische und ökonomische Integration der Bevölkerung - der "Jeans-und-Golf-Sozialismus"- produzierte ein "weltanschauliches Defizit", das die Integration und Leistungsmotivation der DDR-Bürger, besonders der Ju-

1 Gaus, Günter, Texte zur deutschen Frage. Mit den wichtigsten Dokumenten zum Verhältnis der beiden deutschen Staaten, Neuwied 1981, S.30f.

2 Honecker, Erich, In der DDR wird die historische Leistung Martin Luthers bewahrt, in: Zeitschrift für Geschichtswissenschaft 10/1980, S.927-931, S.931

3 Honecker, E., 1980, S.930

4 Wensierski, Peter, Die SED-Kirchenpolitik und die Rolle der Kirche in der DDR. Thesen, in: Der X. Parteitag der SED. 35 Jahre SED-Politik, Versuch einer Bilanz, vierzehnte Tagung zum Stand der DDR-Forschung in der Bundesrepublik Deutschland 9. bis 12. Juli 1981, hrsg. v. Edition Deutschland Archiv, Köln 1981, S. 164-172, S.168

gendlichen, zu senken drohte.[1] Insofern war die evangelische Kirche mit ihren ca. 7 Millionen Mitgliedern, von denen nach DDR-Untersuchungen allerdings nur 10 bis 20% praktizierende Gläubige waren, die z.T. im sozial-caritativen und friedenspolitischen Bereich engagiert mitarbeiten, für die SED primär als "moralische Instanz, Integrations- und Erneuerungskraft"[2] interessant geworden. Dabei stellte die Kirche, die als einzige gesellschaftliche Institution in der DDR ihre Autonomie hat bewahren können, weder einen "Bündnispartner" der SED noch eine oppositionelle Kraft im realen Sozialismus dar.[3] Ein Bündnis zwischen Altar und Thron in der DDR?

Pazifistische Bewegungen in der DDR, die Fragen der militärischen Abrüstung, Friedenserziehung und möglichen Formen eines Friedensdienstes als Alternative zum Wehrdienst in der DDR aufwarf, besaßen in der evangelischen Kirche einen gewissen, vor allem moralischen Rückhalt. Die Verbindung zur Kirche wurde durch das der Bibel entlehnte Motto "Macht Schwerter zu Pflugscharen" unter dem die relativ mitgliederschwache Bewegung firmierte, deutlich.[4] Bereits im November 1981 wurde die extrem ablehnende Haltung der SED gegenüber einer öffentlichen Diskussion über Friedensfragen deutlich. Ein Kandidat des SED-Politbüros[5] erklärte die Forderung nach einem "sozialen Friedensdienst" in der DDR als "friedens-, sozialismus- und verfassungsfeindlich" und der stellvertretende FDJ-Vorsitzende Aurich verkündete die Parole, der "Friede muß verteidigt werden - der Friede muß bewaffnet sein."[6] Im März 1982 verbot die Partei, Aufnäher mit dem Bibelzitat "Macht Schwerter zu Pflugscharen" öffentlich zu tragen. Die Synode des evangelischen Kirchenbundes der DDR unterstützte demgegenüber auch im September 1982 die Forderung nach einer Alternative zum Wehrdienst, der ihrer Auffassung ein "Wagnis" statt einer "Ehrenpflicht" darstellte.[7] Sie konnte sich aber nicht festlegen, ob die

1 Wensierski, Peter, 1981, S. 168

2 Wensierski, Peter, 1981, S. 169

3 Wensierski, Peter, 1981, S. 171

4 Am "Dresdener Friedensforum" v. Februar 1982 nahmen ca. 5000 Personen teil, vgl. Wensierski, Peter, Gratwanderung ohne Ende? Die Synode des DDR-Kirchenbundes in Halle, in: DA 11/1982, S. 1125-1131, S. 1129 und Wensierski, Peter, Zwischen Pazifismus und Militarismus, in: DA 5/1982, S. 449-452, S. 449

5 Werner Walde auf der 3. Tagung des Zentralkomitees im November 1981, zit. n. Frankfurter Rundschau vom 22.11.1981

6 Walde, W., 1981

7 Wagnis deshalb, weil nicht geklärt sei, ob der Dienst letztlich dem Frieden oder dem Krieg diene, vgl. Wensierski, P., 1982b, S.1127

Friedensfrage in den Status einer Bekenntnisfrage zu heben sei[1], und ihr Verhalten wurde dabei nicht nur von innenpolitischen, sondern auch von außenpolitischen Erwägungen beeinflußt.

Im Gegensatz zu beobachtbaren pazifistischen Tendenzen in der DDR stellte sich die SED auf einen innenpolitisch eher militanten Standpunkt, bei dessen Propagierung der Rückgriff auf Preußische Traditionen "Schützenhilfe" leisten konnte. Preußische Heeresreformer galten schon in den 50er Jahren als vorbildhafte Patrioten. 1966 wurde der "Scharnhorst-Orden" als höchster Militärorden der DDR eingeführt[2] und die Preußische Heeresreform wurde später zum Leitbild der NVA erhoben. Die Einführung der allgemeinen Wehrpflicht, die Öffnung des Militärkorps für weitere Teile der Bevölkerung, die Einführung des Leistungsprinzips bei der Besetzung von Offiziersstellen und die Reorganisation des militärischen Bildungswesens wurden in der DDR als vorbildliche Erneuerungen erachtet, die der "Volkssouveränität im Militärwesen Geltung" verschaffen sollten.[3] Strebten die Preußischen Heeresreformen die Verwirklichung der Idee eines "Volkes in Waffen an"[4], so habe die DDR "dieses Erbe übernommen, weil sie von der Geschichte berufen ist, es bis zur letzten Konsequenz seines humanistischen Gehalts zu realisieren."[5]

Auch im DDR-Schulunterricht spielten preußische Traditionen, wie Roeder feststellte, als Teil der politischen Bildung eine ,,entscheidende Rolle".[6] Im September 1978 wurde der Wehrkundeunterricht für die neunten und zehnten Klassen an den Schulen der DDR eingeführt.[7] Außerdem hatte nach Nawrocki die "sozialistische Wehrerziehung" Eingang in alle Unterrichtsfelder gefunden: Militärtechnik in den Naturwissenschaften, militärische Körpertüchtigung im Sportunterricht.[8]

In diesem Zusammenhang besaß die "Gesellschaft für Sport und Technik" (GST), die 1952 gegründet wurde und seit 1956 unter direkter Anleitung des Ministeriums für Nationale Verteidigung unterstand, besondere Bedeutung.[9] Sie umfaßte ca. 490.000 Mitglieder, und ihr war unter anderem die für alle Jugendlichen

1 Wensierski, P., 1982b, S.1129

2 Nawrocki, Joachim, Bewaffnete Organe in der DDR. Nationale Volksarmee und andere militärische sowie paramilitärische Verbände, Berlin 1979, S.244

3 Doehler, Edgar/Falkenberg, Rudolf, Militärische Traditionen der NVA, Ost-Berlin, 1979, S. 41

4 Doehler, E., 1979, S. 42

5 Doehler, E., 1979, S. 42

6 Roeder, Veronika, Preußische Geschichte in der sozialistischen Schule. Die preußischen Reformen und die Befreiungskriege im Geschichtsunterricht der DDR, in: GWU 7/1981, S.400ff., S.419

7 Nawrocki, J., 1979, S.168

8 Nawrocki, J. 1979, S.169

9 Nawrocki, J., 1979, S. 129ff.

wurden auch Betriebe und Hochschulen nicht nur gesetzlich dazu verpflichtet, Bürger zur Ableistung des Wehrdienstes zu motivieren, sondern auch auf den Wehrdienst vorzubereiten bzw. eine vormilitärische Ausbildung durchzuführen.

Peter Wensierski zeichnete 1982 folgendes Bild vom Alltag: "Wer den DDR-Alltag erlebt, muß manchmal glauben, der Krieg stehe vor der Tür. Morgens sendet der Berliner Rundfunk Kinderlieder zum Mitsingen, die Lobeshymnen an die Soldaten der NVA sind. Im Kindergarten wartet das Kriegsspielzeug und die Teilnahme am 'Manöver Schneeflocke'. Für die älteren gibt es derweil Wehrunterricht, inzwischen drei Schuljahre lang, und am Nachmittag wird im Sportunterricht das Handgranatenwerfen geübt. Die Eltern können tagsüber zwischen der seit Dezember 1981 Pflicht gewordenen Zivilschutzausbildung oder Alarmübungen in den volkseigenen Betrieben wählen."[1] In der innenpolitischen Schere zwischen Pazifismus und Militarismus in der DDR kam auch die politische Ambivalenz des von der SED propagierten Geschichtsbildes zum Ausdruck.

8.7 Die politische Ambivalenz der nationalgeschichtlichen Orientierung

In der zweiten Dekade der Ära Honecker schien sich die 1971 begonnene Erfolgsgeschichte der DDR im Bereich der Außenpolitik fortzuschreiben. In ihrer Profilierung als "europäischer Friedensgarant" erlebte die DDR-Führung einen Höhepunkt. Es war ihr gelungen, angesichts sich verschlechternder Ost-West-Beziehungen auf Distanz zu den rapide wechselnden sowjetischen Führungen zu gehen und die kooperativen Beziehungen zur Bundesrepublik im Zeichen einer "Koalition der Vernunft" auszubauen. Nach dem offiziellen Empfang Honeckers in Bonn im Jahre 1987 schien das Ziel der völkerrechtlichen Anerkennung der DDR nur noch eine Formsache zu sein.

Der Ausbau einer Nationalgeschichte der DDR hatte sich als Alternative zu einem stagnierenden Annäherungsprozeß sozialistischer Nationen im östlichen Bündnis erwiesen. Sie konnte aber auch in Anbetracht der Krisenerscheinungen des RGW als Ausdruck einer außenpolitischen Isolation der DDR verstanden werden, die sich weder nach Westen, noch - spätstestens nach Gorbatschows Amtsantritt - nach Osten zu weit öffnen durfte. Die DDR wurde von ihrer Staats- und Parteiführung als

1 Wensierski, P., 1982 a, S.449

sozialistischer Nationalstaat verstanden, der die gesamte deutsche Geschichte zum Reservoir eines "integralen" Geschichtsbildes machte.

Im Ausbau des Geschichtsbildes, in das Symbolgestalten der deutschen Geschichte wie Luther, Friedrich II und Otto v. Bismarck kooptiert worden waren, reflektierte sich gleichzeitig die innenpolitische Ambivalenz der von der DDR-Führung betriebenen Außenpolitik. Es mußte fraglich bleiben, ob sich bei der DDR-Bevölkerung tatsächlich ein sozialistisches Nationalgefühl einstellen konnte. Mit der Verbesserung der Reisemöglichkeiten nach Westdeutschland, dem rapiden Anwachsen der innerdeutschen Städtepartnerschaften und der Dialogpolitik zwischen SPD und SED, die im gemeinsamen Papier kulminierte, erfuhren die Beziehungen der beiden deutschen Staaten zueinander eine weit über die gemeinsame außenpolitische Interessenwahrnehmung hinausgehende Verdichtung, die durch das gesamtdeutsche Geschichtsbild verstärkt werden konnte. Auch wenn das Geschichtsbild in seiner Komplexität und Dialektik für den Bürger der DDR als Ganzes kaum nachvollziehbar gewesen sein dürfte, können einzelne Elemente, wie zum Beispiel die Aufwertung Preußens oder der evangelischen Kirche, die Verbundenheit beider Staaten eher bekräftigt haben.

Der Kompromiß zwischen Kirche und Staat in der DDR der 80er Jahre verfolgte das Ziel, der Wert- und Sinnkrise der "entwickelten sozialistischen Gesellschaft" gegenzusteuern. War der Verlust der kommunistische Utopie in den 70er Jahren mit sozialstaatlichen Garantien kompensiert worden, so sollte angesichts sich verschlechternder ökonomischer Rahmenbedingungen die aus der deutschen Vergangenheit abgeleitete Glorifizierung der DDR-Gegenwart das Bekenntnis der Bürger zum ostdeutschen Staat fördern.

Die Kirche hatte sich aber als Hort autonomer Gruppierungen erwiesen, welche die außenpolitischen Leitlinien der DDR-Führung, was die Wahrung von Frieden und Menschenrechten betraf, auch für den innergesellschaftliche Bereich reklamierten. Die sich auf der Basis eines christlich-ethischen Fundamentes entwickelnde Zivilisationskritik in der DDR, setzte sich fort im Engagement für die Wahrung der natürlichen Lebensgrundlagen, die vom Industriesozialismus der DDR gefährdet wurden. War hiermit zunächst noch keine dezidierte politische Opposition entstanden, so zeichnete sich in der ersten Hälfte der 80er Jahre zumindest ein innenpolitischer Dissens in der DDR ab, für den die Entwicklung der Gorbatschowschen Reformpolitik nicht ohne Folgen bleiben sollte.

9. DER GESCHEITERTE NATIONALSTAAT (1987-1989)

9.1 Gorbatschows Neuansatz in der Außenpolitik und das "gemeinsame Europäische Haus"

Bewegung in die tiefgezogenen Gräben des wiederauflebenden Kalten Krieges zwischen den USA und der UdSSR kam erst mit dem Amtsantritt Michael Gorbatschows am 11.3.1985.[1] Zu den wesentlichen Elementen seines außenpolitischen Neuansatzes, der ab 1986 Konturen gewann, gehörten die Erweiterung des Sicherheitsbegriffs, eine Neubewertung des Prinzips der friedlichen Koexistenz, ein konsequenter Gewaltverzicht - verbunden mit dem Streben nach weltweiter nuklearer Abrüstung und einer Entideolgisierung der internationalen Beziehungen - sowie der Verzicht auf die Breshnew-Doktrin zugunsten der Anerkennung des Selbstbestimmungsrechtes der Völker auch im eigenen, sowjetischen Einflußbereich in Osteuropa.[2]

Der damit verbundene sowjetische Rückzug im eigenen Einflußbereich stellte die eigentliche revolutionäre Wende in der Außenpolitik dar, die zur Desintegration des Ostblocks führte. Die osteuropäischen Satellitenstaaten wurden in ihre nationale Eigenständigkeit zurückgeworfen, was für die DDR-Führung eines besonders prekäre Situation heraufbeschwor. Ohne die gesicherte Bindung an die UdSSR mußte die nationale Komponente der DDR-Profilierung nun ein ganz anderes Gewicht erhalten. Es drohte eine Schlagseite in Richtung Westdeutschland. Hinzu kam die Dynamik des Demokratisierungsprozesses in der UdSSR, einem Land, das traditionell Vorbildcharakter für alle Staaten Osteuropas hatte. Nun wurde den kommunistischen Regierungen vom Vorbild die eigene Legitimationsbasis infrage gestellt. Für die Parteiführungen wurde es zur Überlebensfrage, ob sie bereit waren den sowjetischen Wandel mitzuvollziehen, denn es galt der Spruch Gorbatschows, "wer zu spät kommt, den bestraft das Leben."

Auf seiner Rede vor der UN-Vollversammlung am 7.12.1988 zog Gorbatschow eine Bilanz des gegewärtigen Zustands der internationalen Beziehungen und leitete daraus Anforderungen für die Gestaltung einer globalen Zukunftsperspektive ab, die dem Fortschritt eine neue Bahn geben könnte. Ausgehend von den Grenzen und Kosten der militärischen Machtentfaltung in einer interdependenten Welt, plädierte

1 Czempiel, E.-O., 1989, S. 226, Görtemaker, H., 1990, S. 114

2 Kastl, Jörg, Das neue Denken in der sowjetischen Außenpolitik. Praxis und Theorie, in: EA 19/1988, S. 575-582, vgl. auch Zimmer, M., 1992, S. 204ff.

er für einen strikten Gewaltverzicht.[1] "Gewalt und Gewaltandrohung können und dürfen augenscheinlich nicht länger ein Instrument der Außenpolitik sein."[2] Verzicht auf Gewalt implizierte auch einen Verzicht auf die Einmischung in die inneren Verhältnisse anderer Staaten und die Anerkennung des Selbstbstimmungsrechtes der Völker. Gorbatschow ging hier vor der Völkerversammlung von der *Breshnew-Doktrin*[3] ab und sprach von der notwendigen Akzeptanz "mehrer Varianten der gesellschaftlichen Entwicklung verschiedener Länder."[4]

Die Positionsveränderung der sowjetischen Außenpolitik war erstmals während eines Besuches Gorbatschwos in Prag am 10.4.1987 deutlich geworden, als er an diesem für die Beziehungen beider Staaten historisch bedeutsamen Ort von der Erwartung Abstand nahm, daß andere Staaten das Sowjetsystem kopieren sollten[5]. Bekräftigte wurde diese Ansicht in seiner Rede vor dem Europarat am 6.7.1989. "Die sozialen und politischen Zustände änderten sich in der Vergangenheit in den einen oder anderen Ländern. Sie können sich auch in Zukunft ändern. Dies ist aber ausschließlich eine Angelegenheit der Völker selbst, ihrer Wahl. Beliebige Einmischung in die inneren Angelegenheiten, beliebige Versuche, die Souveränität der Staaten - sowohl befreundeter und verbündeter als auch irgendwelcher anderen - zu begrenzen, sind unzulässig."[6] Der engültige und offizielle Widerruf der Breshnew-Doktrin erfolgte dann im Oktober 1989, als Gennadi Gerassimow, der Sprecher des sowjetischen Außenministeriums, am Rande eines Besuches Gorbatschows in Finnland "gut gelaunt" verkündete, daß die Breshnew-Doktrin "tot" sei und durch die "Sinatra-Doktrin" ersetzt werde, womit er auf den populären Song des US-Sängers mit dem Titel "My way" anspielte.[7]

1 abgedruckt in: EA 1/1989, S. D23-D37. 1987 wurden weltweit 930 Mrd $, das heißt 1,8 Mio $ pro Minute für Rüstung ausgegeben. Ein amerikanisches "Trident"-U-Boot verfügte mit seinen 24 Nuklearraketen über das Achtfache der Zerstörungskraft aller im Zweiten Weltkrieg eingesetzten Bomben und Granaten, vgl. Görtemaker, M., 1990, S. 115ff.

2 Gorbatschow 1989a, S. D26

3 Die sog. "Breshnew-Doktrin" von der "beschränkten Souveränität sozialistischer Staaten" und vom beschränkten Selbstbestimmungsrecht der sozialistischen Völker" war anläßlich des Einmarsches der Warschauer-Paktstaaten in die CSSR im August 1968 vom sowjetischen Parteiideologien S. Kokaljow entwickelt und anschließend von Breshnew übernommen worden, vgl. Görtemaker, M., 1990, S. 120 u. vgl. in dieser Arbeit S.129f.

4 Gorbatschow 1989a, S. D27

5 Görtemaker, M., 1990, S. 122

6 abgedruckt in: EA 20/89, S. D587-5951

7 Görtemaker, M., 1990, S. 122

Wenn Gorbatschow als Ursache von Gewalt und kriegerischen Auseinandersetzungen ideologische Verbohrtheit diagnostizierte, war es konsequent, für eine Entideologisierung der internationalen Beziehungen einzutreten. Dies führte zu einer Neubewertung der alten Formel von der "friedlichen Koexistenz": es ging nun nicht mehr um eine taktische Atempause im Klassenkampf wie es seit Lenin verstanden wurde, sondern um einen grundsätzlichen Primat des Friedenserhaltes.[1] Gorbatschow betonte die Notwendigkeit zu "Toleranz und die Bereitschaft ..., etwas anderes nicht unbedingt als schlecht oder feindlich aufzufassen wie auch Fähigkeit, zu lernen, nebeneinander zu leben" in die Praxis umzusetzen."[2]

Die ideologische Entmilitarisierung reflektierte den realen Verlust der kommunistischen Legitimationsbasis. In der neuen Formel von friedlicher Koexistenz war für die Vorstellung eines gesetzmäßigen Übergangs vom Kapitalismus zum Sozialismus kein Platz mehr. Im Gegenteil, der Sozialismus stellte keine höhere Entwicklungsstufe in der Geschichte der Menschheit mehr dar, sondern er offenbarte seinen Lernbedarf. Die Äußerungen Gorbatschows mußten auf die DDR-Führung, die sich nach wie vor nicht scheute, die DDR als höchste Stufe des Fortschritts auf deutschem Boden darzustellen, wie eine Kapitulationserklärung wirken und sie ins Mark treffen.

Gorbatschows außenpolitischer Neuansatz konnte sowohl für die Ost-West-Beziehungen insgesamt, aber auch für die Rolle Europas Folgen haben. Zum einen machte die sowjetische Führung nunmehr offensichtlich Ernst mit der von der Reagan-Regierung geforderten "echten" Abrüstung, zum anderen knüpfte Gorbatschow seinen disparaten Ansätze zur Idee des "gemeinsamen Europäischen Hauses" zusammen. Die neue "entwaffnende" Strategie auf dem Abrüstungs-sektor hatte sich bereits auf der durch sowjetische Initiative zustande gekommenen Gipfelkonferenz von Reykjavik vom 11./12.10.1986 abgezeichnet. Blieb die Konfgerenz auch noch ohne konkrete Ergebnisse, weil Reagan sich zunächst weigerte, das SDI-Projekt mit in die Verhandlungsmasse einzubeziehen[3], so wurde doch das Einschwenken der UdSSR auf die amerikanischen Forderungen deutlich, als die sowjetische Delegation signalisierte, daß sie einer Beseitigung der INF-Waffen und einer Halbierung des

1 Zimmer, M., 1992, S. 205

2 Gorbatschow 1989a, S. D27

3 Görtemaker, M., 1990 S. 115

nuklearstrategischen Waffenarsenals zustimmen würde[1]. Seit 1985 hatte Gorbatschow erste Zugeständnisse an eine zukünftig vertrauensvollere Zusammenarbbeit mit den USA gemacht: die Inspektion sowjetischer Kernkraftwerke, die Nutzung sowjetischer Raumstationen durch westliche Astronauten sowie gegenseitige Manöverbeobachtungen wurden bis 1986 vereinbart[2].

Für einen Erfolg bei den Verhandlungen über Mittelstreckenwaffen hatte es nach amerikanischer Ansicht einer Preisgabe des sowjetischen Junktims hinsichtlich der parallel geforderten Verhandlungen über das SDI-Projekt bedurft. Eine entsprechende Bereitschaft war von Gorbatoschow bereits 1985 angedeutet, im Februar 1987 aber offziell verlautbart worden[3]. Die im April 1987 von Gorbatschow vorgeschlagene "erweiterte Null-Lösung", die den Abzug auch der Mitttelstreckenraketen kürzerer Reichweite (500-1000 km) vorsah, wurde von den Amerikanern aufgegriffen, so daß der Weg für den erfolgreichen Abschluß der seit März 1985 wieder geführten INF-Verhandlungen frei war. Am 8.12.1987 war der INF-Vertrag als der erste "echte" Abrüstungsvertrag, der den tatsächlichen Abbau von Waffenpotential vorsah, unterschrieben worden[4].

Allerdings hatte das Ergebnis des INF-Vertrages so ziemlich den Erwartungen der Europäer, die mit dem Doppelbeschluß der NATO vom Dezember 1979 verbunden waren, widersprochen. Durch die nun acht Jahre später gefundene "doppelte Null-Lösung" wurde die strategische Verbindung zwischen Westeuopa und den USA geschwächt. Die amerikanische Führung strebte als Ersatz für die Mittelstreckenwaffen eine Umrüstung auf den konventionellen Bereich in der "Region" Europa an, die sich in die Bestrebungen, einen begrenzten Krieg führbar zu machen, einzufügen schien[5].

In das Vakuum, das der - zumindest militärpolitische - Rückzug der USA durch die doppelte Null-Lösung in Europa hinterließ, stieß Gorbatschows Vorstellung vom "gemeinsamen Europäischen Haus". Sie konvergierte mit zwei unterschiedlichen politischen Ansätzen zur Überwindung der Blockstrukturen in Europa. Im Januar 1984 hattte eine Arbeitsgruppe der SPD unter Horst Ehmke ihr Konzept der "Selbstbehauptung Europas" vorgestellt[6], das für eine abgestimmtere Wirtschaftspolitik

1 Czempiel, E.-O., 1989, S. 284

2 vgl. Czempiel, E.-O., 1989, S. 286

3 Zimmer, M., 1992, S. 205; Link, W., 1988, S. 215

4 Czempiel, E.-O., 1989, S. 288; Link, W., 1988, S. 218

5 Czempiel, E.-O., 1989, S. 298

6 vgl. Moseleit, Klaus, Die "zweite" Phase der Entspannungspolitik der SPD 1983-1989. Eine Analyse ihrer Entstehungsgeschichte, Entwicklung und konzeptionellen Ansätze, Frankfurt/M, Bern, New York, Paris, 1991, S. 46

und eine eigenständigere, von den Interessen der USA emanzipierte Sicherheitspolitik plädierte, ohne die atlantische Bindung aufgeben zu wollen. Die hier entwickelten Überlegungen zur "Europäisierung Europas" gingen von einer sozio-kulturellen Einheit und gemeinsamen sicherheitspolitischen Interessen des Kontinents gegenüber den jeweiligen Hegemonialmächten des Bündnisses aus. Die Umrisse einer zukünftigen europäischen Friedensordnung wurden von Europas "Mitte aus gedacht"[1] und hatten zumindest hierin einen Berührungspunkt mit den "Mitteleuropa"-Konzepten der osteuropäischen Bürgerrechtler. Allerdings hatte diese Parallele die deutsche Sozialdemokratie nicht näher an die osteuropäischen Bürgerrechtler herangeführt, da die SPD ihre sicherheitspolitischen Vorstellungen in erster Linie in den Dialog mit der SED einbrachte.

Der "Mitteleuropa"-Gedanke war unter anderem vom tschechischen Schriftsteller Milan Kundera in seinem ebenfalls 1984 in deutscher Sprache erschienen Essay "Un occident kidnappé oder die Tragödie Zentraleuropas" für die breite Öffentlichkeit thematisiert worden.[2] Entscheidende politische Protagonisten in der politischen Praxis waren der der Tscheche Vaclav Havel - Mitbegründer der Menschenrechtsorganisation "Charta 77", der Pole Adam Michnik vom Kommitee für Soziale Selbstverteidigung (KOR) und der ungarische Soziologe Gyorgy Konrád. In der jahrhundertelangen Fremdherrschaft erblickten sie die gemeinsamen historischen Wurzeln Mitteleuropas, die auch den Boden für die kommunistischen Regimes bereitet hatte[3]. Daraus hatten sich bei den kleineren osteuropäischen Nationen die "Traditionen des zivilen Ungehorsams entwickelt und jener Hang zur Ironie, der aus einem Leben aus ständigen Niederlagen erwächst."[4]

Mitteleuropa war für die Bürgerrechtler in erster Linie eine moralische Kategorie der Menschenwürde und der Wiedererlangung der Autonomie eines Individuums, das sich dem Zugriff des totalitären Staates widersetzt und entzieht. Damit war eine antipolitische Haltung verbunden. "Ich glaube nicht," schrieb Gyorgy Konrád 1984, "daß ein moralisch-emotionales Auftreten von Bewegungen oder gar Massen-bewegungen und der dazugehörenden aufbrausenden, autoritären Volkstribune und Revolutionäre

1 Moseleit, K., 1991, S. 48

2 Ash, Timothy G., Ein Jahrhundert wird abgewählt. Aus den Zentren Europas 1980-1990, München 1990, S. 189

3 Ash, T. G., 1990, S. 194ff.

4 Ash, T. G., 1990, S. 198

die Träger der neuen mitteleuropäischen Identität wären."[1] Aus dieser Haltung ließ sich die Bereitschaft zur Bildung von "Runden Tischen" und der gewaltfreie Verlauf der Revolutionen von Polen, Ungarn und der Tschechoslowakei im Jahre 1989 verstehen. Menschenwürde und Menschenrechte waren die zentralen Kategorien der "mitteleuropäischen Oppositon". Der moralische Wertewandel war für die Bürgerrechtler der Ausgangspunkt zur evolutionären Herausbildung einer die totalitären Strukturen überwindenden "Zivilgesellschaft"[2], die eine "soziale Selbstorganisation" ermöglichen sollte.

Die Unterschiede zum sozialdemokratischen Konzept der "Selbstbehauptung Europas" sind evident. Strebte die SPD eine Stabilisierung des Friedens durch Abrüstung und Rüstungskontrolle auf der Basis des europäischen Status quo an, so wurde beispielsweise von Vaclav Havel der "symbiotische Zusammenhang"[3] zwischen "innerem Frieden" und "äußerem Frieden" hervorgehoben. Ein Staat, der seinen Bürgern das Recht auf öffentliche Kontrolle der Machtausübung verweigere, könne einer internationalen Kontrolle gegenüber nicht offen sein.[4] Deshalb habe der Kampf um die Menschenrechte "absolute und logische Priorität."[5] Die gravierenden Schwächen der Mitteleuropa-Vorstellung waren allerdings nicht zu übersehen. So wurden die wirtschaftlichen und innenpolitischen Rahmenbedingungen der osteuropäischen Staaten und deren Transformation, ohne die auch eine Zivilgesellschaft nicht funktionieren könnte, vernachlässigt. Insbesondere das nationalistische Potential geriet aus dem Blickfeld. "Was ist denn für die öffentliche Meinung im heutigen Ungarn das wichtigste Thema?", fragte Timothy Garden Ash, einer der genauesten Beobachter der osteuropäischen Revolutionen von 1989[6]. Nicht der Kampf um Demokratie, Zivilgesellschaft oder Menschenrechte, lautet seine Antwort, sondern die Misere der ungarischen Minderheiten in Siebenbürgen und in der Slowakei[7]. Im Zusammenhang mit dem vernachlässigten Aspekt des Nationalen fiel die unklare Positionsbestimmung in der deutschen Frage ins Auge. Sollte Mitteleuropa mit

1 Konrád, Gyorgy, Die pradoxe Mitte, in: ders., Antipolitik. Mitteleuropäische Relexionen, Frankfurt 1985, S. 112-114, S. 112

2 Ash, T. G., 1990, S. 203f.

3 Ash, T. G., 1990, S. 208

4 Ash, T. G., 1990, S. 208

5 Ash, T. G., 1990, S. 209

6 Ash, T. G., 1990, S. 220

7 Ash, T. G., 1990, S. 220

einem vereinigten Deutschland realisiert werden, so wäre das historische Übergewicht der Deutschen politisch verträglich zu gestalten. Mit dem Mitteleuropa-Konzept Friedrich Naumanns waren schließlich die expansionistischen Pläne des deutschen Kaiserreiches gerechtfertigt worden[1]. "Antipolitik ist das Produkt der erlebten Niederlagen, wieviel davon würde einen Sieg überleben?", fragte Ash in offenbar weiser Voraussicht.

Gorbatschows Vorstellung vom "gemeinsamen Europäischen Haus" standen den "realpolitischen" Vorstellungen der deutschen Sozialdemokratie näher, als denen der osteuropäischen Bürgerrechtler, wenngleich sie diesen entscheidenden politischen Auftrieb gaben. Im "Europäischen Haus" flossen die verschiedenen Neuansätze des sowjetischen außenpolitischen Denken zusammen und verdichteten sich zu Überlegungen, wie eine neue europäische Friedensordnung ausgestaltet werden könnte. Letztendlich intendierte Gorbatschow dabei nicht, wie vielfach anfänglich von westlichen Kommentatoren angenommen[2], eine weitere Lösung Westeuropas von den USA, mit dem Ziel der Isolierung. Er knüpfte ausdrücklich an den Helsinki-Prozeß an, den er für die Zukunft weiterentwickeln wollte[3]. Das Europäische Haus sollte auf dem Fundament der gemeinsamen Sicherheit gebaut sein: an die Stelle der Doktrin der Abschreckung rückten die Prinzipien der "Zurückhaltung" und der "vernünftigen Hinlänglichkeit"[4]. Gorbatschow umriß eine friedenspolitische Perspektive Europas ohne Atomwaffen (wobei er diesen Aspekt weltweit orientierte), ohne fremdstationierte Truppen und ohne Militärblöcke[5]. In ökonomischer Hinsicht dachte Gorbatschow das Europäische Haus durchaus in Blockstrukturen, wenn er an die gemeinsame Erklärung von EG und RGW vom 25.6.1988 anknüpfend eine umfassende wirtschaftliche Zusammenarbeit beider Wirtschaftszusammenschlüsse projektierte, die in einen gemeinsamen europäischen Wirtschaftsraum vom Atlantik bis zum Ural einmünden sollte[6].

1 Ash, T. G., 1990, S. 219

2 vgl z.B. Woyke, Wichard, Das "Haus Europa" aus westeuropäischer Sicht, in: Jacobsen, H.-D./ Machowski, H./Sager, D.,Hrsg., Perspektiven für Sicherheit und Zusammenarbeit in Europa, Bonn 1988, S. 71-80, S. 76

3 vgl. Gemeinsame Erklärung von Bundeskanzler Kohl und Staatspräsident Gorbatschow in Bonn vom 13.6.1989, in: EA 13/89, D.382-385, D. 382/83 und Gorbatschow 1989b, D.592

4 Gorbatschow 1989b, D.589/90

5 "Liquidierung der Militärblöcke", Gorbatschow 1989b, D.592

6 Gemeinsame Erklärung 1989, D.383

9.2 Die Wende in der UdSSR und der Zerfall des Ostblocks

Der Zerfall des Ostblocks vollzog sich in einem atemberaubendem Tempo und beseitigte die Nachkriegsordnung des Zweiten Weltkrieges. Die Vorstellung, daß die durch die Bürgerbewegungen in den osteuropäischen Staaten angestrebte Demokratisierung zu einer "civic society" führen würde, mithin also die Annahme einer "Verbürgerlichung" der Ostblocks, die Jürgen Habermas in die Formel von der "nachholenden Revolution"[1] goß, erwies sich angesichts der zeitgleich ausbrechenden kriegerischen Nationalitätenkonflikte als Illusion.

Osteuropa wurde auch hinter die Nachkriegsordnung des Ersten Weltkrieges zurückgeworfen, als aus dem Zusammenbruch der Habsburger Monarchie und des Osmanischen Reiches teilweise künstliche Staatengebilde wie Jugoslawien und die Tschechoslowakei hervorgegangen waren und das ehemals zaristische Rußland nur durch die Macht der Roten Armee zusammengehalten werden konnte. Geradezu anachronistisch mußte es die nach größeren, supranationalen Einheiten strebenden Westeuropäer anmuten, wie sich scheinbar festgefügte Staatengebilde im Osten Europas in immer kleinere ethnische Einheiten aufteilten. Wider Erwarten waren Nationalismus und nationale Fragen zu einem Kernthema Europas am Ende der 80er Jahre geworden und haben die Perspektiven eines "gemeinsamen Europäischen Hauses" nachhaltig in Frage gestellt.

Gorbatschows Ansatz, über den Umbau der sowjetischen Wirtschaft auch die überfälligen Reformen in Partei und Staatsapparat induzieren zu können, erwies sich als nicht durchführbar. Nicht mehr der Marxsche Primat der Ökonomie über die Politik, sondern die politische Umgestaltung schien der Hebel zur Reform der UdSSR zu sein. Seit 1987 versuchte der sowjetische Parteichef durch eine Demokratisierung des Sowjetsystems (glasnost), die Hierarchien in Partei und Staatsverwaltung zu umgehen und auszuschalten. Das Januar-Plenum des ZK der KPdSU von 1987 leitete die Wende zur Demokratisierung ein[2]. Hier verkündete Gorbatschow, daß das

1 Habermas, Jürgen, Nachholende Revolution und linker Revisionsbedarf. Was heißt Sozialismus heute? in: ders., Die nachholende Revolution. Kleine politische Schriften VII, Frankfurt 1990, S. 179-204, S. 180

2 Oldenburg, Fred, Moskau und der Zusammenbruch des Kommunismus in Osteuropa. Berichte des Bundesinstituts für ostwissenschaftliche und internationale Studien (BIOSt), H. 62/1990, hsrg. v. BIOSt, Köln 1990, S. 11

Wesen der Perestroika darin liege, daß sie Sozialismus und Demokratie verbinde[1]. Glasnost, als mehr Autonomie und Eigenverantwortlichkeit der Regionen und Teilstaaten, mehr "Offenheit und Öffentlichkeit der Entscheidungsvorgänge mit dem Ziel der Transparenz des politischen Systems, damit die gesellschaftlichen Kräfte sich daran beteiligen und die Parteimitglieder wirklich mitbestimmen könnnen"[2], bedeutete auch Rechtsstaatlichkeit und Gesetzestreue, wovor die Funktionäre in den Machtapparaten zurückschreckten. "Mit diesem radikalen und in Wahrheit revolutionären Programm der 'Demokratisierung' überschritt Gorbatschow den Rubikon von der ihm in Auftrag gegebenen Systemreform zur Systemveränderung, eben zu seiner 'Revolution in der Revolution', für die er sich auf Lenins Ideal ... berief."[3] Das Jahr 1988 stellte die entscheidende Weichenstellung für die Auflösung der UdSSR und den Zerfall des Ostblocks.

Die Wende zu Glasnost blieb nicht ohne Auswirkungen auf die sowjetische Geschichtsbetrachtung und die Nationalitätenfrage. Hatte Gorbatschow noch auf dem 40. Jahrestag des sowjetischen Sieges im Zweiten Weltkrieg Stalins Leistungen gerühmt und im Juni 1986 auf einer Pressekonferenz einer Auseinandersetzung mit der sowjetischen Geschichte eine Absage erteilt, so hatte die Kritik des Stalinismus bereits 1986 ihren Anlauf genommen[4]. Bislang verbotene Filme[5], Romane[6] wurden zur Veröffentlichung freigegeben, reformorientierte Kräfte wurden in Zeitungsredaktionen aufgenommen[7] und die Leitung des Staatlichen Moskauer Instituts für Historische Archive wurde Jurij Afanasjew, einem "leidenschaftlichen Befürworter der Auseinanderstezung mit der Vergangenheit" übertragen[8].

Im Februar 1987 hatte auch Gorbatschow seine Haltung geändert, als er erklärte, daß es weder in der Geschichte noch in der Literatur Lücken geben sollte. Die Notwendigkeit einer umfassenden Geschichtsdiskussion wurde von Gorbatschow

1 Süß, W., 1988, S. 28

2 Rühl, L., 1990, S. 173

3 Rühl, L., 1990, S. 173

4 Davies, Robert W., Perestroika und Geschichte. Die Wende in der sowjetischen Historiographie, München 1991, S. 159f.

5 zum Beispiel "Die Reue", der den Stalinschen Despotismus geißelte, wurde in Betrieben , Instituten, Hotels und im Moskauer Zirkus gezeigt, vgl. Davies, R., 1991, S. 19

6 zum Beispiel Rybakows "Kinder vom Arbat"

7 zum Beispiel E. Jakowlew in der "Moscow News"

8 Davies, R., 1991, S. 160

auf einer Pressekonferenz im Juli 1987 wiederholt[1]. Er sprach von der Notwendigkeit einer "echten Revolution in den Köpfen" und von einer pluralistischen Medienlandschaft. Zeitungen und Zeitschriften sollten ihre Auflagen erhöhen dürfen[2]. In diese Zeit vielen auch die ersten gerichtlichen Rehabilitationen von Opfern des Stalinismus. So erklärte das Oberste Gericht die Urteile gegen 15 prominente Ökonomen, von denen die meisten hingerichtet oder verbannt worden waren, unter ihnen der für seine lange Konjunkturzyklen bekannte N.D. Kondratjew, für null und nichtig[3]. Offene Kritik am Stalinismus übte Gorbatschow anläßlich des 70. Jahrestages der bolschewistischen Revolution am 2.11.1987, als er Personenkult, Ungesetztlichkeit, Willkür und Verfolgungen der dreißiger Jahre beim Namen nannte und den niedrigen Demokratisierungsgrad der UdSSR bemängelte[4]. In den großen Tageszeitungen wurden lange Artikel über Stalin, Bucharin, Trotzki und die 30er Jahre veröffentlicht. Die "Prawda" brachte in der Freitagsausgabe eine ganzseitige historische Dokumentation und das "Fernsehen strahlte zur besten Sendezeit und mit riesigen Einschaltquoten mehrere lange Filme über den Stalinismus und die sowjetische Geschichte aus."[5]

Etwa zur selben Zeit schien sich die DDR-Führung nach dem Honecker-Besuch 1987 in Bonn am Ziel ihrer Machtentfaltung zu wähnen. An eine Geschichtsdiskussion, die das "Erbe" des Stalinismus selbstkritisch aufgearbeitet hätte, war in der DDR offensichtlich überhaupt nicht zu denken. Honecker distanzerte sich nachdrücklich von dem angeblichen Versuch, die antifaschistische Vorgeschichte der DDR zu zu verunglimpfen. "Wenn man der Auffassung ist, daß die Geschichte der kommunistischen Weltbewegung, insbesondere in den sozialistischen Ländern, eine Geschichte von Verbrechen ist,..., so ist man nicht nur auf dem falschen Wege, sondern arbeitet sogar genau jenen in die Hände, die das Gesicht des Sozialismus entstellen, den Sozialismus beseitigen, die einen Schatten auf den Sozialismus werfen wollen,"[6] äußerte Honecker seinen Unmut gegenüber dem Abteilungsleiter im sowjetischen Außenministerium, Bondarenko, anläßlich dessen Berichterstattung über den Mos-

1 Davies, R. 1991, S. 163f.

2 Hiervorn profitierten die radikalen Zeitschriften beträchtlich. Die "Nowy Mir" konnte ihre Auflage von 495.000 auf 1,5 Mio steigern, vgl. Davies, R., 1991, S. 21

3 Davies, R., 1991, S. 165

4 Davies, R., 1991, S. 168

5 Davies, R., 1991, S. 21/22

6 zitiert nach: Stephan, Gerd-Rüdiger, Die letzten Tage des Zentralkomitees der SED 1988/89. Abläufe und Hintergründe, in: DA 3/93, S. 296-325, S. 302

kau-Besuch Kohls im Oktober 1988. Es mutete geradezu paradox an, daß sich die SED bemüßigt sah "die sowjetische Geschichte gegen die Sowjets zu verteidigen"[1], doch lag das eigennützige Motiv auf der Hand. Das feste Bündnis mit der Sowjetunion und dessen Verherrlichung gehörten zu den Existenzgrundlagen der DDR.

Wenn auch die SED-Führung zu Recht behaupten konnte, daß es in der DDR keine Periode gab, die zu vergleichbaren Opfern geführt hätte, wie der Stalinismus in der UdSSR, so blieb diese Überlegung vordergründig. Schließlich gab es in der Geschichte des deutschen Kommunismus genügend "weiße Flecken"[2], die einer offenen Betrachtung bedurft hätten. Die SED zog sich auf ein bewußt verkürztes, nämlich ausschließlich auf die Person des Diktators selbst bezogenes Verständnis des Stalinismus zurück. Stalinismus-Kritik bedeutete hingegen immer auch eine Auseinandersetzung mit dem kommunistischen Herrschaftssystem[3], wie auch die sowjetische Debatte von 1988 erweisen sollte. Ganz heraushalten konnte sich die SED-Führung aus der sowjetischen Debatte schließich doch nicht. Als in der Oktoberausgabe des sowjetischen Journals "Sputnik" 1988 mit dem Schwerpunktthema "Stalin und der Krieg" die "Sozialfaschismustheorie", die auch die deutschen Kommunisten mitgetragen haten, als Ursache für die Spaltung der Arbeiterbewegung und Wegbereiter für die Machtergreifung Hitlers benannt wurde, sah sich die SED genötigt, den "Sputnik" in der DDR schlicht zu verbieten. Im übrigen war auch die Politik der Komintern nach Abschluß des Stalin-Hitler-Paktes kritisiert worden, weil die antifaschistische Propaganda eingestellt worden war.[4]

Während für die sowjetische Führung mit der Kritik am Stalinismus zunächst die Frage einer Systemreform verbunden war, ging es für die DDR-Führung um die Existenzfrage des Systems. Denn einerseits beruhte das staatliche Selbstverständnis auf der exklusiven Identifikation mit einem staatstragenden Antifaschismus, andererseits war mit jeder Reformperspektive auch gleich die Frage nach der Systemalternative in Form der Bundesrepublik Deutschland gestellt.

1 Süß, Walter, Perestroika oder Ausreise. Abwehrpolitik der SED und gesellschaftliche Frustation, in: DA 3/89, S. 286-301, S. 293.

2 Weber, Hermann, "Weiße Flecken" in der DDR-Geschichtsschreibung, in: apuz B 11/90, S. 3-15

3 Weber unterscheidet einen Stalinismus-Begriff im engeren Sinn, der an die Person des Diktators gebunden ist und einen Begriff von Stalinismus im weiteren Sinn, der als Systemkennzeichnung für eine totalitäre Einparteienherrschaft mit Absolutheitsanspruch dient, vgl. Weber, Hermann, Aufstieg und Niedergang des deutschen Kommunismus, in: apuz B 40/91, S.25-39, S. 38f.

4 Süß, W., 1989, S. 293.

Freilich war die Reformperspektive war in der UdSSR keineswegs unumstritten, dies gab der Stalinismus-Debatte dort ihre besondere Dimension und Qualität. Im Laufe des Jahres 1988 kam es in der UdSSR zu einer öffentlichen Machtprobe um die Politik der Glasnost und Perestroika zwischen Jegor Ligatschow, Wortführer der orthodoxen Kräfte, und Alexander Jakowlew, dem Sprecher Gorbatschows[1]. Diese Kontroverse zeigte an, daß die Lagerbildung zwischen Reformgegnern und -anhängern voranschritt und möglicherweise sich zu einer Führungskrise ausweiten konnte. In einem dieser Auseinandersetzung nachfolgenden Disput zwischen Juri Afanassjew und der Prawda-Redaktion am 26.7.88 wurde deutlich, daß die Staljninsmus-Kritik eine Kritik am bestehenden System war, ja sogar in Zweifel zog, daß es sich überhaupt um ein sozialistisches System handele. Sozialismus war für Afanassjew untrennbar mit Demokratie verbunden, Stalinismus dagegen konterrevolutionär.[2] Im Disput, den Loeser für "eine der wichtigsten philosophischen Auseinandersetzungen seit der Oktoberrevolution" hält, geißelte Afanassjew den Stalinismus, nämlich die "Unmoral seiner Moral, Verlust des Glaubens an die eigene Sache,... Impotenz und Konzeptionslosigkeit seiner Ideologie."[3] In seinem im gleichen Jahr erschienen Aufsatz "Perestroika und historisches Wissen" gab Afanassjew auch die Gründe für seine Abrechnung mit dem Stalinismus an. Es ging ihm um die Lern- und Erneuerungsfähigkeit des Sowjetsystems, die es notwendig mache, sich von dem "dogmatisierten historischen Materialismus zu befreien, der den Weg nach dem Oktober als gradlinigen Prozeß darstellt, der von a priori festegelegten, vorherbestimmten 'Gesetzen' gelenkt wird. Mögliche Varianten in der Geschichte zu erkennen, hat auch für die Selbstbestimmung des Menschen in der Gegenwart eine große Bedeutung."[4] Schonungslos stellte er tabuisierte Dogmen, wie das des gesellschaftlichen oder staatlichen Eigentums in Frage und geißelte den Stalinismus als "Kasernenkommunismus", der der "totalen Unterdrückung der Persönlichkeit" diene[5], um eine "Art kollektiver moralischer Läuterung zu vollziehen."[6]

1 Rühl, L., 1990, S. 198

2 vgl. Loeser, Franz, Der Prawda-Streit und seine Bedeutung für die DDR, in: DA 7/88, S. 919-922, S.919

3 zit. n. Loeser, F., 1988, S. 921

4 Afanassjew, Juri, Perestroika und historisches Wissen, in: Afanassjew, Juri/Batkin, Leonid/ Sacharow, Andrej/Adamowitsch, Ales, Der Kampf für Perestroika: Glasnost/Demokratie/Sozialismus, Nördlingen 1988, S. 7-33, S. 9

5 Afanassjew, J., 1988, S. 12

6 Afanassjew, J., 1988, S. 18

Eine Debatte über Geschichte, "Sozialismus und Demokratie" hätte auch in der DDR eine Mobilisierungsfunktion haben können. Sie war aber von vorne herein mit dem Odium von Opposition und Dissidententum umgeben, da die Begriffskonstellation "Sozialismus und Demokratie" ein Synonym für den scharf verpönten "Sozialdemokratismus" war. Die nationale Frage spielte hier die Hintergrundmusik, weil die innerparteiliche SED-Opposition vor allem in den 50er Jahren ihre Reformansätze mit gesamtdeutschen Aspekten verbunden hatte. Die Oppositionskonzepte zielten auf eine politische Annäherung zwischen SPD und SED ab, um eine wiedervereinigte Arbeiterpartei zur stärksten politischen Kraft in einem geeinten Deutschland werden zu lassen.[1] "Eine allen oppositionellen und regimefeindlichen Kräften gemeinsame politische Überzeugung ist nicht vorhanden - es sei denn, man wollte das Ja zur Einheit der Nation im geteilten Deutschland und die Unabhängigkeit gegenüber der Sowjetunion für eine solche gemeinsame Überzeugung gelten lassen,"[2] schreibt K.W. Fricke über die DDR-Opposition. Die Führungsriege der SED verschloß sich jeglicher Stalinismus-Diskussion. Kurt Hager stellte auf der 6. Tagung des ZK der SED 1989 in bekannter Weise lediglich fest, daß "die SED die Gesetzesverletzungen und den Personenkult der Sowjetunion seit langem bewältigt" habe[3], vom Stalinismus in der DDR war erst gar nicht die Rede.

Ende September 1988 erfolgte die Entmachtung Ligatschows als Zweitem Sekretär der KPdSU und die Übernahme des Präsidentenamtes der Union durch Gorbatschow selbst. Kurze Zeit später übernahm Gorbatschow auch das formal höchste Staatsamt, das des Vorsitzenden des Obersten Sowjets, womit er Andrej Gromyko ablöste.[4] Mit dem Übergang zur Politik der Demokratisierung seit 1988 hatte Gorbatschow eine politische Lawine losgetreten, deren Fahrt sich angesichts der stetig verschlechternden Wirtschaftslage ungahnt beschleunigte.

Zum Machtverlust der KPdSU trug Gorbatschow selbst bei, indem er, um seinen Refomen eine Machtbasis zu sichern, die er in der verkrusteten und korrumpierten KPdSU nicht finden konnte, das Parlament, die Sowjets, aufwertete. Damit forcierte er die Trennung von Staat und Partei und stellte letztlich den Führungsanspruch der KPdSU zur Disposition. Gorbatschow strebte die Aufwertung des Parlamentes auf

1 vgl. in dieser Arbeit S. 110, Abschnitt 5.3.1

2 Fricke, K.W., 1984, S.217

3 zit. n. Loeser, F. 1988, S. 921

4 Gromyko mußte gleichzeitig seinen Sitz im Politbüro räumen, vgl. Rühl, L., 1990, S. 200

dem Wege einer Verfassungsänderung an, die nicht nur die rechtliche Stellung der Sowjets stärken sollte, sondern durch die auch das Amt eines regierenden Staatschefs als Präsident des Obersten Sowjets neu eingeführt und auf ihn zugeschnitten werden sollte. Gegen den Widerstand im Parteiapparat und in den Bürokratien setzte Gorbatschow im November 1988 die Verfassungsänderung durch. Am 28.3.1989, fanden erstmals seit 1917 *freie Wahlen* statt, das heißt es gab eine freie Kandidatenaufstellung und freie Abstimmung bei den Wahlen zum Obersten Sowjet. Das Ergebnis konnte Gorbatschow als massives Volksvotum für sich und seine Politik der Perestrika verbuchen. Der Wahlvorgang "erschütterte" aber auch die Gewißheiten des Sozialismus und das "Fundament des autoritär-bürokratischen Regierungssystems"[1]. Die Mehrheit der Wählerschaft hatte gegen die Funktionärselite der Partei gestimmt, erstmals traten Dissidenten aus dem literarischen Untergrund mit radikalen Forderungen nach Demokratie, Freiheit und Rechtsstaatlichkeit in der Öffentlichkeit auf.

Die Vorbild-Rolle der UdSSR hatte sich ganz entscheidend gewandelt. In den Kreisen der DDR-Opposition hieß es nun, "von der Sowjetunion lernen, heißt wählen lernen."[2] In der Tat erfreute sich Gorbatschow so großer Beliebtheit in der DDR, daß Gorbi-Sticker oder Perestroika-T-Shirts getragen wurden, ohne daß sie hätten verboten werden können, denn die UdSSR war immer noch das staatsoffizielle Vorbild. "Es kam sogar zu einem kleinen, allerdings nur sehr kurzfristigen Wunder. Die Russisch-Kurse, die immer nur als lästige Pflichterfüllung betrachtet wurden, erfreuten sich plötzlich ungewohnter Beliebtheit. Mit Eifer wurden die 'Prawda' und andere sowjetische Zeitungen übersetzt, um nicht ausschließlichauf die deutschsprachigen Publikationen aus der Sowjetunion angewiesen zu sein."[3] Vom Ministerium für Staatssicherheit wurde seit der Luxemburg-Liebknecht-Demonstration im Januar 1988 allerdings das öffentliche Zeigen des Bildes des KPdSU-Generalsekretärs als "feindlich-negative" Tätigkeit betrachtet und aktenkundig gemacht.[4]

1 Rühl, L., 1990, S. 194

2 Fricke, K. W., 1992, S. 64.

3 Wolle, Stefan, Der Weg in den Zusammenbruch: Die DDR von Januar bis Oktober 1989, in: Jesse, E./Mitter, A., 1992, S. 73-110, S. 80

4 Wolle, S., 1992, S. 81.

Eine relativ lange Zeit schien Gorbatschow sich selbst nicht recht entscheiden zu können, ob er nach seiner erfolgreichen Wahl nun wiederum die "führende Rollle der Partei" verteidigen oder ob er sich zur pluralistischen Demokratie bekennen sollte. 1990 machte er schließlich den Vorschlag, den Verfassungsartikel über die führende Rolle der der KPdSU zu streichen[1]. Auf dem XXVIII. Parteitag der KPdSU im Juli 1990 kam es durch den spektakulären Auszug Boris Jelzins, der eine separate KP Rußlands gründete, auch zum faktischen Machtverlust der KPdSU. Mit dieser Parteispaltung der KPdSU war deren Machtmonpol und damit auch die bisherige Herrschaftsgrundlage des sowjetischen System endgültig infragegestelt.

Mit der Politik der Demokratisierung und dem Machtverlust der KPdSU trat die nationale Frage im Inneren des Sowjetreiches, aber auch in seinen Außenbeziehungen in den Vordergrund. Die ideologisch umhegten Illusionen der sowjetischen Nationalitätenpolitik stürzten ein. Bereits im Anschluß an die 19. Parteikonferenz der KPdSU vom Juni 1988 war die "Verbindungsabteilung" des ZK der KPdSU, ein Nachfolgedepartement der Kominform aufgelöst worden. Dies konnte als sichtbarer Ausdruck des Abgehens von der Breshnew-Doktrin und als Rückübertragung der Außenbeziehungen in die die Domäne der staatlichen Außenpolitik, also als Schritt zur Trennung von Partei und Staat, gewertet werden[2]. Die KPdSU war bis dahin ein "Instrument des großrussischen Zentralismus" und diente der sozialen und nationalitätenpolitischen Kontrolle des multinationalen Sowjetstaates, was nicht zuletzt in den Ergebenheitsadressen der nationalen KPdSU-Organisationen an den "älteren Bruder - das große russische Volk"[3] zum Ausdruck kam.

Mit dem Verfall des Machtmonopols der KPdSU war auch das supranationale Integrationsziel, die Assimilierung eines Sowjetvolkes fraglich geworden. Durch die von Gorbatschow angestrebte Dezentralisierung und Demokratisierung konnten nationale Interessengegensätze als ethnische Konflikte wieder zum Ausbruch kommen. Hier rächte sich die marxistisch-leninistische Sichtweise der nationalen Frage. Indem ethnische Faktoren für das Nationsverständnis als zweitrangig gegenüber den sozialen Faktoren erachtet wurden, gelangte die sowjetische Führung zu einer krassen Fehleinschätzung des nationalen Konfliktpotentials[4]. Die Nation wurde in der

1 Rühl, L., 1990, S. 203

2 Oldenburg, F., 1990, S. 13

3 so der Erste Sekretär der usbekischen KPdSU-Organisation Raschilow auf dem XXV Parteitag 1976 in Moskau, vgl. Rühl, L., 1990, S. 240

4 Rühl, L., 1990, S. 249

Gesellschaftsformation des Sozialismus als ideologisch klassenhomogen apostrophiert, so daß Konfliktpotentiale nicht mehr existieren könnten. Aus dieser Sichtweise konnte auch das kulturelle Eigenbewußtsein der sowjetischen Nationen seit Breshnew gefördert werden, was de facto zu einer Festigung des jeweiligen Nationalbewußtseins und zu verstärkter nationaler Differenzierung anstatt zur Verschmelzung führte[1].

Auch in der Nationalitätenfrage wurde die im Rahmen von Glasnost seit 1987 geführte Auseinandersetzung mit dem Stalinismus zum systemsprengenden Katalysator. Die Selbstverständlichkeit der Nationalitätengliederung, selbst die Anbindung an die Sowjetunion wurde grundlegend infrage gestellt. Die Brutalität der Stalinschen Nationalitätenpolitik geriet ins Blickfeld und zeitigte in Verbindung mit dem von Gorbatschow seit 1989 offiziell anerkannten Selbstbestim-mungsrecht der Völker praktische Konsequenzen. Bereits im "Juli 1988 trug der Präsident der Armenischen Republik dem Obersten Sowjet Beweise dafür vor, daß es Stalin war, der 1921 die Entschließung des kaukasischen Büros der kommunistischen Partei, Nagorno Karabach solle bei Armenien bleiben, umgestoßen hatte."[2].

Am weitreichendsten waren die Konsequenzen der Öffnung der Geschichtsbetrachtung zunächst im Baltikum. Hier war das "kritische Datum"[3] der 50. Jahrestag des Stalin-Hitler-Paktes. Die 1989 von Moskau freigegebene Untersuchung der Vorgänge, die zur Annexion der drei baltischen Staaten geführt hatten, besaßen ihre politische Brisanz in der Forderung der drei baltischen Volksfronten, daß das Abkommen zwischen Hitler und Stalin als von Anfang an null und nichtig erklärt werde und daß der status quo ante 1939, also vor dem erzwungenen Beitritt wiederherzustellen sei[4]. Mit der Bestätigung des geheimen Zusatzprotokolls zum Stalin-Hitler-Pakt konnten die drei baltischen Staaten als historisch und moralisch in ihren Forderungen gerechtfertigt auftreten. "Sowjetpatriotismus und antifaschistischer Kampf büßten ihre Geltung als Referenzwerte um Baltikum endgültig ein."[5]

Am 23.8. 1989 bildeten 2 Millionen Litauer, Letten und Esten eine 600 km lange Menschenkette, um an ihre Vergewaltigung durch die Sowjetmacht zu erinnern. Der "Baltische Rat" der drei "vereinigten nationalen Volksfronten" erklärte, daß die UdSSR mit der Annexion der baltischen Staaten gegen das Selbstbestimmungsrecht

1 Rühl, L., 1990, S. 256
2 Davies, R., 1991, S. 22
3 Rühl, L., 1990, S. 246
4 Rühl, L., 1990, S. 251
5 Rühl, L., 1990, S. 251

der Völker verstoßen hätte und der Stalin-Hitler-Pakt ex tunc ungültig sei. Damit sei auch die Voraussetzung für die Eingliederung des Baltikums entfallen. Die Mehrheit der litauischen Kommunisten unter Führung ihres Ersten Sekretärs Algiras Brasaukas sagte sich am 20.12.1989 von der KPdSU los, nachdem bereits der Oberste Sowjet Litauens die Einführung eines Mehrparteiensystems beschlossen hatte[1].

Die Vision des "gemeinsamen Europäischen Hauses" mit frei gestalteten Wohnungen, einem "gemeinsamen europäischen Rechtsraum" sowie das Anknüpfen Gorbatschows an den Helsinki-Prozeß, der die Anerkennung menschenrechtlicher Standards implizierte und die Politik der Demokratisierung hatten Kräfte in den kommunistischen Staaten Osteuropas politischen Auftrieb gegeben, die bislang als Dissidenten verfolgt worden waren.

Dabei hatte es den Anschein, als wäre die Entwicklung in Polen für Gorbatschow als Testfall für den sozialistischen Ungestaltungsversuch verfolgt worden, denn hier gärte die Krise am längsten und hier setzte die Entwicklung am ehesten ein. Timothy Garton Ash vertritt die "christliche" Auffassung, daß mit der ersten Pilgerreise eines Papstes nach Polen im Jahr 1979, das Ende des sowjetischen Imperiums seinen Anfang genommen habe. Die polnische Herausforderung datierte spätestens aus dem Jahr 1980, als die Gewerkschaftsbewegung "Solidarität" den Sturz des Ministerpräsidenten Edward Gierek bewirkte und nur durch die Verhängung des Kriegszustandes durch dessen Nachfolger, General Jaruzelski, gebremst werden konnte[2].

Im Frühjahr 1988 war es zu erneuten Streiks gekommen, und im Februar 1989 setzte sich ein "Runder Tisch" bestehend aus dem polnischen Innenminister Ceslaw Kisak, dem Führer der "Solidarität", Lech Walesa, sowie Vertretern des offiziellen polnischen Gewerkschaftsbundes zusammen. Das Abkommen des "Runden Tisches" vom 5.4.1989 sah neben verschiedenen gesetzlichen Neuregelungen[3] eine Wahlvereinbarung vor, die von den 400 Sitzen des polnischen Parlamentes (Sejm) 299 auf die alten Kräfte[4] und 161 auf die "Solidarität" verteilte, die damit eine Sperrminorität bei Verfassungsänderungen erhielt. Das eigentliche "Herzstück"[5] des Kompromisses vom April aber war die Wiederbegründung des 1947 von den Kommunisten aufgelösten Senats als zweiter Kammer, dessen 100 Abgeordnete

1 Rühl, L., 1990, S. 254

2 Görtemaker, M., 1990, S. 123

3 Gewerkschaftsgesetz und Wiederzulassung der "Solidarität", Vereinsgesetz mit der Zulassung von freien Wahlvereinen anstelle von Parteien, Aufhebung der Pressezensur, Lohnindexierung

4 173 PVAP, 23 prokommunistische Katholiken, 27 Demokratische Partei, 76 Bauernpartei, vgl. Rühl, L., 1990, S. 277

5 Rühl, L., 1990, S. 278

völlig frei gewählt werden sollten.[1] Zugleich wurde das Amt des Staatsoberhauptes als das eines "regierenden Präsidenten" gestärkt, so daß Jaruzelski das Ergebnis der Verhandlungen als Modell der "sozialistischen parlamentarischen Demokratie mit politischen und gewerkschaftlichem Pluralismus" hervorheben konnte. Eine ähnliche Vorstellung mag Gorbatschow auch von der politischen Umgestaltung des sowjetischen Systems geleitet haben, nämlich die Verbindung von Demokratie und Sozialismus[2].

Das Ergebnis der polnischen Wahlen vom 4.6.1989 wurde zu einem Debakel für die kommunistischen Kräfte. Von den 261 Kandidaten der "Solidarität" (161 für den Sejm, 100 für den Senat) wurden 252 mit der notwendigen absoluten Mehrheit gewählt. Von den 299 Kandidaten der kommunistischen Blockparteien wurden 5 mit absoluter Mehrheit gewählt, die restlichen 294 mußten in eine Stichwahl. "Das Volk hatte Solidarnosc ein quasi plebiszitäres Regierungsmandat erteilt."[3] Mit Tadeuz Mazowiecki wurde am 24.8.1989 ein Berater der "Solidarität" zum Ministerpräsidenten ernannt.[4]

Die Bedeutung der polnischen Wahl ging insofern über die Wahl vom März 1989 in der UdSSR hinaus, als daß hier erstmals eine nicht-kommunistische Oppositions*bewegung* zugelassen worden war. In diesem Kontext gewann die Kommunalwahl in der DDR vom Mai 1989 eine ganz andere Dimension als innenpolitische Hoffnung und Herausforderung, denn sie legte die Rigidität und die Realitätsblindheit einer DDR-Führung bloß, die keinen Millimeter vom bislang praktizierten System der Einheitslistenwahl abzugehen bereit war und das Wahlergebnis zudem durch Manipulation fälschte.[5]

Auch in Ungarn hatte 1982 eine Reformdiskussion eingesetzt, die zu einer Liberalisierung des Wahlgesetzes und zur Einführung marktwirtschaftlicher Elemente in die ungarische Ökonomie geführt hatte. Im Mai 1988 übernahm der reformorientierte Karoly Grosz die Führung der Ungarischen Sozialistsichen Arbeiterpartei und löste damit den langjährigen Partei- und Staatschef János Kadar ab, der im Mai 1989 schließlich aller Ämter enthoben wurde. Der Führer des ungarischen Volksauftstandes von 1956, Imre Nagy, der 1958 in einem Geheimprozeß zum Tode verurteilt und hingerichtet worden war, wurde rehabilitiert und feierlich bestattet[5]. Wie in Polen löste

1 Der Senat sollte mit einer Mehrheit von zwei Dritteln Beschlüsse des Sejm zurückweisen können.

2 Rühl, L., 1990, S. 278

3 Rühl, L., 1990, S. 252

4 Görtemaker, M., 1990, S. 130

5 vgl. S. 287 in dieser Arbeit

6 Görtemaker, M., 1990, S. 125

sich auch in Ungarn die Arbeiterpartei selbst auf, um sich mit verändertem Programm neu zu gründen. Am 23.10.1989, dem Jahrestag der sowjetischen Invasion von 1956 wurde Ungarn zur "Republik" erklärt; es begann der Weg zur pluralistischen Demokratie und zur Markwirtschaft unter Ministerpräsident Jószef Antall[1].

Die Umwälzungsprozesse hatten in Osteuropa im Verlaufe des Jahres 1989 eine ungeahnte Dynamik gewonnen. Waren die Reformen in Polen noch ein schmerzhafter, sich über 10 Jahre hinziehender Prozeß gewesen, so hatte sich diese Phase in Ungarn bereits auf wenige Monate verkürzt. In der Tschechoslowakei verbreitete sich im November 1989 das geflügelte Wort: "In Polen dauerte es 10 Jahre, in Ungarn 10 Monate, in der DDR 10 Wochen, vielleicht wird es bei uns nur 10 Tage dauern."[2] In der Tat vollzog sich die "samtene Revolution" in Prag innerhalb kürzester Zeit. Sie begann am 17.11.1989 in Prag mit gewaltsamen Übergriffen der Polizei auf eine Studentendemonstration, die des Todes von Jan Opletal, eines von den Nazis ermordeten tschechischen Studenten gedenken wollten und führte nach weiteren Demonstrationen zum Rücktritt des ZK und des Präsidiums der KP der CSSR. Zwei Tage später bildete sich ein "Runder Tisch, am 28.11.1989 wurde Regierungschef Milós Jakés zum Rücktritt gezwungen und einen Tag später wurden die vom "Runden Tisch" vereinbarten Verfassungsänderungen vom Parlament verabschiedet. Der vom neuen Ministerpräsidenten Marian Calfa gebildeten Regierung gehörten mehrheitlich Vertreter des "Bürgerforums", der führenden Oppositionsbewegung, an. Vaclav Havel wurde am 29.12.1989 zum Staatspräsidenten gewählt.[3]

In Bulgarien wurde Partei- und Staatschef Todor Shiwkow am 10.11.1989 zum Rücktritt gezwungen und durch Petar Mladenow ersetzt. Auch hier gründete sich ein "Runder Tisch", der freie Wahlen für das Land vereinbarte.

In Rumänien griffen im Dezember 1989 Protestkundgebungen von der Stadt Temesvar ausgehend auf das ganze Land über. Zunächst wurden sie niedergeschlagen. Als sich nach dem gewaltsamen Tod von Verteidigungsminister Vasil Milea am 22.12.1989 die rumänische Armee dem Aufstand gegen den rumänischen Partei- und Staatschef Nicolae Ceaucescu anschloß, brach das Regime zusammen. Ceaucescu wurde am 25.12.1989 von einem militärischen Standgericht zum Tode verurteilt und hingerichtet. Sein Nachfolger, Ion Illiescu, erklärte Rumänien ebenfalls zur Republik und leitete freie Wahlen ein[4].

1 Görtemaker, M., 1990, S. 130
2 Ash, T. G., S. 401
3 Görtemaker, M., 1990, S. 131
4 Görtemaker, M., 1990, S. 132

9.3 Die DDR, die UdSSR und die nationale Frage

Von Anbeginn an stellte der Prozeß der Umgestaltung, wie er sich bald nach Gorbatschows Amtsantritt abzeichnete, eine existentielle Herausforderung für die DDR dar. Auch wenn die entspannungsfreundliche Haltung des sowjetischen Parteichefs für kurze Zeit eine Übereinstimmung in der Friedens- und Sicherheitspolitik zu suggerieren schien, waren doch die grundsätzlichen Dimensionen, in denen sich das außenpolitische Denken Gorbatschows bewegte - Selbstbestimmungsrecht der Völker, Abschaffung der Blöcke - für die Führung der DDR inakzeptabel. Weniger die ökonomischen Reformen, als die Vision eines "gemeinsamen Europäischen Hauses" und deren Implikationen erschütterten die Grundlagen des ostdeutschen Staates, weil er seine Legitimation nicht aus der freien Selbstbestimmmung seiner Bürger, sondern aus der okroyierten Herrschaftslehre des Marxismus-Leninismus bezogen hatte. Die Nagelprobe, ob die DDR als eigenständiger deutscher Nationalstaat auch in einem Europa ohne Blöcke und ohne durch Mauer und Stacheldraht abgeriegelte Grenze zur Bundesrepublik Deutschland Bestand haben würde, hätte verlangt, Innen- und Außenpolitik in Einklang zu bringen[1] und das Geschichtsbild einem Test auf seine Tragfähigkeit zu unterwerfen. Die ideologische Offenheit und Flexibilität (gesamtdeutsche Komponente im Geschichtsbild) schien zu einem wachsenden Risiko zu werden, weil die realen Abgrenzungsfaktoren (Bindung an die UdSSR) brüchig wurden. Für die Ausgestaltung des Geschichtsbildes mußte dies bedeuten, daß neben die Abgrenzung im Nationalen ("sozialistische Nation") nun auch die Abgrenzung im Geschichtsbild wesentlich verstärkt werden mußte, um nationalstaatliche Identität zu behaupten. In der politischen Praxis führte dies zu einer Abschottung von der gesamten Reformentwicklung und brachte auf diese Weise die Staatsführung der DDR in eine innen- und außenpolitische Isolierung.

Dies wurde im Verhalten der DDR auf dem dritten Folgetreffen der KSZE vom 4.11.1986 -19.1.1989 in Wien deutlich[2]. Die DDR-Delegation war auf Fortschritte in Abrüstungsfragen und Ausklammerung jeglicher, vermeintlich innenpolitischen Einmischungen wie Menschenrechtsfragen, festgelegt worden[3]. Die UdSSR war hingegen lebhaft am Zustandekommen einer geplanten Moskauer Konferenz zu

1 vgl. Abschnitt 8.4 in dieser Arbeit.

2 Crome, Erhard / Franzke , Jochen, Die SED-Führung und die Wiener KSZE-Konferenz 1986 bis 1989. Dokumente aus dem Parteiarchiv, in: DA 8/93, S. 905-914

3 Crome, E., 1993, S. 906

Menschenrechtsfragen interessiert, um das Reagansche Stigma vom "Reich des Bösen" abzuschütteln. Auch eine ausdrückliche Demarche des DDR-Außenministers Fischer beim sowjetischen Außenminister Schewardnadse im Januar 1988 konnte nicht verhindern, daß die sowjetische Führung ihre Interessen nunmehr ohne Rücksicht auf Ost-Berlin durchzusetzen begann. Die DDR geriet zusehends in die Isolierung, als im September 1988 deutlich wurde, daß sie als einziger Ostblock-Staat die Zustimmung zum Entwurf des Schlußdokumentes verweigerte[1]. Erst durch Druck aus Moskau war die DDR-Führung Ende 1988 nachgiebig geworden. "Die DDR-Führung befürchtete zu Recht, daß ein Scheitern der Wiener KSZE-Konferenz an ihrer starren Haltung die internationale Reputation der DDR und Erich Honeckers persönlich erheblich geschädigt hätte."[2]

Das Schlußdokument von Wien wurde vom Staatsverlag der DDR in einer Auflage von 3.000 Exemplaren veröffentlicht, das Schlußdokument der Helsinki-Konferenz von 1975 war noch mit 1,5 Mio. Exemplaren gewürdigt worden. Es war nicht mehr zu übersehen, daß die DDR auf der Wiener KSZE-Konferenz in eine "außenpolitische Sackgasse"[3] geraten war. "Das verabschiedete Schlußdokument bedeutete für das Politbüro eine der schmerzlichsten außenpolitischen Niederlagen der achtziger Jahre. Von den eigenen Verbündeten isoliert, wurde die in Wien betriebene Politik der SED-Führung zu einem greifbaren Hindernis für die europäische Zusammenarbeit."[4]

Wenn die sowjetische Führung bereit war, ihre Vorstellungen von einem "europäischen Haus" nötigenfalls auch ohne oder gegen die DDR durchzusetzen, mußte die DDR bei der starren Haltung der SED-Führung ihre friedenspolitische Vorreiterrolle im Dreieck Bundesrepublik Deutschland, DDR und UdSSR verlieren. So erklärte Gorbatschow im Oktober 1986 im Gespräch mit Honecker, daß die Zusammenarbeit zwischen der DDR, der Bundesrepublik und der UdSSR vorangetrieben werden müsse, was nur auf eine Intensivierung der westdeutsch-sowjetischen Beziehungen hinauslaufen konnte. Als sich Honecker in diesem Zusammenhang über sowjetische Äußerungen im Westberliner Fernsehen ereiferte, in denen für die Einheit der Deutschen plädiert worden war, reagierte Gorbatschow nur ausweichend. "Die Feststellung, daß es im Herbst 1986 zu einem folgendschweren Zerwürfnis zwischen Honecker und Gorbatschow kam, ist keinesfalls überzogen."[5] Die Vertiefung des

1 Crome, E., 1993, S. 909ff.
2 Crome, E., 1993, S. 912
3 Crome, E., 1993, S. 913
4 Crome, E., 1993, S. 914
5 Küchenmeister, D., 1993, S. 39

Grabens zwischen der DDR und der UdSSR wurde deutlich, als Kurt Hager ein halbes Jahr später die Perestroika mit dem Tapezieren einer Wohnung verglich und rhetorisch fragte, ob dies automatisch nötig sei, nur weil der Nachbar es täte[1]. Hatte schließlich Honecker während eines Moskau-Besuches im September 1988 bei Gorbatschow gegen die Öffnung der sowjetischen Medien zu intervenieren versucht, so dürfte ihn Gorbatschows Antwort "erschüttert " haben. Man werde mit diesen Presseorganen weiterarbeiten, die angesprochenen Veröffentlichungen würden doch in der DDR sicherlich keinen Umsturz auslösen[2].

Die Einbeziehung der beiden deutschen Staaten die sowjetische Vorstellung vom "gemeinsamen Europäischen Haus" war der eigentliche Schlüssel zur Verweigerungshaltung der DDR. "Die Ursache für die Ablehnung des Perestroika-Kurses durch die SED-Spitze unter Honecker liegen weitaus stärker im Konzept des Europäischen Hauses und der daraus resultierenden Neubestimmung des sowjetischen deutschlandpolitischen Kurses als bisher angenommen."[3]

Wennn auch der außenpolitische Gewaltverzicht und die Neubewertung der friedlichen Koexistenz durchaus mit den Vorstellungen der SED-Führung zur "Schadensbegrenzung" und "Koalition der Vernunft" vereinbar waren, so mußte der Verzicht auf die Breshnew-Doktrin und die Anerkennung des Selbstbestimmungsrechtes der Völker an den Grundpfeilern der DDR-Existenz rütteln. Mit dem Abschied von der Breshnew-Doktrin, stand die "kommunistische Herrschaft prinzipiell zur Disposition."[4] Die Ausgestaltung des sozialistischen deutschen Nationalstaates war nicht auf der Prämisse freier Zustimmung, sondern aus dem spezifischen Geschichtsverständnis deduziert worden. Eigenständige deutsche Wege zum Sozialismus waren von den deutschen Kommunisten in der unmitttelbaren Nachkriegszeit allenfalls aus taktischen Gründen, wie die Ackermann-These[5], verwendet worden. Später wurden sie dann zu einem Leitmotiv für die SED-interne Oppositon.[6] Anders als in den sozialistischen Bruderstaaten, in denen oppositionelle Traditionen fortexisierten, hatten eigenständige deutsche Wege immer auch einen gesamtdeutschen Bezug.

1 Küchenmeister, D., 1993, S. 39
2 Stephan, G.-R., 1993, S. 302
3 Küchenmeister, D., 1993, S. 40
4 Zimmer, M., 1992, S.206
5 vgl. in dieser Arbeit S. 63
6 vgl. in dieser Arbeit S. 96 und 111

Damit erhält die die Gleichung "außenpolitscher Konsens" versus "innenpolitischer Dissens" zwischen der DDR und der UdSSR eine differenziertere Bedeutung, wenn es darum geht, die Gründe den "reformablehnenden Immobilismus"[1] der SED-Führung zu beleuchten. Die DDR-Führung sah sich unter Gorbatschow einer "doppelten Frontstellung"[2] zwischen UdSSR und Bundesrepublik Deutschland ausgesetzt. Ihre Politik war zum einem Hemmschuh für das europäische Haus geworden, dessen "Schlüssel"[3] die deutsche Frage geworden war. Dies stellte der sowjetische Historiker Wjatscheslaw Daschitschew in einer Denkschrift vom 18.4.1989 unmißverständlich fest. Ohne eine Überwindung der deutschen Teilung sei eine Vereinigung Europas und ein Ende der Ost-West-Konfrontation sowie eine radikale Lösung der Abrüstungsprobleme nicht vorstellbar.[4]

Dieser reformablehnende Immobilismus hatte seine Auswirkungen auf die Haltung zu Geschichtsbild und Nation. Je mehr sich die sowjetische Existenzgarantie lockerte, um zu einer Neugestaltung der europäischen Friedendsordnung zu gelangen, desto stärker wurde die DDR-Führung gezwungen, auf ihre eigene Nationalstaatlichkeit zu pochen, die nun gerade von der bundesrepublikanischen Seite bestritten wurde. Dies machte eine deutlichere Abgrenzung auch im nationalgeschichtlichen Rahmen des Geschichtsbildes erforderlich, was aber aufgrund des bereits erreichten Standes an Geschichtsöffnung immer schwieriger wurde. Die DDR-Historiographie war bemüht, ein möglichst umfassendes Bild von deutscher Geschichte zu entwickeln, das sich aber trotzdem deutlich von dem der Bundesrepublik unterscheiden sollte. Die politisch gewünschte Abgrenzung des Begriffes "deutsch" von "DDR" war aber im Verständnis von "deutscher Geschichte" geschichtsideologisch keineswegs einfach zu leisten. Denn im neuesten Verständnis von "Nationalgeschichte der DDR" hatten die führenden DDR-Historiker durchaus auf den ethnischen Begriff des deutschen Volkes zurückgegriffen, um eine territoriale und zeitliche Orientierung der DDR-Nationalgeschichte gaben. Im Unterschied zur geschiedenen Nation gab es ein einheitliches, historisches deutsches Volk, auch aus DDR-Sicht. Somit war zumindest vor der Entstehung des deutschen Nationalstaats kaum eine eigene

1 Zimmer, M., 1992, S. 203
2 Zimmer, M., 1992, S. 201
3 Zimmer, M., 1992, S. 207
4 Zimmer, M., 1992, S. 207

nationale Wurzel der DDR sichtbar zu machen, da bis dahin ethnische Faktoren dominierten. Legte man aber die Anfänge der *nationalen* Entwicklung der DDR in die Entstehung des deutschen Nationalstaats, dann band sich die DDR paradoxerweise an die historische Wurzel, aus der der westdeutsche Wiedervereinigungsgedanke erwuchs. Die DDR hätte also in einem "gemeinsamen europäischen Haus" nur als Nationalstaat bestehen können, der seine Ursprünge im Bismarck-Reich erblickte.

9.4 Das Ende der SED-Herrschaft

Zwar hatte der Honecker-Besuch vom September 1987 in Bonn zu einer "außenpolitischen Normalisierung" für die DDR geführt, von einer "innenpolitischen Normalisierung" blieb sie jedoch weit entfernt. Schon auf dem Wiener KSZE-Treffen war ein zentraler Schnittpunkt von Innen- und Außenpolitik in der Menschenrechtsfrage deutlich geworden. Seit die sowjetische Führung in diesem Bereich neue Beweglichkeit zeigte, konnte es nicht ausbleiben, daß die starre DDR-Haltung in die Isolation führen mußte.

In ihrer Haltung zur Friedens- und Menschenrechtspolitik wurde deutlich, daß die SED-Führung war nicht bereitoder in der Lage war, die Wechselwirkung von Innen- und Außenpolitik anzuerkennen. Sie war vielmehr davon überzeugt, Deutschland- und Sicherheitspolitik betreiben und sich gleichzeitig vor den damit innenpolitisch aufgeworfenen Fragen und Wandlungsprozessen verschließen zu können. Zu eindimensional war aber der Gedanke, daß internationale Anerkennung auch innenpolitische Anerkennung mit sich bringen würde, in Zeiten des epochalen Wandels.

Die DDR-Außenpolitik hatte überdies 1988 ihr Fundament verloren. Die sowjetische Führung unter Gorbatschow hatte nach wie vor an der Leitidee festgehalten, durch ein "gemeinsames Europäisches Haus" die Blockstrukturen zu überwinden und dem Selbstbestimmungsrecht der Völker auch im eigenen Bündnisbereich zur Anerkennung zu verhelfen. Unter diesen Umständen war die DDR seit 1988 nicht mehr europäischer Friedensgarant ersten Ranges, sondern ein Hemmschuh, an dem die Entwicklung inzwischen vorbeigegangen war. Dies wurde insbesondere an der unrealistischen Sicht der SED auf die nationale Frage deutlich. Reklamierte sie doch verzweifelt und indoktrinär ihre eigene Nationalstaatlichkeit, auch und gerade in einem Europa ohne Eisernen Vorhang. Doch wer sollte ihr diese nationale Bestandsgarantie geben?

Die Bestandsängste der DDR-Führung mögen einen Grund in der "Legitimationsambivalenz"[1] kommunistischer Systeme gehabt haben. So hatten die kommunistischen Parteien ihren Herrrschaftsanspruch grundsätzlich mit dem "marxistisch-leninistischen Wahrheitsanspruch"[2], die Bewegungsgesetze der Geschichte wis-

1 Meyer, Thomas, Ein neuer Rahmen für den Ost-West-Dialog. Das gemeinsame Grundsatzpapier von SED und SPD. Kein nationales Memorandum, in: Brinkel, W./Rodejohann, J., 1988, S. 55-65; S. 61
2 Meyer. T., 1988, S. 61

senschaftlich zu erkennen, begründet. Das hatte sie aber offensichtlich nicht davon entbunden, formal auf pseudodemokratische Verfahren der Zustimmung zurückzugreifen, um zu zeigen, daß "sie auch nach Maßstäben der demokratischen Legitimation und Menschrechtsgeltung anerkennungswürdig und auch in dieser Hinsicht westlichen Systemen überlegen sind."[1] Damit überlagerte sich das "demokratische Legitimationsverfahren auf widerspruchsvolle Weise mit dem geschichtsdeterministischen Legitimationsanspruch des 'wissenschaftlichen Sozialismus'."[2] In dem Ausmaß, in dem die ideologische Legitimation brüchig und ein Dialog zwischen Staat und Gesellschaft notwendig wurde, verlor die demokratische Verfahrenskomponente ihren Scheincharakter und entwickelte sich zum realen Prüfstein der Herrschaftsakzeptanz. Vor diesem Schritt, wie er sich in der UdSSR im März 1989 und vor allem in Polen im Sommer des Jahres 1989 ereignet hatte, schreckte die DDR-Führung zurück, da bei einem freien Wahlverfahren eben keine Bestandsgarantie für eine Regierung gegeben werden konnte. Für die DDR-Führung hätten freie Wahlen allerdings mehr als einen Regierungswechsel bedeutet: kein marxistisch-leninistischer Höherwertigkeitsanspruch hätte vor einem direkten Vergleich mit der Bundesrepublik mehr schützen können. Wenn in beiden deutschen Staaten frei gewählt würde und sich die Bürger beider Staaten als einer Nation zugehörig fühlten, hätte gesamtdeutschen freien Wahlen nichts mehr im Wege gestanden. Aus Angst vor einer real bestehenden Einheit der Nation mußte die DDR-Führung die nationale Abgrenzung und Eigenständigkeit forcieren, gleichzeitig aber am praktizierten Wahlverfahren festhalten und sich damit innenpolitischen Anmahnungen im Hinblick auf mehr real praktizierte Demokratie aussetzen.

Es war nicht undenkbar, daß sich angesichts des politischen Wandels im osteuropäischen Umfeld diese inneren Widersprüche der DDR zuspitzen würden. Die Hypertrophie und Ignoranz der Staats- und Parteiführung forderte angesichts sich verschlechternder Lebensbedingungen Kritik geradezu heraus. Ein Staat, der als höchste Form des Humanismus auf deutschem Boden tituliert wurde, dessen Führung jedoch, wie Honecker in seiner Rede vor dem Thomas-Müntzer-Komitee der DDR formulierte, darauf bestand, daß die Mauer "in fünfzig und auch in hundert Jahren noch bestehen...[werde, K.E.], wenn die dazu vorhandenen Gründe noch nicht beseitigt sind,"[3] hatte seinen Kredit an Glaubwürdigkeit verspielt.

1 Meyer, T., 1988, S. 60/61

2 Meyer, T., 1988, S. 61

3 zit. n. Fricke, K. W., 1992, S. 62/63.

Was war aus Sicht der DDR-Bürger von einem Geschichtsbild zu halten, dessen nationale Abrundung und historische Größe in einen immer größer werdenden Widerspruch zur Realität geriet? Es mußte angesichts des ökonomischen und ökologischen Verfalls der DDR[1] immer unerfindlicher werden, wie ein Zeithistoriker des Landes sich zu der Aussagen versteigen konnte, daß seit der Gründung der DDR mehr für das deutsche Volk getan worden sei, "als in den Jahrhunderten zuvor."[2]

9.4.1 Das ökonomische Fiasko

Die wirtschaftliche Lage war desolat, vor allem durch Kapitalknappheit und Innovationsschwäche geprägt. Um den Anschluß an den Weltmarkt und die Informationstechnolgie der achtziger Jahre nicht völlig zu verlieren, hatte die SED schon 1983 einen Beschluß gefaßt, der die DDR-Kombinate zu Steigerung der Innovationsrate anhalten sollte. Die Kombinate hatten allerdings bei kaum veränderter Produktion Preiserhöhungen durchsetzen können, mit denen sich bessere Ergebnisse bilanzieren ließen (beispielsweise höhere Gewinne), die aber zur "wachsenden Entwertung der DDR-Produkte auf westlichen Märkten" führten.[4] "Dies zeigte sich daran, daß die DDR noch 1970 mit einer DDR-Mark Westexport 0,54 DM erwirtschaften konnte; 1988 waren es nur noch 0,25 DM. Dies mußte zwangsläufig zu einer wachsenden Verschuldung der DDR führen. Diese stieg von 2,2 Mrd. Valuta-Mark (VM) 1971 auf 49 Mrd VM 1989."[5]

Erst in den letzten Wochen vor dem Ende der SED-Herrschaft wurden das ganze Ausmaß der Wirtschaftsmisere bekannt. Allein die Zinszahlungen in Höhe von 4,5 Mrd. $ jährlich für die Auslandsschulden der DDR verschlangen 62% des gesamten Exporterlöses, gestand der auf der 9. Tagung des ZK der SED am 18.10.1989 zum Nachfolger Honeckers gewählte Egon Krenz seinem Besucher Michail Gorbatschow.[6] Die Hilflosigkeit, aber auch ein unbeabsichtigter Schuß Realismus kam im Hilfegesuch Krenz' an Gorbatschow zum Ausdruck: die DDR sei ein "Kind" der UdSSR, er müsse jetzt zu seiner "Vaterschaft" stehen.

1 vgl. S. 229f. in dieser Arbeit

2 Heitzer, H., 1989, S. 205; vgl. Abschnitt 8.5.9, S.249 in dieser Arbeit.

3 Maier, Harry, Die Innovationsträgheit der Planwirtschaft in der DDR - Ursachen und Folgen, in: DA 7/93, S. 806-818, S.813.

4 Maier, H., 1993, S. 816.

5 Maier, H., 1993, S. 816

6 Stephan, G.-R., 1993, S. 311

Das gesamte wirtschaftliche Desaster der DDR wurde auf der 10. Tagung des ZK am 8./9.11.1989 schonungslos offengelegt. Die Auslandsschulden hatten sich auf über 38,5 Mrd. DM akkumuliert, während sie zu Beginn der Ära Honecker 2 Mrd. DM betragen hatten[1]. Die Subventionen waren unter Honecker von 8 Mrd. Mark (1970 auf 58 Mrd.Mark (1989) hochgeschnellt[2]. Der langjährige Vorsitzende der Staatlichen Plankommission, Gerhard Schürer, berichtete über gravierende strukturpolitische Fehlentwicklungen. "In den achtziger Jahren wurden über 14 Mrd. Mark Investitionsmittel für die Mikroelektronik ausgegeben. Herausgekommen seien Speicherschaltkreise von 40 kB und 256 kB, die pro Stück für 40 Mark bzw. für 534 Mark hergestellt wurden, auf dem Weltmarkt aber 1 bzw. 5 Valutamark kosteten."[3] Die DDR-Produktion erreichte keineswegs das propagierte "Weltniveau". Selbst der Export mußte subventioniert werden, um Devisen zu beschaffen. Dabei nahm der Exporterlös der DDR-Wirtschaft beständig ab[4].

9.4.2 Verbindung von Innen- und Außenpolitik: die Menschrechtsfrage

Die Haltung in der Menschenrechtsfrage, mit der die DDR auf dem Wiener KSZE-Treffen in die Isolation geriet, war paradigmatisch für den Versuch, die Diskrepanz zwischen Innen- und Außenpolitik durch Abschottung auszusitzen. Solange Menschenrechtsforderungen stets als unzulässiger Versuch einer "Einmischung in die inneren Verhältnisse" abgelehnt wurden, konnte kein Verständnis für das Anliegen und die Forderungen von aktiven Minderheiten in der DDR entstehen, die längst dem erreichten Standard des Vorbildes UdSSR entsprachen.

Das naturrechtliche, übergeschichtliche Verständnis der Menschenrechte wurde von DDR-Wissenschaftlern noch 1989 als "interventionistische Konzeption"[5] interpretiert, die zur "Rechtfertigung einer friedensgefährdenden Außenpolitik"[6] diene, da sie darauf abziele, "die inneren Verhältnisse eines anderen Landes zu verändern."[7] In polemischer Weise wurden individuelle und kollektive Menschenrechte gegenein-

1 Stephan, G.-R., 1993, S. 317
2 Stephan, G.-R., 1993, S. 319
3 Stephan, G.-R., 1993, S. 319
4 bei Möbeln mußte 1 Mark aufgewendet werden, um 15 Pfennige Einnahmen zu erzielen, vgl. Stephan, G.-R., 1993, S. 319
5 Klenner, Hermann, Menschenrechte zwischen Krieg und Frieden, in: ZfG, 7/89, S. 581-591, S. 583.
6 Klenner, H., 1989, S. 583.
7 Klenner, H., 1989, S. 583.

ander ausgespielt, da in der individualistischen Konzeption zwar "das Foltern eines einzigen Individuums (mit Recht) eine Verletzung von Menschenrechtsfragen dar[stelle, K.E.], der Atombombentod einer Großstadtbevölkerung aber menschenrechtlich irrelevant sei, ein Menschenrecht auf Frieden gebe es nämlich nicht."[1]

Menschenrechte im "bürgerlichen" Sinn waren für DDR-Historiker in ihrer historischen Rolle und Beschränktheit zu sehen und darzustellen. Hier fand der aus der Diskussion um Erbe und Tradition Aspekt der historischen Distanz in der Geschichtsbetrachtung ein weiteres "produktives" Anwendungsgebiet.[2] Hermann Klenner, Mitglied des Präsidiums des Komitees für Menschenrechte der DDR, setzte sich in seinem Plenarreferat auf dem VIII. Historikerkongreß am 3.2.1989 zum Ziel, bei seinen Historikerkollegen das "Verantwortungsbewußtsein dafür zu wecken, daß auch sie [die Historiker, K.E.] mit den einem Geschichtswissenschaftler eigenen Methoden... dazu beitragen können und sollen, ja müssen, Klarheit in die Menschenrechtsproblematik zu bringen und deren historische Dimension erschließen zu helfen, ohne die eine wissenschaftliche Menschenrechtstheorie als Grundlage einer auf inneren und äußeren Frieden gerichteten Menschenrechtspolitik nicht denkbar ist."[3]

In der sozialistischen DDR hatten individuelle Menschenrechte ihre Existenzberechtigung nur auf der Grundlage sozialistischer Errungenschaften wie "gesellschaftliches Eigentum an Produktionsmitteln...Staatsmacht des Volkes, ihrem Klassencharakter nach Diktatur des Proletariats."[4] Krasser konnte eine Absage an jegliche innenpolitische Veränderungsbereitschaft und die Ablehnung jeglicher autonom fundierter, ethisch motivierter Bürger- und Menschenrechtsgruppen nicht ausfallen. Die Bekräftigung der marxistisch-leninistischen Orthodoxie geschah immerhin zu einem Zeitpunkt, als die ersten freien Wahlen zum Obersten Sowjet seit 1917 bevorstanden und sich in Polen der "Runde Tisch" mit Vertretern der unabhängigen Gewerkschaftsbewegung "Solidarität" zusammensetzte.[5]

Der orthodoxen Geisteshaltung entsprach eine ebenso rigide Praxis. Bereits im November 1987 war die Umwelt-Bibliothek der Ost-Berliner Zionskirche durchsucht und deren Mitarbeiter verhaftet worden. Am 15.1.1988 war es anläßlich der offiziellen Demonstration zum 69. Jahrestag der Ermordung Rosa Luxemburgs und Karl

1 Klenner, H., 1989, S. 583.

2 vgl. Abschnitt 8.5.2, S. 235ff. in dieser Arbeit

3 Klenner, H., 1989, S. 591.

4 Klenner, H., 1989, S. 588.

5 vgl. in dieser Arbeit Abschnitt 9.2, S. 273ff.

Liebknechts zur Verhaftung zahlreicher Angehöriger von Friedens-, Umwelt- und Menschenrechtsgruppen gekommen, die anschließend teilweise zur Ausreise gezwungen wurden, weil sie mit eigenen Spruchbändern - unter anderem mit dem Luxemburg-Zitat "Freiheit ist immer die Freiheit der Andersdenkenden" - hatten teilnehmen wollen.[1]

Die Tatsache, daß das System die ernsthaften und berechtigten Umweltanliegen seiner eigenen Bürger nicht ernst nehmen wollte, sondern kriminalisierte, erzeugte bei den Betroffenen Verbitterung. Daß autonome Beiträge zur Ehrung von Sozialisten wie Rosa Luxemburg und Karl Liebknecht, die inhaltlich gar nicht zu kritisieren waren, nur deswegen abgelehnt wurden, weil sie nicht staatlich sanktioniert waren, machte den Staat und seine Führung unglaubwürdig. Die DDR-Funktionäre bangten um die Wirksamkeit ihrer Rituale. Denn mit den Massendemonstrationen im "alljährlichen Rhythmus des Kalenders huldigte die Partei sich selbst. Die stupiden Rituale symbolisierten eindrucksvoll die starre Unveränderlichkeit des Systems. Der eigentliche Kern dieser säkularisierten Liturgie bestand in der kollektiven Demütigung der Massen gegenüber ihren Führern. Das Ziel war, wie bei jeder Liturgie, die weitestmögliche Aussschaltung von Individualtität und kritischer Rationalität."[2] Wie dieser Mechanismus der inneren Anpassung und Selbstausschaltung funktionierte, wird von Stefan Wolle recht anschaulich am Beispiel des Verlaufes einer Großdemonstration zu Ehren Rosa Luxemburgs und Karl Liebknechts beschrieben: "Auf einer Tribüne vor den Grabstellen standen die Repräsentanten von Partei und Regierung und winkten den vorbeiziehenden Menschen zu. Während der meist recht langen Wartezeiten, zu denen es aufgrund der Staubildung vor dem Friedhofeingang immer wieder kam, vertrieb man sich die Zeit mit dem neuesten Betriebsklatsch, oder man tauschte Erfahrungen darüber aus, wo in der Stadt die Chance am größten sei, dringend benötigte Autoersatzteile oder Baustoffe zu bekommen. Den Schluß bildeten jedes Jahr die grauen Kolonnen der sogenannten "Betriebskampfgruppen der Arbeiterklasse", ...Zu diesem Zeitpunkt befanden sich die meisten Teilnehmer des Demonstrationszuges längst auf dem Heimweg. Wer Glück hatte, saß schon zu Hause beim Mittagessen und hatte das Westfernsehen eingeschaltet. Denn im Ost-Kanal lief noch immer die Direktübertragung der Demonstration, und davon wollte man am Sonntag in seinen heimischen vier Wänden nichts hören."[3]

1 vgl. Wolle, S., 1992, S. 73ff.
2 Wolle, S., 1992, S. 75/76.
3 Wolle, S., 1992, S.73.

9.4.3 Der Durchbruch der Opposition und der Verfall der SED-Herrschaft

Ähnlich wie die Massendemonstrationen besaßen Wahlen in der DDR eine ritualisierte Funktion. Mit der Wahl der Einheitsliste wurde schließlich keine Auswahl getroffen, sie konnte im Prinzip nur als Ganzes angenommen oder abgelehnt werden. Mit der Beteiligung an der Wahl wurde die Zustimmung zum Herrschaftssystem ausgedrückt. Die Wahl hatte eine reine Akklamationsfunktion, sie war Teil der "ambivalenten Legitimation"[1] des kommunistischen Systems. Im Kontext der Demokratisierung der UdSSR, in der am 28.3.1989 die ersten freien Wahlen stattgefunden hatten[2] und im unmittelbaren Vorfeld der polnischen Wahl vom Juni 1989 erhielten die Kommunalwahlen in der DDR vom 7.5.1989 ihren Stellenwert als Indikator für die Reformbereitschaft der DDR-Führung. Die Funktion der Wahlen, für die mit der Losung "mit erfüllten und übererfüllten Plänen zur Wahl"[3] geworben worden war, geriet zunehmend in Zweifel. Bürgerrechtler und kirchliche Kreise hatten zum "Wahlboykott" aufgerufen.[4] Die Wahlen wurden von Bürgerinitiativen und Basisgruppen beobachtet, und die Stimmauszählung wurde protokolliert. Der Vergleich mit den amtlichen Resultaten erbrachte in Städten wie Leipzig, Ost-Berlin und Dresden Beweise für teilweise massive Wahlfälschungen. Nein-Stimmenanteile bis zu 15% waren gezählt worden, das amtliche Ergebnis wies lediglich 1,15% anstatt der sonst üblichen 0,1% Nein-Stimmenanteile aus.[5]

Gegenüber Bürgerprotesten, die das Wahlergebnis anzweifelten, wurde unnachgiebig und mit Kriminalisierung reagiert. So gab eine dienstliche Anweisung des Ministers für Staatssicherheit vom 19.5.89 zur "Zurückweisung und Unterbindung von Aktivitäten feindlicher, oppositioneller und anderer negativer Kräfte der Diskreditierung der Ergebnisse der Kommunalwahlen"[6] den Strafverfolgungsbehörden eine Anleitung zur Bearbeitung von Strafanzeigen wegen Wahlfälschung. Die eigentliche Schwäche und Angreifbarkeit des Systems lag darin, daß die Staatsführung es sich nicht leisten konnte, mehr als 1,15% an Ablehnung hinzunehmen und daß sie für kritische Stimmen anstelle des Dialogs nur den Repressionsapparat bereit hielt.

Diese äußerst rigide Vorgehensweise forderte die Kritik der Evangelischen Kirchenleitungen heraus. "Was sich im Vorfeld der Kommunalwahl und danach getan hatte, war für die Selbstfindung der DDR-Opposition entscheidend. Sie suchte

1 Meyer, T., 1988, S. 60.

2 vgl. S. 270ff. in dieser Arbeit.

3 Fricke, K.W., 1992, S. 64.

4 Fricke, K.W., 1992, S. 64.

5 Fricke, K.W., 1992, S. 64.

6 zit. n. Fricke, K.W., 1992, S. 64/65.

zunehmend die Öffentlichkeit."[1] In der Folge der Kommunalwahlen nahmen die gemeinsamen Aktionen, politischen Demonstrationen von kirchlichen und autonomen Basisgruppen, Ökologie- und Bürgerrechtsgruppen sowie Friedensinitiativen zu. "Die Oppositionsgruppen riefen nun für jeden siebenten des Monats zu einer Protestkundgebung im Gedenken an die Wahlfälschung auf. Einmal im Monat fülte sich der Alexanderplatzim Zentrum von Ost-Berlin mit auffallend unauffälligen jungen Männern in Nylonanoraks....Als der Protest gegen die Wahlfälschung zum fünftenmal veranstaltet wurde, fiel das Datum auf den 7. Oktober, den Geburtstag der Republik. Nun waren es Tausende, die sich rund um die Weltzeituhr versammelt hatten. Selbst wenn es viele der Demonstranten nicht vorhergesehen hatten, dies war der Anfang vom Ende der DDR."[2]

Im September 1989 meldete sich zum ersten Mal in der Geschichte der DDR eine dezidiert politische Opposition zu Wort. Sie hatte sich unter dem Dach der Kirchen herausgebildet. Aus den seit 1981 jeden Montag in der Leipziger Nikolaikirche stattfindenden Friedensgebeten waren die "Montagsdemos"entstanden,und auch der Gründungsaufruf des "Neuen Forums"hing im September 1989 an den Anschlagbrettern zahlreicher Kirchengemeinden.[3] Nachdem das Innenministerium der DDR den Antrag auf Anerkennung am 19.9.1989 abgelehnt hatte, setzte sich das "Neue Forum", dessen Gründungsaufruf mittlerweile rund 3000 Unterschriften umfaßte, schlicht darüber hinweg, dankte den Unterzeichnern und kündigte an, seine Arbeit als politische Bürgerinitiative fortzusetzen. Am 2.10.89 gründete sich der "Demokratische Aufbruch",[4] am 12.9.89 war der Aufruf der Bürgerbewegung "Demokratie Jetzt" erfolgt[5] und am 7.10.89 rief sich die Sozialdemokratischen Partei (SDP) ins Leben[6].

In keinem dieser Gründungsaufrufe war von dem Wunsch nach einer Überwindung der deutschen Teilung die Rede, keiner dieser Gründungsaufrufe war von einem gesamtdeutschen, nationalen Bewußtsein getragen. Das von der DDR-Historiographie propagierte Geschichtsbild hat in diesen Entwürfen weder eine aktivierende, noch eine einheitsstiftende Rolle gespielt. Der entscheidende Kernpunkt aller Entwürfe war die Forderung nach einem *Dialog* zwischen Gesellschaft und Staat zur Lösung der real anstehenden Probleme. In diesem Dialog sollte es darum gehen, den *Sozialismus in der DDR* auf eine neue, demokratische Grundlage zu stellen. Insofern

1 Fricke, K.W., 1992, S. 65.

2 Wolle, S., 1992, S. 84

3 Wolle, S., 1992, S. 92ff.

4 Rein, Gerhard, Die Opposition in der DDR. Entwürfe für einen anderen Sozialismus, Berlin 1989, S.34-37.

5 Rein, G., 1989, S. 59-61.

6 Rein, G., 1989, S.89.

schien sich eine auf die DDR bezogene Identität zummindest bei den Oppositionsgruppen herausgebildet zu haben. Zu den Kernforderungen aller Entwürfe gehörten:

1. Die Trennung von Staat und Parteien[1].
2. Die Entwicklung einer freien Öffentlichkeit und einer freien Willensbildung[2].
3. Die Trennung von Staat und Gesellschaft[3].
4. Die Entwicklung eines demokratischen Sozialismus[4]
5. Die Lösung ökologischer und sozialer Probleme [5]
6. Gesellschaft als Solidargemeinschaft [6]

Ziel der Oppositionsgruppen war die Revision des Sozialismus, um soziale Gerechtigkeit in einer solidarischen Gesellschaft auf den Weg zu bringen.[7] Gegenüber der Bundesrepublik Deutschland bestanden eher kritische Vorbehalte. So meinte Konrad Weiß von der Bürgerbewegung Demokratie Jetzt in einem Interview im September 1989:"Für mich ist die Bundesrepublik Deutschland kein Vorbild...Wir möchten kein Bundesland der Bundesrepublik Deutschland werden, wir möchten unseren eigenen Weg gehen."[8] Als Anstoß für die Reformbestrebungen wurden die "Inititaive Gorbatschows"[9] und die Vorgänge in Polen und Ungarn genannt."In Osteuropa ist einiges in Bewegung geraten und viele Menschen bei uns empfinden dafür eine große Sympathie. Hoffnungen und Erwartungen beginnen auch in der DDR zu wachsen."[10] Die Störung der "Kommunikation zwischen Staat und Gesellschaft"[11], hatte die DDR in eine "soziale und politische Krise" geführt, "die Glaubwürdigkeit des Sozialismus...[war, K.E.] im Inneren erschüttert."[12]

1 Demokratischer Aufbruch, in: Rein, G., 1989, S. 35.

2 Beim Neuen Forum war von einem "demokratischen Dialog" die Rede, Neues Forum, in: Rein, G., 1989, S. 14; Demokratischer Aufbruch, in: Rein, G., S. 35. Ein "öffentlicher Dialog" wird von Demokratie Jetzt, in: Rein, G., 1989,S. 60 gefordert.

3 Demokratischer Aufbruch, in: Rein, G., 1989, S. 35. Rechtsstaat statt eines "vormundschaftlichen Staates", hieß es beim Neuen Forum, in: Rein, G., 1989,S. 18; "Freiheit und Menschenwürde" bei Demokratie Jetzt, in: Rein, G., 1989, S. 60, vgl. auch SDP, in: Rein, G., 1989, S. 8.

4 Demokratischer Aufbruch, in: Rein, G., 1989, S. 36 und Demokratie Jetzt, in: Rein, G., 1989,S. 63

5 Demokratischer Aufbruch, in: Rein, G., 1989, S. 37 und Neues Forum, in: Rein, G., 1989, S. 13 und 16f. "Ökonomie und Ökologie in Einklang bringen" hieß es bei Demokratie Jetzt, in: Rein, G., 1989,S. 60, vgl. auch SDP, in: Rein, G., 1989,S. 84.

6 Demokratischer Aufbruch, in: Rein, G., 1989, S. 36 und Demokratie Jetzt, in: Rein, G., 1989, S. 60.

7 Demokratie Jetzt, in: Rein, G., 1989, S. 59.

8 Weiß, Konrad, Wir möchten kein Land der Bundesrepublik werden, Interview, in: Rein, G., 1989, S.69-72, S.71/72, vgl. auch Demokratie Jetzt, in: Rein, G., 1989, S. 59.

9 Demokratie Jetzt, in: Rein, G., 1989, S. 59.

10 SDP, in: Rein, G., 1989, S. 84.

11 Neues Forum, in: Rein, G., 1989, S. 13.

12 Demokratischer Aufbruch, in: Rein, G., 1989, S. 35

Geht man der Frage nach, was letztlich den Anstoß für den Zusammenbruch der SED-Herrschaft gegeben hat, so ist eine letzte Form des persönlichen Boykotts für die DDR-Bürger in Erwägung zu ziehen: nämlich Flucht oder Ausreise. Waren schon im Rahmen der deutsch-deutschen Verhandlungspolitik die Möglichkeiten für DDR-Bürger auch unterhalb des Rentenalters in die Bundesrepublik zu reisen ganz erheblich gestiegen[1], so stieg die Zahl der Ausreiseanträge seit 1987 sprunghaft an, wobei zu berücksichtigen war, das die Zahl der Ausreisewilligen drei- bis viermal höher lag, da Anträge meist für ganze Familien gestellt wurden.[2] "Die Zahl der Ausreiseanträge ist ein Indikator, für die wachsende Unzufriedenheit, sie birgt aber nicht die Lösung des Problems in sich," schrieb Walter Süß 1989.[3]
In der Tat war die Unzufriedenheit in der DDR gestiegen. Dies betraf verschiedene Gruppen der DDR-Gesellschaft und unterschiedliche Problembereiche. In einem Lagebericht des Ministeriums für Staatssicherheit mit dem Titel "Hinweise auf beachtenswerte Reaktionen von Mitgliedern und Funktionären der SED", der am 22.9.1989 von Erich Mielke an elf Politbüro-Mitglieder verschickt worden war[4], wurde die Unzufriedenheit in der Bevölkerung, aber auch in der SED-Basis selber, zutreffend dargestellt. Resignation wegen ausbleibender politischer Reformen und Passivität aufgrund des Versagens der staatlichen Wirtschaftspolitik auf der einen Seite, Enttäuschung und Wut im Hinblick auf die schlechte Versorgungslage auf der anderen Seite zeigten den alarmierenden Vertrauensschwund zwischen Volk und Partei an.[5] Insbesondere die persönlichen Eindrücke über den "Westen", die seit der großzügigeren Ausreisepraxis möglich waren, ließen die tatsächlichen Vorzüge des Sozialismus gegenüber einem beständig als ausbeuterisch dargestellten Kapitalismus rapide schwinden.

Der Verlauf des Machtwechsels in der DDR zeugte von einer autistischen Abkapselung der DDR-Führung, wie die Akten des Zentralkomitees der SED belegen. So nahmen die Materialien des 8. ZK-Plenums, das am 22./23.6.1989 tagte, "auf die Situation im Lande kaum Bezug"[6]. Die scheinbar grenzenlose Unbewegtheit

1 Anfang der achtziger Jahre waren es durchschnittlich 40.000 DDR-Bürger jährlich, 1987 und 1988 konnten jeweils etwa 1,2 Millionen Menschen die Bundesrepublik besuchen, so daß fast jeder zehnte DDR-Bürger Westerfahrung besaß. Vgl. Süß, Walter, Perestroika oder Ausreise. Abwehrpolitik der SED und gesellschaftliche Frustation, in: DA 3/89, S. 286-301, S. 296.

2 1987 lag die Zahl etwa bei 50.000, 1988 bereits bei 250.000, vgl. Süß, W., 1989, S. 297.

3 Süß, W., 1989, S. 297.

4 Wolle, S., 1992, S. 86.

5 Wolle, S., 1992, S. 87.

6 Stephan, G.-R., 1993, S. 304; auf den 441 Seiten sitzungsvorbereitender Materialien wurde hingegen ausführlich über die Treffen Honeckers mit ausländischen Persönlichkeiten Bezug genommen, wobei der hohe Anteil westdeutscher Besucher ins Auge fällt.

der DDR-Führung kam in einer Äußerung Honeckers über die Kommunalwahlen in der DDR gegenüber dem noch amtierenden polnischen Ministerpräsidenten Jaruzelski, der gerade die ersten halbwegs freien Wahlen in Polen erlebt hatte, zum Ausdruck. Im Hinblick auf die Wahlergebnisse in der DDR, die gefälscht worden waren, meinte Honecker, daß das gute Wahlergebnis von historischer Bedeutung für die weitere Entwicklung der DDR und eine Abfuhr für alle Gegner sei[1]. Die Diskussionen auf dem 8. Plenum deuteten auf "Agonie"[2] hin und gipfelten im Vorschlag Honeckers, in den Bericht eine Passage aufzunehmen, daß die Stadt Leipzig ihre Kandidatur für die Olympischen Spiele im Jahre 2004 anmelden werde, was auch geschah.[3]

Im Sommer 1989 kam es zu einer beispiellosen Fluchtwelle, insgesamt verließen in diesem Jahr 348.000 Menschen die DDR.[4] Besonders die Öffnung der ungarischen Grenze für Tausende Ausreisewilliger am 10.9.1989 sorgte für ein schlagartiges Anschwellen des Flüchtlingsstromes. Diese, im Vergleich zu den Oppositionsgruppen wesentlich größeren Zahlen, waren ein Indikator für ein fortbestehendes gesamtdeutsches Bewußtsein und ließen erahnen, daß die Mehrheit der DDR-Bevölkerung nicht bereit sein würde, dem von "Wir wollen raus!" zu "Wir bleiben hier!"gewandelten Ruf der 20.000 Demonstranten auf der Leipziger Montagsdemonstration vom 2.10.1989 zu folgen.[5] Selbst wenn man der Auffassung war, daß die Flucht- und Ausreisewelle ganz entscheidend zum Zusammenbruch des SED-Regimes beigetragen hat, bleibt zu konstatieren, daß dies auch eine Flucht vor dem Geschichtsbild der DDR als Vollenderin der deutschen Geschichte war.

Die Orientierung auf die Bundesrepublik konnte kaum aufgrund eines Geschichtsbildes erfolgen, das auch nicht einen Ansatz ernsthafter Auseinandersetzung mit der Realität in der Bundesrepublik *und* in der DDR erkennen ließ. Die lebensgeschichtliche und gesellschaftliche Orientierungsleistung mußte individuell gegen die Geschichtspropaganda geleistet werden. Sie machte sich am desolaten Zustand der DDR, den mangelnden Zukunftsperspektiven und der Realitätsblindheit der Partei- und Staatsführung fest. Mit der Öffnung der ungarischen Grenze war der erste Damm des Ostblocks gebrochen, das hielt die Führung der DDR nicht davon abhielt, sich auf die Feierlichkeiten zum 40. Jahrestag der DDR-Gründung zu konzentrieren. Während der Feierlichkeiten war es zu schweren Auseinandersetzun-

1 Stephan, G.-R., 1993, S. 305

2 Stephan, G.-R., 1993, S. 307

3 Stephan, G.-R., 1993, S. 307

4 Fricke, K.W., 1992, S. 67.

5 Wolle, S., 1992, S. 105

gen zwischen Demonstranten und Sicherheitsorganen gekommen, nachdem bereits in Dresden Unruhen ausgebrochen waren.

Der Durchbruch der Opposition erfolgte am 9.10.1989 in Leipzig, als rund 70.000 Menschen durch die Gewaltfreiheit der Demonstration ihrem Protest und dem Zurückweichen der Staatsmacht Ausdruck verleihen konnten. "Nach dem 9. Oktober 1989 begann ein neues und letztes Kapitel in der Geschichte der DDR."[1]

Nach der Leipziger Montagsdemonstration vom 9.10.1989 wurde innerhalb des Polibüros von einer Gruppe um Egon Krenz die Entmachtung Honeckers vorbereitet. Am 17.10.1989 fiel im Politbüro die Entscheidungüber den Rücktritt Honeckers, der am 18.10.1989 vollzogen wurde[2]. Nach orientierungslosen Tagen beschloß die neue Führung unter Krenz, die Mauer zu öffnen. Im Rahmen einer Übergangsregelung zum neuen Reisegesetz wurde am 10.11.1989 die Ausreisemöglichkeit verkündet.[3] Am 17.11.1989 wurde Hans Modrow neuer Ministerpräsident während sich das ZK der SED aufzulösen begann. Das Politbüro faßte am 3.12.1989 den Beschluß, daß das ZK und das Politbüro geschlossen zurücktreten sollten.

1 Wolle, S., 1992, S. 197.
2 Stephan, G.-R, 1993, S. 308
3 Stephan, G.-R, 1993, S. 309

9.5 Geschichtsbetrachtung in der Defensive

9.5.1 Deutsche Geschichte im "gemeinsamen Europäischen Haus"

Grundsätzlich hätte die territoriale Ausweitung des Erbeverständnisses einen durchaus vielversprechenden Ansatzpunkt geboten, um die staatliche Teilung Deutschlands nach 1945 als historischen "Normalfall" der staatlichen Befindlichkeit eines durch staatliche Vielfalt und Aufsplitterung geprägten und geschichtlich vorherrschenden deutschen Partikularismus darzustellen. Aber im marxistisch-leninistischen Fortschrittsdenken wurde, wie Jan Brinks nachgewiesen hat und wie es auch in der Bismarck-Biographie Ernst Engelsbergs bekräftigt wurde, die deutsche Nationalstaatsbildung von 1871 durchgängig von den Klassikern bis zur SED positiv bewertet[1], weil sie den Weg zur Durchsetzung des Kapitalismus als nächsthöherer geschichtlichen Entwicklungsstufe ebnete. Damit wurde freilich aus einer selbstgeschaffenen ideologischen Befangenheit der Weg zur Loslösung der DDR vom gemeinsamen historischen Bezugspunkt mit der Bundesrepublik preisgegeben.

Hinzu kam ein Weiteres: da die SED an der nationalen Eigenständigkeit der DDR unbedingt festhalten zu müssen glaubte, konnte der in der deutschen Geschichte gesuchte Bezugspunkt einer nationalen Auseinanderentwicklung Deutschlands auch erst vom Zeitpunkt der Reichsgründung an gefunden werden. Vorher war es zu keiner Formierung einer deutschen Nation in einem Staatsgebilde gekommen. Auf diese Weise band sich die DDR-Führung unwiderruflich an einen gemeinsamen Entstehungs- und Bezugspunkt mit der Bundesrepublik Deutschland, die hieraus ja gerade den Anspruch auf Wiedervereinigung ableitete. So wurde ein "selbstgeschaffener Begründungszwang" produziert, der in der Praxis auf tönernen Füßen stehen mußte. Es "erscheint wenig überzeugend, sich in historiographischer Hinsicht auf die gesamte deutsche Vergangenheit zu beziehen und sich gleichzeitig in politisch-ideologischer Hinsicht als eigenständige nationale Größe zu definieren, ohne sich als existenter "Teilstaat einer Nation" weder einem historischen noch politischen Gesamtzusammenhang entziehen zu können."[2]

1 Brinks, J., 1992, S. 297f., vgl. in dieser Arbeit S. 246

2 Fischer, A./Heydemann, G., 1988, S. 29.

Die für die DDR-Führung problematische "Einheit der deutschen Geschichte" verstärkte sich mit der neuen Außenpolitik Gorbatschows. Als Vorstellungen zur staatlichen Ausgestaltung eines "gemeinsamen europäischen Hauses" gewannen historische Modelle jenseits des Systemgegensatzes, wie sie in der Geschichte Mitteleuropas existiert hatten, an Attraktivität. Offen würde dabei sein, welche Stabilität ein "Nationalstaat DDR" haben könnte. Wenn die DDR ihre historischen Wurzeln selbst in den ethnischen Ursprüngen des deutschen Volkes erblickte, dann lag es ja durchaus nahe, diese gemeinsamen Wurzeln für die Ausgestaltung einer "deutschen Wohnung" im Rahmen eines "europäischen Hauses" wieder zu aktivieren. Für die DDR-Historiker ein Anlaß, die Abgrenzung schnellstens zu vertiefen.

1988 revidierte Walter Schmidt den erweiterten Erbe-Ansatz dahingehend, daß er ein Anknüpfen an die deutsche Vielstaatlichkeit als Modell für die Gegenwart explizit ausschloß. In seiner Begründung wurde überdeutlich, wie sehr die DDR-Historiographie in ihrem eigenen ideologischen Orientierungssystem befangen war. Die staatliche Zersplitterung des deutschen Siedlungsraumes sei durch ethnische Merkmale (gemeinsame Sprache) überbrückt worden, die aber in den Augen der DDR-Geschichtswissenschaft für die weitere Entwicklung der Deutschen seit der Formationsstufe des Kapitalismus zweitrangig gegenüber den sozialen Merkmalen seien. Nähme man das Vielstaatlichkeitsmodell an, würde man auf der Grundlage gemeinsamer ethnischer Merkmale ein gegenwärtiges Zusammenwachsen der Deutschen als möglich erscheinen lassen. Also: es kann nicht sein, was nicht sein darf. "Auch im 20. Jahrhundert wirkt im deutschsprachigen Raum zweifellos eine desintegrative Tendenz. Doch geht fehl, wer die Entwicklung zweier selbständiger deutscher Staaten nach dem Ende des Zweiten Weltkrieges, wie in letzter Zeit häufig geschehen, schlechthin als eine kontinuierliche Fortsetzung deutscher Vielstaatlichkeit in den Jahrhunderten des Übergangs von der feudalen zur bürgerlichen Gesellschaft zwischen dem 15. und 17. Jahrhundert auffaßt. Auch betrifft es nicht das Wesen der Dinge, den zentralisierten deutschen Nationalstaat, wie er 1871 auf bürgerlicher Grundlage in Gestalt des deutschen Reiches zustande kam, lediglich als eine episodenhafte Ausnahmeerscheinung oder als Abweichung von der Normalität deutscher Geschichte zu bewerten. Mit der Gründung dieses Nationalstaates hatte sich die bürgerliche deutsche Nation politisch konstituiert."[1]

1 Schmidt, Walter, Zum Begriff "deutsche Geschichte" in der Gegenwart, in: ZfG, H. 1/89, S.5-19, S. 12; zit. als Schmidt, W., 1989a.

Der Versuch, auf der Grundlage der Abgrenzung einer "sozialistischen Nation" in die Tiefen der deutschen Geschichte vorzudringen, hatte durch den Wandel der außenpolitischen Rahmenbedingungen in eine selbstbaute Zwickmühle geführt. Die Stufenfolge, die der Orthodoxie des Geschichtsverständnisses zugrundelag, war ebenso einzuhalten wie das einmal postulierte Nationsverständnis. Das Festhalten an der Reichsgründung von 1871 bewirkte die Paradoxie, daß sich die DDR-Historiographie in ihrem historischen Selbstverständnis an die Wurzel des westdeutschen Wiedervereinigungsanspruchs band.

War damit die Stabilität des "Nationalstaates DDR" angesichts eines drohenden "europäischen Hauses" zu retten? "Aber wie jedes größere Haus eine mehr oder weniger große Zahl von Familien mit ihren eigenen Wohnungen beherbergt, so leben auch im gemeinsamen europäischen Haus zahlreiche Völker und Nationen in jeweils eigenen National- und Nationalitätenstaaten, und diese stehen zu ihren gemeinsamen europäischen Verpflichtungen als eigenständige Faktoren und legen mit Recht Wert auf den eigenen Anteil, den sie an gemeinsamer europäischer Geschichte haben.... In *einer* Wohnung, um im Bild zu bleiben, leben DDR und BRD im gemeinsamen europäischen Hause nicht,..."[1] Dabei erweckt Schmidt letztlich den Eindruck, als sei ihm selbst die Bindung an das marxistisch-leninistsiche Nationsverständnis eine Bürde. Was er, und da steht er sicher stellvertretend für die DDR-Führung, will, ist die völkerrechtliche Anerkennung der DDR. Dann ist ihm wohl auch der "ideologische Ballast" egal. "Anerkennt man die geschichtliche Eigenentwicklung der deutschsprachigen Staaten Mitteleuropas in unserer Zeit und deren 'staatliche Selbständigkeit als unbestrittene völkerrechtliche Realität', löst man sich auf diese Weise -...- von dem historisch überholten Konzept der Einheit der deutschen Nation..., so gewinnt man einen Ausgangspunkt, sich auf neue Weise, frei von national verbrämten gegenseitigen politischen Ansprüchen, auch dem gemeinsamen historischen und kulturellen Erbe zu stellen."[2] Noch deutlicher konnte das Urteil über den praktischen Orientierungswert des DDR-Geschichtsverständnisses kaum ausfallen. Bestätigt wurde es durch die Ergebnisse des letzten Historikerkongresses der DDR.

2 Schmidt, W., 1989a, S. 15.
3 Schmidt, W., 1989a, S.17.

9.5.2 Der VIII. Historikerkongreß der DDR: Geschichte als Bastion des Bewährten

Wie reagierte die Geschichtswissenschaft der DDR auf den epochalen Wandel in der Sowjetunion und im osteuropäischen Umfeld? Diese Frage kann nur im politischen Kontext der Funktionszuweisung der Historiographie betrachtet werden, wenn man nicht verlangen will, daß aus etablierten DDR-Historikern schlagartig ein Kollektiv von Dissidenten wird. Was also hätte die Geschichtswissenschaft der DDR in dem ihr vorgegebenen Aktionsrahmen leisten können, um auf den äußeren Wandel und die innere Krise der DDR zu reagieren?

Das Hauptproblem der Geschichtsbildproduzenten in der DDR war, daß sie etatistisch fixiert waren. Sie hatten, durch die Parteilichkeit ihres Weltbildes und ihrer Auftraggeber, den Staat "DDR" als Nationalstaat so aus der Vergangenheit in die Gegenwart hineinzuschreiben, daß diese DDR immer einen Superlativ deutscher Geschichte abgab. Geschichte war für die DDR-Historiographie kein Lernfeld, sondern diente der Bestätigung des Status Quo gegenüber der Bevölkerung. Insofern stellte Georgi Verbeeck zu Recht fest, daß es Affinitäten zwischen dem Geschichtsbild in der DDR und "nationalkonservativen Denkmodellen" gab.[1] "Beide postulieren einen gesellschaftspolitischen Integrationismus, indem sie soziale Gegensätze verschleiern und eine organische Gesellschaftskonzeption vertreten, bei der der gesellschaftspolitische Konsens positiv und der Konflikt negativ bewertet werden."[2] Solange die SED an der These von der Einheit von Gesellschaft und Staat in der DDR festhielt, konnten alle in der Vergangenheit beobachteten Konflikte und Bewegungsformen der Geschichte für die Gegenwart nicht fruchtbar gemacht werden. Die Verbreiterung des Geschichtsfeldes im Rahmen der DDR-Nationalgeschichte diente lediglich dem Zweck, die Heterogenität der deutschen Geschichte, ihrer Symbolfiguren und Schauplätze für ein DDR-Nationalbewußtsein nutzbar zu machen, sie gleichsam in der Gegenwart der sozialistischen Menschengemeinschaft "aufzuheben."[3] Nur so war die ständig wiederkehrende, formelartige Wendung, daß die DDR Vollenderin deutscher Geschichte sei, zu verstehen. Auf der Grundlage dieses Geschichtsverständnis sollte den Bürgern ein harmonistisches und geschlossenes

1 Verbeeck, Georgi, Kontinuität und Wandel im DDR-Geschichtsbild, in: Aus Politik und Zeitgeschichte, B 11/90, S. 30-42, S. 39.

2 Verbeeck, G., 1990, S. 39.

3 Verbeeck, G., 1990, S. 40.

Geschichtsbild introjiziert werden. An einen Beitrag zur Lern- und Erneuerungsfähigkeit der Gesellschaft durch die Historiographie war dabei offenbar nicht zu denken, weil es dazu einer Öffnung des Geschichtsbildes und einer Diskutierbarkeit seiner Inhalte bedurft hätte. Insofern spiegelte sich in der Geschichtsbildproduktion das Verfahren gesellschaftlicher Konsensbildung in der DDR wieder: ein mit wissenschaftlichen Methoden und politisch autoritär gesetzter Anspruch auf Wahrheit. Für die Selbstbestimmung des Menschen in der Gegenwart, wie Juri Afanassjew es einforderte[1], war dieses Geschichtsbild spätestens dann nicht mehr brauchbar, wenn die Diskrepanz zwischen der postulierten Vollendung von Geschichte und der gegenwärtigen Realität sichtbar und unerträglich wurde.

Wenn der VIII. Historikerkongreß der DDR vom 31.1. bis 3.2.89 zum Generalthema "Krieg und Frieden und gesellschaftlicher Fortschritt in der Geschichte" tagte, dann waren, alleine aus der Erfahrung des Umgangs mit dem Thema "Frieden" seitens der DDR-Führung, keine selbstkritischen Reflexionen zu erwarten. Die Grußadresse der Veranstalter ließ bereits deutlich werden, daß es darum gehen sollte, alte Bastionen zu verteidigen. Die staatstragende Elite der DDR wollte sich nochmals ihrer gemeinsamen Grundüberzeugungen versichern. An eine Verbindung zwischen außenpolitischem Wandel und innerer Demokratisierung wurde keineswegs gedacht. "Die theoretische Arbeit und die praktische Politik der SED gaben und geben uns ...die wesentliche Orientierung."[2] Von den sieben Arbeitskreisen des Kongresses beschäftigte sich der fünfte mit dem Generalthema im Zeitraum von 1917-1945, wobei zwei Themenkreise gebildet worden waren: "Novemberrevolution und Weimarer Republik" und "Der deutsche Faschismus, Probleme des antifaschistischen Widerstandskampfes und die internationalen Beziehungen in den Jahren vor dem 2. Weltkrieg." [3] Hier hätten sich zahlreiche aktuelle Anknüpfungspunkte an die in der

1 vgl. S. 268 in dieser Arbeit.

2 Grußadresse der Teilnehmer des Historikerkongresses an Erich Honecker v. 3.2.89, in: ZfG 6/89, S. 531. Unterzeichner waren die Repräsentanten der Veranstalter: Heinrich Scheel als Präsident der Historikergesellschaft, Ernst Diehl als Vorsitzender des Rates für Geschichtswissenschaft, Walter Schmidt als Direktor des Zentralinstituts für Geschichte und Wolfgang Drechsler als Direktor des Instituts für Allgemeine Geschichte bei der Akademie der Wissenschaften.

3 Koch, Klaus-Uwe, Der VIII. Historikerkongreß der DDR, in: ZfG 8/89, S. 732-747, S. 741.

UdSSR geführte Debatte um Perestroika und Geschichte finden lassen,[1], die in der DDR bislang nur als "weiße Flecken" der Geschichte überwinterten.[2] So wäre beispielsweise das Schicksal der deutschen Opfer der Stalinschen Säuberungen in den 30er Jahren eine in der DDR noch unbehandelte Frage gewesen. In der UdSSR waren seit dem 1987/88 die sowjetischen Opfer gerichtlich rehabilitiert worden, und es war von westdeutschen Wissenschaftlern und Journalisten ein Appell an die sowjetische Botschaft im selben Jahr gerichtet worden, auch den deutschen Opfern posthum ihr Recht und ihre Ehre zu geben.[3] Die Entwicklung der KPD in der Weimarer Republik hätte ebenfalls reichlichen Diskussionsstoff mit sich bringen können. War doch die Stalinisierung der KPD seit 1924[4] die Voraussetzung für die Übernahme der "Sozialfaschismusthese", durch die deutschen Kommunisten zu Hitlers Machtergreifung beitrugen. Im Rahmen der Betrachtung internationaler Beziehungen in den Jahren vor dem 2. Weltkrieg wäre die Auseinandersetzung zwischen dem Baltikum und der sowjetischen Führung über den Stalin-Hitler-Pakt auch für die Betrachtung der Haltung der deutschen Kommunisten von Bedeutung. Hermann Weber führt schließlich auch die "weißen Flecken" der unmittelbaren Nachkriegszeit auf, in der es stalinistische Repressionen gegen die deutsche Bevölkerung in der SBZ/DDR gab. So starben beipielsweise von den 5000 verhafteten Sozialdemokraten 400 in der Haft.[5] Nicht zuletzt wäre eine wesentliche Voraussetzung für die Behandlung des Zeitraumes die Auseinandersetzung mit dem Begriff des Stalinismus gewesen.

Statt dessen wurde, dem Bericht Klaus-Uwe Kochs zufolge, über die "Rolle des deutschen Monopolkapitals bei der Kriegsvorbereitung"[6] und über die Antikriegspolitik der KPD und der Komintern referiert und diskutiert, wobei auf die Notwendigkeit, die Archive der Komintern zu erschließen, verwiesen wurde. Anläßlich der Behandlung des Hitler-Stalin-Paktes vom 23.8.1939 kommentierte der sowjetische Teilnehmer, A.O. Cubarjan, Direktor des Instituts für Allgemeine Geschichte an der Akademie der

1 vgl. in dieser Arbeit S. 267ff.

2 vgl. Weber, Hermann, 1990.

3 vgl. Weber, H., 1990, S. 5.

4 vgl. Abschnitt 2.3 in dieser Arbeit.

5 Weber, H., 1990, S. 8.

6 Koch, K.-U., 1989, S. 742.

Wissenschaften der UdSSR, es "erschwert ein Defizit an neuem Denken bisher die Forschungsarbeiten,..."[1]

Erst im November 1989 meldete sich das Institut für Marxismus-Leninismus beim ZK der SED zu Wort und forderte Untersuchungen über die "Auswirkungen des Stalinismus auf die deutsche Arbeiterbewegung vor und nach 1945, einschließlich der Verbrechen, denen Deutsche zum Opfer fielen."[2] Das Präsidium der Historikergesellschaft folgte auf dem Fuße und verlangte eine "schonungslose Klärung der Stalinismus-Problematik in der deutschen Geschichte."[3]

In der Bilanz, die die DDR-Historiker selbst nach dem VIII. Historikerkongreß zogen, fällt der Rückfall in orthodoxe Positionen ins Auge. Vom Geiste einer "Kultur des politischen Streits", die zum gemeinsamen Lernen anregen soll, war nichts mehr zu spüren. Kurt Tiedke, bis 1979 Leiter der Abteilung Propaganda beim ZK der SED, schätzte den Konreß nicht nur als "bemerkenswerten Beitrag zur Entwicklung des Geschichtsbewußtsein"[4] ein, sondern auch als eine wirksame Aktion im ideologischen Kampf der Gegenwart". Der Versuch, die Abgrenzung in der Geschichtsbetrachtung zu verstärken, nahm dabei groteske Züge an. Die bürgerliche Geschichtsschreibung verwende eine "trügerische Fülle in der Darstellung von Erscheinungen, ...um Wesentliches zu verbergen, wie etwa die sozialökonomischen Wurzeln von Krieg und Faschismus."[5] Dementgegen bleibe für die DDR-Historiker im Ergebnis festzuhalten, daß Geschichte immer als Klassenkampf zu verstehen ist. Die Perzeption des Kapitalismus näherte sich wieder der "Zwei-Lager-Theorie" der 50er Jahre an, wenn festgestellt wurde, daß die kapitalistische Gesellschaft eine "Ausbeutergesellschaft" bleibe, die von inneren Widersprüchen geprägt sei. Im Hinblick auf die Novemberrevolution wurde auch auf den Erfahrungsschatz der 50er Jahre zurückgegriffen. Bereits zum 40. Jahrestag der Novemberrevolution hatte Ulbricht im Jahr 1958 autoritativ festgelegt, daß deren Scheitern die Notwendigkeit einer marxistisch-leninistischen Partei deutlich gemacht habe.[6] Dementsprechend

1 zit. n. Koch, K.U., 1989, S. 743.

2 zit. n. Weber, H., 1990, S. 3-15, S. 4.

3 zit. n. Weber, H., 1990, S. 4.

4 Tiedke, Kurt, Geschichte-Weltanschauung-Politik. Nach dem VIII. Historikerkongreß der DDR, in: ZfG 6/89, S. 483-486, S. 483.

5 Tiedke, K., 1989, S. 484.

6 vgl. Abschnitt 5.3.3 in dieser Arbeit.

schrieb Tiedke 1989: "Die Schaffung, Entwicklung und Verteidigung einer solchen Partei ist darum immer auch ein Akt von tiefem Humanismus, der gar nicht überschätzt werden kann."[1] Als Fazit findet sich das konservative Bekenntnis, Geschichtsbetrachtung diene eben zur "Bewahrung des Bewährten"[2] Während autonome Friedens- Bürgerrechts- und Ökologiegruppen mit eigenen Wertorientierungen und Komunikationsformen Ansätze zu einer "Zivilgesellschaft" herausbildeten, fiel das DDR-Establishment in orthodoxe innen- und außenpolitische Positionen der 50er Jahre zurück. Zur außenpolitischen Isolation gesellte sich auch die innenpolitische und besiegelte das Ende der SED-Herrschaft.

9.6 Der Funktionsverlust von Geschichtsbild und Nationsverständnis

In den 70er Jahren wurde in der DDR der Verlust der Utopie, das heißt der Orientierung auf den Kommunismus als Ziel der Gesellschaftsentwicklung aufgegeben und durch eine Optimierung der realen Lebens- und Arbeitsbedingungen kompensiert. Mit der Politik der sog. "Hauptaufgabe" wurde Massenloyalität "im Austausch für einen relativen Wohlstand, für soziale Sicherheit und für das Akzeptieren privater Spielräume gegeben."[3] In den 80er Jahren wurde die ideologische Legitimation von der DDR-Führung nicht einer ungewissen Zukunft, sondern in der Entwicklung einer Nationalgeschichte der DDR, also in der Vergangenheit, gesucht. Als mit der vom sowjetischen Parteichef Gorbatschow eingeleiteten Politik der Demokratisierung nun auch die Vergangenheit offiziell entmythologisiert werden sollte, drohten auch die historischen Legitimitätsreserven der SED zu schwinden.[4] Die in der UdSSR geführte Stalinismus-Debatte war nicht nur eine Diskussion um das anzustrebende Sozialismusmodell, sondern selbst der Prozeß, in dem sich Öffentlichkeit als Forum des Dialogs zwischen Bürger und Staat herstellten sollte. Diesem Dialog verweigerte sich die DDR-Führung solange, bis es keinen Ausweg aus der selbstverschuldeten Isolation mehr gab.

Die Entwicklung der zwei Jahre von 1987 bis 1989 verlief für die Partei- und Staatsführung traumatisch. 1987 konnte sie sich noch auf dem Höhepunkt ihres außenpolitischen Wirkens und Einflusses und kurz vor dem Ziel der völkerrechtlichen

1 Tiedke, K., 1989, S. 485.
2 Tiedke, K., 1989, S. 486.
3 Reißig, R., 1991, S. 16.
4 Reißig, R., 1991, S. 17.

Anerkennung wähnen. Mag sie prinzipiell dem Trugschluß von außenpolitischer auf innenpolitische Anerkennung erlegen sein, so waren doch in den letzten beiden Jahren die Warnsignale aus der eigenen, östlichen Allianz unüberhörbar geworden. Letztlich konnte die alte Garde um Honecker nur bis zur letzten Minute auf ein Scheitern Gorbatschows gehofft haben, um ihren rigiden innenpolitischen Lösungsansatz durchzusetzen. Doch die Oppositionsbewegung in der DDR entfaltete ihre eigene Dynamik, als die UdSSR ihre Garantiefunktion für die Staats- und Parteiführung der DDR nicht mehr wahrzunehmen bereit war und diese damit zum Abtritt zwang.

Der Fall der SED-Herrschaft fand zu einem Zeitpunkt statt, zu dem Geschichtsbild und Nationsverständnis am elaboriertesten waren und doch gleichzeitig ihre Funktion verloren hatten. Als sich in der östlichen Allianz realdemokratische Legitimationsverfahren wie freie Wahlen durchzusetzen begannen, denen sich die Regierungen zu stellen hatten, spielte es keine Rolle mehr, wie die SED die Rolle ihres Staates in der deutschen Geschichte definierte. Den Oppositionsgruppen der DDR war am Dialog über die Lösung realer gesellschaftlicher, politischer und ökonomisch-ökologischer Probleme in der DDR gelegen. In ihren Forderungen war ein Einfluß von Geschichtsbild oder Nationsverständnis nicht zu finden.

10. SCHLUSSBETRACHTUNG

Die Ausgestaltung des Verhältnisses von Geschichtsbild und Nationsverständnis in der DDR beruhte weder auf einer immanenten "Gesetzmäßigkeit", die dem Verlauf der Historiographie im zweiten deutschen Staat eigen gewesen wäre, noch war sie das Ergebnis einer von der SED angelegten langfristigen Strategie. Geschichtsbild und Nationsverständnis waren vielmehr Teil des politischen Kampfes der SED um die innenpolitische Stabilisierung der DDR im Wandel ihres politischen Bedingungsgefüges. Drei Faktoren waren dabei für die DDR existenzbedingend: die Abhängigkeit von der UdSSR, die Abgrenzung von der Bundesrepublik Deutschland und die Sicherung der Eigenstaatlichkeit nach innen und außen. Gleichzeitig wurden diese Faktoren entscheidend vom Stand und den Entwicklungsperspektiven des Ost-West-Gegensatzes in Europa beeinflußt. Das zentrale Konfliktfeld, auf dem die DDR ihre staatliche Existenz zu behaupten hatte, war die Regelung der deutschen Frage im Rahmen einer auszugestaltetenden europäischen Friedensordnung.

Worin bestand nun die Interdependenz von Geschichtsbild und Nationsverständnis in der DDR, welche Ausprägung hat sie genommen und welche Bedeutung kommt ihr zu? Die deutschen Kommunisten hatten nach dem Zweiten Weltkrieg einen nationalen Bezugsrahmen für die Ausgestaltung des Geschichtsbildes in der SBZ/DDR gewählt . Hätte es auch von einem originär marxistischen Ansatz her nahegelegen, einen universalistischen Rahmen zu wählen, so waren die kommunistischen Staats- und Parteiführungen am Ausgang des Zweiten Weltkriegs doch auf eine Herrschaftslegitimation im nationalen Rahmen fixiert. Der Nationalstaat hatte sich nicht nur im 20. Jahrhundert gegenüber dem Internationalismus der Arbeiterbewegung behauptet, seine Exzesse hatten auch ganz entscheidend zum Mißerfolg der kommunistischen Parteien in Europa und zu den kriegerischen Auseinandersetzungen des 20. Jahrhunderts beigetragen.

Die entstehende DDR wurde von Anfang an in einen bewußten Zusammenhang mit der deutschen Nation gerückt, um deutlich zu machen, daß der nationale Führungsanspruch in Deutschland nach dem Zweiten Weltkrieg an die kommunistische bzw. marxistisch-leninistische Partei übergegangen war (Phase 1945-1949). Aus demselben Grund wurden das Geschichtsdenken und die politische Praxis in einen nationalen Kontext gerückt. Die Gründung der SED, die sozialistische Transformation der SBZ, die Gründung der DDR und die Einführung der Einheitslistenwahl waren beispielsweise trotz der sich bereits 1947/48 abzeichnenden Spaltung unter dem Signum des "beispielhaften Voranschreitens" vollzogen worden. In auffallendem Kontrast dazu stand zunächst das Bild von deutscher Geschichte, das von der "MisereTheorie", der Auffassung einer völligen Fehlentwicklung der deutschen Nationalgeschichte, die im Nationalsozialismus kulminiert sei, geprägt war. So sah sich die SED veranlaßt, einen großen historischen Sprung zu machen und bis zur Gründung der DDR zu behaupten, daß in der SBZ die bürgerliche Revolution von 1848 vollendet würde.

In der ersten Phase nach ihrer Gründung (1949-1955) war die DDR Verhandlungsmasse der sowjetischen Führung bei der Ausgestaltung der europäischen Nachkriegsordnung. Die westliche Allianz nahm eine ablehnende Haltung gegenüber sowjetischen Verhandlungsangeboten zur Regelung der Deutschlandfrage ein, was zur Stabilisierung der DDR beitrug.Die DDR-Führung selber war bemüht , die außenpolitische Unsicherheit innenpolitisch durch eine nationalrevolutionäre Haltung zu kompensieren. Sowohl auf der Grundlage des dynamischen, nationalrevolutionären Nationsverständnis Lenins als auch mithilfe des statischen Nationsbegriffs Stalins wurde die Befindlichkeit der deutschen Nation erklärt. Der Auf- und Ausbau einer sozialistischen Ordnung in der DDR wurde als ein revolutionärer Akt ausgegeben, der zur Befreiuung und nationalen Unabhängigkeit ganz Deutschlands beitrage. Ein eigentümliches Verhältnis von nationaler Einheit und eklektischer, zumindest aber selektiver Geschichtsbetrachtung war und blieb im Wesentlichen kennzeichnend für die gesamte Ära Ulbricht bis 1971. Die SED postulierte, daß die DDR nationales Vorbild sei, dem Westdeutschland zwangsläufig folgen werde.

Gegen Ende dieser Periode wurde allerdings auch schon auf die Stalinsche Unterscheidung zwischen kapitalistischen und sozialistischen Nationen zurückgegriffen, und es wurde von den DDR-Historikern vorsichtig geprüft, inwieweit an den Kriterien des Stalinschen Nationsbegriffes gemessen, von einer einheitlichen Nation in Deutschland noch die Rede sein könne.

In der nachfolgenden Phase der Blockonfrontation (1955-1961) war deutlich geworden, daß die Ausgestaltung einer europäischen Friedensordnung an der ungelösten deutschen Frage scheiterte und daß aufgrund des entstehenden Nuklearpotentials keiner der beiden Blöcke eine Veränderung des Status Quo würde erzwingen können. Die DDR wurde außenpolitisch aufgewertet, weil sie zu einer wichtigen bündnispolitischen Klammer für die UdSSR wurde. Die nationalrevolutionäre Komponente wurde zugunsten der These von der "Dialektik der nationalen Entwicklung in Deutschland" abgeschwächt, der die Annahme zugrunde lag, daß sich in der DDR bereits eine sozialistische Nation entwickele, die aber für ganz Deutschland gesetzmäßig sei. Dieses Bild von der "Nation im Übergangsstadium" blieb bis zum Ende der Herrschaft Ulbrichts maßgebend. Das Geschichtsbild erfuhr in dieser

Phase keine nennenswerte Bereicherung, weil die Geschichtsbetrachtung in erster Linie der SED dazu diente, in den Wirren der Ent- und Restalinisierung den innenpolitischen und innerparteilichen Revisionismus zu bekämpfen. Auffallend ist für den Gesamtzeitraum, daß sich die Geschichtsbetrachtung im nationalen Rahmen deutscher Geschichte hielt und für die Erarbeitung des Geschichtsbildes das Gebäude des historischen Materialismus kaum rezipierte.

Die Herausbildung eines nuklearen Patts zwischen den Blöcken führte zur Zementierug des Status quo in Europa, was in Deutschland durch den Mauerbau sinnfällig wurde. Die DDR erlangte einen Höhepunkt ihres Einflusses als Klammer des östlichen Bündnisses und durchlief eine innenpolitische Modernisierungsphase. In dieser Etappe (1961-1971) bekräftigte die SED die nationale Vorbildrolle der DDR und baute das Geschichtsbild zum ersten Mal systematisch aus. Zwar war schon unmittelbar nach der Entstehung der DDR den Geschichtswissenschaftlern der Auftrag gegeben worden, zur Entstehung eines auf die DDR bezogenen Nationalbewußtseins beizutragen, doch eine intensive Auseinandersetzung mit dem Geschichtsbild der DDR setzte erst in der letzten Phase der Ära Ulbricht ein. Aus dieser Periode datierte das Postulat von der "historischen Mission" der DDR in Deutschland sowie die Erstellung einer sechsbändigen Geschichte der Arbeiterbewegung, die als zentraler Bestandteil des in dieser Zeit entwickelten "selektiven" Geschichtsbildes angesehen werden kann. Die Selektivität des Geschichtsbildes war charakterisiert durch die "Klassenlinien", die von der deutschen Geschichte in die Gegenwart gezogen wurden: die DDR verkörperte alle fortschrittlichen Traditionen deutscher Geschichte und die Bundesrepublik alle reaktionären. Dieses Geschichtsbild war vom damals vorherrschenden Nationsverständnis geprägt gewesen: so wie es zwei Klassennationen in Deutschland gab, nämlich eine sozialistische, welche die DDR und die werktätige Bevölkerung Westdeutschlands umfaßte, und eine kapitalistische, welche die westdeutschen Werktätigen unterdrückte, so gab es eben auch zwei Klassenlinien in der deutschen Geschichte.

Allerdings wurde nun das Nationsverständnis der SED zu einem Störfaktor der Blockintegration. Als "Nation im Übergangsstadium", die stärker auf den westdeutschen Teil der Nation als auf die übrigen sozialistischen Nationen des östlichen Bündnisses fixiert war, wurde der angestrebte Integrationsprozeß des RGW eher belastet. Die sowjetische Führung war bemüht, nach der Invasion in die CSSR 1968 und im Vorfeld der Ost-West-Kooperation eine größere Geschlossenheit im eigenen Einflußbereich herzustellen, was ideologisch durch die Breshnew-Doktrin ausgedrückt wurde.

Mit dem Machtwechsel von Ulbricht zu Honecker war zunächst (1971-1981) ein Paradigmenwechsel im Verhältnis von Geschichtsbild und Nationsverständnis verbunden. Das Postulat der nationalen Einheit wurde fallengelassen zugunsten der Zwei-Nationen-These. Die sozialistische Nation beschränkte sich nunmehr auf die DDR, während in der Bundesrepublik Deutschland eine kapitalistische Nation existierte, welche die gesamte westdeutsche Bevölkerung umfaßte. Gleichzeitig erfolgte eine systematische Einbeziehung des historischen Materialismus in das Geschichtsbild, so daß die beiden Nationsformen unterschiedlichen sozialökonomischen Gesellschaftsformationen, nämlich dem Kapitalismus und dem Sozialismus, zugeordnet werden konnten. Das Geschichtsbild wurde "internationalisiert", das heißt es wurde aus der für die Ära Ulbricht charakteristischen nationalen Einengung herausgenommen und in einen weltrevolutionären Kontext gestellt, dessen Mittelpunkt die russische Oktoberrevolution von 1917 bildete. Der Übergang zur Zwei-Nationen-These seit der Machtübernahme Honeckers erfolgte aus bündnispolitischen Zwängen und aufgrund der neuen Ostpolitik der sozialliberalen Bundesregierung, mit der ein Konzeptionswandel in der deutschen Frage verbunden war. Die Bundesregierung war nunmehr bereit, die Eigenstaatlichkeit der DDR anzuerkennen, als gemeinsames Band zwischen den beiden deutschen Staaten diente aber der Gedanke der Einheit der deutschen Nation. Da mit der Abschwächung der Blockkonfrontation und der staatlichen Anerkennung durch die Bundesrepublik auf der Basis nationaler Einheit auch der Abgrenzungsautomatismus gegenüber der Bundesrepublik entfiel, wurde diese Abgrenzung nun durch die Zwei-Nationen-These substituiert. Gleichzeitig konnte mit einer sozialistischen Nation in der DDR der Prozeß der gegenseitigen Annäherung im RGW ideologisch harmonisiert werden. In der Entwicklung des Geschichtsbildes spiegelte sich die bündnispolitische Situation: die UdSSR war Dreh- und Angelpunkt des "internationalisierten" Geschichtsbildes geworden.

Mit dem Wiederauflebenden der Blockkonfrontation (1981-1987) behielt die DDR-Führung die kooperativen Beziehungen zur Bundesrepublik bei, entwickelte eine deutschlandpolitische Sphäre der "Sonderentspannung" und plädierte für eine "Koalition der Vernunft". Damit vollzog sie eine gewisse Absetzbewegung gegenüber der UdSSR, was auch in der Hervorhebung der Nationalgeschichte der DDR im Geschichtsbild zum Ausdruck kam. Während das Nationsverständnis beibehalten wurde, erfuhr das Geschichtsbild einen entscheidenden Wandel, der als "Wende zur Nationalgeschichte" bezeichnet wurde. Aufgrund einer methodisch verfeinerten Geschichtsbetrachtung, die als Ergebnis der Unterscheidung von historischem Erbe und Tradition der DDR gelten kann, wurde nunmehr ein "integrales" Geschichtsbild entworfen, das nicht mehr bloß auf die "Freiheits- und Kampftraditionen des deutschen Volkes" rekurrierte, sondern ausdrücklich die fortschrittlichen Leistungen von Adel und Bürgertum integrierte. Der Verzicht auf ein beide deutschen Staaten umfassendes Nationsverständnis war Ausdruck einer Konsolidierung der SED-Herrschaft zu Beginn der achtziger Jahre, die einen Höhepunkt im Honecker-Besuch in Bonn erlebte. Mit dem Übergang zur nationalgeschichtlichen Betrachtungsweise war es möglich geworden, den Blick auf die ganze deutsche Geschichte auszuweiten und historische Größen wie Martin Luther, Friedrich II. oder Otto von Bismarck in das Geschichtsbild zu integrieren. Im Rahmen der sozialistischen Nation der DDR und ihrer Nationalgeschichte wurden alle diese Symbolfiguren deutscher Geschichte auf eine neue Stufe gehoben, ihrer Konfliktträchtigkeit insoweit entkleidet, als sie auch mit ihrem Wirken indirekt dem historischen Fortschritt, nämlich dem Entstehen der DDR, den Weg geebnet hätten.

Erst mit der neuen Außenpolitik Gorbatschows, der eine europäische Friedensordnung ohne Blöcke in einem "gemeinsamen Europäischen Haus" anstrebte, geriet die Abgrenzung der DDR ins Wanken (1987-1989). Mit der Desintegration des Ostblocks verlor auch die DDR ihren Rückhalt in der UdSSR. Dies war angesichts der Demokratisierung innerhalb der Sojwetunion deshalb besonders gravierend, weil die UdSSR für die DDR stets eine Vorbildrolle inne gehabt hatte. Die nationalgeschichtliche Betrachtungs-weise entwickelte sich in der letzten Phase zu einer Art konservativer Bastion, hinter der sich die DDR-Führung verschanzte und sich jeglicher Geschichts- aber auch jeder innenpolitischen Reformdiskussion versperrte.

Welchen Aussage- und Erkenntniswert haben die gewählten Indikatoren "Geschichtsbild" und "Nationsverständnis" bei der Betrachtung der DDR? Im Geschichtsbild manifestierte sich das jeweils propagierte Selbstverständnis der DDR, so wie die Partei- und Staatsführung "ihren" Staat dargestellt und von der Bevölkerung der DDR wahrgenommen wissen wollen. Die Funktionsbestimmung des Geschichtsbildes war stets und primär eine innenpolitische, es sollte dazu dienen, eine nationale Identität innergesellschaftlich aufzubauen und zu verankern.

Die Erzeugung einer nationalen Identität stellte sich im Nachkriegsdeutschland deswegen als außerordentlich schwierig dar, weil die Geschichte der deutschen Nation und der deutsche Nationalismus äußerst diskreditiert waren und weil Deutschland ein geteiltes Land war. Das Nationsverständnis gab Aufschluß über die jeweilige Sichtweise der SED und ihrer Historiker auf die Lage der deutschen Nation und deren Haltung zur deutschen Teilung.

Für das Verhältnis von Geschichtsbild und Nationsverständnis während der gesamten Existenz der DDR war kennzeichnend, daß es sowohl mit einer gesamtdeutschen als auch mit einer gegenüber der Bundesrepublik Deutschland abgrenzenden Komponente versehen war. Bis 1971 war der gesamtdeutsche Anspruch im Nationsverständnis beheimatet, während im Geschichtsbild die Abgrenzung zur Bundesrepublik vorgenommen wurde. Der Paradigmenwechsel im Verhältnis zwischen Geschichtsbild und Nationsverständnis beim Übergang von Ulbricht zu Honecker hatte seine Bedeutung darin, daß die DDR aus dem "Spannungsverhältnis von Eigenstaatlichkeit und überstaatlichem Anspruch" befreit wurde und das Nationsverständnis mit der staatlichen Existenz zur Deckung gebracht werden konnte. War mit der Zwei-Nationen-These die Abgrenzung zur Bundesrepublik vorgenommen worden, so wurden nunmehr die gesamtdeutschen Bezüge im Geschichtsbild, als nationalgeschichtliche Betrachtung verankert.

Beide Faktoren, Geschichtsbild und Nationsverständnis, standen stets in einem antizyklischen Verhältnis zueinander, es gelang zu keinem Zeitpunkt, eine nationalstaatliche Eigenständigkeit der DDR historisch plausibel so zu begründen, daß Geschichtsbild und Nationsverständnis in Einklang gebracht werden konnten. Gegen Ende der Ära Ulbricht existierte die DDR nur als unvollendeter Nationalstaat, weil der westdeutsche Teil noch fehlte, in der Ära Honecker hatte der Nationalstaat DDR den Makel, sich die Nationalgeschichte weitestgehend mit der Bundesrepublik teilen zu müssen. Dies führte letztlich zu dem paradoxen Resultat, daß sich die DDR-Historiographie auf das Bismarckreich von 1871 als nationale Wurzel der DDR berief, um diese vor dem westdeutschen Wiedervereinigungsanspruch zu schützen.

Nun ist aus der Inkongruenz von Geschichtsbild und Nationsverständnis im Hinblick auf die nationalstaatliche Eigenständigkeit der DDR nicht der Schluß zu ziehen, daß die DDR hieran scheiterte. Umgekehrt ergibt sich aber aus der vorliegenden Untersuchung auch kein Anhaltspunkt dafür, daß der deutschnationale Gleichklang zwischen DDR und Bundesrepublik in der Geschichtsbetrachtung, wie er sich in den achtziger Jahren herstellte, die deutsche Einigung von 1989/90 vorbereitete. Der Rückgriff der DDR-Historiographie auf die ganze deutsche Geschichte drückte ein "nationales Defizit" aus, dessen Hypothek die DDR-Führung durchgängig zu kompensieren hatte, entweder mit einem gesamtdeutschen Nationsverständnis oder mit einem gesamtdeutschem Geschichtsbild. Die nationalgeschichtliche Perspektive mag dazu beigetragen haben, daß sich, zumindest unter den beteiligten Geschichtswissenschaftlern, das Bewußtsein einer gemeinsamen deutschen Vergangenheit erhalten hat.

Im Nationsverständnis der DDR spiegelte sich allerdings nicht nur das Verhältnis der SED zur deutschen Frage, sondern hier reflektierten sich auch die Möglichkeiten und Grenzen der bündnispolitischen Integration der DDR, war doch der von der sowjetischen Führung angestrebte engere Zusammenschluß des RGW-Staaten als Annäherungsprozeß sozialistischer Nationen umschrieben worden. Wird dies mitbedacht, dann war das Verhältnis von Geschichstbild und Nationsverständnis auch der Reflex des gesamten widerspruchsvollen politischen Bedingungsgefüges, das die Existenzgrundlage der DDR darstellte und ideologisch auf einen harmonischen Nenner gebracht werden sollte. Die DDR war in den achtziger Jahren nach ihrer Selbstauskunft als Höhepunkt und Vollendung deutscher Geschichte zu verstehen, maß der UdSSR gleichzeitig eine Vorbildrolle zu, strebte die Integration des RGW an und hatte besondere Beziehungen zur Bundesrepublik zu pflegen. Diese Faktoren bedingten sich in der Tat gegenseitig; als einer dieser Faktoren, nämlich die enge Bindung an die UdSSR, seit 1987 wegbrach, geriet auch die staatliche Existenz der DDR ins Trudeln.

Als der sowjetische Pfeiler erodierte, suchte die DDR-Führung Zuflucht im Geschichtsbild. Im Zusammenhang mit dem Scheitern des "Nationalstaates DDR" wird, und dies ist als ein wesentliches Ergebnis dieser Arbeit festzuhalten, die "Wende zur Nationalgeschichte" zu Anfang der 80er Jahre nicht mehr nur als eine offensive Wiederentdeckung der deutschen Geschichte, sondern vielmehr als Ausdruck der politischen und ideologischen Isolation der DDR und ihrer Staatsführung zu bewerten sein. Außenpolitisch war sie zwischen einer unsicher gewordenen östlichen Allianz und der drohenden nationalen Vereinnahmung durch die Bundesrepublik befangen; innenpolitisch wurde sie das Opfer ihrer dogmatischen Selbstverherrlichung, die der gesellschaftlichen Realität nicht mehr standhielt. Im Zusammenwirken von allianzpolitischer Desintegration und innergesellschaftlicher Opposition klammerte sich an die vermeintliche Wahrheit des Geschichtsprozesses und war so unfähig, sich auf neue Legitimationsverfahren politischer Herrschaft einzulassen.

In dieser Phase zeigte sich die entscheidende Schwäche des Geschichtsbildes, die in dessen etatistischen Ausrichtung begründet war. Es hatte eine staatstragende Qualität und diente via Auftrag der SED an die DDR-Historiographie der sprachlichen Regelung des Selbstverständnisses der herrschenden DDR-Elite. Dabei war die innergesellchaftliche Konsensbildung in Form der Dekretierung eines staatlichen Selbstverständnisses selbst nicht mehr gefragt. Das Geschichtsbild hatte Ende der achtziger Jahre seine Legitimations- und Orientierungsfunktion und die DDR-Führung den Bezug zur innen- und außenpolitischen Realität verloren. Die DDR-Opposition des Herbstes 1989 orientierte sich nicht am Geschichtsbild, sondern sie suchte vergeblich den Dialog über gesellschaftliche und ökologische Probleme mit einer

Staats- und Parteiführung, die sich längst abgeschottet hatte und Gefangene des "alten Denkens" geworden war.

Die Selbstisolation der DDR-Führung wirft ein bezeichnendes Licht auf die Möglichkeiten und Grenzen der ideologischen Begründung politischer Herrschaft. Die widerspruchsvolle Verknüpfung von Geschichtsbild und Nationsverständnis macht deutlich, daß weder eine historisch-wissenschaftliche noch eine mit absolutem Wahrheitsanspruch auftretende Politikbegründung auf Dauer die notwendige Lernfähigkeit eines politischen Systems gewährleisten kann. Das Scheitern des unvollendeten Nationalstaats DDR ist Teil des Scheiters eines 'wissenschaftlichen Sozialismus', der von der Aufklärung die Instrumentalisierung der Vernunft übernahm und sich selbst ad absurdum führte.

11. BIBLIOGRAPHIE

1. Materialien, Dokumente und Dokumentensammlungen

Akademie der Wissenschaften der DDR, Zentralinstitut für Geschichte, Hrsg., unter der Leitung von Horst Bartel, Thesen über Martin Luther. Zum 500. Geburtstag, in: DA 2/1983, S.198-211 (zit. als Luther-Thesen 1983)

Aufruf zum 30. Jahrestag der Gründung der DDR, in: E 12/1978.

Beschluß der II. Parteikonferenz der Sozialistischen Einheitspartei Deutschlands zur gegenwärtigen Lage und und zu den Aufgaben im Kampf für Frieden,Einheit und Sozialismus, in: E 8/1952, S.708-713.

Bleek, Wilhelm/Bovermann, Rainer, Die Deutschlandpolitik der SDP/FDP-Koalition 1969-1982. Expertise für die Enquete-Kommission des Deutschen Bundestages "Aufarbeitung der Geschichte und Folgen der SED-Diktatur in Deutschland", Bochum 1993 (zit. als: Bleek, W./Bovermann, R., 1993).

Brandt, Peter; Ammon, Herbert, Hrg., Die Linke und die nationale Frage. Dokumente zur deutschen Einheit seit 1945, Reinbek bei Hamburg 1981 (zit. als: Brandt, P./ Ammon, H., 1981).

Brinkel, Wolfgang/Rodejohann, Jo, Das SPD:SED-Papier. Der Streit der politischen Ideologien und die gemeinsame Sicherheit, Freiburg 1988, S. 11-21 (zit. als: Streit der Ideologien 1988).

Bundesministerium für innerdeutsche Beziehungen, Hrg., Texte zur Deutschlandpolitik, Reihe II, Band 2: 13.März 1974 - 29.Dezember 1974, Band 3: 30. Januar 1975 - 19.Dezember 1975, Band 4: 11. Januar 1976 - 27.Februar 1977, Band 6: 19. Januar 1978 - 19. Juni 1978 (zit. als: Texte, 1974, 1975, 1976, 1978)

Bundesministerium für innerdeutsche Beziehungen, Hrg., Die Entwicklung der Beziehungen zwischen der Bundesrepublik Deutschland und der Deutschen Demokratischen Republik 1969 - 1976. Bericht und Dokumentation, Bonn 1977 (zit. als: Dokumentation 1977).

Bundesministerium für innerdeutsche Beziehungen, Hrg., Nation. Aus den Materialien zum Bericht zur Lage der Nation 1974, o.O. und o.J.

Deutsche Geschichte und politische Bildung. Öffentliche Anhörungen des Ausschusses für innerdeutsche Beziehungen des Deutschen Bundestages 1981, hrsg. vom Deutschen Bundestag, Bonn [2]1982.

Dokumente zur Geschichte der SED, o. Hrg., Band 1: 1847 bis 1965, Redaktion: Müller, Eckhard (Leitung); Holze, Rainer/ Laschitza, Horst/ Winkler, Gerhard, Berlin-Ost 1981 (zit. als: SED-Dokumente 1981).

Flechtheim, Ossip K., Hrg., Dokumente zur parteipolitischen Entwicklung in Deutschland seit 1945, Band 7: Innerparteiliche Auseinandersetzungen, 2. Teil, Berlin 1969 (zit. als: Flechtheim, O.K., 1969).

Gemeinsame Erklärung von Bundeskanzler Helmut Kohl und Staatspräsident Michail Gorbatschow in Bonn vom 13.6.1989, in: EA 13/89, D. 382-385 (zit. als: Gemeinsame Erklärung 1989).

Institut für Internationale Politik und Wirtschaft der DDR und Historische Gedenkstätte des Potsdamer Abkommens Cecilienhof, Hrsg., Das Potsdamer Abkommen. Dokumentensammlung, Berlin-Ost 1979 (zit. als: Potsdamer Abkommen, 1979)

Neef, Helmut, Hrg., Dokumente der Nationalen Front des demokratischen Deutschland, Berlin-Ost 1967 (zit. als: Neef, H., 1967).

Presse- und Informationsamt der Bundesregierung, Hrg., Sicherheit und Zusammenarbeit in Europa. KSZE-Dokumentation, Köln 1975 (zit. als: KSZE 1975).

Politbüro der SED, Thesen zum zehnten Jahrestag der Gründung der Deutschen Demokratischen Republik, in: E 9/J959, S.1243-1263 (zit. als: Politbüro, 1959).

Politbüro der SED, Die weitere Entwicklung der marxistisch-leninistischen Gesellschaftswissenschaften in der DDR, in: E 12/1968, S.1445-1470 (zit. als: Politbüro, 1968).

Programm und Statut der SED vom 22. Mai 1976, o. Hrsg., mit einem einleitenden Kommentar von Karl Wilhelm Fricke, Köln 1976 (zit. als: SED-Programm 1976)

Protokoll der Verhandlungen des zweiten Parteitages der SED, 20. bis 24. September 1947 in der deutschen Staatsoper zu Berlin, Berlin 1947.

Rein, Gerhard, Die Opposition in der DDR. Entwürfe für einen anderen Sozialismus, Berlin 1989 (zit. als: Rein, G., 1989).

Schmitt, F.J., Hrg., Deutschland- und Ostpolitik im Deutschen Bundestag, Band 1, Bonn 1973.

Siegler, Heinrich, Hrg., Wiedervereinigung und Sicherheit Deutschlands, Band 1: 1944 - 1963. Eine dokumentarische Diskussionsgrundlage, sechste erw. Auflage, Bonn, Wien, Zürich 1967 (zit. als: Siegler, H., 1967).

Zentraler Forschungsplan der marxistisch-leninistischen Gesellschaftswissenschaften der DDR bis 1975, in: E 2/1972, S.169-184 (zit. als: Forschungsplan, 1972)

Zentralkomitee der SED, Der Kampf um den Frieden und die nationale Einheit Deutschlands ist die oberste Aufgabe, in: E 7/1952, S.609-620 (zit. als: ZK-SED 1952).

Zentralkomitee der SED, Die Souveränität und die Außenpolitik der Deutschen Demokratischen Republik, in: E 7/1954, S.625-636 (zit. als: ZK-SED 1954 a)

Zentralkomitee der SED, Fünf Jahre Deutsche Demokratische Republik, in: E 10/1954, S.897-909 (zit. als: ZK-SED 1954 b).

Zentralkomitee der SED, Die Deutsche Demokratische Republik verkörpert die Zukunft Deutschlands (zum sechsten Jahrestag der Gründung der Deutschen Demokratischen Republik), in: E 10/1955, S.956-969 (zit. als: ZK-SED 1955).

Zentralkomitee der SED, Die Novemberrevolution 1918 in Deutschland. Thesen des Zentralkomitees zum 40. Jahrestag der Novemberrevolution, in: E 10/1958, S.1377-1403 (zit. als: ZK-5ED 1958).

2. Nachschlagewerke

Autorenkollektiv unter der Leitung von Schulz, Gertrud, Hrg., Kleines politisches Wörterbuch, dritte überarb. Auflage, Berlin-Ost 1978 (zit. als: Wörterbuch 1978).

Buch, Günther, Namen und Daten wichtiger Personen der DDR, Berlin, Bonn 1979 (zit. als: Buch, G., 1979).

Bundesministerium für innerdeutsche Beziehungen, Hrg., DDR - Handbuch, wissenschaftl. Leitung: Peter C. Ludz unter Mitwirkung von Johannes Kuppe, Köln 1975 (zit. als: DDR - Handbuch 1975).

Deutsches Institut für Wirtschaftsforschung, Hrg., Handbuch DDR - Wirtschaft, Reinbek bei Hamburg 1977 (zit. als: DDR - Wirtschaft 1977).

Presse- und Informationsamt der Bundesregierung, Hrsg., Gesellschaftliche Daten, Wolfsbüttel [2]1978

Schuster, Rudolf, Hrg., Deutsche Verfassungen, München [13]1981 (zit. als: Schuster, R., 1981).

Wörterbuch der Geschichte, hrsg. v. Horst Bartelt u.a., Berlin-Ost 1983

3. Monographien

Abusch, Alexander, Der Irrweg einer Nation, Berlin 1947.

Akademie der Wissenschaften der DDR, Zentralinstitut für Geschichte, Hrg., unter der Leitung von Ernst Diehl, Grundriß der deutschen Geschichte. Von den Anfängen der Geschichte des deutschen Volkes bis zur Gestaltung der entwickelten sozialistischen Gesellschaft in der Deutschen Demokratischen Republik, Klassenkampf - Tradition - Sozialismus, Berlin-Ost 21979 (zit. als: Grundriß 1979).

Ash, Timothy. G., "Und willst du nicht mein Bruder sein... Die DDR heute, Hamburg 1981.

Ash, Timothy, G., Ein Jahrhundert wird abgewählt. Aus den Zentren Europas 1980-1990, München 1990 (zit. als: Ash, T., 1990).

Autorenkollektiv unter der Leitung von P.N. Fedossejew, M.J. Kulitschenko, Der Leninismus und die nationale Frage in der Gegenwart, Moskau 1974 (zit. als: Fedossejew, P.N., 1974).

Autorenkollektiv unter der Leitung von Ernst Diehl und Gerhard Roßmann, Geschichte der SED. Abriß, Berlin-Ost 1978 (zit. als: Autorenkollektiv 1978).

Berschin, Helmut, Deutschland - ein Name im Wandel. Die deutsche Frage im Spiegel der Sprache, München, Wien 1979 (zit. als: Berschin, H., 1979).

Besson, Waldemar, Von Roosevelt bis Kennedy. Grundzüge der amerikanischen Außenpolitik 1933 - 1963, Frankfurt 1964 (zit. als: Besson, W., 1964).

Boersner, Demetris, The Bolsheviks and the national and colonial question (1917 - 1928), Genf 1957 (zit als: Boersner, D., 1957).

Bredow, Wilfried v., Vom Antagonismus zur Konvergenz? Studien zum Ost-West-Problem, Frankfurt/M. 1972 (zit. als: Bredow, W., 1972)

Brinks, Jan H., Die DDR-Geschichtswissenschaft auf dem Weg zur deutschen Einheit. Luther, Friedrich II. und Bismarck als Paradigmen politischen Wandels, Frankfurt New York 1992 (zit. als: Brinks, J., 1992).

Bruns, Wilhelm, Deutsch - deutsche Beziehungen. Prämissen -Probleme - Perspektiven, dritte erw. und aktualisierte Auflage, Opladen 1982 (zit. als: Bruns, W., 1982).

Brzezinski, Zbigniew K., Der Sowjetblock. Einheit und Konflikt, Köln 1962 (zit. als: Brzezinski, Z.K. 1962).

Büscher, Wolfgang/Wensierski, Peter, Null Bock auf DDR. Aussteigerjugend im anderen Deutschland, Hamburg 1984 (zit. als: Büchscher, W./Wensierski, P. 1984).

Bussiek, Hendrik, Notizen aus der DDR. Erlebnisse, Erfahrungen, Erkenntnisse in der unbekannten deutschen Republik, Frankfurt/Main 1979 (zit. als: Bussiek, H., 1979).

Butenko, A.P., Sozialistische Integration - Wesen und Perspektiven, Berlin-Ost 1972 (zit. als: Butenko, A.P., 1972).

Conze, Werner; Groh, Dieter, Die Arbeiterbewegung in der nationalen Bewegung, Stuttgart 1966

Czempiel, Ernst-Otto, Die Machtprobe. Die USA und die Sowjetunion in den 80er Jahren, München 1989 (zit. al: Czempiel, E.-O., 1989).

Damus, Renate, RGW - wirtschaftliche Zusammenarbeit in Osteuropa, Opladen 1979 (zit. als: Damus, R., 1979).

Dann, Otto, Hrg., Nationalismus und sozialer Wandel, Hamburg 1978.

Davies, Robert, Perestroika und Geschichte. Die Wende in der sowjetischen Historiographie, München 1991 (zit. als: Davies, R., 1991).

DDR und Osteuropa. Währung und Wirtschaft, hsrg. v. Volkswirtschaftliche Abteilung der Deutsche Bank AG in Zusammenarbeit mit dem Bundesministerium für innerndeutsche Beziehungen, Rheinbreitbach 1990 (zit. als: Deutsche Bank 1990).

Deutsch, Karl W., Nationalism and Social Communication. An Inquiry into the Foundations of Nationality, Cambridge/Mass., London 1966.

Deutsch, Karl W., Der Nationalismus und seine Alternativen, München 1972 (zit. als: Deutsch, K.W., 1972).

Doehler, Edgar; Falkenberg, Rudolf, Militärische Traditionen der NVA, Berlin-Ost 1979 (zit. als: Doehler, E., 1979).

End, Heinrich, Zweimal deutsche Außenpolitik. Internationale Dimensionen des innerdeutschen Konflikts 1949 - 1972, Köln 1972 (zit. als: End, H., 1972).

Fischer, Alexander/Heydemann, Günther, Geschichtswissenschaft in der DDR. Band I: historische Entwicklung, Theoriediskussion und Geschichtsdidaktik, Berlin 1988 (zit. als: Fischer, A./Heydemann, G., 1988).

Fricke, Karl W., Opposition und Widerstand in der DDR, Köln 1984 (zit. als: Fricke, K. W., 1984).

Fritsch-Bournazel, Renata, Die Sowjetunion und die deutsche Teilung. Die sowjetische Deutschlandpolitik 1945 - 1979, Opladen 1979 (zit. als: Fritsch-Bournazel, R., 1979).

Gaus, Günter, Texte zur deutschen Frage. Mit den wichtigsten Dokumenten zum Verhältnis der beiden deutschen Staaten, Neuwied 1981 (zit. als: Gaus, G., 1981).

Gleserman, G.J., Klassen und Nation, Berlin-Ost 1975(zit. als: Gleserman, G.J., 1975).

Görtemaker, Manfred/Hrdlicka, Manuela, Das Ende des Ost-West-Konflikts? Die amerikanisch-sowjetischen Beziehungen von den Anfängen bis zur Gegenwart, Berlin 1990 (zit. als: Görtemaker, M., 1990).

Grosser, Alfred, Geschichte Deutschlands seit 1945. Eine Bilanz, München [8]1980 (zit. als: Grosser, A., 1980).

Hacker, Jens, Der Rechtsstatus Deutschlands aus der Sicht der DDR, Köln 1974 (zit. als: Hacker, J., 1974).

Haftendorn, Helga, Eine schwierigre Partnerschaft. Bundesrepublik Deutschland und USA im atlantischen Bündnis, Berlin 1988.

Harstick, Hans-Peter, Marxistisches Geschichtsbild und nationale Tradition. Zur Gegenwartslage der Geschichtswissenschaft in der DDR, Hannover 1988 (zit. als: Harstick, H.-P. 1988).

Haufe, Gerda, Dialektik und Kybernetik in der DDR. Zum Problem von Theoriediskussion und politisch-gesellschaftlicher Entwicklung im Übergang zur wissenschaftlich-technischen Revolution, Berlin 1980 (zit. als: Haufe, G., 1980).

Heitzer, Heinz, DDR - geschichtlicher Überblick, Frankfurt/Main 1979 (zit. als: Heitzer, H., 1979).

Heydemann, Günther, Geschichtswissenschaft im geteilten Deutschland. Entwicklungsgeschichte, Organisationsstruktur, Funktionen, Theorie- und Methodenprobleme in der Bundesrepublik Deutschland und in der DDR, Frankfurt Bern Cirencester 1980 (zit. als: Heydemann, G., 1980).

Hillgruber, Andreas, Deutsche Geschichte 1945 - 1975. Die "deutsche Frage" in der Weltpolitik, zweite erw. und durchgesehene Auflage, Frankfurt/M., Berlin, Wien 1978 (zit. als: Hillgruber, A., 1978).

Honecker, Erich, Reden und Aufsätze, Bd. 10, Berlin-Ost 1986 (zit. als: Honecker, E., 1986).

Horkheimer, Max/Adorno, Theodor W., Dialektik der Aufklärung, Frankfurt/M. 1989 (zit. als: Horkheimer, M./Adorno, 1989).

Huster, Erst-Ulrich/Kraiker, Gerhard/Scherer, Burkhard/Schlotmann, Friedrich-Karl, Determinanten der westdeutschen Restauration 1945-1949, Frankfurt [7]1980 (zit. als: Huster, E.-U., 1980).

Jänicke, Martin, Der dritte Weg. Die antistalinistische Opposition gegen Ulbricht seit 1953, Köln 1964 (zit. als: Jänicke, M. 1964).

Jaspers, Karl, Freiheit und Wiedervereinigung. Über Aufgaben deutscher Politik, München 1960 (zit. als: Jaspers, K., 1960)

Jerchow, Friedrich, Deutschland in der Weltwirtschaft 1944 -1947. Alliierte Deutschland- und Reparationspoltik und die Anfänge der westdeutschen Außenwirtschaft, Düsseldorf 1978 (zit. als:Jerchow, F., 1978).

Jüttner, Alfred, Die deutsche Frage, Köln, Berlin, Bonn, München 1971.

Kleßmann, Christoph, Die doppelte Staatsgründung. Deutsche Geschichte 1945 - 1955, Bonn 1982 (zit. als: Kleßmann, C., 1982).

Kolakowski, Leszek, Die Hauptströmungen des Marxismus. Entstehung - Entwicklung - Zerfall, Band 3, München 1979 (zit. als: Kolakowski, L., 1979).

Kosing, Alfred, Nation in Geschichte und Gegenwart. Studie zur historisch-materialistischen Theorie der Nation, Berlin-Ost 1976 (zit. als: Kosing, A., 1976).

Kregel, Bernd, Außenpolitik und Systemstabilisierung in der DDR, Opladen 1979 (zit. als; Kregel, B., 1979).

Kreusel, Dietmar, Nation und Vaterland in der Militärpresse der DDR, Stuttgart-Degerloch 1971 (zit. als: Kreusel, D., 1971).

Krockow, Christian Graf v., Nationalismus als deutsches Problem, München 1974.

Lenin, Wladimir I., Kritsche Bemerkungen zur nationalen Frage, Berlin-Ost 1980 (zit. als: Lenin, W.I., 1980 a)

Lenin, Wladimir I., Staat und Revolution. Die Lehre des Marxismus vom Staat und die Aufgaben des Proletariats in der Revolution, Berlin-Ost 1980 (zit. als: Lenin, W.I., 1980 b).

Lenin, Wladimir I., Werke, Band 22: Dezember 1915 - Juli 1916, hrsg. vom Institut für Marxismus-Leninismus beim ZK der KPdSU, Berlin-Ost [6]1981 (zit. als: Lenin, W.I. 1981)

Link, Werner, Der Ost-West-Konflikt. Die Organisation der in-ternationalen Beziehungen im 20. Jahrhundert, Stuttgart 1980 u. [2]1988 (zit. als: Link, W., 1980 u. 1988).

Ludz, Peter C., Parteielite im Wandel. Funktionsaufbau, Sozialstruktur und Ideologie der SED-Führung. Eine empirisch-systematische Untersuchung, Köln, Opladen [2]1968 (zit. als: Ludz, P.C., 1968).

Ludz, Peter C., Ideologiebegriff und marxistische Theorie, Opladen 1976 (zit. als: Ludz, P.C., 1976).

Ludz, Peter C., Die DDR zwischen Ost und West. Politische Analysen von 1961 - 1977, München 1977 (zit. als: Ludz, P.C., 1977).

Marcuse, Herbert, Die Gesellschaftslehre des sowjetischen Marxismus, Darmstadt, Neuwied 1979 (zit. als: Marcuse, H., 1979).

Mannheim, Karl, Ideologie und Utopie, Frankfurt/M., [7]1985

Marx, Karl/Engels, Friedrich, Werke, hrsg. v. Institut für Marxismus-Leninismus beim ZK der SED, Band 2: 1844 - 1846, Band 3: 1845 - 1846, Band 4: Mai 1846 - März 1848, Band 6: November 1848 - Mai 1849, Band 8: August 1851 - März 1853, Band 35: Januar 1881 - März 1883, Berlin-Ost 1957ff. (zit. als: MEW mit Bandzahl und nachfolgender Seitenangabe).

Meissner, Boris, Die "Breshnew-Doktrin". Das Prinzip des proletarisch-sozialistischen Internationalismus und die Theorie von den verschiedenen Wegen zum Sozialismus, Dokumentation, Köln 1969 (zit. als: Meissner, B., 1969).

Mentzel, Jörg-Peter; Pfeiler, Wolfgang, Deutschlandbilder. Die Bundesrepublik Deutschland aus der Sicht der DDR und der Sowjetunion, Düsseldorf 1972.

Mittenzwei, Ingrid, Friedrich II. von Preußen. Biographie, Köln [2]1980 (zit. als: Mittenzwei, I., 1980)

Moraw, Frank, Die Parole der "Einheit" und die Sozialdemokratie. Zur parteiorganisatorischen und gesellschaftspolitischen Orientierung der SPD in der Periode der Illegalität und in der ersten Phase der Nachkriegszeit 1933 -1948, Bonn-Bad Godesberg 1973 (zit. als: Moraw, F., 1973).

Moseleit, Klaus, Die "zweite" Phase der Entspannungspolitik der SPD 1983-1989. Eine Analyse ihrer Entstehungsgeschichte, Entwicklung und konzeptionellen Ansätze, Frankfurt/M. Berlin New York Paris 1991 (zit. als: Modeleit, K., 1991).

Motschmann, Klaus, Sozialismus und Nation. Wie deutsch ist die "DDR", München 1979 (zit. als: Motsch-mann, K., 1979).

Niclauß, Karlheinz, Kontroverse Deutschlandpolitik. Die politische Auseinandersetzung in der Bundesrepublik Deutschland über den Grundlagenvertrag mit der DDR, Frankfurt/M. 1977 (zit. als: Niclauß, K., 1977).

Nawrocki, Joachim, Bewaffnete Organe in der DDR. Nationale Volksarmee und andere militärische sowie paramilitärische Verbände, Berlin 1979 (zit. als: Nawrocki, J., 1979)

Oelßner, Fred, Die heutige Bedeutung der nationalen Frage, Berlin ²1954 (zit. als: Oelßner, F., 1954).

Osten, Walter, Die Außenpolitik der DDR. Im Spannungsfeld zwischen Moskau und Bonn, Opladen 1969 (zit. als: Osten, W., 1969).

Pawlow, Nicole-Anette, Innerdeutsche Städtepartnerschaften. Entwicklung, Praxis, Möglichkeiten, Berlin 1990 (zit. als: Pawlow, N., 1990).

Plessner, Helmuth, Die verspätete Nation. Über die politische Verführbarkeit bürgerlichen Geistes, Frankfurt/M 1974 (zit. als: Plessner, H., 1974).

Rauch, Georg v., Geschichte der Sowjetunion, Stuttgart 1969 (zit. als: Rauch, G., 1969).

Reuter, Frank, Geschichtsbewußtsein in der DDR, Köln 1973 (zit. als: Reuter, F., 1973).

Riege, Gerhard/Kulke, Hans-Jürgen, Nationalität: deutsch Staatsbürgerschaft: DDR, Berlin-Ost ²1980

Rühl, Lothar, Zeitenwende in Europa. Der Wandel der Staatenwelt und der Bündnisse, Stuttgart 1990 (zit. als: Rühl, L., 1990).

Schmid, Hans Dieter, Geschichtsunterricht in der DDR. Eine Einführung, Stuttgart 1979 (zit. als: Schmid, H., 1979).

Schmidt, Alfred, Geschichte und Struktur. Fragen einer marxistischen Historik, Frankfurt, Berlin, Wien 1978

Schradi, Johannes, Die DDR-Geschichtswissenschaft und das bürgerlich Erbe. Das deutsche Bürgertum und die Revolution von 1848 im sozialistischen Geschichtsverständnis, Bern New York 1984

Schulz, Eberhard/Schulz, Dieter, Braucht der Osten die DDR?, Opladen 1968 (zit. als: Schulz, E., 1968).

Schuster, Rudolf, Deutschlands staatliche Existenz im Widerstreit politischer und rechtlicher Gesichtspunkte 1945 - 1963, München 1963 (zit. als: Schuster, R., 1963).

Schwarz, Heinz-Peter, Vom Reich zur Bundesrepublik. Deutschland im Widerstreit der außenpolitischen Konzeptionen in den Jahren Besatzungsherrschaft 1945 - 1949, zweite erw. Auflage, Stuttgart, Neuwied, Berlin 1980 (zit. als: Schwarz, H.-P., 1980).

Schweigler, Gebhardt, Nationalbewußtsein in der Bundesrepublik Deutschland und der DDR, Düsseldorf 1973.

Stalin, Jossif, Ökonomische Probleme des Sozialismus in der UDSSR, Stuttgart 1952.

Stalin, Jossif, Der Marxismus und die Fragen der Sprachwissenschaft, Berlin [6]1955.

Stalin, Jossif, Werke, Band 2: 1907 - 1913, Band 3: März 1917 - Oktober 1917, Band 11: 1928 - März 1929, Berlin-Ost 1953f. (zit. als: Stalin, J. mit Bandzahl und nachfolgender Seitenangabe).

Staritz, Dietrich, Sozialismus in einem halben Land. Zur Programmatik und Politik der KPD/SED in der Phase der antifaschistisch-demokratischen Umwälzung in der DDR, Berlin 1976 (zit. als: Staritz, D., 1976).

Stern, Carola, Porträt einer bolschewistischen Partei. Entwicklung, Funktion und Situation der SED, Köln 1957 (zit. als: Stern, C. 1957). 237

Vogt, Walter, Integration - Politik und Ökonomie. Zu einigen Aspekten der sozialistischen ökonomischen Integration des RWG, Berlin-Ost 1978 (zit. als: Vogt, W., 1978).

Wassmund, Hans, Die Supermächte und die Weltpolitik. USA und UdSSR seit 1945, München 1989 (zit. als: Wassmund, H., 1989).

Weber, Hermann, Die Wandlung des deutschen Kommunismus. Die Stalinisierung der KPD in der Weimarer Republik, gekürzte Studienausgabe, Frankfurt/M. 1969 (zit. als: Weber, H., 1969)

Weber, Hermann, DDR. Grundriß der Geschichte 1945 - 1976, Hannover 1976 (zit. als: Weber, H., 1976).

Weber, Hermann, Geschichte der DDR, München [2]1987 (zit. als: Weber, H., 1987).

Wettig, Gerhard, Die Sowjetunion, die DDR und die Deutschlandfrage 1965 - 1976. Einvernehmen und Konflikt im sozialistischen Lager, Stuttgart 1976 (zit. als: Wettig, G., 1976).

Zellentin, Gerda, Hrg., Annäherung, Abgrenzung und friedlicher Wandel in Europa, Boppard am Rhein 1976 (zit. als: Zellentin, G. 1976).

Zimmer, Matthias, Nationales Interesse und Staatsräson. Zur Deutschlandpolitik der Regierung Kohl 1982-1989, Paderborn München Wien Zürich 1992 (zit. als: Zimmer, M., 1992).

3. Aufsätze und Artikel in Sammelwerken, Zeitschriften und Zeitungen

Ammer, Thomas, Kontinuität und Wandel. Zur Bewertung der Verschwörung vom 20. Juli 1944 in der DDR, in: DA 2/89, S. 964-967 (zit. als: Ammer, T., 1989).

Arbeitskreis Wittenberg, Kein Sonnenschein ohn' Unterlaß. Naturzerstörung und ein Handlungskatalog, in: Büscher, Wolfgang/Wensierski, Peter, Beton ist Beton, Zivilisationskritik aus der DDR, Hattingen 1981, S. 51-84 (zit. als: Arbeitskreis Wittenberg, 1981).

Ausschuß "Kirche und Gesellschaft", Plädoyer für einen neuen Lebensstil. Alternativen zur Herrschaft des ökonomischen Kalküls, in: Büscher, Wolfgang/Wensierski, Peter, Beton ist Beton, Zivilisationskritik aus der DDR, Hattingen 1981, S. 103-118.

Axen, Hermann, Proletarischer Internationalismus in unserer Zeit, in: E 10/1968, S.1203-1220 (zit. als: Axen, H., 1968).

Axen, Hermann, Europa - nicht Kriegsherd, sondern Bollwerk des Friedens, in: E 6/ 1967, S.643-654 (zit. als: Axen, H., 1967).

Badstübner, Rolf, Die Geschichtsbetrachtung über die DDR zwischen Krise und Erneuerung, in: BzG 4/90, S. 481-491 (zit. als: Badstübner, R., 1990).

Badstübner, Rolf, Zur Nationalgeschichte der DDR 1945-1949, in: ZfG 8/89, S. 675-684 (zit. als: Badstübner, R., 1989).

Badstübner-Peters, Evemarie, Kultur und Lebensweise der Arbeiterklasse in der sowjetischen Besatzungszone Deutschlands als Gegenstand kulturhistorischer Forschung, in: Jahrbuch für Volkskunde und Kulturgeschichte, Jg.1980, S.159 -194 (zit. als: Badstübner-Peters, 1980).

Bartel, Horst, Erbe und Tradition in Geschichtsbild und Geschichtsforschung der DDR, in: ZfG 5/1981, S.385-394 (zit. als: Bartel, H., 1981).

Bartel, Horst/Schmidt, Walter, Historisches Erbe und Traditionen. Bilanz, Probleme, Konsequenzen, in: Meier, Hans/Schmidt, Walter, Erbe und Tradition. Die Diskussion der Historiker, Köln 1989, S. 196-217 (zit. als: Bartel, H.,/Schmidt, W., 1989).

Berthold, Lothar, Unser nationales Geschichtsbild, in: E 2/1966, S.225-231 (zit. als: Berthold, L., 1966).

Berthold, Werner, Zu den Weltgeschichtskonzeptionen Hegels und Rankes, in: ZfG 5/88, S. 387-396 (zit. als: Berthold, W., 1988).

Blaschke, Karl Heinz, SED-Historiker nach langem Schweigen kräftig in der Wende, in: Eckert, Rainer/Küttler, Wolfgang/Seeber, Gustav, Hrsg., Krise-Umburch-Neubeginn. Eine selbstkritische Dokumentation der DDR-Geschichtswissenschaft 1989/ 90, Stuttgart 1992, S. 201-210 (zit. als: Blaschke, K.H., 1992).

Bleek, Wilhelm, Einheitspartei und nationale Frage 1945-1955, Der X. Parteitag der SED. 35 Jahre SED-Politik, Versuch einer Bilanz, vierzehnte Tagung zum Stand der DDR-Forschung in der Bundesrepublik Deutschland 9.bis 12.Juni 1981, hrsg.v. Edition Deutschland Archiv, Köln 1981 ,S.87-99 (zit. als:Bleek,W.,1981).

Bleek, Wilhelm, Deutschlandforschung, in: Weidenfeld, Werner/Korte, Karl-Rudolf, Hrsg., Handwörterbuch zur deutschen Einheit, Bonn [2]1992, S. 154-161

Bredow, Wilfried v., Ursprünge und Aussichten der Ost-West-Entspannung zur Geschichtsschreibung und Politologie der Detente, in Blätter für deutsche und internationale Politik 11/1976, S.1265-1280 (zit. als: Bredow, W., 1976).

Bredow, Wilfried v., Die deutsch-deutschen Beziehungen als Bedingung und Grenze kollektiver Identität in den beiden deutschen Staaten, in: Die beiden deutschen Staaten im Ost-West-Verhältnis. Fünfzehnte Tagung zum Stand der DDR-Forschung in Bundesrepublik Deutschland 1. bis 4. Juni 1982, hrsg. von Edition Deutschland Archiv, Köln 1982, S.3-21.

Brendler, Gerhard/Küttler, Wofgang, Volksmassen, Fortschritt und Klassenkampf im Feudalismus, in: ZfG 26/1978, S.803-817 (zit. als: Brendler, G. 1978)

Bütow, Hellmuth, Der Vorbildanspruch der DDR in der Spätphase Ulbricht, in: Leptin, Gert, Hrsg., Die Rolle der DDR in Osteuropa, Berlin 1974, S.73-87 (zit. als: Bütow, H., 1974).

Burrichter, Clemens, Zur Kontingenz ideologischer Reformation im wissenschaftlichen Zeitalter. Die Funktion der Wissenschaft bei der Reparatur des beschädigten Orientierungsrahmens in der DDR, in: Ideologische und gesellschaftliche Entwicklungen in der DDR. Achtzehnte Tagung zum Stand der DDR-Forschung in der Bundesrepublik Deutschland. 28. bis 31. Mai 1985, hrsg.v. Edition Deutschland-Archiv, Köln 1985, S. 50-65 (zit. als: Burrichter, C., 1985).

Carrere D'Encausse, Helene, Unite proletarienne et diversite nationale, in: Revue francaise de Science Politique 21/1971, S.221-255 (zit. als: Carrere D'Encausse, H., 1971).

Cornelsen, Doris, Die Industriepolitik der DDR. Veränderungen von 1945 bis 1980, in: Der X. Parteitag der SED. 35 Jahre SED-Politik, Versuch einer Bilanz, vierzehnte Tagung zum Stand der DDR-Forschung in der Bundesrepublik Deutschland 9. bis 12. Juni 1981, hrsg. von Edition Deutschland Archiv, Köln 1981, S.46-62 (zit. als: Cornelsen, D., 1981).

Croan, Melvin, Entwicklung der politischen Beziehungen zur Sowjetunion seit 1955, in: 3 Jahrzehnte Außenpolitik der DDR, hrsg. von Jacobsen, H.A./Leptin, G./Scheuner, U./Schulz, E./München, Wien 1979, S.347-379 (zit. als: Croan, M., 1979).

Crome, Erhard/Franzke, Jochen, Die SED-Führung und die Wiener KSZE-Konferenz 1986 bis 1989. Dokumente aus dem Parteiarchiv, in: DA 8/93, S. 905-914 (zit. als: Crome, E., 1993).

Dahlem, Franz, Lebendiger proletarischer Internationalismus, in: E 4/1949, S. 289-298 (zit. als: Dahlem, F., 1949).

Damus, Renate, Die Kontinuität des Absolutheitsanspruches der Partei und die unterschiedlichen Legitimationstheoreme von der antifaschistisch-demokratischen Ordnung bis zur entwickelten sozialistischen Gesellschaft, in: 30 Jahre DDR. Zwölfte Tagung zum Stand der DDR-Forschung in der Bundesrepublik 5. bis 8. Juni 1979, Sonderheft Deutschlandarchiv, hrsg. von Edition Deutschland Archiv 1979, S. 45-61 (zit. als: Damus, R., 1979 a).

Diehl, Ernst, Wie erfüllen unsere Historiker ihre Aufgaben?, in: E 6/1953, S.813-820 (zit. als: Diehl, E., 1953).

Die Ergebnisse der Genfer Konferenz. Leitartikel in: E 12/1955, S.1145-1152 (zit. als: Leitartikel 1955).

Diehl, Ernst/Dlubek, Rolf, Die Historiker der Deutschen Demokratischen Republik vor neuen großen Aufgaben, in: E 9/1955, S.882-892 (zit. als: Diehl, E., 1955).

Diehl, Ernst, Die Bedeutung der Novemberrevolution 1918, in: E 11/1968, S.1285-1299

Diehl, Ernst, Aufgaben der Geschichtswissenschaft nach dem IX. Parteitag, in: ZfG 3/77, S.262-279 (zit. als: Diehl, E., 1977).

Diehl, Ernst, Der geschichtliche Boden unseres Vaterlandes, in: Meier, H./Schmidt, W., Erbe und Tradition. Die Diskussion der Historiker, Köln 1989, S. 352-363 (zit. als: Diehl, E., 1989).

Dobroczynski, Michal/Lawinczak, Ryszard, RGW-Integration und internationale Wirtschaftsorganisationen, in: Jacobsen, Hanns-Dieter/Machowski, Heinrich/Sager, Dirk, Hrsg., Perspektiven für Sicherheit und Zusammenarbeit in Europa, Bonn 1988, S. 354-365 (zit. als: Dobroczynski, M., 1988).

Dzunusov, M., Die Nation als sozial-ethnische Gemeinschaft der Menschen, (übersetzt und gekürzt) in: Ost-Probleme 1/1967, S.53-57,(zit. als: Dzunusov, M., 1967).

Erler, Gernot, Friedensfähigkeit durch Umdenken. Zum sicherheitspolitischen Kontext des SPD:SED-Papiers, in: Brinkel, Wolfgang/Rodejohann, Jo, Das SPD:SED-Papier. Der Streit der politischen Ideologien und die gemeinsame Sicherheit, Freiburg 1988 (zit. als: Erler, G., 1988)

Faulenbach, Bernd, Deutscher Sonderweg. Zur Geschichte und Problematik einer zentralen Kategorie des deutschen geschichtlichen Bewußtseins, in: PuZ 15.8.1981 B33/81 S.3-21 (zit. als: Faulenbach, B., 1981).

Fischer, Alexander, Außenpolitische Aktivität bei ungewisser sowjetischer Deutschlandpolitik (bis 1955), in: 3 Jahrzehnte Außenpolitik der DDR, hrsg. von Jacobsen, H.A./Leptin,G./Scheuner, U./Schulz, E., München, Wien 1979, S.51ff.

Fischer, Alexander/Heydemann, Günther, Weg und Wandel der Geschichtswissenschaft und des Geschichtsverständnisses in der SBZ/DDR seit 1945, in: dies., Hrsg., Geschichtswissenschaft in der DDR, Bd. I: Historische Entwicklung, Theoriediskussion und Geschichtsdidaktik, Berlin 1988, S. 3-33 (zit. als: Fischer, A./ Heydemann, G. 1988).

Florin, Peter, Lenin und die friedliche Koexistenz, in: E 4/1960, S.533-548

Florin, Peter, Probleme der europäischen Sicherheit, in: E 7/1966, S.940-948

Florin, Peter, DDR-bedeutender Faktor der europäischen Sicherheit, in: E 4-5/1967, S.551-560

Fricke, Karl Wilhelm, Die Geschichte der DDR: Ein Staat ohne Legitimität, in: Jesse, Eckhard/Mitter, Arnim, Hrsg., Die Gestaltung der deutschen Einheit. Geschichte-Politik-Gesellschaft, Bonn 1992, S. 41-72 (zit. als: Fricke, K.W., 1992).

Förtsch, Eckart, Zweimal Preußen in der DDR. Urteil und Vorurteil, in: DA 5/1980, S.531-535

Gerlach, Karlheinz u.a., Die Arbeitsweise auf der Zentralen Konferenz der Historiker anläßlich des 30. Jahrestags der Gründung der DDR, in: ZfG 10/1979, S.966-973

Geyer, Dietrich, Voraussetzungen sowjetischer. Außenpolitik in der Zwischenkriegszeit, in: Osteuropa-Handbuch. Sowjetunion, Außenpolitik 1917-1955, hrsg. von D. Geyer, Köln, Wien 1972, S. 1-85 (zit. als: Geyer, D., 1972 a).

Geyer, Dietrich, Von der Kriegskoalition zum Kalten Krieg, in: Osteuropa-Handbuch. Sowjetunion, Außenpolitik 1917-1955, hrsg. von D. Geyer, Köln, Wien 1972, S.343-381 (zit. als: Geyer, D. 1972 b).

Glaeßner, Gert-Joachim, Bremer Symposium über DDR- und Deutschlandforschung, in: DA 10/90, S. 1863-1868 (zit. als: Glaeßner, G.-J., 1990)

Gniffke, Erich W., Der Weg zu Einheit und Frieden, in: E 2/1948, S.97-105 (zit. als: Gniffke, E.W. 1948).

Goebel, Klaus, Zwei Geschichtsschreibungen und eine deutsche Geschichte? Beispiele der historischen Forschung in der Bundesrepublik und in der DDR, in: DA 9/1976, S.391-398 (zit. als: Goebel, K., 1976).

Görtemaker, Manfred, Die sowjetisch-amerikanische Rüstungspolitik im Atomzeitalter, in: Lutz, Dieter S., Hrg.,Die Rüstung der Sowjetunion. Rüstungsdynamik und bürokratische Strukturen, Baden-Baden 1979. S.17-47 (zit. als: Görtemaker, M., 1979).

Gorbatschow, Michail, Zeit des Handelns, Zeit der praktischen Arbeit. Ansprache des Generalsekretärs der KPdSU in Krasnojarsk, 1. Juni 1988, Moskau 1988 (zit. als: Gorbatschow, M., 1988)

Gorbatschow, Michail, Rede vor der Versammlung der Vereinten Nationen am 7.12.1988, in: EA 1/89, D. 33-37 (zit. als Gorbatschow, M., 1989a).

Gorbatschow, Michail, Rede vor dem Europarat am 6.7.1989, in EA 20/89, D. 587-595 (zit. als: Gorbatschow, M., 1989b).

Groehler, Olaf/Drobisch, Klaus, Der 20. Juli 1944, in: E 7/84, S. 633ff.

Grotewohl, Otto, Im Kampf um unsere Zukunft, in: E 3/1946, S.129-135 (zit. als: Grotewohl, O., 1946a)

Grotewohl, Otto, Die Grundrechte des deutschen Volkes und der Weg zur Einheit Deutschlands, in: E 6/1946, S. 329-338 (zit. als: Grotewohl, O., 1946b).

Grotewohl, Otto, Volksbegehren als nationale Selbsthilfe, in: E 5/1948, S.385-391 (zit. als: Grotewohl, O., 1948).

Grußadresse des VIII. Historikerkongresses an Erich Honecker vom 3.2.1989, in: ZfG 6/89, S. 531

Habermas, Jürgen, Nachholende Revolution und linker Revisionsbedarf. Was heißt Sozialismus heute? in: ders., Die nachholende Revolution. Kleine politische Schriften VII, Frankfurt 1990, S. 179-204 (zit. als: Habermas, J., 1990).

Hacker, Jens, Das nationale Dilemma der DDR, in: Die Nation in östlicher Sicht, von Meißner, Boris/Hacker, Jens, Berlin 1977, S.40-68 (zit. als: Hacker, J., 1977).

Hättich, Manfred, Geschichtsbild und Demokratieverständnis, in: Löwenthal, R./ Schwarz, H.P., Die zweite Republik. 25 Jahre Bundesrepublik Deutschland - eine Bilanz, Stuttgart 1979, S. 905-926

Hager, Kurt, Antifaschistisch-demokratische Ordnung. Über den Charakter der gesellschaftlichen Zustände der Ostzone, in: E 4/1949, S.299-307 (zit. als: Hager, K., 1949).

Hager, Kurt, Schlußwort auf der Beratung der Gesellschaftswissenschaften am 14.10.1971 (Auszug), in: E 2/72, S. 181-191

Hager, Kurt, Friedenssicherung und ideologischer Streit, in: Brinkel, Wolfgang/ Rodejohann, Jo, Das SPD:SED-Papier. Der Streit der Ideologien und die gemeinsame Sicherheit, Freiburg 1988, S. 71-73 (zit. als: Hager, K., 1988)

Hauer, Friedrich/Küttler, Wolfgang, Max Weber - Wirkung, Werk, Methode. Zu einigen Grundzügen seiner Forschungsansätze und ihrer gegenwärtigen Rezeption, in: ZfG 8/87, S. 675-697 (zit. als: Hauer, F./Küttler, W., 1987).

Heitzer, Heinz, Die Geschichte der DDR - wichtigster Zeitabschnitt in der deutschen Geschichte, in: Meier, Hans/Schmidt, Walter, 1989, S. 288-301 (zit. als: Heitzer, H., 1989).

Herrmann, Joachim, Historisch-kulturelles Erbe vorkapitalistischer Gesellschaftsformationen in unserer Zeit. Erforschung-Darstellung-Wirkung, in: Meier, H./Schmidt, W., Erbe und Tradition. Die Diskussion der Historiker, Köln 1989, S. 141-159 (zit. als: Herrmann, J., 1989).

Heydemann, Günther, Zum Problem von Geschichte und Geschichtswissenschaft in beiden deutschen Staaten, in: DA 2/1983, S.152-160 (zit. als: Heydemann, G., 1983).

Honecker, Erich, Rechenschaftsbericht des ZK der SED auf dem VIII. Parteitag der SED 1971, in: DA 7/1971, S.759-771 (zit. als: Honecker, E., 1971).

Honecker, Erich, In der DDR wird die historische Leistung Martin Luthers bewahrt, in: ZfG 10/1980, S.927-931 (zit. als: Honecker, E.,1980).

Honecker, Erich, Tischrede anläßlich des Besuches Helmut Schmidts in der DDR von 11.-13.12. 1981, in: DA 2/1982, S.208-211 (zit. als Honecker, E., 1982).

Hroch, Miroslav, Das Erwachen kleiner Nationen als Probiem der komparativen sozialgeschichtlichen Forschung, in: Winkler, H.A., Hrg., Nationalismus, Königstein 1978, S.155-172 (zit. als: Hroch, M., 1978).

Jacobsen, Hanns-Dieter/Machowski, Heinrich, Perspektiven der Ost-West-Wirtschaftsbeziehungen, in: Jacobsen, Hanns-Dieter/Machowski, Heinrich/Sager, Dirk, Hrsg., Perspektiven für Sicherheit und Zusammenarbeit in Europa, Bonn 1988, S. 321-323

Jarausch, Konrad, Vom Zusammenbruch zur Erneuerung. Überlegungen zur Krise der ostdeutschen Geschichtswissenschaft, in: ders., Hrsg., Zwischen Parteilichkeit und Professionalität. Bilanz der Geschichtswissenschaft der DDR, Berlin 1991, S. 12-32 (zit. als: Jarausch, K., 1991).

John, Jürgen/Küttler, Wolfgang/Schmidt, Walter, Für eine Erneuerung des Geschichtsverständnisses in der DDR, in:Eckert, Rainer/Küttler, Wolfgang/Seeber, Gustav, Hrsg., Krise-Umbruch-Neubeginn. Eine selbstkritische Dokumentation der DDR-Geschichtswissenschaft 1989/90, Stuttgart 1992, S. 152-159 (zit. als: John, J./Küttler, W./Schmidt, W. 1992).

Kaiser, Karl, Kernwaffen als Faktor der internationalen Politik, in: Kaiser, Karl/ Schwarz, Hans-Peter, Hrsg., Weltpolitik. Strukturen-Akteure-Perspektiven, Bonn 1985, S. 102-118.

Kastl, Jörg, Das neue Denken in der sowjetischen Außenpolitik. Praxis und Theorie, in: EA 19/1988, S. 575-582 (zit. als: Kastl, J., 1988).

Katz, Daniel, Nationalismus als sozialpsychologisches Problem, in: Winkler, H.A., Hrg., Nationalismus, Königstein 1978, S.67ff.

Klaus, Georg, Kybernetik und ideologischer Klassenkampf, in: E 9/1970, S.1180-1189 (zit. als: Klaus, G. 1970).

Klenner, Hermann, Menschenrechte zwischen Krieg und Frieden, in: ZfG 7/89, S. 582-591 (zit. als: Klenner, H., 1989).

Kleßmann, Christoph, Die DDR-Geschichtswissenschaft aus der Sicht der Bundesrepublik, in: Jarausch, K., Hrsg., Zwischen Parteilichkeit und Professionalität. Bilanz der Geschichtswissenschaft der DDR, Berlin 1991, S. 43-55 (zit. als: Jarausch, K., 1991).

Knabe, Hubertus, Gesellschaftlicher Dissens im Wandel. Ökologische Diskussionen und Umweltengagement in der DDR, in: Umweltprobleme und Umweltbewußtsein in der DDR, hrsg. v. der Redaktion Deutschland Archiv, Köln 1985, S. 169-199 (zit. als: Knabe, H., 1985).

Koch, Klaus-Uwe, Der VIII. Historikerkongreß der DDR, in: ZfG 8/89, S. 732-747 (zit. als: Koch, K.-U., 1989).

Konrad, Gyorgy, Die paradoxe Mitte, in: ders., Anitpolitik, Mitteleuropäische Reflexionen, Frankfurt/M. 1985, S. 112-114

Kopp, Fritz, Der Nationsbegriff in der DDR und in der Bundesrepublik Deutschland. Aspekte der Kontinuität und des Wandels, in: Beiträge zur Konfliktforschung 4/1977, S.79-115 (zit. als: Kopp, F., 1977).

Kosing, Alfred, Illusion und Wirklichkeit in der nationalen Frage, in: E 5/1962, S.13-22 (zit. als: Kosing, A. 1962).

Kosing, Alfred, Die DDR in der Geschichte der deutschen Nation, in: Deutsche Zeitschrift für Philosophie 10/1964, S.1165-1170 (zit. als: Kosing, A., 1964).

Kosing, Alfred/Schmidt, Walter, Nation und Nationalität in der DDR (1975), in: DA 8/ 1975, S.1221-1228 (zit. als: Kosing, A. 1975).

Kosing, Alfred, Theoretische Probleme der Entwicklung der sozialistischen Nation in der DDR, in: DZPh 2/1975, S.237-261 (zit. als: Kosing, A., 1975 a)

Krisch, Henry, Vorstellungen von künftiger außenpolitischer Orientierung in der SBZ und ihre Auswirkungen auf die spätere Außenpolitik der DDR, in: 3 Jahrzehnte Außenpolitik der DDR, hrsg. von Jacobsen, H.A./Leptin, G.; Scheuner, U./Schulz, E., München, Wien 1979, S.37-49

Kropp, Willi, Die Zeit des Vormärz, in: E 3/1948, S.193-203 (zit. als: Kropp, W., 1948).

Küchenmeister, Daniel, Wann begann das Zerwürfnis zwischen Honecker und Gorbatschow? Erste Bemerkungen zu den Protokollen ihrer Vier-Augen-Gespräche, in: DA 1/93, S. 30-40 (zit. als: Küchenmeister, D., 1993).

Küttler, Wolfgang/Seeber, Gustav, Probleme von Erbe und Tradition in der gegenwärtigen Diskussion der DDR-Geschichtswissenschaft, in: Meier, Hans/Schmidt/ Walter, Erbe und Tradition. Die Diskussion der Historiker, Köln 1989, S. 171-1195 (zit. als: Küttler,W./Seeber, G., 1989).

Küttler, Wolfgang, Geschichtsperspektiven im Umbruch. Zum aktuellen Stand der Grundlagendebatte über die Geschichtswissenschaft, in: ZfG 8/92, S. 725-736 (zit. als: Küttler, W., 1992a).

Küttler, Wolfgang, Neubeginn der ostdeutschen Geschichtswissenschaft. Bilanz nach dem Zusammenbruch der DDR, in: apuz, B 17-18/92, S. 3-12 (zit. als: Küttler, W., 1992b).

Kuppe, Johannes, Phasen, in: 3 Jahrzehnte Außenpolitik der DDR, hrsg. von Jacobsen, H.A.; Leptin, G.; Scheuner, U.; Schulz, E., München, Wien 1979, S.173-200

Lindau, Rudolf, März 1948. Die bürgerliche Revolution und ihre Lehren, in: E 3/1947, S.225-235 (zit. als: Lindau, R., 1947).

Löwy, Michael, Die nationale Frage und die Klassiker des Marxismus, in: Nairn, Tom/ Hobsbawn, Eric/Debray, Régis/Löwy, Michael, o. Hrsg., Nationalismus und Marxismus. Anstoß zu einer notwendigen Debatte, Berlin 1978, S.102-126 (zit. als: Löwy, M., 1978).

Loszek, Gerhard, Die Traditionsproblematik in der geschichtsideologischen Auseinandersetzung, in: ZfG 5/19B1, S.395-398 (zit. als: Loszek, G., 1981).

Machowski, Heinrich, Die Entstehung der DDR im Rahmen der Weiterentwicklung des RWG, in: Leptin, G., Hrg., Die Rolle der DDR in Osteuropa, Berlin 1974, S.89-101 (zit. als: Machowski, H., 1974).

Maier, Harry, Die Innovationsträgheit der Planwirtschaft in der DDR - Ursachen und Folgen, in: DA 7/93, S. 806-818

Meier, Hans/Schmidt, Walter, Der Sozialismus in der DDR und sein geschichtliches Erbe, in: dies., Hrsg., Erbe und Tradition. Die Diskussion der Historiker, Köln 1989, S. 318-339 (zit. als: Meier, H./Schmidt, W., 1989).

Martiny, Albrecht, Marxismus und nationale Frage, in: DA 8/1975, 5.1176-1181 (zit. als: Martiny, A., 1975).

Matz, Ulrich, Ideologische Bewegungen in der offenen Gesellschaft, in: Die offfene Gesellschaft und ihre Ideologie, hrsg. v. Arthur F. Utz, Bonn 1988, S. 252-270 (zit. als: Matz, U., 1988).

Meissner, Boris, Der sowjetische Nationsbegriff und seine politische und rechtliche Bedeutung in östlicher Sicht, in: Die Nation in östlicher Sicht, hrsg. v. Meissner, B./ Hacker, J., Berlin 1977, S. 7-39 (zit. als: Meissner, B. 1977 a)

Meyer, Thomas, Ein neuer Rahmen für den Ost-West-Dialog. Das gemeinsame Grundsatzpapier von SPD und SED. Kein nationales Memorandum, in: Brinkel, Wolfgang/Rodejohann, Jo, Das SPD:SED-Papier. Der Streit der politischen Ideologien und die gemeinsame Sicherheit, Freiburg 1988, S. 55-65 (zit. als: Meyer, T., 1988).

Mittenzwei, Ingrid, Preußens neue Legenden. Gedanken beim Le-sen einiger neuer Bücher über Preußen, in: Journal für Geschichte 4/1981, S. 4-9 (zit. als: tlittenzwei, I., 1981).

Mittenzwei, Ingrid, Die zwei Gesichter Preußens, in: DA 2/1983, S.214-218 (zit. als: Mittenzwei, I., 1983).

Mommsen, Hans; Martiny, Albrecht, Nationalismus, Nationalitätenfrage, in: Sowjetsystem und demokratische Gesellschaft, hrsg. von C.D. Kernig, Frankfurt/M. 1973-1974, Sp.623-695 (zit. als: Mommsen, H., 1973).

Mommsen, Hans, Sozialismus und Nation. Zur Beurteilung des Nationalismus in der marxistischen Theorie, in: Engelhardt, Ulrich/Sellin, Volker; Stuke, Horst, Hrg., Soziale Bewegung und politische Verfassung. Beiträge zur Geschichte der modernen Welt, Stuttgart 1976, S. 653-676 (zit. als: Mommsen, H., 1976).

Morgan, Roger, Washington und Bonn: Eine Fallstudie für Allianzpolitik, in: Knapp, Manfred, Hrsg., Die deutsch-amerikanischen Beziehungen nach 1945, Frankfurt New York 1975, S. 170-187.

Müller, Hans Georg, Der Bruderbund der sozialistischen Staaten und das Dilemma des bürgerlichen Nationalismus, in: IPW-Berichte 4/1975, S.2-10 (zit. als: Müller, H.G., 1975).

Nairn, Tom, Der moderne Janus, in: Nairn, Tom/Hobsbawn, Eric/Debray, Régis/ Löwy, Michael, o. Hrsg., Nationalismus und Marxismus. Anstoß zu einer notwendigen Debatte, Berlin 1978, S.7-44 (zit. als: Nairn, T., 1978).

Neuhäußer-Wespy, Ulrich, Nation neuen Typs. Zur Konstruktion einer sozialistischen Nation in der DDR, in: Deutsche Studien 13/1975, S.357-365

Neuhäußer-Wespy, Ulrich, Die SED und die Historie. Probleme und Aspekte der gegenwärtigen Umorientierung in der Geschichtswissenschaft der DDR, in: apuz B 41/1976, S.30-41 (zit. als: Neuhäußer Wespy, U., 1976).

Neuhäußer-Wespy, Ulrich, Von der Urgesellschaft bis zur SED. Anmerkungen zur "Nationalgeschichte der DDR", in: DA 2/1983, S.145-152 (zit. als: Neuhäußer-Wespy, U., 1983).

Norden, Albert, Arbeiterklasse und Nation, in: E 4/1966, S.451-465 (zit. als: Norden, A., 1966).

Norden, Albert, Fragen des Kampfes gegen den Imperialismus. Vortrag an der Parteihochschule "Karl Marx" vom 3.7. 1972 (Auszug), in: DA 11/1972, S.1223-1225 (zit. als: Norden,A. ,1972)

Oberländer, Erwin, Der sowjetische Nationsbegriff heute, in: Osteuropa 4/1971, S.273-279 (zit. als: Oberländer, E., 1971).

Oldenburg, Fred, Moskau und der Zusammenbruch des Kommunismus inn Osteuropa. Berichte des Bundesinstituts für ostwissenschaftliche und internationale Studien (BIOSt), H. 62/1990, hrsg.v. BIOSt, Köln 1990 (zit. als: Oldenburg, F., 1990).

"Ost-Berlin macht mehr Schulden im Westen", in: SZ v. 22. 7. 1981 244

Planer-Friedrich, Götz, Schranken instrumenteller Vernunft. Überlegungen zur Lebensweise und Bedürfnisentwicklung, in: Büscher, Wolfgang/Wensierski, Peter, Beton ist Beton. Zivilisationskritik aus der DDR, Hattingen 1981, S. 119-128.

Polak, Karl, Gewaltenteilung, Menschenrechte, Rechtsstaat. Begriffsformalismus und Demokratie, zur Kritik der Weimarer Verfassung, in: E 7/1946, S.385-401 (zit. als: Polak, K., 1946).

Polak, Karl, Über fehlerhafte Auffassungen in Fragen unseres Kampfes um Frieden und nationale Wiedergeburt, in: E 9/1961, S.1315-1329 (zit. als: Polak, K., 1961).

Reinhold, Otto, Das Leninsche Prinzip der friedlichen Koexistenz und die Beziehungen zwischen beiden deutschen Staaten, in: E 5/1956, 5.433-440 (zit. als: Reinhold, O., 1956).

Reinhold, Otto, Antworten auf Fragen zum Streit der Ideologien und zur gemeinsamen Sicherheit, in: Brinkel, Wolfgang/Rodejohann, Jo, Das SPD:SED-Papier. Der Streit der politischen Ideologien und die gemeinsame Sicherheit, Freiburg 1988, S. 74-77.

Reißig, Rolf, Der Umbruch in der DDR und das Scheitern des "realen Sozialismus", in: ders./Glaeßner, Gert-Joachim, Hrsg., Das Ende eines Experimentes. Umbruch in der DDR und deutsche Einheit, Berlin 1991, S. 12-60 (zit. als: Reißig, R., 1991).

Roeder, Veronika, Preußische Geschichte in der sozialistischen Schule. Die preußischen Reformen und die Befreiungskriege im Geschichtsunterricht der DDR, in: GWU 7/1981, S.400ff.

Rogacev, P., Sverdlin, M., Über den Begriff der "Nation" (übersetzt und gekürzt), in: Ost-Probleme 1/1967, S.45-50

Romain, Lothar, Ein Alp auf dem Gehirn der Lebenden? Die Diskussion um Erbe und Tradition in der DDR durchbrechen immer mehr Tabus, in: DDR-Report 8/1981, S.474-477 (zit. als: Romain, L., 1981).

Royen, Christoph, Die EWG - Schrittmacher der osteuropäischen Integration?, in: Osteuropa 9/1972, S.655-662

Rüsen, Jörn/Vasicek, Zdenek, Geschichtswissenschaft zwischen Ideologie und Fachlichkeit. Zur Entwicklung der Historik in der DDR, in: Fischer, Allexander/ Heydemann, Günther, Geschichtswissenschaft in der DDR. Band I: historische Entwicklung, Theoriediskussion und Geschichtsdidaktik, Berlin 1988, S. 307-331 (zit. als: Rüsen, J./Vasicek, Z., 1988).

Ruffmann, Karl-Heinz, Geschichte im geteilten Deutschland - Aufgaben und Schwierigkeiten, in: GWU 7/1982, S.391-399

Scheuner, Ulrich, Das Problem der Nation und des Verhältnisses zur Bundesrepublik Deutschland, in: 3 Jahrzehnte Außenpolitik der DDR, hrsg. von Jacobsen, H.A./ Leptin, G./Scheuner, U./Schulz, E.; München, Wien 1979, S.85-108

Schmidt, Walter, Nationalgeschichte der DDR und das territorialstaatliche historische Erbe, in: ZfG 5/1981, S.399-404 (zit. als: Schmidt, W., 1981).

Schmidt, Walter, Bismarck. Zum Erscheinen von Ernst Engelbergs Bismarck-Biographie, in: ZfG 3/87, S. 231-240 (zit. als: Schmidt, W., 1987).

Schmidt, Walter, Deutsche Geschichte und Nationalgeschichte, in: Meier, Hans/ Schmidt, Walter, Hrsg., Erbe und Tradition. Die Diskussion der Historiker, Köln 1989, S. 240-252 (zit. als: Schmidt, W., 1989a).

Schmidt, Walter, Das Erbe- und Traditionsverständnis in der Geschichte der DDR, in: Meier, Hans/Schmidt, Walter, Hrsg., Erbe und Tradition. Die Diskussion der Historiker, Köln 1989, S. 388-414 (zit. als: Schmidt, W., 1989b).

Schmidt, Walter, Zum Begriff "deutsche Geschichte" in der Gegenwart, in: ZfG 1/89, S. 8-19 (zit. als: Schmidt, W., 1989c).

Schneider, Klaus, Einige Aspekte der künftigen Beziehungen der Europäischen Gemeinschaft zu Osteuropa, in: Jakobeit, Cord/Yenal, Alparslan, Hrsg., Gesamteuropa. Analysen, Probleme und Entwicklungsperspektiven, Bonn 1993, S. 391-405 (zit. als: Schneider, K., 1993).

Schulz, Helga, Zu Inhalt und Begriff marxistischer Regionalgeschichtsschreibung, in: ZfG 10/85, S. 875-887 (zit. als: Schultz, H., 1985).

Schwartau, Cord, Die Entwickung der Umwelt in der DDR. Neue Probleme durch die Renaissance der Braunkohle, in: Umweltprobleme und Umweltbewußtsein in der DDR, hrsg. v. der Redaktion Deutschland Archiv, Köln 1985, S. 9-40 (zit. als: Schwartau, C., 1985).

Seliger, Kurt, Die nationale Frage im Spiegel des SED-Marxismus, in: DA 7/1974, S.576-581 (zit. als: Seliger, K., 1974).

Sontheimer, Kurt, Die Wiederkehr des Nationalismus in der Bundesrepublik, in: Sehnsucht nach der Nation? Drei Plädoyers, o.Hrg., München 1966, S. 7-34

Sontheimer, Kurt, Der Wille zur Einheit. Beide Staaten sind, positiv oder negativ, an die Idee der Nation gebunden, in: Die Zeit, Nr. 42, vom 20.10. 1972, S.72

Streisand, Joachim, Geschichtsbild - Geschichtsbewußtsein -Geschichtswissenschaft. Ihre Wechselbeziehungen und ihre Bedeutung für die Entwicklung des sozialistischen Bewußtseins, in: ZfG 5/67 S.822-827 (zit. als: Streisand, J., 1967).

Süß, Walter, Die Gesellschaftspolitik der SED vor den Herausforderungen der sowjetischen Reformdiskussion, in: Veränderungen in Gesellschaft und im politischen System der DDR. Ursachen, Inhalte, Grenzen. 21. Tagung zum Stand der DDR-Forschung in der Bundesrepublik Deutschland. 24. bis 27. Mai 1988, hrsg.v. Edition Deutschland-Archiv, S. 25-37 (zit. als: Süß, W., 1988)

Süß, Walter, Perestroika oder Ausreise. Abwehrpolitik der SED und gesellschaftliche Frustration, in: DA 3/89, S. 282-301 (zit. als: Süß, W., 1989).

"Über 80 Milliarden Dollar Schulden", in: FAZ v. 3.12.1981

Ulbricht, Walter, Strategie und Taktik der SED, in: E 5/1946, S.257-271 (zit. als: Ulbricht, W. 1946).

Ulbricht, Walter, Über den Charakter der Novemberrevolution, in: E 8/1958, S.1173-1183 (zit. als: Ulbricht, W., 1958a)

Ulbricht, Walter, Begründung der Thesen über die Novemberrevolution 1918, Referat auf der 2. Tagung des Zentralkomitees der SED, in: E 10/1958, S.1404-1427 (zit. als: Ulbricht, W. ,1958b)

Ulbricht, Walter, Zur Geschichte der deutschen Arbeiterbewegung. Aus Reden und Aufsätzen, Band VI: 1956-1957, Band VII: 1957-1959, Berlin-Ost 1964 (zit. als: Ulbricht-Aufsätze 1956-59).

Ulbricht, Walter, Referat zum "Grundriß der Geschichte der deutschen Arbeiterbewegung", in: E, Sonderheft August 1962, S.1-57 (zit.als: Ulbricht, Walter, 1962a)

Ulbricht, Walter, Grundriß der Geschichte der deutschen Arbeiterbewegung, in: E, Sonderheft August 1962, S.58-186 (zit. als:Ulbricht,W.,1962)

Ulbricht, Walter, Erklärung auf einer internationalen Pressekonferenz am 19.1.1970, in: DA 2/1970, S.179-195 (zit. als: Ulbricht, W., 1970).

Uschakow, Alexander, Die Sonderstellung der DDR im osteuropäischen Bündnissystem, in: Leptin, G., Hrg., Die Rolle der DDR in Osteuropa, Berlin 1974, S.35-54

Valk, Gudrun/Wanagas, Erich, Sozialistischer Patriotismus, proletarischer Internationalismus und Geschichtsbewußtsein der Arbeiterklasse der DDR, in: Beiträge zur Geschichte der Arbeiterbewegung 5/1978, S.672-683

Vardys, Stanley, Altes und Neues in der sowjetischen Nationalitätenpolitik seit Chruschtschows Sturz, in: OE 2/1968, S.81-95 (zit. als: Vardys, S., 1968)

Verbeeck, Georgi, Kontinuität und Wandel im DDR-Geschichtsbild, in: apuz B 11/90, S. 30-42 (zit. als: Verbeeck, G., 1990).

Vorholzer, Jörg, Über das sozialistische Staatsbewußtsein und seine Entwicklung in der Deutschen Demokratischen Republik, in; E 10/1958, S.1465-1479 (zit. als: Vorholzer, J. 1958)

Vogel, Walter, Deutschland, Europa und die Umgestaltung der amerikanischen Sicherheitspolitik 1945-1949, in: VfZG 1973, S.64-82 (zit. als: Vogel, W. 1973).

Weber, Hermann, "Weiße Flecken" in der DDR-Geschichtsschreibung, in: apuz B 11/90, S. 3-15 (zit. als: Weber, H., 1990).

Weber, Hermann, Aufstieg und Niedergang des deutschen Kommunismus, in: apuz B 40/91, S. 25-39.

Wensierski, Peter, Die SED-Kirchenpolitik und die Rolle der Kirche in der DDR. Thesen, in: Der X. Parteitag der SED. 35 Jahre SED-Politik, vierzehnte Tagung zum Stand der DDR-Forschung in der Bundesrepublik Deutschland 9. bis 12. Juni 1981, hrsg. von Edition Deutschland Archiv, Köln 1981, S.164-172 (zit. als: Wensierski, P., 1981).

Wensierski, Peter, Zwischen Pazifismus und Militarismus, in: DA 5/1982, S.449-452 (zit. als: Wensierski, P., 1982 a)

Wensierski, Peter, Gratwanderung ohne Ende? Die Synode des DDR-Kirchenbundes in Halle, in: DA 11/1982, S.1125-1131 (zit. als: Wensierski, P., 1982b)

Wettig, Gerhard, Die sowjetische Deutschland-Note vom 10. März 1952. Wiedervereinigungsangebot oder Propagandaaktion?, in: DA 2/1982, S.130-148

Winkler, Heinrich August, Der Nationalismus und seine Funktionen. Einleitung zu: Nationalismus, hrsg. von H.A. Winkler, Königstein 1978, S.5-46.

Wolle, Stefan, Der Weg in den Zusammenbruch. Die DDR von Januar bis Oktober 1989, in: Jesse, Eckhard/Mitter, Arnim, Die Gestaltung der deutschen Einheit. Geschichte-Politik-Gesellschaft, Bonn 1992, S. 73-110 (zit. als: Wolle, S., 1992).

Wolf, Hans Georg, Sozialistisches Geschichtsbewußtsein und Geschichtswissenschaft in der DDR. Wandlung und Differenzierung seit 1957, in: GWU 2/1977, S.65-85 (zit. als: Wolf, H.G., 1977).

Woyke, Wichard, Das "Haus Europa" aus westeuropäischer Sicht, in: Jacobsen, Hanns-Dieter/Machowski, Heinrich/Sager, Dirk, Hrsg., Perspektiven für Sicherheit und Zusammenarbeit in Europa, Bonn 1988, S. 71-80.

Wuthe, Gerhard, Nation und Gesellschaft. Anmerkungen zum Problem der sozio-ökonomischen Bedingtheit, in: DA 2/1983, S.131-141

Zimmermann, Hartmut, Zu einigen politischen Aspekten des X. Parteitages der SED, in: Der X. Parteitag der SED. 35 Jahre SED-Politik, Versuch einer Bilanz, vierzehnte Tagung zum Stand der DDR-Forschung in der Bundesrepublik Deutschland 9. bis 12. Juni 1981, hrsg. von Edition Deutschland Archiv, Köln 1931, S .21-33 (zit. als: Zimmermann, H., 1981).